新媒体营销与运营（附微课）

Xinmeiti Yingxiao
yu Yunying

耿旭蓉 李桂红 ◎ 主编
吕宁 王琳 冯彩云 ◎ 副主编

ZHIYE JIAOYU JINGJIGUANLI LEI XINXINGTAI XILIE JIAOCAI

人民邮电出版社
北京

图书在版编目（CIP）数据

新媒体营销与运营：附微课 / 耿旭蓉，李桂红主编.
北京 : 人民邮电出版社，2025. -- （职业教育经济管理
类新形态系列教材）. -- ISBN 978-7-115-67585-9

Ⅰ. F713.365.2

中国国家版本馆 CIP 数据核字第 202522ZW90 号

内 容 提 要

本书共 11 章，主要介绍新媒体营销与运营的基础理论、策略、工具等相关内容。第一章至第四章
引导读者认识新媒体营销与运营的基本概念，了解新媒体从业人员的职业认知和技能要求，理解新媒体
营销思维与运营定位、新媒体营销方式与策略，以及新媒体营销文案的创作。第五章至第九章聚焦于微
信生态、小红书、短视频+直播、社群，以及微博、今日头条、搜索引擎类、音频类、问答类、点评类、
外卖类等平台的营销与运营方法和策略。第十章和第十一章主要讲解新媒体运营工具和数据分析工具的
应用，以便读者了解并掌握必要的工具。

本书正文设有案例、示例、课堂讨论、即学即练、微课堂、想一想等辅助性栏目，章尾设置了综合
练习题，包括客观题、主观题和实训题等题型。

本书配有电子课件、电子教案、课程标准、微课、补充案例、实训指导、模拟试卷及答案等教学与
学习资料，下载方式参见书末的"更新勘误表和配套资料索取示意图"（部分资料仅限用书教师下载，
咨询 QQ：602983359）。

本书适合作为职业院校市场营销、电子商务、网络营销、新媒体营销等专业相关课程的教材，也可
作为相关专业人员的自学用书与培训班的教材。

◆ 主　　编　耿旭蓉　李桂红
　　副 主 编　吕　宁　王　琳　冯彩云
　　责任编辑　万国清
　　责任印制　陈　犇
◆ 人民邮电出版社出版发行　　北京市丰台区成寿寺路 11 号
　　邮编　100164　电子邮件　315@ptpress.com.cn
　　网址　https://www.ptpress.com.cn
　　三河市兴达印务有限公司印刷
◆ 开本：787×1092　1/16
　　印张：15　　　　　　　　　　2025 年 8 月第 1 版
　　字数：441 千字　　　　　　　2025 年 8 月河北第 1 次印刷

定价：59.80 元

读者服务热线：(010)81055256　印装质量热线：(010)81055316
反盗版热线：(010)81055315

前　言

在当今这个数字化、信息化高速发展的时代，新媒体已成为连接消费者与品牌的重要桥梁，新媒体营销与运营也因此成为市场营销领域中的热门话题和关键技能。由此，社会对于新媒体营销与运营专业人员的需求越来越大。为适应这一趋势，越来越多的商科院校将新媒体营销与运营课程纳入专业人才培养体系之中。为满足商科院校专业教育教学的需要，更准确地把握市场营销与运营的发展机遇，我们在深入学习党的二十大报告的基础上，在国家职业教育方针的指导下，精心编写了本书。

本书基于新媒体营销与运营实践性强的特性，在内容设计上，既注重理论知识的深入讲解，又强调实践操作的具体指导，力求做到理论与实践的深度结合。在结构上，本书从新媒体营销与运营的基本概念、发展趋势分析入手，逐步深入到新媒体营销与运营的具体策略、方法、技巧以及实战案例分析。本书具有以下特点。

（1）与时俱进，实用性强。本书紧密结合新媒体的变化及发展趋势，以行业企业的人才需求为导向，按照案例引入+知识讲解+课堂实践+案例分析等方式展开讲解，从而实现了理论与实践的有效结合。

（2）实战导向，注重实务。本书在理论讲解的基础上，提供了大量的示例、实战案例、操作步骤和技巧，以帮助读者将所学知识转化为实际操作能力。通过模仿、借鉴这些案例，读者可以更快地掌握新媒体营销与运营的核心策略与技能，并在实际工作中灵活运用。

（3）资源丰富，形式多样。本书正文穿插了示例、案例、课堂讨论、即学即练、微课堂、想一想等辅助性栏目，章尾设有综合练习题，有利于学生学习与操作。本书配有电子课件、电子教案、课程标准、微课、补充案例、实训指导、模拟试卷及答案等教学与学习资料（部分资料仅限用书教师下载，咨询 QQ：602983359）。案例库将不定时更新，以便能为教师和学生提供最新、最具代表性的案例。

本书由具有丰富教学经验的教师共同参与编写，具体分工如下：冯彩云（山西金融职业学院）编写第一章；李桂红（山西金融职业学院）编写第二章和第三章；吕宁（山西职业技术学院）编写第四章、第六章和第十章；王琳（山西体育职业学院）编写第五章、第七章和第八章；耿旭蓉（山西金融职业学院）编写第九章和第十一章。

在编写过程中，编者参考了许多新媒体营销专业教材和新媒体运营者的大量文献和经验分享，在此谨对这些专家和实务工作者表示诚挚的感谢！

最后，我们衷心希望本书能够成为广大读者学习和实践新媒体营销与运营的得力助手。无论是初学者还是有一定经验的从业者，都能从中获得有益的启示和帮助。

由于编者水平所限，书中难免存在不当之处，敬请广大读者批评指正！

编者

目 录

第一章　新媒体营销与运营基础

【学习目标】

知识目标：了解新媒体的基本概念；了解新媒体与自媒体的区别；了解新媒体营销和运营的异同；了解新媒体从业人员的核心能力和职业素养要求。

能力目标：具备新媒体从业人员的职业能力；掌握新媒体工作的基本内容；能够对主要的新媒体运营工具进行基本操作。

【导入案例】

用了26年的洗衣机坏了……

2024年1月28日，一位网友胡先生在抖音晒出自己家里使用了整整26年的洗衣机，这台威力洗衣机是其父母在1997年购买的，后来其父母一直在使用。2024年1月，洗衣机的下水管出了点问题。对于这个老物件，他感慨万分地说："都这么多年了，估计威力洗衣机厂家早就倒闭了！"没想到，当他的视频发出后，威力洗衣机厂家竟然回应了，直言他们还没有倒闭，仍在坚持中！当天晚上，威力公司就联系了他，并赠送给他一台全新的滚筒洗衣机。伴随着这一事件的走向，胡先生的视频浏览量突破了1 000万，威力公司某直播平台的粉丝量暴增10多万，威力公司接到的媒体采访也是一拨接一拨，于是公司抓住机会积极地乘势进行短视频、直播等新媒体营销。

启发思考：从职业素养的角度看，威力洗衣机厂家相关人员对这个事件的反应说明了什么？威力公司为什么要免费赠送胡先生一台全新的洗衣机？

第一节　认识新媒体

互联网时代，传统媒体趋弱，以互联网、社交媒体为代表的新媒体不断崛起，并持续推动着媒介的发展和改变，同时不断改变着越来越多用户在生活、工作和学习等方面的行为方式。

一、新媒体概述

清华大学熊澄宇教授提出："所谓新媒体，或称数字媒体、网络媒体，是建立在计算机信息处理技术和互联网基础之上，发挥传播功能的媒介总和，它全方位、立体化地融合了大众传播、组织传播和人际传播，以有别于传统媒体的功能影响我们的社会生活。"

新媒体的核心技术特性是数字技术。在数字技术基础上，新媒体利用互联网、无线通信网、有线网络等渠道进行信息传播。这些技术使得新媒体能够处理、存储和传输大量的数字信息，从而实现信息的快速传播和广泛覆盖。

 想一想

请打开抖音或今日头条，查看其首页内容，并和同学们比较一下内容是否一样。如果不一样，请思考这是为什么。

（一）新媒体的类型

新媒体按照不同的标准可以进行多种类型的划分。最常见的是按照新媒体内容呈现方式划分的新媒体类型，包括图文、音频、视频和直播等。这几种内容形式有时候会在一个平台集中体现，但每种类型都有其主流的平台。

1. 图文类新媒体

图文类新媒体以微信公众号、头条号、百家号、企鹅号、知乎等平台为主，这些内容平台对图文形式支持度较高，展现效果较好。

微信公众号是主流新媒体平台之一，其优点在于平台的开放度更高，适合缓慢积累粉丝。微信公众号以粉丝订阅为主，虽然开放了类似"看一看"等算法推荐，但对粉丝数量依赖较大，属于私域类型平台。它不仅对运营者发布的内容有要求，对其运营能力的要求也较高，常见的变现形式为开通流量主功能和广告接单。

头条号、百家号、企鹅号则是算法推荐类平台，对内容的要求更高。一篇好的文章，如果符合平台的推荐算法，即使粉丝较少，也能获得较高的阅读量。

知乎则属于问答类型的内容平台，变现形式以在内容中插入"好物推荐"链接带货为主，对内容质量要求较高。

2. 音频类新媒体

最热门的音频类新媒体是喜马拉雅，它几乎占据了音频类新媒体领域的半壁江山。除此以外，猫耳FM、荔枝FM、蜻蜓FM等也以其各具特色的平台风格占据了音频类新媒体的一席之地。

3. 视频类新媒体

视频类新媒体主要分为短视频平台和中长视频平台。短视频平台属后起之秀，常见的有抖音、快手、微信视频号等。中长视频平台以优酷、爱奇艺、腾讯视频和哔哩哔哩（B站）等为代表。

优酷、爱奇艺、腾讯视频属于老牌新媒体平台，一般以横版视频为主，是长视频内容创作者的主要选择。抖音、快手是常用的短视频平台，它们以采用推荐算法、内容短平快为主要特征。微信视频号采用社交算法+兴趣推荐算法，依托微信大流量池，拥有大量用户。

> **示例**
>
> **Airbnb "Live There" 广告活动**
>
> Airbnb（爱彼迎，美国的一家民宿网站）在2024年推出了一项名为"Live There"的广告活动，通过视频和社交媒体传达了"旅游不只是去一个地方，而是生活在那里"的理念。这一活动通过展示Airbnb提供的独特住宿体验，成功吸引了大量用户的关注和参与。

4. 直播类新媒体

直播是新型的内容形式，具体分为电商直播、游戏直播以及娱乐直播等。常见的平台有百度直播、微信视频号直播、淘宝直播、京东直播、快手直播、抖音直播等。

除上述分类方式外，新媒体还有其他的分类方式。比如，按应用领域分类，新媒体可分为社交媒体平台、内容媒体平台、电子商务媒体平台等；按照用户行为进行分类，有的新媒体平台是以用户主动上传、分享、互动为主要形式，如小红书等；有的则是以推荐、个性化推送为主要形式，如抖音等。

不同的分类方式可以帮助我们更好地理解新媒体的多样性和复杂性。

百度直播依托百度的搜索算法，正处于发展之中。淘宝和京东直播适合电商类有货源或者垂直可变现领域的创作者。抖音和快手直播则更加多元化，无论是游戏娱乐还是电商，都能获得用户和收益。

目前，越来越多的大平台都在整合资源，一个账号、一个后台可以将相同内容同步更新和发布到多个平台，平台属性的界限越来越模糊。比如，百家号后台就可以直接发布文章、好看视频、百度动态等；头条号后台也可以直接发布今日头条文章、微头条、悟空问答、西瓜视频等；微信公众号的订阅号同样也可以发布图文、视频等。

💬课堂讨论

请从以下几方面分析传统新闻客户端与今日头条客户端的区别，并试着说出二者存在区别的原因：①内容信息量；②用户对内容感兴趣的程度；③你和其他同学的手机在同一时间、同一客户端上显示内容的区别。

（二）新媒体的特征

在理解新媒体的概念时，要注意其基本特征。

（1）数字化。数字化是新媒体的根本特征。新媒体承载的信息因数字化而变得传播迅速、海量和高清，人们随时随地都被信息包围。

（2）交互性。以数字化为主要特征的新媒体实现了点对点的信息传播，由传统媒体的一点对多点的传播，转变为一对多、多对多、多对一的传播。所有人对所有人的传播已经实现，信息传播的全民化和互动化时代已经到来。

（3）相对性。新媒体是相对于传统媒体而言的，是在报刊、广播、电视等传统媒体之后发展起来的新的媒体形态，是主要利用数字技术、网络技术，通过互联网、无线通信网等渠道，以及计算机、手机、数字电视等终端，向用户提供信息和娱乐服务的传播形态。

（4）动态性。新媒体是一个动态的概念，它是随着网络技术和数字技术的发展而衍生出来的媒体形式，其内涵本身就是在不断发展变化的。因此，我们不能以不变的思维去认识新媒体，而应该用发展的和大众媒体的眼光去看待它，用理性的态度去审视它，从而拓宽新媒体信息的渠道，不断发展和创新新媒体。

二、新媒体与自媒体

现实中，很多人不清楚自媒体与新媒体的差异，常将两者混为一谈，或者认为两者是同一个概念。它们其实是既有联系又有区别的。

1. 自媒体是什么

自媒体，英文为 We Media，产生于"互联网+"时代，是指公众借助互联网平台，通过文本、图片或者视频进行自我表达的一种新媒体传播形式。

（1）自媒体的核心内涵。自媒体相较于普通媒体，免去了组织化运营的冗余和低效，变得灵活而精简；而相较于新媒体，它将话语权交还给了公众，人人都可以把自己的观点、想法和情绪表达出来。

（2）自媒体的特点。自媒体即个人媒体，主要特点是"自"，即自我、自主、自由，它利用现代化手段和自媒体平台传播信息。"自"，一方面是指人人都可以借助互联网平台发表自己的观点和言论，另一方面是指自媒体人拥有更大的话语权和自主权。

💬课堂讨论

在陕西省绥德县，有位叫张××的主播，她因在网络直播中辱骂自己的母亲而快速圈粉，然而她这样的行为非但没有得到及时制止和约束，反而引来更多主播的模仿和参与，这些主播还都因此快速涨粉。

自媒体时代，人人都可以借助互联网平台发表自己的观点和言论。请大家讨论：互联网上的言论自由有边界吗？如果有，其边界在哪里？

2. 新媒体与自媒体的比较

从整体意义上来说，新媒体和自媒体都是依托互联网产生的。新媒体的诞生早于自媒体，自媒体依托于新媒体而产生，所以自媒体一定是新媒体，但新媒体不一定是自媒体。

（1）新媒体与自媒体名称中的"新"与"自"。新媒体之所以被称为新媒体，是因为相较于电视、广播、报纸、杂志等传统媒体而言，它是一种新型传播方式。新媒体是一个动态的概念，伴随着互联网技术的不断进步，还将会出现前所未有的媒体形式。自媒体之"自"，意指属于自己的媒体，是相较于大众媒体（即公共媒体）而言的。自媒体更注重个人化，自媒体人可以在各大平台上表达自己的想法和观点。

（2）新媒体与自媒体的联系。自媒体的本质就是依附在新媒体技术背景下形成的"信息共享的即时交互平台"。新媒体是一张网，而自媒体是这张网上的点。如今，这些点越来越多。正是因为自媒体在整个新媒体中占的比例非常大，所以新媒体要发展、要不断壮大，自媒体是不可忽视的一个重要组成部分。无论什么类型的新媒体，都需要有大量的自媒体提供内容，让新媒体变得更加丰富、更加强大。

（3）新媒体与自媒体的运营思路。新媒体的运营思路，通常是为了打造企业品牌，它与打造个人品牌的运营方式有所不同。比如，如果新媒体主要是用来传播新闻以及行业资讯，就会偏向于杂志的运营方式。但在新媒体运营过程中，为了与粉丝拉近距离，这些新媒体也会将自己的内容进行"人格化"处理，尝试与粉丝对话。自媒体的运营思路，更偏向于输出个人品牌价值，是围绕着个人打造账号。虽然因为巨大的商业价值，许多自媒体已经从个人运营转向团队作战、公司化运营，但其核心价值仍然是基于自媒体个人的人格魅力。

（4）新媒体与自媒体的推广思路。新媒体更适合做官方推广，企业官方自己写内容，并用官方账号发布，从而进行企业品牌和形象宣传。自媒体的突出特点是参与的人数量多，人人都可以做自媒体。矩阵式推广是非常适合自媒体的推广方式，往往能快速见效。

案例 1.1

11位"小砂糖橘"闯冰城

2024年1月3日14时，11位广西"小砂糖橘"从哈尔滨乘坐近20个小时的火车到达祖国最北端——漠河。这里距离他们的家乡广西有4 000多千米，温差近60℃。这些来自广西南宁的萌娃都是3～6岁的学龄前儿童，到达哈尔滨的第一天就因为统一一身穿橘红色的羽绒服、头戴橘红色的帽子和整齐划一的队形迅速在网上爆火，被网友戏称为"广西'小砂糖橘'勇闯哈尔滨"。

启发思考： 这一事件是如何火起来的？黑龙江官方文旅单位和自媒体各自发挥了哪些作用？

三、新媒体行业的发展趋势

随着科技的快速发展和互联网的普及，新媒体行业逐渐崭露头角，成为现代社会中不可或缺的一部分。未来的新媒体行业将呈现出更加智能化、多样化、个性化和跨界融合等特点，为人们的生活和工作带来更多的便利和价值。

1. 技术驱动的创新发展

随着5G、VR/AR/MR等技术的不断进步，新媒体行业正经历着前所未有的变革。

（1）5G技术的广泛应用。随着5G技术的普及，新媒体将迎来更快的网络传输速度和更低的延迟，为用户带来更加流畅、高清的视听体验。这将推动新媒体内容的创新和发展，提升用户体验和互动性。

（2）VR/AR/MR技术的融合。虚拟现实（VR）、增强现实（AR）和混合现实（MR）技术的普及，将新媒体带入了一个全新的维度。品牌将通过沉浸式体验与消费者建立更深的连接，如虚拟产品试用、互动故事讲述和虚拟活动，提供前所未有的参与感和娱乐性。

（3）人工智能技术的应用。人工智能（AI）技术的成熟使得内容创作过程更加高效和个性化。自动生成的文章、图像和视频将更加丰富，能够根据用户的偏好和行为动态调整。AI助手将帮助内容创作者进行创意构思、编辑和优化，极大地提升生产力。

2. 内容生态的多样化与个性化

内容生态的多样化与个性化共同构成了新媒体行业发展的主要趋势，它们不仅丰富了用户的阅读体验和信息获取方式，也促进了新媒体行业的繁荣发展。

（1）短视频内容的崛起。短视频作为新媒体的一种形式，未来将继续受到用户的青睐。短视频能够快速传递信息，满足用户碎片化阅读或观看的需求，并且可以通过社交媒体平台进行快速传播。同时，短视频的创作门槛相对较低，为更多人提供了参与创作的可能。

（2）个性化算法推荐的优化。随着大数据和人工智能技术的发展，新媒体平台将更加精准地为用户推荐其感兴趣的内容，这将使用户能更加便捷地获取到自己需要的信息。

（3）内容创作的垂直细分。新媒体内容生产将更加垂直细分，技术可为内容表现形式持续赋能，增强内容观感，提升内容的传播力、影响力。各种媒体会根据受众的特点和需求，提供更具有针对性的信息服务。

3. 跨界融合与商业化发展

跨界融合与商业化发展是当前新媒体行业的重要发展趋势。新媒体将通过与其他行业或领域的交叉、渗透和融合，形成新的业态和商业模式，通过提供内容和服务实现盈利。

（1）跨界融合与创新发展。新媒体行业将与其他产业进行更多的跨界融合和创新发展。例如，新媒体与电商、教育、旅游等产业相结合，将创造出更多具有创新性和实用性的产品和服务，满足用户多元化的需求。

（2）商业模式的多样化。自媒体创作者可以通过多种方式变现，包括广告收入、付费内容、打赏和会员订阅等。品牌也将更加注重与新媒体平台的合作，通过精准营销和品牌推广实现商业价值。

4. 隐私保护与合规发展

新媒体的隐私保护与合规发展是新媒体行业持续健康发展的重要基石和有力保障。

（1）隐私保护的加强。用户对数据隐私的重视程度不断提高，迫使社交媒体平台加强隐私保护。透明的数据使用政策、更强的数据加密技术和更多的用户控制权将成为未来新媒体行业发展的关键词。企业需要更加谨慎地处理用户数据，以维护用户信任和合规发展。

（2）法律法规的完善。随着新媒体行业的快速发展，相关法律法规也将不断完善，以保障用户权益和数据安全。这将促使新媒体平台在合规发展的道路上不断前行。

未来，随着互联网技术的不断进步和市场的日益成熟，新媒体行业将迎来更多的发展机遇和挑战。同时，新媒体行业也需要不断适应市场变化和用户需求，不断创新和优化，以保持持续的发展动力和竞争力。

第二节　认识新媒体营销与运营

随着互联网技术的发展，新媒体对于企业发展的重要性不断增强，它不仅是推动企业品牌发展和提高市场竞争力的有效途径，也是增强用户黏性和提升用户体验的重要工具。因此，企业应积极拥抱新媒体，不断优化营销和运营策略，与用户建立更紧密的连接，实现共赢。

一、新媒体营销概述

营销的本质是影响用户的选择，这意味着创新成为提升营销效率的重要途径。创新有两个维度：

一个是发现新的元素，另一个是对现有元素进行创新性整合。新媒体营销是伴随着互联网技术的飞速发展，加之企业对营销有越来越高的要求，从而催生出的新型营销方式。这种新型的营销方式借助新媒体平台，为企业的营销工作提供了多种选择，为企业提高产品或品牌的知名度、增加忠实用户数量提供了新的方向。

新媒体营销就是企业或个人利用新媒体工具和平台，把相关产品或服务的功能、价值等信息传达给目标用户，以便其形成记忆与好感，从而实现品牌宣传、产品销售等目的的营销活动。新媒体营销是基于互联网技术的发展而诞生的新型营销方式。相较于传统营销，新媒体营销在手段、渠道和用户定位等方面存在着一些明显的区别。

（1）传播方式和渠道。传统营销依赖于传统媒体，如电视、广播、报纸和杂志等。而新媒体营销主要通过互联网和数字渠道，如社交媒体、搜索引擎、移动应用等进行推广传播。

（2）目标用户和精准度。传统营销通常面对广泛的用户群体，很难实现精准投放。而新媒体营销可以通过分析用户数据和行为，根据用户的兴趣、习惯和行为数据准确地定位目标用户，帮助企业更好地进行精细化营销，提高营销效果和转化率。

 示例

选对核心人群，健安喜"时光包"让"种草"事半功倍

大健康品牌健安喜（GNC）发现，其拳头产品"时光包"的目标人群与小红书人群的重合度很高。为此，健安喜把小红书作为触达核心用户的主阵地，结合"时光包"抗老、美白、护眼、补钙几大功效，从使用场景和痛点需求出发，选定了三类核心目标人群——奢美精致妈妈、熬夜精英、活力购物族，并由此延展出更多的高潜人群，诸如"久坐打工族""护肤美颜人群"等。

选对核心目标人群，做好人群反漏斗路径规划，让健安喜的种草投放事半功倍：通过对核心目标人群的深入洞察，健安喜定位了"熬夜垮脸""素颜好气色""产后保养"等需求场景，并以此延展种草内容的创作，不断"赛马"选出最优内容进行广告放大，逐步向高潜人群扩展渗透。"时光包"种草的价值外溢到电商平台，站外商品交易总额增量中有80%由新客户贡献。

（3）互动性和参与度。新媒体营销更强调用户互动和参与，新媒体平台提供了丰富的互动方式，用户可以通过评论、分享、点赞等方式进行实时互动和沟通，有效提升了用户参与度和活跃度。而传统营销通常是单向的广告或宣传信息，缺乏即时互动和反馈。

（4）内容形式和创意程度。传统营销主要依靠文本、图片和视频等形式进行传达。而新媒体营销更加多样化和灵活，可以尝试更有创意和更独特的内容形式，如短视频、直播等，以吸引用户的注意力并提高品牌关注度。

（5）成本和效益。传统营销通常需要较高的投入和成本，如购买广告位、制作海报等。而新媒体营销相对来说成本较低，并且可以通过数据分析和优化来提高营销效益。

（6）传播速度和时效性。新媒体营销可以实现实时传播和即时更新，消息和内容可以迅速传递至用户。而传统营销由于生产制作时间和传播渠道的限制，传播速度较慢，并且难以在短时间内做出调整。

 示例

央广"游购乡村"助农直播，首秀销售破100万元

2022年10月21日，央广"游购乡村"大型助农活动直播带货正式启动，由央广传媒集团旗下央广购物联合淘宝直播共同打造的"游购乡村"助农主题直播间上线首播。此次直播持续6小时，对全国各地的近百款农特产品进行直播推介，全场累计观看人次超250万，成交总额突破100万元。

二、新媒体运营概述

随着"互联网+"时代的到来，舆论的主流传播阵地已经从传统的电视、报纸、杂志、广播悄然转移到微信、微博、抖音等新兴媒体平台。新媒体运营的思维、策略、工具、平台等的不断发展，造就了新型多样的新媒体盈利模式，如"粉丝经济""社群经济"等。运营者通过发布软文和视频内容，可以提高产品知名度、增强用户黏性，快速实现产品变现，提高经济效率。无论是企业还是个人，能够整合各种新媒体手段，制定出符合自身和市场需求的新媒体运营策略，成为在当今时代决胜的关键一步。

1. 新媒体运营的特点

简单来说，新媒体运营是指社会组织（或个人）通过基于网络技术、数字技术和移动通信技术而运行的新媒体平台，对相关产品进行推广运营的一系列活动。新媒体运营是整合了产品、策划、宣传、公关和广告的一系列完整的计划、组织、实施和控制活动。比如运用软文、短视频的形式在新媒体平台上传播产品信息，更加精准地向目标用户进行产品推送，利用"粉丝经济"达到营销的目的。新媒体运营具有以下特点。

（1）传播方式双向化。与传统媒体的单向传播不同，新媒体用户不仅仅是信息的接受者，同时也是信息的传播者。用户可以通过点赞、评论、转发等方式参与信息的传播，实现与内容发布者的双向互动。同时，借助互联网技术，新媒体平台能够实时接收用户的反馈，并据此进行内容的调整和优化，从而增强用户体验，提高用户满意度。

示例

星巴克的"心愿墙"

星巴克是一个经典的品牌，它在社交媒体上的成功也是人们津津乐道的。其中一个成功的案例是星巴克推出的"心愿墙"活动。在这个活动中，星巴克向用户提供了一块虚拟墙面，让用户可以将自己的心愿贴在墙上，与其他用户分享。这个活动不仅激发了用户的参与意愿，还增强用户之间的互动和交流。用户可以在墙上找到志趣相投的人，建立联系，并分享他们对品牌的喜爱和认同。通过这个活动，星巴克成功地在用户心中营造了归属感和参与感。

（2）接收方式从固定到移动。随着无线通信技术的发展，新媒体的接收方式不再局限于固定的电视、广播或电脑等设备，用户可以通过智能手机、平板电脑等移动设备，在任何时间、任何地点浏览网页、观看视频、阅读新闻等，这种动态化的接收方式极大地提高了信息的传播效率和覆盖面。

（3）传播行为更加个性化。新媒体平台允许用户根据自己的兴趣和需求选择关注的信息和话题，从而实现个性化的信息传播。这种传播方式不仅提高了信息的针对性，也增强了用户的参与感和满足感。用户可以通过自己的方式表达观点、分享经验，成为信息传播的一部分，这种自我表达的方式也促进了新媒体的多样性和丰富性。

（4）传播速度实时化。借助互联网技术，新媒体的信息传播速度非常快，几乎可以实现实时传播。这种快速传播的特点使得新闻事件、热点话题等能够迅速在社交媒体上引起关注和讨论。由于新媒体的实时传播特点，用户可以及时获取最新的信息和资讯，从而保持对时事热点的关注和了解。

（5）传播内容多元化。新媒体可以融合文本、图片、音频、视频等多种元素于一体，形成丰富多样的信息内容。这种多媒体融合方式不仅增强了信息的表现力，也增强了用户的阅读体验和感受。同时，新媒体平台可以承载大量的信息内容，包括新闻、娱乐、教育、科技等多个领域的信息，满足了用户多样化的信息需求。

（6）便于企业宣传。相对于传统媒体的高昂广告费用，新媒体为企业提供了一

微课堂
新媒体运营案例分析

个低成本、高效益的宣传平台。企业可以通过社交媒体、短视频等新媒体渠道进行品牌推广和产品营销，以较小的投入获得较大的回报。

2. 新媒体运营的目的

新媒体运营是当今互联网行业中非常重要的一项内容，涉及各种社交媒体平台的运营等。新媒体运营的目的主要有以下几个。

（1）提高品牌知名度。通过在新媒体平台上发布品牌信息、推广产品、提供服务等方式，提高品牌知名度和曝光度。

（2）增加用户数量。通过在新媒体平台上发布内容、互动、推广等方式，吸引用户关注账号，增加用户数量。

（3）增强用户体验。通过实用内容分享、个性化推送、互动和参与、及时响应用户需求与关注客户服务等方法，企业可以提升用户体验。

（4）提高用户活跃度。通过在新媒体平台上与用户互动、分享产品信息、提供增值服务等方式，提高用户的忠诚度和活跃度。

案例 1.2

"拾翠蜗牛优假房车露营"新媒体运营

"拾翠蜗牛"是一个房车露营品牌，它利用抖音、小红书等新媒体平台进行运营，旨在推广房车露营生活方式并促进销售。

（1）新媒体运营目的：①提升品牌知名度。通过生动展示房车露营内容，提高品牌曝光度。②吸引并留住用户。通过发布有趣、实用的内容，吸引用户关注并持续互动。③促进销售转化。引导用户从线上平台到线下体验，并购买房车露营产品。

（2）实现方式：①内容创作。制作并发布关于房车露营的短视频、图片和攻略，展示其独特魅力和实用性。②互动营销。与用户互动并回答疑问，举办活动以增强用户参与感，提高用户忠诚度。③流量引导。将新媒体平台的流量引导至微信等私域渠道，进行更精准的营销和转化。

（3）成果：①成功吸引了大量对房车露营感兴趣的用户关注；②提升了品牌在市场中的知名度和影响力；③在短时间内实现了多组房车客户的转化，促进了销售业绩的增长。

启发思考：为实现新媒体运营目的，"拾翠蜗牛优假房车露营"还可以采用哪些运营方式？

三、新媒体营销与运营的异同

新媒体营销与新媒体运营经常被混为一谈，二者虽然存在相似之处，但也有明显的区别。

（1）营销向外，运营向内。新媒体营销偏向对外的工作，尤其是与用户打交道，其工作重点是想方设法触达用户并达成营销目标。新媒体运营偏向内部工作，所以运营者的日常工作包括账号管理、矩阵设计、选题规划、内容推送、数据分析等。

（2）营销策略制胜，运营细节为王。新媒体营销工作的关键是策略制定及顶层设计，优秀的营销策略是营销成功的前提。新媒体运营工作的关键是把控细节。如果制定出优秀的营销策略却不注意运营细节，很有可能由于海报忘记加二维码或软文写错网址等问题而使运营效果大减。

（3）营销结果导向，运营多重导向。新媒体营销工作的效果可以通过一系列营销结果数据直接评判。而新媒体运营工作的效果评判除了对营销结果数据进行考量外，还包括对用户数据、内容数据等的考量；不仅仅要考虑短期指标，也要考虑影响运营效率的长期指标。

四、新媒体营销与运营的工作内容

新媒体营销与运营的核心是建立和维护与目标用户之间的良好互动关系，强调用户的参与、与用户的沟通和互动，以满足用户的需求和期望，建立品牌认知和忠诚度。通过与用户的有效互动建立长期的关系和信任，从而实现品牌宣传、产品推广和销售增长的目标，其工作要点主要包括以下几个。

（1）关注用户。关注目标用户的需求、兴趣和偏好，提供有价值的内容和互动体验，以吸引和留住用户。

（2）互动和参与。积极与用户互动，回应评论和提问，开展投票、调查等活动，促进用户参与和分享。

（3）内容运营。创作和发布优质、有趣、有价值、有启发性的内容，包括原创文章、视频、图片、漫画等，以吸引用户关注和互动。

（4）社交媒体管理。有效管理和维护社交媒体账号，及时回应用户留言和评论，与用户建立积极的互动关系，增强用户黏性，提高用户活跃度。

（5）数据分析与优化。利用数据分析工具对用户行为、流量来源等进行深入分析，追踪和评估营销效果，了解用户反馈和行为，优化营销策略和内容创作。

（6）品牌形象塑造。通过新媒体平台宣传品牌故事，展现企业的价值观、文化和个性，塑造积极正面的品牌形象，提升品牌知名度和美誉度。

（7）营销活动策划。设计各种营销活动，如线上/线下活动、促销活动等，提高用户参与度和转化率。

第三节　新媒体从业人员的职业认知

新媒体不仅是技术革新的成果，更是思维方式革命的结果。它要求从业人员不仅要精通各种数字媒体工具，更要具备敏锐的洞察力、深刻的理解力和卓越的创造力，以独特的视角洞察社会热点，以精准的内容触达人心，以创新的形式引领潮流。因此，新媒体的爆火催生了一个新型的职业岗位——新媒体运营。

一、新媒体运营岗位与职位设置

从职业岗位的角度理解，新媒体运营是指通过在各新媒体平台持续策划，输出质量高、传播广、大众喜闻乐见的有趣、有用、有思想深度的内容，并策划丰富多彩且引人入胜的活动，吸引更多的粉丝，进而通过这些粉丝的关注来达到传播企业品牌、销售更多的产品或服务等商业目的的岗位。

1. 新媒体工作岗位设置

随着互联网技术的发展和新媒体平台的不断涌现，新媒体工作岗位越来越呈现出多元化和专业化的特点。从新媒体作品的创作过程来看，它一般要经历选题策划、编撰文案、生成作品、发布作品等四个基本环节，这些环节中的具体工作根据新媒体部门的规模、运作模式和任务性质的不同而常有不同的分工。新媒体相关岗位大致分为新媒体编辑、短视频编导制作、内容策划、数据分析、社区运营等，每个岗位具体的工作职责各有不同。随着新媒体行业的不断发展，还会衍生出更多新的工作岗位和职业方向。

 示例

大连××制药有限公司"新媒体编辑"招聘信息（节选）

岗位职责：

1. 负责公司新媒体平台的运营及推广工作（包括但不限于微信公众号、知乎、小红书及海外社交平台等，当前以微信公众号为主）；

2. 捕捉热点话题及行业动态，独立完成日常选题策划、文案编辑和设计排版等工作；

3. 学习了解行业知识、产品特点、竞争环境等，协助调研相关市场信息；

4. 根据公司品牌定位，协助公司为各个项目撰写相关营销软文、推广方案、品牌策划等内容；

5. 定期分析各项运营数据，及时复盘，推动运营体系高效发展。

2. 新媒体工作职位设置

在企业的新媒体部门，不同职级的职位通常有三类，一般包括专员、主管/经理、总监等。专员需要关注细节，主管/经理负责抓重点并提高效率，总监聚焦战略规划。

（1）新媒体运营专员。新媒体运营专员属于执行岗，按照运营渠道和负责工作内容的不同，又可以划分为微信公众号运营专员、微博运营专员、社群运营专员、活动运营专员、内容运营专员以及短视频运营专员等，不同运营岗位的工作职责和能力要求也不相同。

（2）新媒体运营主管/经理。新媒体运营主管/经理的工作内容涉及企业运营部门的整体运营情况，包括配合企业其他部门如市场部或公关部开展营销活动或品牌活动，有的新媒体部门可能直接承担着创造企业营收的重任。新媒体运营主管/经理不仅需要熟悉某一单一渠道，而且要负责整条新媒体运营业务线或新媒体业务的某一部分业务。换言之，新媒体运营主管/经理要能够驱动整条业务线的高速运转，并且以较低的成本为企业创造更多的回报。所以，新媒体运营主管/经理需要熟悉多种渠道运营方法，并具备强大的数据分析能力，能针对企业现有的运营情况进行渠道优化或者开拓新的流量渠道，以降低企业流量成本，为企业创造更多的营收。

（3）新媒体运营总监。相较于新媒体运营主管/经理来说，新媒体运营总监的工作职责或工作内容更多是聚焦战略规划，负责制定和规划企业的整体运营策略和运营计划，承担着更大的责任。

二、新媒体从业人员的能力要求

新媒体从业人员需要具备一系列核心能力和工具应用能力，以适应快速变化的媒体环境并满足行业的需求。

1. 核心能力

新媒体从业人员需要从以下几个方面不断提升综合素质和技能水平，以适应不断变化的市场需求和行业发展趋势。

（1）热点抓取能力。纵观新媒体这些年的发展趋势，借势营销已成为日常运营的基本手段。借势热点需要新媒体运营者"眼观六路，耳听八方"，并拥有"火眼金睛"，能够及时在各种信息中发现和捕捉热点，并辨别该热点是否具备引领正确价值导向的引爆点。因此，新媒体从业人员需要敏锐地捕捉当前的热点话题和趋势，以便迅速调整内容方向并吸引用户关注。这需要对社会动态、流行文化和市场趋势保持高度敏感。

（2）内容创作与编辑能力。新媒体的核心是内容，因此新媒体从业人员需要具备优秀的写作和编辑能力。这包括撰写吸引人的标题、文章和社交媒体帖子，以及理解不同平台用户的特点并优化内容。同时，熟悉图像和视频编辑工具也是必不可少的能力，以便创造多样化的媒体内容。比如在发现热点后，能够及时结合自身产品的特点、优势进行创作，并通过文本、图片或视频等方式将其展现在用户面前。

（3）数据分析与洞察能力。在新媒体领域，数据驱动的决策至关重要。新媒体从业人员应掌握数据分析工具，能够追踪和分析网站流量、社交媒体表现及用户互动等关键数据指标。通过深入分析这些数据，可以更好地了解用户的喜好和偏好，从而灵活地调整内容和策略。

（4）善于捕捉创意并进行策划的能力。越是优质的内容，越需要新媒体从业人员精心策划。有人在新媒体时代如鱼得水，靠的正是出其不意的创意。新媒体从业人员要想做出有特色的品牌，离不开丰富多彩的创意。在这个"人人都是自媒体"的时代，最不缺的就是有创意的点子，但市场需要的是能把点子转化为操作方案的人。对新媒体从业人员而言，自己缺乏创意还可以求助那些具有奇思妙想的用户，做不好策划才是真正的重大缺陷。

（5）多媒体制作技能。随着短视频等视觉内容的兴起，新媒体从业人员通常需要具备一定的视频剪辑、配音、动画制作等多媒体制作技能。这些技能可以帮助他们创建更具吸引力和互动性的内容。

（6）社交媒体管理能力。社交媒体已成为互动和沟通的关键平台。新媒体从业人员需要深入了解不同社交媒体平台的特点，并具备制定及执行有效的社交媒体策略的能力。这包括发布内容、积极与用户互动、解决问题，以及监测和分析社交媒体数据以优化策略。

（7）团队合作与沟通能力。新媒体项目通常涉及跨部门合作，因此从业人员需要具备良好的团队合作和沟通能力，需要与编辑、设计、技术等不同背景的人员有效协作，确保项目的顺利进行。

📣课堂讨论

以5人为一小组，对照新媒体从业人员的基本能力和素养要求，扫码查看这份求职简历，讨论这位求职者是否符合"新媒体运营"的任职要求。

2．工具应用能力

对新媒体从业人员而言，掌握新媒体运营的各类工具可以极大地提高工作效率。常用的工具主要分为四大类，包括文本工具、视频工具、图片工具和运营工具。

作为新媒体从业人员，尤其是初入职场的新媒体运营专员，只有了解这些工具的用法，并精通每一类工具中的一种或几种，才能保证运营工作的顺利开展。

三、新媒体从业人员的常用思维

要想在新媒体运营中取得成功，需要有正确的思维方式和策略。对于新媒体从业人员来讲，技能决定了其工作状态，而思维则决定了其工作高度。常用的、具有普适性的新媒体营销与运营思维包括用户思维、数据思维、内容思维、社交思维、跨界思维等。详细内容将在第二章阐释。

归纳与提高

本章主要介绍了新媒体、新媒体营销与运营的概念，新媒体与自媒体的区别与联系，新媒体营销与运营的异同，新媒体营销与运营的工作内容，新媒体从业人员应当具备的职业素养和掌握的职业核心能力。本章的重点在于理解并掌握新媒体营销与运营工作的基础内容，理解两者在策略和执行层面的协同作用，了解新媒体从业人员的工作职责及其需要具备的常用思维和能力，以便为后续深入学习打下坚实基础。

综合练习题

一、单项选择题

1. 下列哪个平台属于问答类型的内容平台，可以通过在内容中插入"好物推荐"链接进行变现？
（　　）

　　A．微信公众号　　　B．头条号　　　C．知乎　　　D．喜马拉雅

2. 以下关于新媒体与自媒体的说法，哪项是不正确的？（　　）

    A. 自媒体是新媒体的一种形式，但新媒体不一定是自媒体

    B. 自媒体的产生早于新媒体，是新媒体发展的基础

    C. 新媒体是一个动态的概念，伴随着互联网技术的不断进步，其形式会不断发生变化

    D. 自媒体更加个性化，自媒体人可以在各大平台上表达自己的想法和观点，而新媒体则主要用来传播企业品牌和形象

3. 新媒体内容生态多样化与个性化趋势中，哪一种内容形式因其能够快速传递信息和满足碎片化阅读需求而受到用户青睐？（　　）

    A. 长篇博客文章　　　B. 短视频　　　　C. 深度新闻报道　　　　D. 音频播客

4. 以下哪项描述最准确地反映了新媒体营销与新媒体运营的核心差异？（　　）

    A. 营销与运营都关注用户互动，但营销侧重于短期销售，运营侧重于长期关系建立

    B. 营销偏向内部工作，运营偏向对外与用户打交道

    C. 营销关注策略制胜，运营则不需要制定策略

    D. 运营结果可以通过营销数据直接评判，而营销效果则需要考虑多重因素

5. 新媒体运营的主要目的不包括以下哪一项？（　　）

    A. 提高品牌知名度　　　　　　　　B. 提高用户活跃度

    C. 增加用户数量　　　　　　　　　D. 降低产品生产成本

二、多项选择题

1. 以下关于新媒体特征的说法，正确的有哪些？（　　）

    A. 数字化是新媒体的根本特征，使得信息传播迅速、海量和高清

    B. 新媒体实现了点对点的信息传播，信息传播的全民化和互动化时代已经到来

    C. 新媒体是静态的，其内涵和形式不会随时间和技术的发展而变化

    D. 新媒体是相对于传统媒体而言的，是利用数字技术、网络技术等向用户提供信息和娱乐服务的传播形态

2. 新媒体营销与运营的工作内容中，以下哪些是属于两者共同关注或涉及的方面？（　　）

    A. 关注用户需求和兴趣，提供有价值的内容和互动体验

    B. 设计并开展各种营销活动，提高用户参与度和转化率

    C. 对用户行为、流量来源等进行深入分析，优化策略和内容创作

    D. 仅限于社交媒体平台上的内容发布和管理

3. 新媒体从业人员需要具备的核心能力包括哪些？（　　）

    A. 热点抓取能力，能够敏锐捕捉社会动态、流行文化和市场趋势中的热点话题

    B. 内容创作与编辑能力，包括撰写吸引人的文章、标题和社交媒体帖子，以及熟悉图像和视频编辑工具

    C. 数据分析与洞察能力，能够追踪和分析网站流量、社交媒体表现等关键数据指标，以了解用户喜好

    D. 仅仅掌握传统的写作和编辑技能，无须关注多媒体制作和社交媒体管理的新趋势

4. 新媒体营销和运营的工作要点包括哪些？（　　）

    A. 关注用户需求，提供有价值的内容和互动体验

    B. 积极与用户互动，回应评论和提问

    C. 仅在社交媒体上发布产品信息，不进行其他形式的营销

    D. 创作和发布优质、有趣的内容，包括原创文章、视频等

5. 以下哪些属于新媒体营销相较于传统营销的优势？（　　　）

    A. 依赖于传统媒体进行推广传播　　　　B. 可以通过互联网和数字渠道进行推广传播

    C. 很难实现精准投放　　　　　　　　　D. 可以根据用户数据和行为精准定位目标用户

三、判断题

1. 新媒体的出现改变了传统传播模式，形成了"人人都是传播者，人人都有话语权"的传播生态。　　　　　　　　　　　　　　　　　　　　　　　　　　　　　　（　　）

2. 新媒体的跨界融合与商业化发展是当前新媒体行业的重要趋势，它通过与其他行业或领域的交叉、渗透和融合，形成新的业态和商业模式。这一过程既满足了用户多元化的需求，也为自媒体创作者和品牌商家提供了多样化的变现和盈利机会。　　　　　　　　　　　　（　　）

3. 新媒体运营是指通过基于网络技术、数字技术和移动通信技术而运行的新媒体平台（如微信、微博、抖音等），对相关产品进行推广运营的一系列活动，其中也包括传统的电视、杂志、广播等媒体平台。　　　　　　　　　　　　　　　　　　　　　　　　　　　　（　　）

4. 新媒体营销相较于传统营销更强调用户互动和参与，提供了丰富的互动方式。　　（　　）

5. 新媒体营销是利用新媒体工具和平台，将产品或服务的信息直接转化为销售额的营销活动。　　　　　　　　　　　　　　　　　　　　　　　　　　　　　　　　　　（　　）

四、简答题

1. 简述新媒体运营在内容传播方面的主要特点。

2. 简述新媒体从业人员为何需要具备数据分析与洞察力，并举例说明其在实际工作中的应用。

第二章　新媒体营销思维与运营定位

【学习目标】

知识目标： 了解新媒体营销几个核心思维的基本概念和特点，深刻理解其作用与重要性；了解新媒体运营用户定位、平台定位和内容定位的基本知识；掌握新媒体运营定位的基本方法。

能力目标： 培养深入理解用户需求、运用数据分析结果、创作高质量内容、有效互动沟通、跨界整合资源以及场景化营销等多方面能力；培养精准选择平台的能力。

【导入案例】

人民文学与"与辉同行"

在数字化和新媒体快速发展的背景下，传统文学期刊面临着阅读群体缩小、市场份额下降等挑战。为了寻找新的增长点，提升品牌影响力，并吸引更多年轻读者，2024 年 1 月 23 日晚 8 点至 10 点，《人民文学》杂志与董宇辉及其团队联合，开展了"与辉同行"的直播带货活动。此次直播活动在抖音平台上进行，时长两个小时。直播间内不仅有《人民文学》杂志主编施战军，作家梁晓声、蔡崇达，还有俞敏洪、董宇辉等嘉宾齐聚一堂，共话"我的文学之路"。短短两个小时的直播中，《人民文学》杂志销售火爆，共售出超过 7.7 万套，销售额超过 1 663 万元。这次合作通过直播带货的形式，将传统的文学出版物与新媒体营销相结合，实现了文学与市场的有效对接。

启发思考： 《人民文学》杂志在直播带货活动中的运营定位是什么？是侧重于品牌推广、销量提升还是读者互动？

第一节　新媒体营销思维

新媒体营销思维是指在新媒体时代下，企业或个人为了提高品牌知名度、销售额和用户忠诚度而采取的思维方式和一系列营销策略，它是一种系统性的思维方式，需要企业从多个角度出发，综合运用多种策略，以适应新媒体时代的发展需求。新媒体核心营销思维包括用户思维、数据思维、内容思维、社交思维、跨界思维和场景化思维等思维方式，本章着重介绍前四种，跨界思维和场景化思维将在第三章结合营销策略进行详细介绍。

一、用户思维

在新媒体营销的世界里，用户思维占据着核心地位。它不仅仅是一种思维方式，更是一种对市场和消费者的深刻洞察。

用户思维是一种以用户为中心的思维方式，旨在通过深入了解用户需求、行为和目标，并将这些信息应用于产品或服务的设计和开发过程中，来提升用户体验。

在用户思维中，重要的考量因素包括用户的需求、使用场景、习惯、体验、购买决策、品牌认知、情感倾向以及在使用产品过程中遇到的痛点和不便之处。如何找到用户的痛点呢？站在用户的角度思考问题就成了实践中必要且最重要的运营思维。以下是基于用户思维需要重点关注的几个问题。

（1）用户是核心。用户从哪里来？企业需要更多的用户，但又不能强制要求现有用户去帮企业进行推广，所以如何"为用户提供更优质的服务、解决用户的每个问题、让用户获得更多利益"成为新媒体时代企业争取用户需要解决的主要问题。

（2）留住用户。对于用户，企业不仅要满足其产品功能上的需求，更要洞察他们的情感需求，还要让他们有参与感，让用户主导产品的变化，以促进产品进行更好的迭代。

（3）增强用户的参与感。企业要增强用户的参与感，让用户在产品运营活动中获得存在感，实现品牌与用户的联结，更关注用户在体验产品过程中的感受，以此提升品牌口碑，从而树立企业的正面形象。

总之，"站在用户的鞋子里思考每一步"是新媒体营销的第一个核心思维。

1. 用户思维的要点

（1）把用户当朋友。用户思维是一种触动思维，是把每一位用户都视为自己的朋友，产品则是他们之间建立联系的唯一媒介。

（2）让产品超越用户预期。用户思维是一种信任和认可。让用户产生共鸣只是第一步，想让用户成为一个忠实的用户，还需要使他们产生信任感与认同感。而要赢得用户的信任，就必须要做到出乎意料，既要满足用户的需求，又要提供好的产品体验。

📊 示例

戴森Supersonic吹风机

戴森（英国吸尘器品牌）推出的 Supersonic 吹风机，以其独特的设计、强大的风力和智能的温控系统，为用户带来了全新的吹发体验。这款吹风机不仅能够快速吹干头发，还能够根据头发的湿度和温度自动调节风力和温度，避免对头发造成损伤。这一产品的推出，不仅满足了用户对高品质吹风机的需求，也超越了他们对传统吹风机的预期。

（3）充分体现社群运营思维。通过不断地实践用户思维，让用户对企业产品从关注变成感兴趣，再到成为使用者，然后变为粉丝，最后形成社群，而这实际上就是一种社群运营思维。

📊 示例

抖音短视频创作激励

抖音在 2023 年继续加强了其短视频创作激励计划。抖音提供了丰富的创作工具和资源，并设立创作激励计划，奖励优质内容的创作者，鼓励用户积极创作和分享短视频。抖音还加强了对创作者的培训和支持，以提高他们的创作能力和水平。此外，抖音还通过社交媒体等渠道宣传优质创作者和他们的作品，以吸引更多用户的关注和参与。这种以用户为中心的创作激励模式不仅提升了用户的创作能力和水平，还培养了用户的创作思维和表达能力。

2. 如何培养用户思维

（1）树立正确的用户观。摒弃以自我为中心，认识到自己的思维方式并不等同于用户的思维方式，将用户放在产品设计的中心位置。同时，明确并深入理解目标用户群体的特征，包括年龄、性别、职业、兴趣等，以更精准地把握用户需求。对于复杂的产品或服务，还需理解不同用户角色的核心诉求和需求差异。此外，要尊重用户分层现象，针对不同圈层的用户制定相应的策略。

想一想

陈某从事养驴和驴肉销售，为了经营好驴场，保证驴肉的质量，他付出了很多的金钱和心血。陈某经常说的一句话是："我的驴都是经过精心饲养的，方圆五十公里绝对没有比我这儿更好吃、更香的驴肉了。"

请问： 陈某这句话反映的是用户思维吗？为什么？

（2）接近用户、触达用户。要关注用户反馈，如微信、微博等社交媒体的留言、评论或短视频、直播弹幕等，以便及时收集和处理用户意见。同时，还要定期或不定期地进行用户调研，采用问卷调查、深度访谈、用户观察等方法，了解用户对产品的看法、使用习惯和需求变化。此外，还需亲自走进用户场景，体验产品的实际使用情况，观察用户行为和反馈，以便更直观地了解用户需求和使用痛点。

（3）培养同理心和理解力。尝试换位思考，站在用户的角度思考问题，理解他们的言语、行为和背后的动机，以便更准确地把握其需求。同时，注重用户情绪的变化，因为用户的情绪会直接影响他们对产品的评价和选择。通过不断与用户互动和收集反馈意见，培养对用户需求的敏感度和理解力，这有助于在产品开发过程中更准确地把握方向。

▣ 示例

海底捞的特色在于它的服务，其每个细节都从用户的角度出发设计。去过海底捞的人肯定知道，从取排队单号开始，它就为顾客免费提供各种服务，如茶水、甜点、水果等；并且提供的这些茶点会随地区不同、季节的变化而变化。在顾客等待期间，海底捞还提供各种游戏道具和消遣方式，尤其是针对女性顾客还提供美甲等服务，以便于顾客打发时间，可谓将用户思维发挥到了极致。

二、数据思维

数据思维是一种量化的思维方式，通过量化的数据来反映事实。数据思维就是根据数据来提出问题和解决问题，通过数据分析给出建议来解决业务问题。

运用数据思维能够让工作更加客观、更加结构化和更具延展性，其存在价值就是了解需求，然后通过各种方法收集数据，再从数据中提取有价值的信息去优化业务线，从而改进决策，不断迭代，降本提效，驱动增长，最终创造价值。

即学即练

你计划每一两周在自己的微信公众号上发一篇文章，请从数据思维出发，将微信公众号发文这个任务分解成几个小任务，并按不同任务做出不同的计划，直到全部完成。

想一想

量化思考能够帮助我们做计划，从而将工作和生活安排得井井有条。想一想：我们的工作和生活中，如何做计划才能体现量化思考？

（一）为什么要有数据思维

在当下快速变化的市场中，信息自动化、数字化已经成为常态，如果没有数据思维，企业或者个人仍然基于过去的情况做出经验性的判断，将很可能会带来决策失误。

随着数据技术的发展，企业面对的外部环境越来越复杂，需要处理的数据也越来越多。如果还是利用传统的思维模式，不重视数据，就只会让自己在竞争中处于被动地位。

所以，无论是个人还是企业管理者，都应该顺应趋势，与时俱进，以数据思维让自己的决策更加科学与合理，同时，更加理性地处理复杂环境下的各种关系。

（二）数据思维的要点

互联网时代，我们能够接触的信息太多、太杂，听到的、看到的往往不一定就是真相。所以，互联网时代更需要数据思维。数据思维总结成 12 个字就是"善于简化、注重量化、透视本质"。

（1）抓重点，善于简化。数据思维是一种化繁为简的思维方式。具体来说，就是聚焦核心问题，从结果或者最终目标出发，收集信息，评估情况，从多种视角找到高效的解决方案。

（2）求精确，注重量化。求精确、注重量化的数据思维，强调具体和准确，强调能力聚焦、问题聚焦，在一个个具体的点上解决问题。"大数据、小场景"就是这个道理，大数据本身没有任何价值，只有聚焦到具体的问题和应用场景上，才能发挥出大数据真正的价值。

（3）察数据，透视本质。数据不是万能的，世界万物的关系很复杂，而简化可能带来误差。此外，数据都是历史数据，万物却是在不断变化的，现有的知识也有真伪之分，同一现象、同样的数据，分析方法不同，导致结论不同的情况也较为常见。拥有数据思维需要去伪存真，探究数据的真实性、客观性，不断探寻隐藏在数据背后的真相，做数据真正的主人，而非被数据操控。

（三）如何培养数据思维

培养数据思维是一个长期而系统的过程，需要不断学习、实践和提升。只有掌握了数据思维的核心技能和方法论，才能在这个数据驱动的时代中立于不败之地。

1. 培养对数据的洞察力

数据洞察力是对数据的感知、计算、理解和预测能力，是通过数据的表象挖掘深层次信息，理解事物本质的程度。数据洞察力强的人，看到数据时能够找出问题，找到规律，发现机会或做出决断；数据洞察力弱的人，看到数据时只会问这是什么，这反映了什么，这能说明什么；缺乏数据洞察力的人，认为"数据就是数据"，甚至不会想到以上问题。人并非天生就具有洞察力，洞察力来源于经验的积累——看的数据越多，种类越丰富，处理的问题越多，洞察力就越强。因此，数据洞察力是可以培养的。

2. 培养理解和使用数据的能力

数据只有置于业务场景中，才有意义。企业数据化转型过程中，要求数据管理和数据分析人员懂业务，理解数据对业务的价值；要求业务人员要懂数据，会使用数据。

3. 培养问题拆解能力

数据思维的核心在于用数据发现并解决问题。学会用结构化、量化的思维方式去分析问题、拆解问题、解决问题，能够让我们事半功倍。

4. 培养用数据说话的习惯

数字化时代，每个人都应该具有量化思维，习惯用数据说话。用数据说话不是单纯地使用数字，而是用数据来支持观点，做到有理有据。

（1）在一定程度上，数据就是证据和事实，用数据说话，能够增强你的说服力。任何观点都会有不足之处，但数据摆在那里就让人难以反驳。

（2）数据可以揭露问题，发现本质，用数据说话，可以作为做出正确决策的辅助手段。数字化背景下，企业管理不仅需要管理者有丰富的管理经验，还需要有多维的数据支撑。

（3）用数据说话要有量化思维、简化思维，还要尽量避免使用太过专业的术语。量化，有利于对事物（业务）给出一个判断标准。例如，提高产品销量，到底售出多少算是提高？提升用户活跃度，怎样的用户才算活跃用户？只有将指标进行量化，才能推动达成共识。

> **示例**
>
> 抖音是通过数据思维优化内容推荐算法的。它通过收集和分析用户的观看历史、点赞、评论等数据，为用户推荐更符合其兴趣的视频内容。这种数据驱动的内容推荐策略使得抖音的用户黏性和活跃度都得到了显著提升。

三、内容思维

俗话说，得营销者得天下，得内容者得营销。在新媒体营销的大潮中，企业需要用独特的思维方式和策略来吸引用户的关注和信任，而这种思维方式被称为内容思维。

内容思维是指在新媒体环境下针对互联网用户的特性和消费习惯，进行内容创作和传播的一种策略和思维方式。内容思维要求企业从内容出发，创造高质量、有价值的内容，以此赢得用户的青睐。

内容的形式多样，不仅仅是文本、图片或视频，还包括社交媒体上的互动和话题讨论。这些内容元素相互交织，共同构成了企业在新媒体时代的品牌形象。通过创造有趣、有用的内容，企业能够提升品牌知名度和用户忠诚度。这种由内而外的营销方式，能有效地增强用户的黏性和提高参与度。

1. 内容思维的特性

运用内容思维时，向用户推送的信息要具有以下几个特性。

（1）内容原创性。这一点关乎运营者能否在用户面前树立起所谓的公信力或者使用户产生亲切感。

（2）内容可读性。这一点要求运营者学会最基本的排版布局，乃至内容的创意策划。可以通过文本推送及视频、音频的二次创作，在可读性方面带来变化，从而引起用户的关注和推广。

（3）内容真实性。原创并不代表可以自由发挥，在不背离大众认知的基础上，传播正确的理念和知识能够为所运营的账号树立起良好的公信力。与此同时，真实的内容往往也更能够获得用户的认同。

2. 如何运用内容为企业创造机会

内容为王时代，内容具有吸引力才可促进关注流量的上升，进而转化为购买产品的行为。

（1）关注内容的价值和意义。优质的内容不仅能吸引用户的眼球，更能触动他们的心灵。因此，企业在创作内容时不仅要注重形式，更要关注内容的价值和意义。只有这样，企业才能在新媒体营销的竞争中脱颖而出，赢得更多用户的信任和支持。

🖳 示例

董宇辉爆红，知识型主播成为新趋势

2022 年夏天，主播董宇辉爆红。董宇辉本是新东方高三英语名师和学科负责人，八年间教过 50 多万名学生，因其个人魅力和深入浅出的知识讲解能力受到了不少学生的好评。转型直播后，他将在课堂上积累的丰富的教学经验巧妙地用于直播间讲解中，形成了一套独特的"讲解话术"。

董宇辉爆红这一现象级案例的背后，充分说明了观众对于直播价值层面的要求越来越高。内容为王时代，类似于传统"喊麦型"主播开始因其门槛较低、内容价值感不足、同质化严重而逐渐被用户抛弃。在未来，要成为一名优秀的主播，既需要拥有有趣的灵魂，更需要具备智慧的头脑。

（2）及时调整和优化内容。企业需要时刻关注市场动态和用户需求的变化，不断调整和优化内容策略。这不仅包括内容的创作方式，也包括传播渠道的选择和营销手段的运用。只有这样，企业才能在激烈的市场竞争中立于不败之地。

💬 课堂讨论

在"与辉同行"直播间的一次访谈中，张艺谋评价董宇辉"在商不言商"，即董宇辉在从事商业活动（特别是直播带货）时，并没有完全遵循传统的商业逻辑和营销手段，而是以一种更加自然、真诚和富有情怀的方式与观众互动，传递产品或服务的信息。试讨论：董宇辉是如何在保持"在商不言商"的同时，确保商业活动成功的？"在商不言商"的模式对用户有哪些影响？

四、社交思维

社交思维是一种在新媒体环境下，特别是在社交媒体平台上，深度理解和利用用户社交行为特性的营销思维方式。它不仅仅关注产品或服务的推广，更重要的是，还强调通过互动、参与和共享来建立品牌与用户之间的紧密联系。社交思维是一种动态的、用户导向的营销思维，要求企业针对社交平台的特性和用户的行为习惯，运用创意和策略来设计和实施营销活动。

课堂讨论

脱口秀演员李雪琴曾在一次节目中吐槽"社交软件有效地避免了社交"。试讨论：社交媒体如何改变了我们认识新朋友的方式？在营销活动中，数字化沟通是否削弱了面对面交流的重要性？

1. 社交思维的特征

社交思维强调人们通过社交网络进行信息的传播、交流和影响力的构建，它具有以下特征。

（1）互动性与参与性。社交思维强调人与人之间的双向互动，不仅仅是信息的传递，更包括情感的交流、观点的碰撞和理解的深化。具备社交思维的人倾向于积极参与社交活动，主动与他人建立联系，分享自己的想法和感受，同时也愿意倾听他人的声音。

（2）换位思考与同理心。社交思维要求人们具备换位思考的能力，即能够站在他人的角度思考问题，理解他人的需求和感受。这有助于建立更加和谐的人际关系。具备同理心是社交思维的重要体现，它能够让人更加敏感地捕捉到他人的情绪变化，从而给予他人更加恰当和贴心的回应。

（3）倾听与表达。社交思维强调倾听的重要性，一个善于倾听的人能够更好地理解他人的观点和感受，从而建立起更加深入和持久的联系。除了倾听，有效地表达也是社交思维的关键。清晰、准确、有逻辑地表达能够让他人更好地理解自己的想法和意图。

（4）尊重与包容。社交思维要求人们尊重他人的差异性和多样性，包括文化背景、价值观、兴趣爱好等方面的差异。这种尊重有助于建立更加开放和包容的社交环境。在社交中，即使社会地位、财富状况或其他方面存在差异，每个人也都应该被平等对待。这种平等对待有助于建立更加公正和合理的社交秩序。

（5）共赢与合作。社交思维倡导共赢的合作关系，即通过合作实现双方或多方的共同利益。这种思维方式有助于建立更加稳定和持久的合作关系。在合作过程中，各方需要协同努力，共同解决问题，实现目标。这种协同努力能够增强团队的凝聚力和战斗力。

（6）理性与客观。社交思维要求人们在处理人际关系时保持理性和客观的态度，不被情绪所左右，通过理性分析问题的本质和原因，找到最合适的解决方案。在评价他人时，也需要保持客观、公正的态度，不带有个人偏见和主观臆断。这种客观评价有助于建立更加准确和可信的社交评价体系。

示例

瑞幸咖啡"寻找城市合伙人"活动

2023年，瑞幸咖啡在社交媒体上发起了"寻找城市合伙人"的活动，即邀请用户成为城市合伙人，参与品牌的建设和推广。这一活动充分利用了社交媒体的互动性和参与性，让用户成为品牌的传播者和建设者。通过这一活动，瑞幸咖啡不仅扩大了品牌的影响力，还增强了与用户之间的情感联系。这是在新媒体营销中运用社交思维的一个典型案例。

2. 如何培养社交思维

在新媒体环境下培养社交思维需要多方面的努力和实践。

（1）了解新媒体环境。培养社交思维，首先要了解新媒体。新媒体具有互动性、即时性、个性化突出等特点，我们可以通过多种渠道和方式与他人进行交流和互动，因而要时刻关注新媒体的发展变化和趋势，了解新兴平台和工具的应用场景和优势。

（2）积极参与新媒体活动。在社交媒体平台上积极参与讨论和互动，与他人分享观点、经验和知识。通过参与社交媒体活动增加曝光度，结识新朋友并了解不同领域的信息，还可以利用短视频平台创作和分享自己的视频内容。短视频具有直观、生动、易于传播的特点，可以更好地展示自己并吸引用户关注。

（3）学习社交技巧。在新媒体平台上要学会倾听他人的观点和意见，并给予他人积极、有价值的回应。这样不仅可以增进与他人的关系，还可以扩大社交影响力。在表达自己的观点和想法时，要确保语言清晰、准确、有逻辑。同时，还要注意使用适当的语气和态度，以避免引起误解或冲突。

（4）拓展社交圈子。在新媒体平台上关注所在行业相关的领袖人物或机构，了解他们的观点和动态，通过关注他们，可以获取更多有价值的信息和资源，并扩大自己的社交圈。同时，加入与自己兴趣相关的社群或组织，参与他们的线上或线下活动。通过参与社群活动，可以结识志同道合的朋友，共同分享和学习。

（5）保持积极心态。要保持自信乐观的心态，相信自己有能力与他人建立良好的关系。当遇到困难和挫折时，要勇于面对并寻找解决方案。针对新媒体环境的不断变化和发展，要保持持续学习的态度。通过学习新知识、新技能和新方法，不断提升自己的社交能力和竞争力。

案例 2.1

冰墩墩的社交媒体热度

冰墩墩作为 2022 年北京冬奥会的吉祥物，在社交媒体上迅速走红。其可爱的形象和独特的设计引发了广大网友的关注和喜爱。人们纷纷在社交媒体上分享冰墩墩的照片、表情包和周边产品，并参与相关的线上活动和讨论。此外，一些知名的社交媒体账号和意见领袖也积极推广冰墩墩，从而进一步扩大了其影响力。冰墩墩的社交媒体热度不仅提升了北京冬奥会的知名度和影响力，还带动了相关产品的销售。

启发思考： 在冰墩墩的社交媒体推广过程中，使用了哪些社交思维策略来激发用户的参与和分享，从而促进了冰墩墩的曝光和传播？

第二节　新媒体运营定位

1972 年，艾·里斯与杰克·特劳特提出了定位理论，开创了一种新的营销思维和理念。该理论认为，企业必须在潜在顾客的心智中创建一个"定位"，这个定位不仅考虑了企业自身的优势和劣势，也考虑了竞争对手的优势和劣势。定位理论的核心是"一个中心，两个基本点"：以"打造品牌"为中心，以"竞争导向"和"用户心智"为基本点。定位理论在新媒体运营上的应用主要体现在用户定位、平台定位和内容定位上。

一、用户定位

新媒体用户定位是新媒体营销与运营中的一个重要环节，其目的是明确目标用户群体。对于企业或品牌而言，只有了解自己的目标用户，知道目标用户需要哪些产品或服务，才能更有效地进行内容创作、产品推广和服务设计，才能更好地进行营销计划的制订与实施，使营销效果达到最佳。

用户定位是指通过对用户的特征、需求和行为进行分析和研究，确定产品或服务的目标用户。

这个过程包括了收集、分析和利用有关用户的数据，例如购买历史、偏好、地理位置和社会人口学因素等方面的信息，以帮助企业了解目标用户，并针对其需求提供更精准的产品或服务。

（一）用户定位基于的因素

用户定位可以帮助企业识别特定的用户群体，以便根据不同用户的需求和兴趣来开发和推销产品。在实践中，用户定位通常基于以下因素。

（1）市场细分。市场细分是指根据用户需求、偏好、购买行为、地域、心理特征等方面的差异，将一个整体市场划分为若干个具有相似需求或特征的子市场的过程。每个子市场被称为一个"细分市场"或"目标市场"，其用户通常具有相对一致的需求、偏好或行为特点。市场细分是一种重要的用户定位方法，可以帮助企业聚焦于特定用户类型，从而提升营销效果。

（2）用户洞察。用户洞察是指通过研究用户的行为和信念来了解他们的需求和观点。用户洞察通常通过市场研究和数据分析来实现，它可以揭示出有关用户的趋势和偏好，以及他们如何与产品或服务进行互动。

（3）地理位置。地理位置是一个重要的用户定位因素，它可以帮助企业确定目标用户所在的区域，从而更好地了解当地的文化、经济环境和竞争情况。这些信息对于制定正确的营销策略至关重要。

（4）社会人口学。企业可以通过社会人口学因素（如年龄、性别、收入、家庭状态等）来判断用户需求类型。不同年龄段、性别、收入和家庭状态的用户的需求不同，企业需要根据用户的社会人口学特征进行用户定位，以便提供更加个性化的服务。

（5）购买历史。购买历史也是一个重要的用户定位因素，它可以帮助企业了解用户的喜好和购买模式。例如，如果一个用户经常购买高端品牌的护肤品，那么该用户可能对其他高端产品也感兴趣。

以上是进行用户定位考虑的几个主要因素，实践中企业需要根据自己的业务需求来决定用户定位的考虑因素。

示例

泡泡玛特："Z世代"与潮流玩具爱好者

泡泡玛特是一个专注于潮流玩具的品牌，其新媒体用户定位主要是"Z世代"（通常指 1995 年至 2009 年间出生的一代人）和潮流玩具爱好者。泡泡玛特通过在新媒体平台上发布各种独特的潮流玩具和限量版产品，吸引了大量"Z世代"和潮流玩具爱好者的关注。同时，泡泡玛特还通过线上线下的互动活动，如"开盲盒"等，增强了与消费者的互动性和用户黏性。

（二）用户画像定位

在新媒体时代，企业的核心要务是优化产品、提升服务水平。而理解用户则是达成这一目标的关键要素。随着大数据技术的发展，围绕产品和服务的精准营销、广告投放、个性化搜索和推荐、风险控制、商业预测、体验优化、商业分析等逐渐兴起。为支撑这些业务，作为基础的用户画像也应运而生。

1. 什么是用户画像

用户画像是根据用户属性、用户行为等数据分析抽象出来的标签化用户模型。其核心工作就是给用户打标签，利用一些高度概括、容易理解的特征来描述用户。这样既可以让人更容易理解用户，也方便计算机处理。这些标签越多、越细化，对用户的刻画就越精准。由这些标签的集合可以抽象出一个用户的信息全貌，如图 2.1 所示是某个用户的标签集合。每一个用户标签都分别描述了一个维度，各个维度相互联系，共同构成对一个用户的整体描述。

图2.1 用户的标签集合示例

2. 为什么要做用户画像定位

在新媒体时代，企业应用用户画像的方式多种多样，这些方式旨在更深入地理解用户需求，优化产品和服务，以及实现更精准的营销和推广。

（1）个性化内容与服务定制。企业通过分析用户画像，了解用户的兴趣、痛点与需求，以及行为习惯与场景，可以为其定制个性化的内容和服务。例如，新闻或娱乐平台可以根据用户的阅读、观看习惯和喜好，推送定制化的新闻或视频内容，提高用户满意度，增强用户黏性。

（2）精准营销与广告投放。用户画像使得企业能够精确地识别目标用户群体，实现精准营销和广告投放。通过分析用户的消费习惯、购买力和需求，企业可以制定针对性的广告策略，提高广告的点击率和转化率，降低营销成本。

 示例

迪士尼：家庭游客与儿童

迪士尼的用户画像主要围绕家庭游客与儿童展开。家庭游客注重亲子互动和游玩体验，迪士尼提供的多种主题娱乐设施和亲子活动满足了这部分用户的需求。同时，迪士尼也深受儿童喜爱，其卡通形象和精彩的故事情节吸引了大量儿童粉丝。

（3）用户行为分析与预测。企业利用用户画像数据，对用户行为进行深入分析，可以预测用户的未来需求和趋势。这有助于企业提前调整产品或服务策略，适应市场需求的变化。

（4）用户关系管理与维护。通过用户画像，企业可以建立更紧密的用户关系，提供个性化的服务。例如，根据用户的购买历史和偏好，企业可以主动推荐相关产品或提供定制化的优惠活动，强化用户与产品或品牌的连接紧密度。

（5）产品优化与创新。用户画像为企业提供了宝贵的用户反馈和需求信息，有助于企业优化现有产品或开发新产品。企业可以根据用户的需求和痛点，改进产品设计，提升用户体验。

（6）社交媒体与口碑营销。在新媒体时代，社交媒体成为企业推广产品和服务的重要渠道。通过分析用户在社交媒体上发布的内容、点赞、评论、转发等行为数据，企业可以了解用户的社交属性和影响力，制定有效的口碑营销策略，提高品牌知名度和美誉度。

3. 用户画像定位的关键步骤和要点

用户画像定位是市场营销中一个关键的环节，涉及对目标用户群体的深入理解和精准描述。通过用户画像定位，企业可以更好地把握用户需求、优化产品设计和营销策略。以下是一些关于用户画像定位的关键步骤和要点。

（1）明确营销目标和市场定位。在进行用户画像定位之前，企业需要明确自身的营销目标和市场定位，以便更好地确定目标用户群体。

（2）收集和分析用户数据。通过市场调研、问卷调查、用户访谈等方式，收集目标用户群体的基础信息，如年龄、性别、地域、职业等。分析用户的行为数据，如购买记录、浏览习惯、互动行为等，以揭示用户偏好和需求。

（3）构建用户画像。基于收集和分析的数据，构建具体的用户画像，包括用户的基本特征、需求痛点、消费习惯、心理特征等。通过标签化的方式对用户进行多维度的描述和分类，以便更好地理解和定位用户。

（4）明确用户价值和优先级。分析不同用户对企业的价值贡献，确定哪些用户是核心用户、哪些用户是潜在用户，并确定他们的优先级，这有助于企业优化资源配置，将更多的精力和资源聚焦于对企业价值最大的用户群体上，实现资源利用的最大化。

（5）制定营销策略和产品优化方案。根据用户画像定位，制定针对性的营销策略，其中涵盖广告投放、内容营销、社群运营等方面，以此吸引和留存目标用户。与此同时，结合用户需求和痛点优化产品设计，进而提升用户体验和满意度。

示例

小米公司作为一家以手机、家电等电子产品为主的企业，通过用户画像深入了解用户需求。它利用大数据和人工智能技术，分析用户在产品使用过程中的行为数据、反馈数据以及属性数据，从而精准把握用户的偏好和需求。基于用户画像，小米公司不断推出符合用户期望的手机产品和其他电子产品，实现了产品的持续优化和创新。

（6）定期更新和优化用户画像。市场环境瞬息万变，用户需求也在不断更迭，企业需要定期更新和优化用户画像，以确保其准确性和有效性。通过持续的用户数据收集和分析，可以及时调整用户画像定位，从而更好地适应市场的变化和发展。

通过以上步骤，企业可以构建精准的用户画像，为市场营销和产品设计提供有力的支持。同时，这也有助于企业更好地了解用户需求和市场趋势，提升竞争力和市场份额。

案例 2.2

拼多多基于用户画像的精准营销

近年来，拼多多利用大数据和人工智能技术创建了精细化的用户画像系统，并以此为基础，实施了一系列精准营销活动。

1. 用户画像构建

（1）数据收集。拼多多收集了大量的用户数据，包括用户的浏览记录、购买历史、搜索关键词、社交互动情况等。这些数据是其构建用户画像的基础。

（2）数据分析。拼多多运用先进的数据分析技术，对用户数据进行深入挖掘和分析。通过机器学习算法，平台能够识别出用户的兴趣偏好、消费能力、购物习惯等关键特征。

（3）用户画像生成。基于数据分析的结果，拼多多为每个用户生成了独特的用户画像。这些画像详细描绘了用户的特征，为后续的精准营销提供了有力支持。

2. 精准营销策略

（1）个性化推荐。拼多多根据用户画像，向用户推荐符合其兴趣和需求的商品。例如，对于喜欢时尚潮流的用户，平台会推荐最新的潮流单品；对于注重性价比的用户，平台会推荐价格实惠且品质优良的商品。

（2）定制化优惠。基于用户画像，拼多多能够为用户定制专属的优惠活动。例如，对于高消费能力的用户，平台会提供更高额度的优惠券或会员特权；对于新用户，平台会提供首单立减或满减优惠等。

（3）社交互动营销。拼多多充分利用其社交属性，通过用户画像识别出具有影响力的用户（如网红、达人等），并邀请他们参与平台的营销活动。这些用户通过分享自己的购物心得和推荐商品，能够带动更多用户关注和购买。

（4）精准广告投放。拼多多根据用户画像在社交媒体和其他广告平台上进行精准广告投放。通过精准定位目标用户群体，平台能够降低广告成本并提高转化率。

拼多多通过实施基于用户画像的精准营销策略，取得了显著的效果。用户的购物体验得到了提升，满意度和忠诚度也有所提高。同时，平台的销售额和市场份额也实现了稳步增长。

启发思考： 拼多多是如何利用用户画像来优化营销策略并促进业务增长的？

（三）用户场景定位

场景关注的是用户在物理位置上的集中、需求的集中、群体情绪及状态的集中。合理利用场景，并充分结合营销传播的目的，就可将平时不容易传达的信息渗透到目标用户群体。

1. 什么是场景

场景是指在一定的时间、空间（主要是空间）内发生的任务和行动，或因人物关系所构成的具体生活画面。从营销的角度理解，用户场景是指用户在不同时间、地点、环境下引发的不同心境、行为或需求，也就是指用户在某个环境中会触发并完成某个任务。

"场"是时间和空间的概念，一个场就是时间加空间。用户可以在这个空间里停留和消费，如果一个人不能在某个空间停留、消费，这个场就是不存在的。

"景"是情景和互动。当用户停留在这个空间时，要有情景触发用户的情绪，并且能充分协同用户的意见进行互动。

课堂讨论

某年，"罗辑思维"以盲盒的方式打包卖套装书，一套六本，一共8 000套。一个淘宝店店主当时觉得这个套装肯定有价值，因为只有8 000套。所以他在"罗辑思维"开卖的第一时间就抢了10套，8 000套书在一个小时之内就卖光了。这个时候"罗辑思维"的粉丝群里还有人问，怎么没有了？到哪里买？于是这个淘宝店店主赶紧把他买到的这10套书上架销售。他想，现在的状况是大家想买而买不着，那怎么也得加点价吧，所以他标价450元，结果放了两天也没人来问。然后他就降到了原价400元，还是没有人问。打折以后依然无人问津，最后这套书在该淘宝店是零交易。

试讨论： 为什么同一套书在"罗辑思维"售卖被一抢而空，而在该店打折之后还是卖不出去？

2. 用户场景定位的特征

用户场景定位是指根据用户在不同时间、地点、情境下的具体需求和行为，对产品或服务进行精准的定位和设计。这种定位方式突破了传统的以固定用户群体为中心的局限，转而注重用户在使用产品或服务过程中的具体场景和需求。它强调在特定的时间、地点和情境下，深入理解用户的需求和行为，从而为用户提供更加精准、个性化的产品或服务，提升用户体验和市场竞争力。用户场景定位具有以下特征。

（1）精准性。用户场景定位强调对目标用户群体的精准识别，包括对用户在不同时间、地点和情境下的具体需求和行为进行深入分析，以便更准确地把握他们的真实需求。通过精准定位，企业可以更有针对性地设计产品或服务，满足用户的个性化需求。

（2）实时性。用户场景定位注重实时性和动态性。由于用户行为和所处环境不断变化，其需求也会随之发生变化。因此，用户场景定位需要实时捕捉这些变化，并及时调整产品或服务的定位和设计，以适应新的用户场景。

（3）场景化。这是用户场景定位最核心的特征。它强调将产品或服务的设计和优化与具体的用户场景深度结合。通过深入了解用户在不同场景下的需求和痛点，企业可以设计出更符合用户期望的产品或服务，进而提升用户体验和满意度。

（4）互动性。用户场景定位也强调与用户的互动。通过与用户进行沟通和交流，企业可以更好地了解他们的需求，及时获取反馈信息，从而持续优化产品或服务。这种互动性不仅有助于提升用户忠诚度，还可以为企业带来宝贵的市场洞察，激发出创新灵感。

（5）综合性。用户场景定位通常需要考虑多个因素的综合影响，包括用户的行为习惯、心理特征、社会环境等多个方面。因此在进行用户场景定位时，企业需要综合考虑这些因素，以确保定位的准确性和有效性。

3. 企业如何进行用户场景定位

企业进行用户场景定位是为了更好地了解用户的需求和行为，从而有针对性地提供适配的产品和服务。通过用户场景定位，企业能够全方位、深层次地把握用户特点，提供契合用户需求的产品和服务，从而提升竞争力，扩大市场份额。以下是企业进行用户场景定位的一般步骤。

（1）研究用户群体。企业需要对用户群体进行深入研究，了解他们的年龄、性别、职业、兴趣爱好等基本信息，通过问卷调查、深度访谈、用户观察等方式，收集目标用户在各个场景下的使用习惯、需求、痛点等信息，并利用大数据和人工智能技术对用户行为数据进行挖掘和分析，获取更全面的用户画像。

示例

优衣库通过大数据分析技术，深入研究其用户群体的购买习惯、喜好和趋势。结果发现，线上购物的用户更注重性价比和便利性，而线下购物的用户则更注重体验和试穿。基于这些发现，优衣库优化了线上线下的营销策略和产品设计，进一步提升了用户满意度和忠诚度。

（2）识别关键用户场景。企业需要确定用户在特定情境下的行为和需求，即识别用户在使用产品或服务过程中涉及的关键场景。用户场景可以是用户在特定时间、地点和情境下的行为和需求描述，例如购物、旅行、学习等。通过对这些场景进行分类和归纳，形成一套完整的场景体系，以便后续有针对性地进行定位优化。

（3）细化用户场景。针对每个关键用户场景，企业需要进一步分析用户的行为，深入挖掘用户的具体需求，包括功能需求、体验需求、情感需求，以及用户的动机、目标、痛点等方面的信息。通过用户反馈和数据分析，可以识别场景中的痛点和问题，为产品或服务的改进提供参考。

（4）构建场景化用户画像。结合用户研究和场景识别，构建出具体的场景化用户画像，包括用户在各个场景下的行为特征、需求偏好等。这些用户画像将成为后续产品设计、营销推广等工作的重要参考。

（5）设计场景化产品或服务。根据场景化用户画像，设计符合用户在不同场景下需求的产品或服务，制定相应的策略，提升用户体验，满足用户情感需求，打造具有差异化竞争力的产品或服务。

（6）场景化营销与推广。制定针对性的场景化营销策略，通过内容营销、社交媒体营销、线下活动等方式，将产品或服务推送给目标用户。在推广过程中要注重与用户的互动和沟通，收集用户反馈，不断优化营销策略。

（7）持续优化和调整。用户场景定位是一个持续的过程，企业需要不断收集用户反馈和数据，定期评估产品或服务在各个场景下的表现，识别问题和改进点。根据评估结果，对产品或服务进行迭代和优化，对用户场景进行调整和完善，以提高用户满意度和忠诚度。

案例 2.3

农夫山泉的场景定位

在场景定位方面，农夫山泉成功地瞄准了家庭生活和后厨这两个用水场景。农夫山泉推出了"15L 一次性桶装水"，这款产品不仅满足了家庭一周的饮水量需求，还通过一次性使用的设计，避免了二次污染，确保了用水的安全性。此外，农夫山泉还通过广告宣传，使"做饭用农夫山泉"和"好水才能煮出好饭"的概念深入人心，进一步巩固了其在家庭生活用水和后厨用水市场的地位。

农夫山泉通过深入了解用户的日常生活场景，发现了家庭生活和后厨用水时二次污染问题、存储和搬运的不便、退桶和押金的烦琐等需求痛点，以及对饮用便捷性的需求，针对性地推出了符合这些场景需求的产品。同时，它还通过广告宣传等手段，强化了品牌与这些场景之间的联系，让用户在提到家庭用水或后厨用水时，能够自然而然地想到农夫山泉。

启发思考： 农夫山泉是如何与特定消费人群建立情感连接的？

二、平台定位

企业新媒体运营中的平台定位，是指企业根据自身资源和优势，在新媒体领域中选择合适的平台，并明确在这些平台上所扮演的角色、目标受众、内容策略及与其他营销渠道的协同作用。平台定位是企业新媒体运营定位的重要组成部分，它决定了企业在特定平台上的发展方向和竞争优势。

1. 平台定位基于的因素

企业基于多种因素进行新媒体平台定位，这些因素共同决定了企业在不同新媒体平台上的策略和方向。以下是几个主要的考虑因素。

（1）目标用户。首先，要明确目标用户的年龄、性别、职业、兴趣爱好、消费习惯等特征，这些特征将直接影响新媒体平台的选择和内容创作。其次，要了解目标用户在新媒体平台上的行为习惯，如活跃时间、互动方式、信息获取渠道等，以便更好地触达和吸引他们。

（2）平台特性。新媒体平台类型多样，包括社交媒体、短视频平台、新闻资讯平台等，每种平台都有其独特的定位和用户群体。企业需要根据平台的特性，如用户规模、用户黏性、活跃度、内容形式、传播效果等，选择与企业目标相契合的平台，确保在所选平台上能够有效地传达信息、吸引目标用户。

（3）营销目标。进行平台定位时，要充分考虑企业的营销目标。如果主要目标是提升品牌知名度，那么可以选择用户基数大、传播效果好的平台。如果主要目标是推广新产品或服务，则需要考虑平台的用户群体是否与产品目标市场相匹配。如果主要目标是希望与用户建立更紧密的联系，那么可以选择互动性强的平台，如社交媒体和短视频平台。

（4）竞争环境。要了解竞争对手在新媒体平台上的布局和策略，避免同质化竞争，寻找差异化的突破口。同时，要关注新媒体市场的最新趋势和变化，及时调整和优化企业的新媒体平台定位。

（5）预算和资源。要根据企业的预算规划，合理选择新媒体平台。权威媒体和大型门户网站可能收费较高，但能够带来更大的曝光度；而行业垂直媒体或自媒体平台可能收费较低，且能够精准触达目标用户。同时，还要考虑企业在内容创作、用户运营、广告投放等方面的资源投入能力，确保能够在新媒体平台上持续输出高质量的内容。

（6）数据分析与反馈。通过数据分析工具收集用户在新媒体平台上的行为数据，如浏览量、点赞数、评论数、转化率等，根据收集到的数据评估新媒体平台的运营效果，包括品牌曝光度、用户互动度、产品销量等指标，进而根据效果评估结果及时调整和优化新媒体平台的定位策略，确保企业能够在新媒体领域取得更好的成绩。

示例

三只松鼠：短视频平台营销

三只松鼠在新媒体平台的选择上更侧重于短视频平台，如抖音、快手等。它通过制作有趣、富有创意的短视频内容来展示产品的特点和使用场景，以此吸引用户的关注，激发用户的购买欲望。同时，它还利用短视频平台的算法推荐机制，将内容精准地推送给目标用户群体，从而提升了营销效果。其核心营销手段如下。

短视频营销：充分利用短视频平台的优势，通过制作有趣、富有创意的短视频内容吸引用户关注。

IP营销：以"三只松鼠"为IP进行内容创作和营销，增强品牌辨识度和用户黏性。

精准推送：利用短视频平台的算法推荐机制，实现内容的精准推送和用户的精准触达。

2. 企业如何进行新媒体平台定位

企业进行新媒体平台定位是一个系统而复杂的过程，需要综合考虑多个因素，以确保在目标用户中有效地传达信息并提升品牌影响力。在明确新媒体营销目标与用户的基础上，以下这些关键步骤和策略可以帮助企业进行新媒体平台定位。

（1）评估新媒体平台。对新媒体平台的评估，可以从媒体定位与用户群体、影响力与覆盖面以及信誉度与专业性等方面入手，要充分考虑不同新媒体平台的不同定位和用户群体。例如，微信公众号适合深度内容传播和用户服务，微博则适合快速传播和话题讨论。同时，可以通过查看平台的用户数量、活跃度、互动量等指标对平台进行评估，在此基础上选择具有一定影响力和覆盖面的新媒体平台，以确保企业信息得到更广泛的传播。除此之外，企业要选择信誉度高、专业性强的新媒体平台，以提高企业信息被用户信任和采纳的概率。关于平台信誉，可以通过查看其历史报道、获奖情况、行业影响力等方面来评估。

（2）制定内容策略。首先，根据新媒体平台的特点和用户喜好，选择合适的内容形式，如文本、图片、视频等，以确保内容形式与平台兼容，能提升用户体验。其次，根据企业的品牌形象和用户特点，统一内容风格和调性，确保内容能够传达企业的核心价值观和品牌理念。最后，要确定合理的内容更新频率，保持与用户的持续互动，避免内容更新过慢导致用户流失，或更新过快导致内容质量下降。

（3）多渠道传播与互动。为了扩大企业信息的覆盖范围，提高品牌曝光度，可以根据企业需求和目标用户的广泛性，在多个新媒体平台上发布内容，以实现多渠道传播。要积极与用户进行互动，如回复评论、私信等，以建立良好的用户关系，增强用户黏性和忠诚度。同时，应通过互动了解用户反馈和需求变化，及时调整和优化新媒体运营策略。

（4）持续优化与调整。要利用数据分析工具监测新媒体平台的运营效果和用户行为趋势，并且根据数据结果评估运营效果，发现问题并及时调整优化新媒体运营策略。同时，要根据市场变化、用户需求变化以及数据分析结果等因素，不断调整和优化新媒体运营策略，确保其始终适应市场变化和用户需求。

三、内容定位

在数字媒体技术快速发展、用户需求多样化、品牌传播需求高及市场竞争激烈等多种因素共同作用于市场的背景下，企业需要不断探索和创新内容定位策略，以满足用户的多样化需求，提升品牌影响力和市场竞争力。

1. 新媒体内容定位概述

新媒体内容定位是指企业在开展新媒体营销时，针对目标用户的需求和特点，确定新媒体平台上的内容创作和传播策略。这一过程涵盖了用户定位、主题定位、形式定位、风格定位等多个方面。

（1）用户定位。用户定位是企业新媒体内容定位的基础。通过市场调研、用户调查、数据分析等手段，企业可以明确目标用户的年龄、性别、地域、职业、兴趣爱好等基本信息，并对其消费习惯、价值观念、心理需求等更深层次的信息进行深入了解。这些详尽的信息可以为内容定位提供有力的支撑。

（2）主题定位。在明确了目标用户后，就需要确定新媒体平台上的内容主题。企业可以结合自身的品牌形象、产品特点和目标用户的需求，选择符合用户喜好和兴趣的内容主题。内容主题应该具有独特性、专业性和创新性，能够引发用户的情感共鸣并激发其兴趣，进而提升内容的传播效果。

 示例

近年来，故宫博物院利用新媒体平台，以"让文物活起来"为内容定位，通过短视频、直播、互动游戏等形式向公众普及文物知识，展现故宫文化的魅力。

故宫博物院的新媒体内容定位策略取得了显著的效果。首先，通过数字化建设，故宫文化资源得到了更广泛的传播和普及。其次，社交媒体上的互动与综艺节目的合作，让更多的人特别是年轻人对故宫文化产生了浓厚的兴趣。最后，文创产品的推出进一步推动了传统文化的创新发展。

（3）形式定位。除了内容主题外，企业还需要考虑内容的呈现形式，包括文本、图片、视频、音频等。不同的内容形式具有不同的特点和优势，企业应根据目标用户的偏好和平台特性，选择合适的内容形式。同时，企业还需要重视内容的可读性和可视化程度，以此提升用户的阅读体验。

（4）风格定位。风格定位则是指在内容创作中关注风格的特定元素，并将其巧妙融入内容中，以使新媒体内容具有独特的风格和个性，包括语言风格、视觉效果、情感表达等多个方面。企业需要根据目标用户的喜好和自身的品牌形象，确定与之匹配的内容风格，并借此树立鲜明的品牌形象，提高用户的认知度和忠诚度。

示例

喜茶，作为一家知名的茶饮品牌，以高品质茶饮和创新的品牌形象著称。

喜茶在新媒体平台上的内容风格以年轻、时尚、活力为主。通过发布精美的茶饮图片、潮流的包装设计以及创新的茶饮口味，喜茶成功吸引了年轻用户的关注。同时，喜茶还善于利用社交媒体平台上的热点话题和流行趋势，通过与用户进行互动，来增强品牌的时尚感和年轻感。

新媒体内容定位是一个动态的综合性的过程，并非一成不变，企业需要根据市场变化、用户反馈和数据分析等信息，持续优化和调整内容定位策略。通过不断探索新的内容主题、形式和风格来保持内容的新鲜感和吸引力，从而更有效地在新媒体平台上传递品牌价值和理念，提高品牌的知名度和美誉度。

2. 内容定位的原则

企业新媒体内容定位的核心在于精准匹配目标用户需求，同时维持品牌形象与市场定位的统一。其关键原则可概括为以下几个。

（1）一致性原则。要确保新媒体内容与企业品牌形象、市场定位及价值观高度一致，塑造专业、权威的品牌形象，增强用户的信任感，加深用户对品牌的认知。

 课堂讨论

以5人为一小组，扫码阅读可口可乐的相关资料和案例，讨论可口可乐是如何在新媒体平台上持续保持内容定位一致性的。

（2）目标用户导向原则。目标用户导向原则强调内容创作与传播要紧密围绕目标用户展开，深入了解其需求、兴趣及行为特点，据此策划内容以满足其期望，提升内容吸引力和传播效果。

（3）独特性原则。在信息繁杂的新媒体环境中，企业需要凭借独特的内容主题、表达方式和呈现形式脱颖而出，树立独特的品牌形象，加深用户记忆。

（4）价值性原则。要提供有价值的信息、知识或解决方案，内容应具有教育性、娱乐性或启发性，以此增强品牌信任度与影响力，推动与用户长期关系的建立。

（5）互动性原则。要积极促进用户与内容之间的互动，如讨论、分享、反馈等，增强用户的参与感与归属感，及时调整内容策略以更好地满足用户需求，提高用户的参与度和忠诚度。

3. 内容定位的步骤

企业新媒体内容定位是一个系统性的过程，涉及多个环节和步骤。

（1）明确企业目标和愿景。在新媒体内容定位的过程中，企业需要明确自己的营销目标、市场定位以及愿景。明确企业目标和愿景可以为新媒体内容定位指引方向并奠定基础。通过深入理解企业的使命和愿景，并将其转化为在新媒体平台上的具体目标，企业可以确保所发布的内容与企业的长期战略和品牌形象相契合，从而在新媒体营销中取得更好的成效。

（2）分析目标用户。通过市场调研、数据分析等手段，全面了解目标用户的年龄、性别、地理位置、职业、兴趣爱好等特征，以及社交媒体使用、内容消费、互动等方面的行为习惯，分析目标用户的需求和痛点，明确他们希望从企业的新媒体内容中获得什么信息，以便为他们提供有价值的内容。

（3）研究市场和竞争对手。密切关注行业趋势和热点话题，了解当前市场的新动态。研究竞争对手的新媒体内容策略，包括内容主题、风格、发布频率等，分析其优势和劣势，并从中找出自己的差异点，以及可借鉴、改进和创新之处，以便在内容定位上形成自己的独特优势。

（4）确定品牌核心价值和定位。思考企业的品牌定位、核心价值和独特卖点，明确企业希望在新媒体平台上传递的信息和价值；将企业品牌核心价值与目标用户的需求相结合，确定新媒体内容的核心价值定位、主题和风格，确保内容能够有效传递企业的品牌形象和价值观，提高用户对品牌的认知度。

（5）制定内容策略。根据目标用户的特征和需求、市场趋势以及企业的核心价值定位和品牌定位，制定具体的内容策略。内容策略应涵盖主题、风格、形式、发布频率等要素，要确保内容具有独特性、创新性和价值性，能够吸引目标受众的注意力并激发他们的兴趣。

（6）选择合适的新媒体平台。研究各个新媒体平台的特点和用户群体，根据目标用户的媒介使用习惯和偏好，选择适合企业定位和目标受众的平台；考虑不同平台的特点和优势，制定针对性的内容发布和推广策略，并确保内容在不同平台上的一致性和连贯性，以提升品牌形象和传播效果。

> ### 📖 示例
>
> 某高端护肤品牌试图通过抖音进行大规模营销，但发现其内容定位与平台用户群体不太匹配。抖音用户普遍年轻，追求简单、轻松的内容，而该品牌的产品定位是高端、专业，需要花更多的时间去解释产品成分、功效和使用方法。因此，尽管投入了大量资源进行营销，但效果并不理想，用户对该品牌的认知度并未显著提高。

（7）关注互动和参与。在企业新媒体内容定位中，互动和参与是不可或缺的因素。企业应设定明确的互动目标，创作引人入胜的内容，开展问答、投票、讨论等互动活动，及时回应用户的评论和反馈，鼓励用户创作和分享。通过利用社交媒体功能、建立用户社区、优化用户体验以及收集和分析用户反馈等策略，企业可以加强与用户的联系，形成良好的互动关系，提高用户的参与度和忠诚度。

> ### 📖 示例
>
> 安踏的新媒体内容定位以运动、健康、潮流为主。安踏在微博上主要发布新品信息、明星代言人互动、运动赛事报道等内容，与粉丝建立紧密联系；在微信公众号和小程序上，主要发布健康运动指南、专业训练教程、品牌故事等内容，为用户提供有价值的信息，以引导用户进行购买；在抖音上主要发布大量与运动、时尚相关的短视频内容，通过创意的视频制作和互动形式，吸引年轻用户的关注并提升品牌形象；在 B 站上发布与 ACG[①]文化相关的内容，如与知名动漫 IP 合作推出的联名产品、二次元风格的广告等，以吸引年轻用户的兴趣和关注。

---

① ACG 是英文 Animation（动画）、Comic（漫画）、Game（游戏）的缩写，是动画、漫画、游戏（通常指电玩游戏或美少女游戏）的总称。

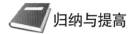
（8）监测和分析数据。利用数据分析工具监测新媒体内容的传播效果和用户行为数据。分析用户的浏览、点赞、分享、评论等行为数据，了解用户的喜好和偏好。根据分析结果调整和优化内容策略，增强内容的针对性和吸引力。

（9）持续优化和创新。持续关注行业趋势和热点话题，及时调整内容主题和形式，以保持内容的时效性和吸引力。不断尝试新的内容形式和传播渠道，以满足用户的多样化需求。鼓励团队内部创新，为新媒体内容注入新的活力和灵感。

企业新媒体内容定位的过程需要团队协作和跨部门沟通，以确保内容定位的准确性和有效性。同时，企业也需要保持灵活性和适应性，以应对市场和用户需求的变化。

归纳与提高

本章介绍了新媒体营销的用户思维、数据思维、内容思维、社交思维的基本概念和特点，如何培养和运用这类思维，以及新媒体运营用户定位、平台定位和内容定位的基础知识，新媒体用户画像定位、用户场景定位、平台定位和内容定位的原则与方法。本章的学习重点是深刻理解新媒体用户定位中用户画像的构建、用户场景定位的方法；树立以用户为中心、内容为王、互动参与、跨平台整合和数据驱动的营销思维，并结合新媒体运营定位的方法与策略等运营定位关键点，在新媒体平台上实现精准营销，提升品牌影响力和市场竞争力。

综合练习题

一、单项选择题

1. 以下哪一项不是用户思维的核心考量因素？（　　　　）
   A. 用户的需求
   B. 用户的使用场景
   C. 产品的生产成本
   D. 用户的购买决策

2. 以下哪一项不是内容思维的特性？（　　　　）
   A. 内容原创性　　　B. 内容可读性　　　C. 内容真实性　　　D. 内容营销性

3. 用户场景定位最强调的特征是（　　　　）。
   A. 精准性　　　　　B. 实时性　　　　　C. 场景化　　　　　D. 互动性

4. 在进行新媒体用户定位时，以下哪项是首要考虑的因素，以便更有效地进行内容创作、产品推广和服务设计？（　　　　）
   A. 产品的功能特性
   B. 目标用户的特征和需求
   C. 竞争对手的营销策略
   D. 市场的整体趋势

5. 以下哪一项不是新媒体内容定位所涵盖的方面？（　　　　）
   A. 用户定位　　　B. 主题定位　　　C. 广告投放定位　　　D. 形式与风格定位

二、多项选择题

1. 用户思维在新媒体营销中的作用包括哪些？（　　　　）
   A. 提升用户体验，提高用户满意度和忠诚度
   B. 帮助企业从用户需求出发，寻找创新点和机会
   C. 降低产品的生产成本
   D. 通过社群运营，增强用户黏性

2. 数据思维的培养需要做以下哪些方面的努力？（　　）

    A. 培养对数据的敏感度   B. 只需掌握数据分析技术，无须理解业务

    C. 培养拆解问题的能力   D. 培养用数据说话的习惯

3. 关于社交思维的特征，以下哪些选项是正确的？（　　）

    A. 单向互动与信息传递   B. 换位思考与同理心

    C. 忽视倾听与表达   D. 尊重与包容

4. 企业进行用户场景定位时，需要研究的内容包括（　　）。

    A. 用户群体的基本信息

    B. 用户在各个场景下的使用习惯

    C. 用户的心理特征和所处的社会环境

    D. 用户的具体需求和痛点

5. 以下哪些是关于用户画像的正确描述？（　　）

    A. 用户画像是根据用户属性和用户行为等数据分析抽象出来的标签化用户模型

    B. 用户画像的核心工作是为用户创建详细的个人档案，包括家庭背景、教育经历等

    C. 用户画像通过给用户打标签的方式，利用高度概括、容易理解的特征来描述用户

    D. 用户画像的标签越多、越细化，对用户的刻画就越精准

三、判断题

1. 用户思维是把每一位用户都视为自己的朋友，产品则是他们之间建立联系的唯一媒介，通过让用户对企业产品从关注变成感兴趣，再到成为使用者，最后形成社群，这个过程中则又体现出社群运营思维。　　　　　　　　　　　　　　　　　　　　　　　　　　　　　（　　）

2. 数据思维就是完全依赖数据来做出决策，对其他非数据因素可以不予考虑。　（　　）

3. 新媒体内容定位要不断尝试新的内容主题、形式和风格，以保持内容的新鲜感和吸引力。

                                                            （　　）

4. 企业在进行用户定位时，只需要考虑市场细分和用户洞察这两个因素，其他因素如地理位置、社会人口学和购买历史等并不重要。　　　　　　　　　　　　　　　　　　（　　）

5. 在新媒体时代，企业通过分析用户画像，可以深入了解用户需求，优化产品和服务，但无法实现精准营销和广告投放。　　　　　　　　　　　　　　　　　　　　　　　（　　）

四、简答题

1. 数据思维在新媒体营销中通过数据分析指导决策。请说明企业在新媒体营销中，应如何利用数据化思维优化内容营销策略。

2. 请说明企业在新媒体营销中，如何运用数据思维优化内容营销策略。

五、实训题

假设你是一家餐厅的营销顾问，想要提升顾客满意度和忠诚度，应如何在实际工作中培养用户思维？请制定出一个培养用户思维的框架。

第三章　新媒体营销方式与策略

【学习目标】

知识目标：了解内容类、互动社群类、创意类、技术驱动类等新媒体营销的基本方法；重点理解内容共创营销、社群营销、场景化营销、口碑营销、跨界营销、事件营销等新媒体营销策略的应用。

能力目标：培养新媒体营销技能和方法的应用能力；能够根据具体市场环境，应用合适的新媒体营销策略；能够在具体应用上述新媒体营销策略时，规避可能存在的风险。

【导入案例】

腾讯的借势营销

在 2019 年国庆期间，腾讯策划了一场国庆主题的营销活动。其主要亮点包括以下几个。

（1）背景与目标：利用国庆节日氛围，通过创意活动增强用户互动，提升品牌曝光度和用户参与度，表达对祖国的热爱。

（2）活动内容：①头像加国旗。用户可为头像添加国旗，营造节日气氛。②H5 互动游戏。如"NO.70 时光机"，回顾中国 70 年发展历程；"我的年代照"，让用户体验不同年代的风貌，增强归属感。

（3）活动效果：①品牌曝光。吸引大量用户关注，提升品牌知名度。②用户参与。通过互动游戏增强用户与品牌的互动。③价值传递。展示祖国成就，传递爱国情怀，增强用户对品牌的认同感。

腾讯借助此次国庆营销活动成功提升了品牌影响力和用户参与度，同时传递了积极的社会价值，为其他品牌提供了借鉴。

启发思考：腾讯在国庆期间的借势营销策略是如何结合国庆节的情感元素与品牌价值的？

新媒体营销方式与策略是企业在数字化时代中提升品牌影响力、扩大市场份额的重要手段。随着新媒体的飞速发展，营销方式与策略也在不断变革，且形式繁多。本章按照新媒体营销方式与策略的核心特点，将其归为内容类、互动社群类、创意类、技术驱动类等类型进行分析。需要注意的是，这些分类并不是绝对的，在实际应用中，这些营销方式与策略常会相互交织和融合，企业可以根据自身的特点和需求，综合运用多种营销方式与策略以实现最佳的营销效果。

第一节　内容类营销

内容类营销是指利用新媒体工具来传播内容、吸引受众、促进互动，从而推广品牌和增加销售额的营销方式。这种营销方式的核心在于通过有价值、有趣、有互动性的内容与用户建立连接，提升品牌认知度和用户忠诚度。内容类营销具有覆盖范围广、互动性强、成本低、定位精准、传播速度快、创意空间大及有利于提升品牌形象等优势。制定新媒体内容营销策略时，要清楚地定义营销目标，了解目标用户，在此基础上进行内容策划、创建与发布，同时要注意对内容营销的数据进行分析与优化，并根据分析结果调整内容营销策略，以提升效果。同时要加强与用户的互动，及时回应用户的反馈，以建立良好的品牌形象和客户关系。

一、新媒体广告

新媒体广告是相对于传统媒体广告而言的，它主要利用新媒体平台进行广告投放和营销，以内容为核心进行传播。新媒体广告的核心特点在于互动性、实时性和个性化，能够更精准地触达目标用户，并提供更丰富的互动体验。

（一）新媒体广告的分类

新媒体广告可以从多个角度进行分类，同时，随着技术的不断进步和市场的变化，新的广告形式也会不断涌现。以下是一些常见的分类方式，企业可以根据自身的推广需求和目标用户选择合适的广告形式。

1. 基于广告展示形式的分类

（1）静态广告。静态广告主要由图像、文本等静态元素构成，展示形式相对固定。例如，在网页上展示的横幅广告，通常包含品牌Logo、产品图片和简短文案，用户可以通过单击广告进入品牌官网或产品页面。

（2）动态广告。动态广告是指包含动画、视频等动态元素的广告，它能够吸引更多用户的注意力。例如，短视频平台上的视频广告，通过动态画面和音效展示产品特点和使用场景，用户可以在观看视频的过程中了解产品并产生购买欲望。

（3）交互式广告。交互式广告允许用户与广告进行互动，提升用户体验和参与度。例如，针对社交媒体上的互动式问答广告，用户可以通过回答问题或参与投票等方式与广告进行互动，同时了解产品或品牌信息。

 示例

保时捷中国《这风格，倍儿地道》

2024年8月，保时捷中国推出了《这风格，倍儿地道》的交互式广告。用户可以通过单击切换序列帧后展开保时捷限时体验空间，并查看自动轮播展示其空间的照片。这种交互方式让用户能够身临其境地感受保时捷的品牌魅力和独特风格，吸引了很多客户线下打卡和购买。

（4）原生广告。原生广告是一种与网页或应用程序内容相融合的广告形式，用以提高用户的接受度和点击率。这种广告在形式上与周围内容高度融合，不易被识别为广告，旨在提供与周围内容相似的阅读体验。例如，通常出现在社交媒体或新闻资讯平台的信息流中的广告与用户的日常浏览内容相似，不易被察觉为广告。

2. 基于技术手段的分类

（1）基于大数据的广告。这是指利用大数据技术进行精准投放的广告，它可以根据用户的兴趣、行为等数据进行个性化推荐。例如，"猜你喜欢"就是电商平台利用大数据广告技术，根据用户的浏览历史和购买记录，自动推送符合用户兴趣的商品广告。

（2）场景广告。根据用户所处的场景（如时间、地点、活动等）进行投放的广告，可以提高广告的针对性和相关性。

（3）沉浸式广告。通过 VR、AR 等技术手段，为用户提供沉浸式的广告体验。如某汽车品牌利用 VR 技术打造了虚拟试驾体验，用户可以通过佩戴 VR 眼镜进入虚拟驾驶场景，感受汽车的驾驶性能和舒适度。

（4）物联网广告。利用物联网技术，将广告与智能家居、智能穿戴设备等物联网设备相结合，实现广告的精准推送和互动体验。

3. 基于合作方式的分类

（1）KOL（关键意见领袖）合作广告。KOL 合作广告是指与具有影响力的网络红人进行合作，让其在自己的社交媒体平台上分享和推荐产品或服务。

（2）内容营销广告。内容营销广告是指通过创建有价值的内容来吸引用户，并在内容中嵌入广告信息。

4. 基于传播渠道的分类

（1）线上广告。线上广告主要在互联网平台上进行传播，如搜索引擎、社交媒体、视频网站等。

（2）线下广告。线下广告虽然不属于新媒体广告的范畴，但随着数字化技术的发展，一些线下广告也开始融入新媒体元素，如通过二维码扫描进行互动等。不过，本书主要讨论的是纯线上的新媒体广告。

新媒体广告的优势在于其能够实时跟踪用户行为和反馈，从而不断优化广告策略，提升广告效果。同时，新媒体广告还能够与社交媒体、大数据分析等技术相结合，实现更精准的营销。

新媒体广告也面临着一些挑战，如广告质量参差不齐、用户隐私保护不力等问题。广告主需要选择合适的广告平台和形式，制定合理的广告策略，确保广告的有效性和合规性。

📠 示例

字节跳动《记录美好生活》

字节跳动公司推出的新媒体广告《记录美好生活》，通过展示其旗下产品如抖音、今日头条等如何帮助人们记录、分享生活中的美好瞬间，传递出品牌"信息创造价值"的理念。该广告在多个新媒体平台上线，引发了广泛讨论和分享。

（二）新媒体广告策略

新媒体广告策略是指依托新媒体平台对广告投放进行系统规划、高效执行以及持续优化的一系列举措。制定这一策略时，需全面考量广告目标、用户、内容、渠道、数据及技术等多个方面，以实现最佳的广告效果。

> **💬 课堂讨论**
>
> 以 5 人为一小组，讨论"如何在新媒体广告设计中实现创新与用户体验的平衡"。

（1）明确目标。明确广告目标是制定新媒体广告策略的首要内容，有助于为后续的广告策略制定提供方向。新媒体广告可以包括提高品牌知名度、增加销售额、推广新产品等。

（2）用户定位。对目标用户进行深入分析，了解他们的年龄、性别、地域、兴趣等特征，以便制定更符合他们需求的广告内容。

（3）内容创意。新媒体广告的内容应具有吸引力和创新性，能够迅速吸引用户的注意力并引发共鸣。比如，可以通过故事叙述、情感诉求、添加幽默元素等方式来提升广告的创意水平。

（4）传播渠道选择。根据目标用户的特征和广告内容的特点，选择合适的传播渠道（如社交媒体平台、搜索引擎、视频平台等）进行广告投放，以确保广告能够精准地触达目标用户。

（5）数据分析与优化。利用数据分析工具对广告效果进行实时监测和分析，了解广告的曝光量、点击率、转化率等指标，以便及时发现问题并进行优化调整。例如，可以根据数据分析结果调整广告的投放时间、投放地域、目标用户等参数，以提升广告效果。

（6）整合营销。将新媒体广告与其他营销手段相结合，如内容营销、社交媒体营销、搜索引擎优化等，形成协同效应，提升整体营销效果。

（7）创新技术应用。利用新兴技术如人工智能、大数据、区块链等，提升新媒体广告的精准度和互动性。例如，通过人工智能算法进行用户画像构建和广告推荐，通过大数据分析了解用户需求和行为模式，通过区块链技术的去中心化、不可篡改性和透明度等特性，以及智能合约的自动执行机制，确保广告数据的真实性和透明性。

示例

创意广告示例

《一九三一》是百雀羚的经典广告，充分体现了百雀羚作为一个老品牌的深厚内涵及与时俱进的精神。作为国内老牌品牌，百雀羚最大的优势在于其品牌故事和高知名度。《一九三一》这个广告充分挖掘并展示了其文化底蕴，不仅传达了品牌的内涵和价值，还彰显了其创新能力和复兴活力。《一九三一》是微信中的长图文广告，一镜到底地将故事内容流畅直观地展示出来，便于在手机上阅读；在内容上，《一九三一》展现了民国背景下的女性风采，精美的复古画面很容易唤起大众对民国的怀旧情怀。在视觉上，其经典的色彩搭配非常突出，清晰地传达了"与时间作对"的品牌理念，品牌植入非常自然。

这则广告创意满满，内容丰富深刻，很快便在网络上走红，百雀羚因此火了一把，不仅在中老年市场刮起了一阵怀旧风，也让年轻女性深入了解了其品牌故事和内涵。

二、IP 营销

IP（Intellectual Property）营销是指利用知名度、影响力等因素，结合特定的知识产权进行品牌宣传和推广的营销策略。这里的 IP 可以是一个被广泛认可的符号、形象、作品、人物等，在娱乐、文化、科技等领域中往往拥有较高的知名度和强大的粉丝基础。

IP 营销的核心在于通过挖掘和利用 IP 的商业价值，将其与品牌进行深度融合，从而吸引目标用户的注意力，提升品牌知名度和美誉度，并促进销售增长。这种营销策略在当下数字化和社交媒体时代尤为有效，因为 IP 本身就具有强大的粉丝基础和传播能力。

示例

企业家个人品牌推动企业营销

在当今的数字化时代，企业家的个人品牌已成为企业营销的重要组成部分。周鸿祎（360 集团创始人）、雷军（小米集团创始人、CEO）和余承东（华为常务董事）作为各自领域的领军人物，通过打造个人 IP，不仅提升了个人影响力，也极大地推动了企业的品牌建设和市场拓展。

在新媒体营销中，IP 营销是一种非常有效的手段，它可以有效地提升品牌知名度、品牌形象和影响力，增加品牌价值。IP 营销策略的要点包括以下几个。

（1）明确 IP 定位。需要明确自身的 IP 定位，即确定要利用哪些 IP 进行营销。这些 IP 可以是自有 IP，如品牌故事、创始人形象等；也可以是外部 IP，如明星、动漫角色、影视作品等。需要注意的是，要确保所利用的 IP 与品牌形象及价值观相符，避免产生负面影响。

（2）创造 IP 关联。需要通过创造与 IP 的关联，将品牌与 IP 紧密联系起来。例如，可以与知名 IP 进行联名合作，推出联名产品；或者邀请明星代言人，借助明星的影响力提升品牌知名度。

（3）内容创作与传播。围绕 IP 创作高质量的内容，如文章、视频、图片等，并在各种渠道进行传播。内容应具有创意性、吸引力和趣味性且与品牌价值观相符，以吸引目标用户的关注和兴趣。同时，要充分利用社交媒体等数字化渠道进行传播

微课堂

IP 的运营与保护

和互动，以提高品牌的曝光度和用户的参与度。

（4）互动与社交。利用社交媒体等平台，与用户进行互动和交流。可以发布与IP相关的话题、活动或挑战，鼓励用户参与并分享自己的体验和感受。这样可以提升用户对品牌的认同感和忠诚度。

（5）线下活动与体验。组织线下活动，如展览、体验活动、主题活动等，让用户亲身体验IP的魅力。线下活动可以加深用户对品牌的印象和感受，提高品牌的知名度和美誉度。

（6）数据分析与优化。通过数据分析工具跟踪IP营销的效果，了解哪些内容、渠道和策略更有效。根据分析结果调整和优化IP营销策略，以提升营销效果和投资回报率，实现最佳效果。

三、故事营销

故事营销是指企业在产品发展到一定程度后，通过讲故事的方式进行品牌推广，在故事中体现品牌的价值理念，与用户展开情感层面的互动，从而促使用户产生认同感，完成产品销售，推动品牌持续发展。它是一种有效的品牌推广策略。

1. 故事营销的核心要素

故事营销的核心要素涉及故事内容、目标用户定位、创意展现、情感连接、多渠道传播与互动等多个维度。这些要素相互关联、相互促进，共同构成了故事营销的成功框架。

（1）引人入胜的故事内容。引人入胜的故事内容是故事营销的基础。具有吸引力的故事内容，才能够引起目标用户的共鸣和兴趣。故事的构建应该围绕品牌的核心价值、产品或服务的特点进行，同时融入情感元素，使受众在故事中感受到品牌的温度和深度。

（2）精准的目标用户定位。了解并精准定位目标用户是故事营销成功的关键要素，要明确目标用户是谁，他们关心什么、喜欢什么样的内容。精准定位目标用户有助于创作出更符合用户口味的故事，从而提高内容的针对性和吸引力。

（3）独特的创意展现。内容的创意是吸引用户注意力的核心元素，高质量的内容能够提升故事的传播效果；同时，故事需要以新颖、独特的方式呈现，以区别于竞争对手并吸引用户的注意力，包括使用独特的叙事手法、视觉设计或互动元素等，将品牌故事以创意的方式呈现出来。

（4）情感连接。故事营销的核心目标是建立品牌与用户之间的情感连接。通过讲述真实、感人的故事，激发用户的情感共鸣，以此增强他们对品牌的认同感和忠诚度。

（5）多渠道传播与互动。利用新媒体平台的广泛传播力和互动性，将故事通过多个渠道进行传播，如社交媒体平台、短视频平台等；与此同时，鼓励用户参与故事的讨论、分享和反馈，通过互动机制增强他们的参与感和归属感。

📖 **示例**

故事营销示例

2023年母亲节前夕，蓝河绵羊奶发布了温情短片《爸爸的朋友》。短片讲述了一位爸爸为了孩子的健康成长，在朋友的推荐下选择蓝河绵羊奶的故事。通过细腻的情感表达和真实的生活场景，展现了蓝河绵羊奶对孩子健康的呵护，引发了众多家长的共鸣，提升了品牌的知名度和美誉度。

2. 故事营销的注意事项

（1）保持真实性。故事应该基于真实事件、人物或真情实感进行创作，避免虚构和夸大。真实的故事往往更具说服力，更能够赢得用户的信任。

（2）注重创新性。在故事创作过程中要注重创新性和独特性，可以通过独特的视角和创意的呈现方式吸引用户的注意力并给其留下深刻印象。

（3）持续更新。定期更新故事内容，保持与用户的互动和沟通，增强品牌忠诚度。

（4）强化互动性。鼓励用户参与故事讨论和分享，通过互动机制增强用户的参与感和归属感，以促进口碑传播。

四、内容共创营销

内容共创营销是一种新兴的营销策略，它强调品牌与用户、KOL（关键意见领袖）、粉丝群体或其他合作伙伴共同参与内容创作的过程。它具体指品牌与多方利益相关者共同参与内容创作，将多元化的声音融入品牌故事中，使内容更加贴近用户需求，更具吸引力和传播力。这种营销策略打破了传统的内容生产模式，更加注重用户的参与和体验，其特点就在于其具有参与性、互动性和共创性，能够激发用户的创造力和参与热情，形成品牌与用户之间的紧密联系。

1. 内容共创营销的适用场景

内容共创营销在多种场景下都比较适用，以下是一些主要的应用场景。

（1）社交媒体平台。例如微博、微信、抖音等，这些平台具有庞大的用户基础和高度的互动性，便于品牌与用户进行实时互动和共创内容。

（2）产品发布会与活动。品牌可以在产品发布会上邀请用户、媒体和 KOL 共同参与，通过现场互动和共创内容来提升活动的吸引力和影响力。

（3）跨界合作与联名。品牌可以与其他行业品牌进行合作，共同推出联名产品或活动，并邀请双方的用户或粉丝参与内容共创，以打破行业界限并吸引更多潜在用户。

（4）电商平台与零售。在电商平台和零售领域，品牌可以邀请用户分享购物体验、使用心得或搭配建议等，形成丰富的用户评价和内容生态，为用户提供有价值的购物参考。

2. 内容共创营销的实施步骤

实施合宜的步骤可以有效地进行内容共创营销，吸引和留住目标用户，提高品牌知名度和市场份额。内容共创营销的实施步骤通常包括以下几个方面。

（1）明确目标用户与共创对象。明确内容共创的目标用户是谁，了解他们的年龄、性别、兴趣、需求等基本信息。通过细分目标用户，可以更好地了解他们的需求和喜好，从而有针对性地制定共创策略。在此基础上，选择合适的共创对象，如用户、粉丝、行业专家等。这些共创对象能够为目标用户提供有价值的内容，并增强内容的可信度和吸引力。

（2）研究市场与竞品。了解当前市场的趋势、热门话题以及用户对内容的偏好，以确定内容共创的方向和主题。同时，分析竞争对手的内容共创策略、表现形式以及用户反馈，发现竞品的优点和不足，为制定差异化的内容共创策略提供参考。

（3）制定内容共创策略。根据目标用户和共创对象的特点，确定内容共创的形式和合适的内容共创策略，包括内容创意、互动方式和推广渠道等方面。设定内容共创目标，如提高品牌知名度和用户参与度，促进产品销售等，并依照内容共创形式和目标制订详细的共创计划，包括时间节点、责任分配、资源投入等，即通过内容共创目标指导内容共创策略的制定和执行。

（4）实施内容共创活动。按照内容共创计划，组织并执行内容共创活动。在活动过程中，要确保与共创对象的良好沟通和协作，共同创造有价值的内容；实时监控内容共创活动的进展，确保活动按照计划进行；同时要关注用户的反馈和参与度，及时调整活动策略。

（5）评估与优化。在内容共创活动结束后，要对活动的效果进行评估和分析，了解哪些内容获得了更好的反响，哪些策略取得了更好的效果，并根据反馈不断优化未来的内容共创计划，优化和调整内容共创策略，提升营销效果。

3. 内容共创营销的注意事项

（1）保持内容的真实性和可信度。品牌需要确保共创内容的真实性和可信度，避免虚假宣传和误导用户。

（2）注重内容质量与价值。共创内容应具有独特性，能够区别于竞争对手，吸引用户的注意力。内容应为用户提供有价值的信息或解决方案，满足他们的实际需求，提升用户的满意度。结合目标用户的喜好，采用文本、图片、视频、音频等多种形式呈现内容，以吸引不同类型的用户。

（3）保持创意与趣味性。在内容共创过程中，鼓励团队成员和合作伙伴发挥创新思维，创作出新颖、有趣的内容。通过幽默、故事化等手法增强内容的趣味性，让用户在关注内容的同时，产生对品牌的认同感和好感。同时，品牌需要注重内容的差异化，以独特的创意和视角吸引用户的注意力和兴趣。

（4）保持品牌的一致性。在内容共创过程中，要确保内容的调性、风格与企业品牌形象保持一致，有助于强化品牌认知度。避免在内容共创中出现损害品牌形象的内容或行为，以确保品牌形象积极、正面。

（5）及时回应用户反馈。品牌需要及时回应用户的反馈和建议，不断优化和调整内容共创营销策略，以提升用户的满意度和忠诚度。

案例 3.1

杜子建的内容共创营销

杜子建是知名的社会化媒体营销研究者，他的"我有一壶酒，足以慰风尘"内容共创营销活动是非常成功的网络营销案例。以下是对该活动及其营销效果的详细介绍。

2016 年，杜子建为了推广自己的酒品牌，发起了一次内容共创营销活动。他在微博平台上发布了一句诗——"我有一壶酒，足以慰风尘"，邀请网友帮忙续诗，并承诺将赠送酒品作为奖励。这一活动迅速引发了广大网友的关注和参与。

1. 共创内容与形式

（1）原诗与改编。原诗为唐代韦应物的"我有一瓢酒，可以慰风尘"。杜子建将其改编为"我有一壶酒，足以慰风尘"，并以此为引子，邀请网友续写。这一改编虽然只改动了两个字，却使得诗句更加豪迈，更符合现代人的审美和表达习惯。

（2）网友参与。该活动吸引了大量网友的参与，网友们纷纷发挥自己的诗性，创作出了许多优秀的续句，如"尽倾江海里，赠饮天下人""醉里经年少，乍醒华发生"等，表达自己的感悟和情感。这些续写诗句风格各异，有的豪迈洒脱，有的细腻温婉，充分展示了网友们的才华和创造力。杜子建评选出了优秀的续句，并赠送了相应的酒品作为奖励。

2. 营销效果与影响

（1）广泛传播。该活动在社交媒体上迅速传播，引发了广泛的关注和讨论。人民日报、新华社、中央电视台等主流媒体也纷纷参与报道，进一步扩大了活动的影响力。

（2）品牌塑造。通过这次活动，杜子建成功塑造了自己作为文化传播者和营销专家的形象。他自己的酒品牌也因此获得了广泛的关注和认可，销量大幅提升。

（3）文化价值。该活动不仅展示了中国诗歌的魅力和传承，还激发了人们对传统文化的热爱和尊重。它也证明了在现代社会中，传统文化仍然具有强大的生命力和影响力。

启发思考：（1）在社交媒体上，企业如何有效地利用用户生成内容（UGC）进行品牌传播？（2）在营销活动中，如何平衡文化价值与商业价值？（3）社交媒体在品牌塑造中扮演了怎样的角色？

第二节　互动社群类营销

互动社群类营销是指在新媒体平台上，通过设计各种互动环节和活动，吸引用户参与和互动，从而增强用户对品牌的认知度和忠诚度，提升营销效果。

一、互动营销

互动营销是一种基于互动性的市场营销策略，旨在通过与目标用户进行实时、个性化的互动来促进产品或服务的推广，增强品牌知名度和用户忠诚度，并最终促进销售增长。互动营销可以通过多种渠道实现，包括社交媒体、在线广告、活动营销等。通过引导用户参与互动活动，如投票、抽奖、玩游戏等，营造出有趣、参与性强的营销氛围，从而增强用户与品牌之间的互动和黏性，提升品牌知名度和用户参与度，进而促进销售和提升用户忠诚度。

互动营销具有亲民、个性化、参与度高等特点，能快速地与用户建立联系。因此，企业在进行市场营销时，往往会采用一系列与用户互动的方法和手段，以增强品牌与用户之间的连接，提高品牌知名度和美誉度，从而增加销售和市场份额。以下是一些常见的互动营销策略。

（1）社交媒体互动。通过社交媒体平台与用户进行实时互动，包括回复评论、发起话题讨论、组织在线活动或比赛等。这种策略可以提高用户对品牌的关注度，提高品牌曝光度，强化用户对品牌的忠诚意识。

（2）鼓励用户生成内容。为用户提供与品牌互动的渠道，鼓励用户创建和分享与品牌相关的内容，如照片、视频、评论或故事等，并通过社交媒体展示和分享，以此扩大品牌的传播声量，提升口碑，从而吸引潜在用户的注意力，塑造品牌的专业形象。

（3）个性化推荐。通过对用户数据进行分析，定制个性化的营销内容和推广活动，制定更加精准的互动营销策略，提高用户的回应率、参与度和满意度，增加销售机会。

（4）举办线上活动。通过举办线上竞赛、游戏、抽奖或限时促销等活动，吸引用户参与并与品牌互动。这种策略可以激发用户的参与热情，扩大品牌的公众知晓度，促进销售，增加用户对品牌的黏性。

> **示例**
>
> #### 腾讯：请给我一面国旗
>
> 还记得刷爆朋友圈的"请给我一面国旗"吗？2019年国庆节即将到来之际，很多人突然发现，自己的朋友圈被"请给我一面国旗"刷屏了。随后细心的网友发现，自己很多微信好友的头像上面，都纷纷出现了一面小国旗的边框。这是腾讯新闻极速版社群运营团队策划发起的活动。
>
> "请给我一面国旗"，简单的一句话，却成为当时朋友圈绝对的主角。许多网友在此基础上进行改编，纷纷通过这样的格式，将自己的愿望发到朋友圈里，一时间朋友圈内精彩纷呈，趣味盎然。

二、社群营销

社群营销是一种基于社交媒体平台的营销方式，是私域流量运营的一种重要方式和手段，它通过构建、运营和管理社群，吸引潜在用户并将其转化为忠诚用户，从而实现品牌传播和销售转化。关于社群营销，这里只做引导性描述，详细内容见第八章。

> **示例**
>
> #### 拼多多：2022年社群团购节
>
> 拼多多在2022年举办了一场名为"社群团购节"的大型营销活动。拼多多通过微信等社交媒体平台，邀请用户参与团购活动，并分享给朋友以获得更低的价格。同时，拼多多还邀请了众多明星和网红进行直播带货，吸引了大量用户关注和购买。这种社群团购模式不仅增强了用户的购买意愿，还增强了品牌的曝光度。

随着私域流量的价值被挖掘，企业和品牌纷纷向私域流量运营发力。社群是一个极佳的开发和维护优质流量的平台，通过开展社群运营和社群营销打造专属的私域流量池，已成为现代营销制胜的重要法宝。下面是社群营销的五个步骤。

1. 定位目标人群

营销的核心要素是引导和满足用户需求，因此在建立社群时就要明确目标用户和价值方向，通过精准定位打好用户基础，只有这样才能让社群营销更容易成功。

定位目标人群首先需要收集用户信息，构建用户画像，找到种子用户，搞清楚哪类群体会成为目标用户，他们具有哪些属性与特征，根据不同群体设立不同的标签，从而找到精准用户群体，再基于痛点、兴趣或需求将大家聚合在一起组成社群。

其次，推广引流，设定有吸引力的奖励机制。确定好目标用户后，再根据用户画像去设置奖励引流，以吸引精准用户，降低社群管理的难度。

2. 传播有价值的内容

建立社群需要激活群成员，也就是目标用户，其目的在于让群内成员对企业和品牌产生高度的信任和依赖。要想激活群成员，进行有价值的内容传播非常重要。可以结合群成员的特征选择适合的传播内容，以产生黏合剂的作用，进而激活群成员。因此，除了要在社群分享企业动态、产品信息和优惠活动等内容外，还要注意以下两点。

首先，满足某个主题的优质价值输出。人们普遍希望找到适合自己的精神共同体，以获得归属感和认同感，而这正是社群形成的驱动力。企业要根据群成员特征定期分享相关优质内容（日常关怀、专业分享、生活分享等），为群成员提供优质价值，鼓励其分享与产品相关的日常，营造良好的讨论气氛，从而吸引更多用户参与。

其次，具有活跃的灵魂人物——社群领袖。社群的角色分为社群领袖、内容创造者、评论者、收集者、参与者、围观者、不活跃分子等。这些成员中，最核心的莫过于社群的意见领袖，即活跃的灵魂人物。他们通过保持与群成员的关系并进行互动，可以增强整个社群的发展潜力与生命力。

3. 制定运营规则

对任何群体而言，没有规矩不成方圆。社群运营规则的建立需要群策群力，初期运营时可由群主建立初始规则，后期再根据运营的情况逐渐丰富，但切忌群主一言堂，因为强调民意的群比强调个人权力的群寿命更长。

4. 策划社群活动

活动能迅速催化社群的热度，无论是线上还是线下的活动，都能让群成员更有参与感。策划活动时需要结合社群的主题和群成员的诉求，策划具体的线上线下活动。线上活动可以激活群成员的潜在需求，达到迅速吸引用户的效果。可以通过红包接龙、签到、拼团、抽奖、老带新、福利大转盘等活动，让用户在私域流量池里留存，放大用户的长期价值。线下的交流活动是维持社群关系链，实现持续发展的中心环节。面对面地沟通能迅速拉近群成员的关系。线下主题交流会能通过真实场景强化社群的存在感，丰富成员的体验，加深品牌关系链的沉淀，提升群成员的品牌忠诚度。

5. 打造社群文化

社群的核心在于情感归属和价值认同，社群文化一定要得到群成员的认可，让群成员持续感受到社群的价值，只有这样才能促进私域流量的裂变，带动群成员交流，帮助群成员找到志趣相投的朋友，并且共同成长蜕变，让社群更具有生命力。

新媒体营销与运营（附微课）

案例 3.2

小米的社群营销

小米的快速崛起是离不开其社群营销的。其在社群营销上的做法，主要包括以下三种。

（1）聚集粉丝。小米主要通过三种方式聚集粉丝：利用微博获取新用户；利用论坛维持用户活跃度；利用微信提供客服服务。

（2）增强参与感。例如，开发 MIUI 时，让"米粉"参与其中，提出建议和要求，由工程师改进。这极大地增强了用户的主人翁意识。

（3）增强自我认同感。小米通过爆米花论坛、米粉节、同城会等活动，让用户固化"我是主角"的感受。

启发思考：（1）社群营销在小米的整体营销策略中占据怎样的地位？（2）小米是如何将社群营销与粉丝经济相结合的？

三、KOL/网红营销

KOL（Key Opinion Leader，关键意见领袖）营销与网红营销都是利用社交媒体上有影响力的人物来推广品牌或产品的新型营销方式。

KOL 营销，也称为影响者营销，是一种利用关键意见领袖的影响力来宣传、推广品牌、产品或服务的营销策略。KOL 在特定行业、社群或人群中拥有重要影响和大批追随者，能够塑造追随者的观点和行为，因此成为品牌或产品推广的宝贵合作伙伴。

网红营销是指利用在社交媒体上拥有一定影响力和粉丝群体的网络红人推广品牌产品或品牌故事，以提高品牌曝光度、增加销售量和提高品牌知名度的一种营销方式。网红随着互联网特别是社交媒体的兴起而诞生，他们通过内容创作吸引大量粉丝关注，并与粉丝建立了紧密的互动关系。

1. KOL 与网红的区别

（1）领域与专业性。KOL 通常在特定领域（如美妆、时尚、科技等）具有深厚的专业知识和经验；而网红则可能涉及更广泛的领域，但不一定具备深厚的专业知识。

（2）影响力来源。KOL 的影响力主要来源于其专业知识和经验；而网红的影响力则更多地来源于其个人魅力、内容创作能力及与粉丝的互动关系等。

（3）营销方式。KOL 更倾向于分享个人使用产品的经验和感受，以引导粉丝购买和使用品牌产品，或帮助他们了解品牌故事；而网红则可能更注重通过创意内容和活动来吸引粉丝的注意力，并促进品牌曝光和销售增长。

2. KOL/网红营销的策略

KOL/网红营销作为一种新兴的营销方式，具有诸多优势，例如快速扩大品牌的曝光度和认知度，更容易提升信任度与亲和力等。因此，针对 KOL/网红营销的特点，具体的营销策略不同于传统营销。

（1）精准选择 KOL/网红。品牌需要根据自身需求和目标用户选择合适的 KOL/网红进行合作。在选择合作的 KOL/网红时，要深入了解其专业领域、粉丝群体、影响力和互动性等因素，确保与品牌的目标用户高度契合。要评估 KOL/网红的信誉和口碑，避免与有负面新闻的 KOL/网红合作，以免损害品牌形象。

（2）定制化内容创作。与 KOL/网红共同制定符合目标市场特点的创意内容和创作方案，确保内容既符合品牌调性，又能引起粉丝和用户的共鸣，以提高用户的参与度和互动率。鼓励 KOL/网红在内容中融入个人特色和创意，在内容创作上进行创新尝试，如采用短视频、直播等新型传播方式，使内容更具吸引力和传播力。引入故事化、情感化等创意元素，提高内容的可读性和可传播性。

（3）跨平台整合推广。KOL/网红通常活跃于多个社交媒体平台，品牌需要在这些社交媒体平台上进行整合推广，充分利用各大社交媒体平台的特点和优势，以最大化覆盖范围和影响力。同时，关注社交媒体平台的最新变化和趋势，及时调整营销策略，以适应市场需求。

（4）监测与评估效果。品牌需要设定明确的KPI（关键绩效指标），如曝光量、点赞量、评论量、转化率等，对KOL/网红营销活动的数据进行多维度分析，以评估KOL/网红推广的效果。同时，根据数据分析结果优化营销策略，调整合作的KOL/网红及内容创作方向等，提高营销效果。

（5）建立品牌社群。要通过KOL/网红的引导，建立品牌社群，鼓励粉丝在社群中分享使用心得、交流经验等，增强品牌与粉丝之间的联系。要定期举办社群活动，如线上线下聚会、互动游戏等，增强社群的活跃度和凝聚力。

示例

> 耐克（Nike）长期与全球各地的体育明星进行合作，如篮球运动员勒布朗·詹姆斯、足球运动员克里斯蒂亚诺·罗纳尔多等。这些体育明星在各自的领域具有极大的影响力和良好的粉丝基础，他们的代言和营销活动的参与不仅提升了品牌知名度，还强化了耐克在运动领域的专业形象。

3. KOL/网红营销的应用场景与原则

KOL/网红营销的应用场景非常广泛，涵盖了电商、品牌传播、跨境市场拓展、社交媒体营销、节日营销以及细分行业和垂直领域等多个方面。随着社交媒体的不断发展和技术的进步，KOL/网红营销将在未来发挥更加重要的作用，为品牌创造更多可能。

然而，KOL/网红营销需要遵循一定的原则，否则可能会造成负面影响。

（1）在实施KOL/网红营销时，企业需要根据自身的特点和目标用户的需求，选择合适的KOL/网红进行合作，以确保营销效果的最大化。

（2）KOL/网红的风格和粉丝群体要与品牌用户相符，否则会给人以不协调的感觉，影响品牌声誉。

（3）KOL/网红需要保持真实性，不能仅仅为了达成商业目的而损害自己的信誉。

（4）KOL/网红营销需要注意合规性，不能违反法律法规和道德规范。

第三节 创意类营销

创意类营销是指通过新颖、独特、富有吸引力的手段来吸引用户的注意，提升品牌形象，促进产品销售的一种营销方式。以下是创意类营销的一些特点。

（1）低成本高效益与快速反应。创意类营销通过新颖和有趣的内容吸引消费者的注意力，从而实现高效的品牌推广和销售促进。这种方式往往能够以较低的成本获得较好的市场反馈和销售业绩。同时，创意类营销能够快速响应市场变化，及时调整策略以应对突发情况。

（2）独特的吸引力和创新性。创意类营销的核心在于创新和吸引力。通过独特的创意和有趣的内容，企业能够引起用户的关注和兴趣，从而提高品牌知名度和美誉度。这种独特的吸引力有助于企业在竞争激烈的市场中脱颖而出。

（3）融合性与多样性。创意类营销在内容和形式上具有丰富的多样性和融合性。它可以结合传统媒体和网络媒体的优势，通过视频、图文、音频等多种形式展现创意内容。同时，创意类营销还可以融入情感、文化等元素，使内容更加贴近用户的心理和需求。

（4）利用口碑与病毒式传播。创意类营销善于利用口碑与病毒式传播的力量，通过新颖和有趣的内容，激发用户的参与热情，使他们主动成为品牌的传播者。这种病毒式传播效果显著，能够在短时间内迅速提升品牌的影响力和知名度。

一、场景化营销

在当今数字化时代，用户的需求和行为日益多样化，企业需要更加精准地把握用户在不同场景下的需求和心理预期。因此，场景化营销应运而生，成为一种重要的新媒体营销手段。场景化营销的核心在于通过构建与消费者生活场景紧密相关的营销场景，使消费者产生情感共鸣和购买欲望。这种构建生活场景的能力来自场景化思维。

（一）场景化思维的理解与应用

场景化是一个空间概念，它是一种将用户和产品或服务置于具体情境中进行考虑和设计的方法，是一个让事物更加生动和立体的概念，就像是把用户和产品之间原本简单的、像平面一样的关系，转变成了更加丰富的、多维度的空间关系。而场景化思维，就是构建这种空间的能力。

1. 场景化思维的定义与特点

场景化思维就是把问题想象成具体场景，让抽象或复杂的情况变得更直观易懂，常用于创造性地解决问题和做出决策。在新媒体营销中，它要求企业从用户角度考虑，洞察用户在不同场景中的需求，制定个性化的营销方案，提升用户的满意度。同时，这种思维还能创造有趣、生动的用户体验，增强用户黏性和参与度，提升企业形象。例如，在用户生日时，网易云音乐的界面会变成"生日快乐"的蛋糕样式，点击进入后，音乐列表中的第一首歌是生日歌。网易云音乐在用户生日时提供的这种特别体验，就是场景化思维的应用。

场景化思维的特点主要体现在以下几个方面。

（1）以真实场景为触发条件。场景化思维强调以生活中真实的场景为触发条件，去定义和解决生活中的实际问题。这种思维方式使得问题解决方案更具针对性和实用性。高频出现的场景可以让人快速形成习惯，从而更有效地应用解决方案。

（2）注重场景细节与氛围。场景化思维要求深入理解场景中的每一个细节，包括人物、时间、空间、任务或行动等，以便更准确地把握场景的特点和需求。通过设计场景的气氛，逐步构建出整体的氛围和环境。在建筑设计等领域，场景化思维可以帮助设计者创造出更符合人们情感需求的空间。

（3）强调整体与局部的统一。场景化思维善于将大目标拆分成多个小任务或场景，通过逐一解决每个小场景的问题，最终实现整体目标的达成。场景化思维要求明确各个场景之间的关系，理解它们如何共同构筑一个连续的故事线或发展路径。

（4）数据驱动与决策支持。在企业管理、营销等领域，场景化思维强调围绕业务具体场景展开数据分析，通过数据模型连接具体场景中的所有业务数据和财务数据，为决策提供有力支持。通过场景化应用中的动态模拟、敏感性分析等算法模型，可以模拟不同战略和运营策略下企业绩效的不同表现，从而赋能管理者做出最优决策，同时还能实现对决策执行过程的实时监控和问题分析反馈。

（5）跨领域应用与融合。场景化思维不仅适用于企业管理、营销等领域，还广泛应用于建筑设计、产品开发等多个领域。在数字化时代，场景化思维与大数据、人工智能等技术的结合，使得场景化应用更加智能、高效。通过场景化应用，企业可以更好地洞察市场需求、优化产品设计、提升用户体验。

示例

宜家家居的场景化营销

宜家家居通过模拟真实的家居生活场景，为顾客提供了直观的购物体验。其在店内设置了多个不同风格和功能的生活空间，如客厅、卧室、厨房等，并展示了与之相匹配的家具和装饰品。顾客可以在这些模拟的家居生活场景中自由搭配和选择产品，从而更容易找到适合自己的家居风格。场景化营销不仅提高了顾客的购物满意度，也增加了宜家家居的销售额。

示例

场景化营销实例

2. 场景化思维的要点

（1）定位。这个场景在营销中的定位是什么？是广告、转化，还是促活？

（2）效果。这个场景在营销中要达到什么效果？是提升知名度、促进销量，还是收集反馈意见？

（3）体验。这个场景在营销中能给予用户什么体验？是要给用户留下印象，还是让用户直接解决问题？

（4）闭环。这个场景有没有构建用户"接收—体验—反馈"的闭环？

3. 场景化思维的几个维度

场景化思维的关键在于想象并回到用户实际生活的某个时刻或环境中，去寻找那些能给他们带来价值并能让企业参与进去的机会点。

（1）需求总是来源于特定的使用场景。没有具体的场景，需求就不会出现。例如，人们通常在热的时候会想吃冰激凌，冷的时候会想到穿羽绒服。这里的热和冷就是"场景"。简单来说，场景就是用户所处的环境或状态。

（2）需求的合理性需要结合场景判断。判断一个需求是否合理，也必定依托于使用场景。同一个需求在这个使用场景下是合理的，但在另一个使用场景下可能就不合理。所以，判断一个需求是否合理，一定要结合用户所处的场景去看。很多需求都是基于特定场景才产生的。

示例

现在很多智能汽车都具备了无钥匙开门（用手机开门）的功能。但是一旦用户的手机没电了，并且也没有带遥控钥匙，那么就只能使用机械钥匙开门，所以很自然地就产生了一个需求，即在手机没电的情况下也可以快速打开车门。基于这个需求，汽车厂家最终设计了NFC[①]智能钥匙开门的方案，支持在手机没电的情况下也可以开门。

（3）需求的优先级需要结合场景判断。判断需求的优先级有很多种维度，如通用性、影响范围、开发成本等。结合场景，就能更准确地判断需求的优先级。如果需求的场景很常见，那优先级就高；如果不常见，那优先级就低。例如，上面示例中提到的手机没电情况下支持NFC智能钥匙开启车门的需求，并非一个通用性很高的用户场景；和实现手机有电场景下自动开启车门相比，这个需求的优先级就要稍微低一些。

（4）确保基于某个场景下的需求设计的产品不会在其他场景下出现故障。也就是说，要判断在不同的场景下，需求的满足是否会出现故障。因为需求往往只在一种场景下产生，但产品要在很多场景下使用。如果设计产品时只考虑一种场景下需求的满足，那么产品就可能会在其他场景出错。例如，上述提到的NFC智能钥匙开启车门的功能，可能会对已有的使用手机App开启车门的功能

---

① 近场通信（Near Field Communication，NFC），是一种新兴的技术，使用了该技术的设备（例如移动电话）可以在彼此靠近的情况下进行数据交换。它由非接触式射频识别（RFID）及互连互通技术整合演变而来，通过在单一芯片上集成感应式读卡器、感应式卡片和点对点通信的功能并利用移动终端，可以实现移动支付、电子票务、门禁、移动身份识别、防伪等应用。

造成影响，出现间歇性无法开启车门的情况。

（二）场景化营销概述

场景化营销是一种基于特定场景下的营销方式，它根据用户的需求和目的，在特定的时间、地点和情境下，提供与之相关的产品或服务信息，以满足用户的即时需求。场景化营销的优势在于它能够精准地把握用户的需求和偏好，提供与之相关的产品或服务信息，从而提升营销效果。这种营销方式旨在创造一种沉浸式的体验，使用户在特定的场景中感受到产品的价值和服务的优势，同时能够增强用户的参与感和体验感，使用户在购买过程中产生情感共鸣和认同感。

场景化营销可以分为现实生活场景中的场景化营销和互联网使用场景中的场景化营销两大类。

（1）现实生活场景中的场景化营销，例如商场的促销活动、超市的特价商品等，都是根据用户在特定时间和地点的需求，提供与之相关的产品或服务信息。

（2）互联网使用场景中的场景化营销，更多地依赖于大数据和人工智能技术，通过对用户在线行为的分析和预测，提供个性化的产品或服务推荐。

（三）场景化营销策略

场景化营销策略主要基于创造或利用特定场景来与用户进行深度互动，进而使用户提升品牌认知、增强购买欲望，并最终实现销售增长。以下是一些关键的场景化营销策略。

（1）明确目标用户与场景。要了解目标用户的生活习惯、兴趣爱好和购物需求，确定与产品或服务最相关的场景，例如家庭生活、职场、休闲活动等。

（2）利用或创造特定场景。可以利用已有的热门场景，如节日、活动、热门影视剧等，将品牌或产品与之结合，提高曝光率。也可以自主创造独特场景，如举办线上或线下特别活动，为消费者提供独特的购物体验。

（3）产品与场景融合。通过设计、包装等方式，使产品与特定场景相融合，增强用户的情感共鸣。例如，农夫山泉通过推出"15L 一次性桶装水"来瞄准家庭生活和后厨这两个用水场景，从而成功抢占了市场。

（4）情感连接与故事叙述。在场景中讲述与产品或品牌相关的故事，使用户产生情感共鸣。利用用户的情感需求，创造与品牌相关的情感体验。

（5）社交媒体与口碑营销。利用社交媒体平台，发布与场景相关的内容，吸引目标用户的关注和参与。鼓励用户分享自己的场景化体验，形成良好的口碑传播。

除此以外，场景化营销也可以与其他品牌或机构进行跨界合作，共同打造更具吸引力的场景化营销活动。需要注意的是，要充分利用大数据技术对场景化营销效果进行分析和优化，及时调整策略，优化场景设计、产品融合和情感连接等，提升营销效果。

 示例

士力架的"备考"场景营销

士力架通过场景化营销策略，将产品与"备考"场景相结合。品牌方利用广告语"横扫饥饿，做回自己"等打造"饥饿"场景，并将产品作为解决饥饿和补充能量的不二之选。为了更深入地连接学生群体，士力架还联合作业帮 App 进行跨界营销，打造了士力架复习者联盟线上社区，创造出线上社交场景，进一步强化了品牌在学生心中的形象。

（四）场景化营销的应用场景

场景化营销的应用场景非常广泛，几乎涵盖了消费者日常生活和可能遇到的特殊事件的场景。以下是一些典型的应用场景。

（1）电商平台。在电商平台上，场景化营销被广泛应用。例如，在电商平台上提供虚拟试衣间或试妆间的功能，让用户可以在线模拟试穿或试妆，提升购物体验和购买决策的效率。再如，场景化购物推荐，电商平台根据用户的浏览历史、购买记录和兴趣爱好，推荐与特定场景相关的商品或服务，如旅行必备品、节日礼盒等。

（2）直播带货。直播带货是近年来兴起的场景化营销方式之一。主播在直播过程中，通过展示产品的使用场景、演示产品的功能和效果，以及分享自己的使用心得和体验，来激发用户的购买欲望。这种场景化的营销方式不仅能让用户更加直观地了解产品，还能增强用户对产品的信任感和购买意愿。例如，在卖红木筷子时，主播可以直接在红木加工厂进行直播，展示筷子的制作过程和品质，从而引起用户的关注并引发购买行为。

（3）线下零售店。线下零售店在场景化营销方面也有着丰富的应用场景。通过打造与产品相关的场景，如家居店围绕"美好生活"理念打造的家居空间，书店打造的知性、时尚、个性化的生活方式空间等，均能让用户与场景产生关联，从而引发购买行为。此外，线下零售店还可以通过举办主题活动、体验活动等方式，为用户提供沉浸式的购物体验，提高用户的满意度和忠诚度。

（4）利用 VR/AR 技术。利用 VR/AR 技术为用户提供沉浸式虚拟体验，也是场景化营销的应用场景，如虚拟旅行、虚拟展览等，让用户能够在虚拟场景中与品牌或产品进行互动；还可以通过 VR 或 AR 技术展示产品的三维模型或实际使用效果，让用户能够更直观地了解产品的特点和优势。

 示例

贝壳找房App：VR看房新体验

小张想买房，但工作繁忙，没有时间去现场看房。他安装了贝壳找房 App，发现上面有 VR 看房功能。他选中了一套心仪的房源，点击"VR 带看"按钮，立刻被带入了一个沉浸式的三维全景看房环境。

在 VR 看房界面中，小张可以 360°全景看房，了解房屋的户型朝向、装修内饰等详细信息。他还用标尺功能测量了房间中物品的真实高度与距离，感觉就像在现场看房一样。

更让小张惊喜的是，他还可以随时连线专属经纪人，进行实时沟通和咨询。经纪人耐心地解答了他的所有问题，让他对房屋有了更深入的了解。

最终，小张通过贝壳找房 App 的 VR 看房功能，成功选购了一套满意的房子。他感慨地说："VR 看房真是太方便了，既节省了时间，又提升了购房体验！"

（5）社交媒体。社交媒体是场景化营销的重要渠道之一。通过社交媒体平台，企业可以构建与用户互动的场景，如发起话题讨论、举办线上活动、分享用户故事等。这些场景化的互动方式能够增强企业与用户之间的连接和互动，激发用户的参与热情，强化用户对品牌的黏性。同时，社交媒体平台上的 UGC 也能够为企业提供更多关于用户需求和偏好的信息，有助于企业更加精准地制定营销策略。

这些应用场景都是基于对用户需求和行为的深入理解，通过提供与特定场景相关的内容、活动或服务，使用户注意并产生兴趣，进而提高品牌或产品的知名度和销售量。

案例 3.3

星巴克咖啡与"咖啡时光"场景的融合

为了进一步加强与消费者之间的情感连接，星巴克通过场景化营销策略，将咖啡与消费者的日常生活场景紧密结合。

1. 定义"咖啡时光"场景

星巴克定义了"咖啡时光"这一特定场景，它代表了消费者在一天中享受咖啡、放松身心的时刻。这个场景可能发生在早晨起床后、工作间隙、午休时间、下午茶时光或者晚上与朋友聚会时。

2. 产品设计匹配场景

针对"咖啡时光"场景，星巴克推出了多款与场景相匹配的咖啡产品。例如，早晨起床后，消费者可以选择一杯浓郁的拿铁咖啡来提神醒脑；工作间隙，可以选择一杯美式咖啡来振奋精神；下午茶时光，则可以享受一杯香甜的焦糖玛奇朵或摩卡咖啡，并搭配一块精致的糕点。

3. 场景化包装设计

为了增强消费者对"咖啡时光"场景的感知，星巴克在包装设计上也进行了创新。咖啡杯的设计简洁大方，颜色与品牌标志相协调，同时加入了一些与场景相关的元素，如早晨的阳光、下午茶时翻阅的书籍等，让消费者在拿到咖啡的同时就能感受到场景氛围。

4. 场景化店内体验

星巴克在店内布置上也充分考虑了"咖啡时光"场景。不同时间段，店内的音乐、灯光和氛围都有所调整，以营造出与"咖啡时光"相匹配的氛围。此外，星巴克还提供了舒适的座椅、无线网络等设施，让消费者在享受咖啡的同时能放松身心、享受美好时光。

通过将咖啡与"咖啡时光"场景进行融合，星巴克成功地将咖啡从一种简单的饮品转变为一种与消费者日常生活紧密相连的情感体验。消费者在购买星巴克咖啡时，不仅能够品尝到高品质的咖啡，还能感受到品牌所传递的"咖啡时光"文化和生活方式。这种情感连接和认同感的建立，进一步增强了消费者对星巴克的忠诚度和购买意愿。

启发思考： 请分析这种策略对星巴克品牌形象的长期影响，并讨论星巴克应如何持续利用场景化营销策略来增强与消费者的情感连接，提升消费者忠诚度。

二、情感营销

在情感消费时代，消费者购买商品所看重的已不仅仅是商品的数量、质量或价格，而是追求一种情感上的满足和心理上的认同。情感营销是从消费者的情感需要出发，唤起和激起消费者的情感需求，诱导消费者产生心灵上的共鸣，寓情感于营销之中，让有情的营销赢得无情的竞争。

1. 情感营销策略

在实施情感营销时，企业需要深入了解消费者的情感需求，通过各种方式唤起和激发消费者的情感共鸣，从而提升品牌的知名度和美誉度。在实际应用中，情感营销策略可以通过多种方式实现。

（1）情感广告。通过广告讲述感人至深的故事或展现温馨、浪漫的场景，让消费者对产品或服务产生情感共鸣。

（2）情感促销。利用节日、纪念日等特殊时刻，推出符合消费者情感需求的促销活动，如打折、赠品等。

（3）情感口碑。通过提供优质的服务和产品，让消费者产生良好的口碑传播效应，从而吸引更多的潜在消费者。

（4）情感设计。在产品设计中融入情感元素，如独特的形状、色彩、图案等，让消费者对产品产生情感认同和归属感。

> **示例**
>
> **《舌尖上的中国》**
>
> 央视播放的《舌尖上的中国》不仅是一部美食纪录片，更是一次成功的情感营销。它通过讲述中国各地的美食文化和人物故事，引发了观众对家乡、亲人、传统文化的深深眷恋和共鸣。这种情感共鸣不仅增强了观众对纪录片的喜爱，也提升了相关产品和服务的销售量。

2. 情感营销的应用场景

情感营销的应用场景非常广泛，涵盖了各个行业和营销场合。以下是一些常见的情感营销应用场景。

（1）节假日和特殊场合。在节假日或特殊场合，如母亲节、春节、婚礼、毕业典礼等，品牌可以利用这些时刻的特定情感氛围，借助情感营销与消费者建立情感连接。例如，在母亲节强调对母亲的感恩和关爱。

（2）品牌故事传播。情感营销经常用于品牌故事的传播中。通过讲述品牌背后的故事，如创始人的经历、品牌的成长历程等，与消费者建立情感共鸣，增强消费者对品牌的认同感和忠诚度。

（3）新产品推广。在新产品推广时，情感营销可以帮助消费者更好地理解产品的特点和优势，从而激发消费者的购买欲望。通过情感化的广告或故事，让消费者感受到产品带来的情感满足和价值。

（4）危机公关。当品牌遭遇危机时，情感营销也可以作为一种有效的公关手段。通过向消费者传递品牌的真诚和关怀，减轻消费者的负面情绪，并重建消费者对品牌的信任。

（5）客户体验营销。在提供产品或服务的过程中，情感营销可以帮助品牌创造更好的客户体验。通过为消费者提供温馨、愉悦或令人振奋的购物体验，品牌可以增强消费者对品牌的情感认同，并促使他们成为品牌的忠实粉丝。

 示例

华为的"心跳旋律"

 "入手华为手表，送给你的那个 ta，爱怎么表达，就怎么表达，见证挚爱时刻。"华为将科技产品与浪漫元素相结合，以"心跳旋律"对应手表旋律，为消费者提供了一种新颖的购物体验。

节日热点加新品发布，使 WATCH 系列产品热卖，华为通过创新的营销活动有效地提升了品牌的市场影响力和消费者的参与度，加深了与消费者之间的情感联系，增强了品牌的市场竞争力。华为的营销活动充分体现了其对市场趋势的敏锐洞察和对消费者需求的深刻理解。

三、口碑营销

口碑营销是一种基于口碑传播的营销方式，它借助消费者的口碑来推广产品或服务，进而提高品牌知名度和销售额。在当今这个信息爆炸的时代，口碑营销以其可信度高、传播速度快、针对性强的特点，越来越受到企业的青睐。

口碑营销的成功依赖于消费者对产品或服务的满意度和忠诚度。当消费者对某个品牌或产品感到满意时，他们更有可能向周围的人推荐该品牌或产品，从而形成正面的口碑效应。这种效应可以迅速扩大品牌或产品的知名度和影响力，吸引更多的潜在消费者。

 示例

哈尔滨文旅的口碑营销

2023 年年末到 2024 年年初，哈尔滨文旅为了吸引游客，特别是对南方的游客，采取了全方位的营销策略。他们提供了贴心的服务，如为游客提供切块冻梨、建防寒屋，并展示了冰雕、驯鹿等特色项目。此外，还有免费的爱心车队接送服务，甚至请来了平时难以见到的鄂伦春族人。这些措施赢得了游客的广泛好评，并在网络上形成了许多"热梗"，如"尔滨，你让我感觉到陌生""哈尔滨——讨好型市格"等，从而极大地提升了哈尔滨的知名度和吸引力。

口碑营销高效、可信度高。企业要想在激烈的市场竞争中脱颖而出，不仅要提供优质的产品和服务，还要善于运用口碑营销策略提升品牌知名度和美誉度。为了实现有效的口碑营销，企业可以采取以下策略。

（1）提供优质的产品和服务。这是口碑营销的基础。消费者只有对企业的产品和服务满意时，才会自发地为企业传播良好的口碑。因此，企业应该不断提高产品质量和服务水平，满足消费者的需求和期望。同时，企业还要倾听并回应消费者反馈，建立良好的沟通渠道，了解消费者的真实需求并解决问题，赢得消费者的好评。

（2）激励消费者分享。企业可以通过多种方式激励消费者分享自己的消费体验和评价。例如，提供优惠券、积分兑换等奖励机制，或者举办消费者分享活动，邀请他们分享自己的消费故事和评价。

（3）积极回应负面评价。不可避免地，有时企业也会出现一些负面评价。当出现负面评价时，企业应及时积极地回应，并采取措施解决问题，以保持品牌的良好形象。这不仅可以避免问题扩大，还能体现企业的责任感和专业性。同时，企业还可以通过与消费者的沟通和互动，了解自己的不足之处，从而改进产品和服务。

口碑营销是一个长期的过程，需要企业持续投入资源和精力，通过优质的产品和服务，以及有效的营销策略，不断积累和提升口碑。同时，企业还需要关注市场变化和消费者需求的变化，及时调整口碑营销策略，以适应这些变化。

四、跨界营销

跨界营销代表着不同领域、行业之间的合作。它通过将两个或多个不同领域的品牌、产品、服务等元素结合在一起，创造出新的体验和价值。这种营销方式的核心在于打破传统的行业界限，通过创意碰撞和资源整合实现优势互补，从而达到更好的营销效果。

跨界营销的实现，基于营销思维的开放、发散和创新，也就是跨界思维为跨界营销提供了理论基础和思维指导，使得跨界营销成为可能。

（一）跨界思维的理解与应用

在新媒体营销领域，跨界思维是一种卓越的战略思考方式，它要求企业勇于突破传统行业和领域的藩篱，积极寻求与其他产业的合作与整合。这种跨越产业界限的思维方式，旨在挖掘出隐藏的商业机会，创造更大的价值。

跨界的本质是融合与共享，而跨界思维，就是多角度、多视野地看待问题和提出解决方案的一种思维方式，是有意识地去寻找不同事物间的"关联点"，或将不同观念进行相互印证、串联、互补。跨界思维的本质是找到问题的根本，摆脱形式的束缚，整合能力结构，从根本上解决问题。

 示例

路虎与《中国国家地理》的联合广告——探索未知，挑战极限

路虎与《中国国家地理》杂志推出的合作广告，展示了路虎在各种地形中的驾驶性能，同时也展现了《中国国家地理》探索的壮美景色。这一广告不仅突出了路虎品牌的越野性能，也提升了品牌的艺术感和文化内涵。

1. **实现跨界思维所需要的能力**

实现跨界思维需要具备以下几方面的能力。

（1）敏锐的洞察力。企业需要具备敏锐的洞察力，关注市场上出现的新技术、新产品，以及消费者未来的需求趋势。

（2）创新能力。企业需要具备创新能力，能够通过整合不同领域的资源，创造出相互关联、互补和价值共创的新模式。

（3）跨部门协同。企业需要满足跨部门协同的要求，一旦确定了跨界创新的方向，就需要在整个组织中进行协同，将各个部门的资源、技

即学即练

请为山西的汾酒和陈醋设计一个跨界营销的思路框架。

术优势进行整合，实现协同创新。

（4）持续学习。企业需要面向外部进行持续学习和观察，寻找到其他产业的创新案例，并通过不断地学习探索更好的商业模式。

跨界思维已经成为商业模式创新的关键。企业需要利用创新思维敏锐洞察市场，发现不同领域、行业之间的共同点和特性，通过跨界融合，在商业模式创新中寻找机遇，打造全新的业务形态。

2. 如何培养跨界思维

培养跨界思维是一个涉及广泛学习和多元思考的过程，要求个体能够跨越不同领域、行业或文化的界限，将不同领域的知识、技能和思维方式融合起来，以产生新的创意和解决方案。以下是一些培养跨界思维的具体方法。

（1）保持开放心态。跨界思维要求人们保持开放的心态，愿意接受和学习新的知识和技能，不局限于自己的专业领域，而是勇于探索未知领域，拓宽自己的知识边界。在接触不同领域的知识时，尊重各领域的差异性和独特性，理解并接纳这些差异，以更加包容和全面的视角看待问题。

（2）学习跨领域知识。通过阅读不同领域的书籍、文章、报告等，了解各领域的基础知识和发展动态。可以选择与自己专业相关的交叉学科进行深入学习，也可以尝试阅读一些看似内容不相关的书籍，以激发新的灵感。还可以报名参加线上或线下的跨领域课程、研讨会、工作坊等，通过系统的学习来掌握新领域的知识和技能。这些活动通常能提供与专业人士交流的机会，有助于拓宽人脉和视野。

（3）多元思考。在面对问题时，尝试从不同的角度和立场去思考，这有助于发现问题的本质和多种可能的解决方案。可以运用批判性思维、创造性思维等不同的思维方式来分析问题，将不同领域的知识和技能融合在一起，形成新的思考框架和解决方案。例如，可以将艺术与设计思维应用于科技产品的创新中，或将商业思维与社会科学研究相结合来探索社会问题。

（4）跨界合作。积极参与跨领域的项目或团队，与不同领域的人才合作共事。在合作过程中，学习他人的专业知识和思维方式，共同探索新的创意和解决方案。与来自不同领域的人建立联系和交流，了解他们的行业动态和最新趋势。这些人脉资源可以成为获取信息和资源的重要渠道。

（5）实践与创新。将所学的跨领域知识应用于实际问题中，通过实践来检验其可行性和有效性。同时，在跨界思维的培养过程中，也要鼓励自己不断进行创新思维训练，勇于尝试新的方法和思路，例如使用头脑风暴、逆向思维等方法来激发新的创意和想法，而即使失败也能从中吸取教训并不断改进。此外，还要关注社会的发展趋势和前沿技术，以便在创新过程中更好地把握方向和机遇。

（二）跨界营销策略

跨界营销是一种创新的营销方式，它打破了传统营销方式的界限，将不同领域、不同行业、不同文化或不同品牌的元素融合起来，创造出全新的营销方式和体验。以下是一些常见的跨界营销策略。

1. 品牌联名

品牌联名是跨界营销中最常见的一种方式。通过与其他品牌合作，共同推出新产品或服务，以提升品牌影响力。这种策略可以快速吸引消费者的关注，增加产品的曝光度。例如，瑞幸咖啡与椰树合作推出"椰云拿铁"，将饮品与休闲食品相结合，创造出全新的口味体验；李宁与蔚来旗下环保时尚品牌"BLUE SKY LAB"合作，推出联名限量版"EARTH·绝影弹速跑鞋"，旨在传递可持续的环保设计理念。

2. 与明星或知名人士合作

邀请明星或知名人士作为品牌代言人或合作伙伴，利用他们的影响力和粉丝基础，提升品牌的知名度和美誉度。这种策略可以拉近品牌与消费者之间的距离，增强品牌的亲和力。例如，王者荣耀联合沈腾，为五位英雄推出了虎年限定皮肤，利用沈腾的知名度和影响力，吸引了更多玩家关注和购买；OPPO 邀请久石让作为特约调音师，打造了一场简单、沉浸式的"重温经典"活动，通过久石让的音乐才华，提升了 OPPO 耳机的品牌形象。

3. 与 IP 联名

与热门 IP 合作，推出联名产品或服务，借助 IP 的影响力和粉丝基础，提升品牌的知名度和销售额。这种策略可以创造出独特的品牌形象和故事，增加产品的附加值。例如，奥利奥与《蝙蝠侠》推出电影联名限量款饼干，将饼干与电影角色相结合，创造出独特的品牌形象和故事；花呗携手《国家宝藏》及"诺梵巧克力"，联合推出了一款"敦煌古籍"的巧克力，通过文化传承的主题，提升了品牌的文化内涵和社会价值。

4. 虚拟与现实相结合

通过虚拟与现实交替的故事线，让用户感知到品牌即将推出的新产品或服务。这种策略可以创造出独特的营销体验，增强用户的参与度和互动性。例如，兰博基尼与 QQ 飞车联动，将虚拟与现实结合，推出了脱胎于兰博基尼经典复古车型的 RAC 车型，通过在虚拟游戏世界中的展示和互动，提升了品牌的知名度和产品的曝光度。安踏携手天猫超品日，构建了现实与虚拟连接的"安踏冰雪灵境"，并打造了首套中国冰雪国家队数字藏品，通过数字藏品的发行和互动，提升了品牌的科技感和创新形象。

5. 文创产品开发

结合企业自身文化和品牌属性，推出文创周边产品。这种策略可以丰富品牌的文化内涵，提升品牌的艺术价值和审美价值。例如，海底捞推出的以蔬菜、香料、火锅等元素设计的文创产品，不仅有趣而且颜值高，赢得了年轻人的喜爱。

6. 其他创新策略

除了以上几种常见的跨界营销策略外，还有一些其他的创新策略，如与艺术家合作打造虚拟与现实交融的世界、与实验室合作推出实验型宣传推广等。企业可以根据实际情况和市场需求对这些策略进行灵活选择和组合。

总之，企业需要具备敏锐的市场洞察力、强大的资源整合能力和创新思维，才可能成功实施跨界营销。

示例

喜茶与电视剧《梦华录》的跨界联名是一次成功的营销合作，将茶饮文化与热门影视作品相结合，为消费者带来了全新的体验。

在这次联名合作中，喜茶推出了与《梦华录》相关的定制联名特调茶饮，如紫苏·粉桃饮和梦华茶喜·点茶等。这些特调茶饮不仅口感独特，而且融入了《梦华录》的文化元素，使得消费者在品尝的同时也能感受到浓厚的文化氛围。

此外，喜茶还通过一系列创新的营销手段，如线上线下的互动活动、社交媒体推广等，进一步扩大了联名活动的影响力。例如，喜茶在社交媒体上发布了与《梦华录》相关的海报和短视频，吸引了大量粉丝的关注和参与。同时，喜茶还在门店内设置了与《梦华录》相关的主题装饰和道具，为消费者营造了一个沉浸式的体验环境。

这次联名合作不仅提升了喜茶的品牌知名度和美誉度，也促进了《梦华录》的推广和传播。通过跨界合作，喜茶和《梦华录》共同打造了一个具有文化内涵和商业价值的品牌形象，为消费者带来了更加丰富多样的选择。

五、事件营销

近年来，事件营销以其"本小利大"的优势受到国内外企业的青睐，如支付宝"全球锦鲤"、鸿星尔克捐赠郑州水灾等。这种营销方式受众面广、突发性强，在短时间内能达到最优的传播效果，能为企业节约大量的宣传成本，是近年来广为流行的一种公关传播与市场推广手段。

（一）事件营销的定义与特点

事件营销是企业通过策划、组织和利用具有新闻价值、社会影响力以及名人效应的人物或事件，吸引媒体、社会团体和消费者的兴趣与关注，以求提高企业或产品的知名度、美誉度，树立良好品牌形象，并最终促成产品或服务的销售的手段和方式。

事件营销具有明确的目的性、一定的风险性、低成本、多样性和新颖性等特点。

（二）事件营销策略的类型

事件营销的核心是事件，无论是借助已有的社会热门事件还是企业自行策划的事件，事件营销自始至终围绕着事件的主题展开，其成功与事件的选择有直接关系。新闻点是事件营销成功的关键，因此新闻点的设置成功与否决定了用户覆盖的广度和用户传播的深度。

根据不同的标准，事件营销策略可以分为以下类型。

1. 按事件性质分类

（1）公益事件营销。企业借助公益活动的影响力，通过赞助、参与或发起公益活动来树立良好的企业形象，增强消费者对企业品牌的认知度，提升品牌的美誉度。例如在自然灾害发生时，企业通过捐款捐物、积极参与救援行动等方式履行社会责任，同时借助媒体传播，进一步提升企业形象、扩大社会影响力。

（2）聚焦事件营销。企业要抓住广受社会关注的热点事件或话题，结合品牌或产品特点进行宣传和推广，以迅速提升品牌知名度。如利用重大体育赛事、节日庆典等社会热点事件，推出相关的营销活动，吸引消费者的关注和参与。

（3）危机事件营销。企业在面临危机时，可以通过积极应对、妥善处理危机事件，化被动为主动，并通过借势、造势进一步宣传和塑造企业形象，实现品牌的逆势上扬。例如，当企业产品出现质量问题时，企业应在第一时间发布声明，承认错误并迅速采取切实有效的措施进行整改，同时加强与消费者的沟通和互动，倾听消费者的心声，以真诚的态度和实际行动恢复消费者的信任和好感。

2. 按营销手段分类

事件营销的主要手段就是借势和造势。这里只对借势营销与造势营销做引导性描述，后文会进行详细介绍。

（1）借势营销。企业宜及时抓住广受关注的社会新闻、事件以及人物的热点效应等，结合企业或产品在传播上欲达到的目的，展开一系列营销活动。例如，当某个热点事件或话题在社会上广泛传播时，企业可以借此机会推出相关的产品或服务，以吸引消费者的关注。

 示例

美团外卖"520表白节"

美团外卖在 5 月 20 日这一被网友称为"表白节"的特殊日子，推出了"520表白节"营销活动，通过提供优惠折扣、定制表白套餐等方式，鼓励用户通过美团外卖平台向心仪的人表白。这一活动提升了平台的用户活跃度，增加了订单量。

（2）造势营销。企业通过策划、组织和制造具有新闻价值的事件，引发媒体、社会团体和消费者的兴趣与关注，包括创造一些独特的、有趣的或具有创新性的活动，以吸引公众的注意力，并提升企业的品牌形象。

3. 按营销内容分类

（1）热点事件营销。通过抓住社会关注的热点话题或事件，结合品牌或产品特点进行宣传和推广。热点事件营销的优势在于能够在短时间内迅速提升品牌知名度。

（2）体育赛事营销。通过与体育赛事的结合，将品牌或产品融入体育精神中，传递品牌的活力和进取精神，例如赞助体育赛事、与运动员合作等。

> **📠 示例**
>
> 腾讯积极参与和赞助了多个电竞赛事，通过赛事直播、内容制作、社交媒体互动等方式，与电竞爱好者建立了紧密的联系，从而进一步巩固了腾讯在游戏和娱乐领域的领先地位。

（3）文化活动营销。通过与文化元素的结合，传递品牌的价值观和故事，增强品牌的情感吸引力，例如举办文化展览、参与艺术节等。

事件营销策略的类型多种多样，除上面提到的外，还包括新闻策略、舆论策略、活动策略等类型，企业可以根据自身的特点和目标用户选择适合的策略进行策划和执行。同时，企业还需要密切关注市场趋势和消费者需求的变化，不断调整和优化营销策略以提高营销效果和市场竞争力。

案例 3.4

华为的"遥遥领先"

2023年8月29日，备受外界关注的 Mate 60 Pro 出现在了华为商城的线上货架中，未开新机发布会便开售。在几乎零宣传的情况下，依然引发了广泛关注和抢购热潮。在2023年9月25日的华为新品发布会上，主办方虽然没有过多提及 Mate 60 系列，但其依然成为主角，现场观众多次齐呼"遥遥领先"，并在场外刷屏朋友圈。

最早在华为 Mate 40 系列发布会上，余承东在介绍华为手机的各项技术优势时，多次用"遥遥领先"来形容华为与同行的差距，但当时尚未引起关注。直到2023年，随着华为 Mate 60 系列手机等产品的发布，"遥遥领先"一词开始在网络上火爆起来，引发了广泛的讨论。

华为 Mate 60 系列手机的最大亮点是搭载了华为自研的鸿蒙 OS 4.0 系统和麒麟 9000S 芯片。这两项技术被认为是华为突破美国封锁和制裁的重要标志。

网友们纷纷将华为 Mate 60 系列手机的上市视为一种对美国的回击，也将其视为中国科技实力和民族自豪感的体现。这堪称爱国营销的典范。

启发思考：华为选择在2023年8月29日未发先售 Mate 60，以及在9月25日召开新品发布会考虑了哪些因素？

（三）事件营销策略之借势营销

对于借势营销，小到节庆假日，大到舆论热点、扩散的公共事件，这些元素都是品牌所热衷的可借之势。在互联网时代，它常被称为热点营销。借势营销中的常规操作不仅包括借势于热点，还包括借势于节日、对手、大品牌、公众话题等。

1. 借势营销的原则

借势营销的核心在于精准规划与执行，确保活动紧密贴合所选事件，以达成市场效应与品牌形象的双重提升。其关键原则包括以下几个。

（1）相关性原则。营销活动需紧密围绕品牌、产品或服务展开，确保事件主题、内容、用户群体与营销目标高度一致。通过精准匹配，吸引目标用户，增强品牌认知与记忆，促进购买决策。

（2）知名度原则。选取具有广泛知名度和影响力的事件或话题，利用其媒体曝光与社会讨论热度，扩大品牌曝光范围，激发公众情感共鸣与参与兴趣，提升营销互动性与传播效率。

（3）美誉度原则。在借势过程中坚持维护品牌形象，选择与品牌价值观相符的正面事件，避免负面关联；传递积极信息，增强品牌美誉度与公信力，并关注用户反馈，灵活调整策略，确保营销活动的正面效果与品牌形象的持续提升。

2. 借势营销策略

借势营销是一种巧妙的市场营销手段，其核心在于"借势"，即借助外部的有利条件，顺势而为，以达到提升品牌知名度和销售增长的目的。借势营销策略可以归纳为以下几个方面。

（1）借热点之势。借热点营销，即以热点自带的话题属性、流量属性，结合企业或产品在传播或销售上的目的，展开一系列相关活动。由于热点具有时效性和新闻性，因此可以在短时间内产生强烈的传播效果，迅速扩大品牌的影响力。借热点营销中的"热点"是指社会公众正在讨论的事件或话题。这种热点可以是社会事件、节日、流行文化、网络热门话题，也可以是某个特定时机或时事新闻等。因此，借热点营销具体还可以分为事件借势、时事借势、节日借势与公众话题借势。

① 事件借势常用方式包括赞助、冠名体育赛事、举办公益活动或与娱乐节目合作等。这些做法都可以帮助商家在竞争激烈的市场中脱颖而出，提高品牌知名度和美誉度，并最终促成产品或服务的销售。

② 时事借势则是在某个特定的时机或某个社会热点、时事新闻发生的背景下，企业或品牌利用这个机会来推广自己的产品或品牌，从而获得更多的关注和曝光度。这种策略的核心在于及时捕捉时事热点，并将其与自身产品或品牌进行有机结合，通过创意的营销方式吸引消费者的注意力。时事借势的成功与否，关键在于是否能够快速、准确地把握时事热点，以及如何将时事热点与产品或品牌进行巧妙的融合。这需要企业或品牌具备敏锐的市场洞察力、有创意的营销思维和高效的执行能力。

📖 **示例**

一汽红旗 H9 的出圈得益于其为奥运会金牌获得者赠送红旗 H9 汽车。事情的起因是东京奥运会 10 米气步枪混合团体赛冠军杨皓然在接受采访时和主持人开玩笑地说了一句"一人来一辆车"。

2021 年 8 月 5 日，一汽红旗官方微博发文表示：每一位中国健儿都是中国骄傲，红旗将为本次东京奥运会中国奥运代表团获得金牌的运动员敬赠红旗 H9 一台；为获得银、铜牌的运动员敬赠红旗 H9 产品使用权。

一汽红旗为奥运冠军送车的做法不仅收获了关注度，同时也得到了网友的好评，并引起了网友的自发传播。该话题下面，网友发文说道"大手笔！""格局打开了""请尽情地给他们奖励"。#为中国健儿送红旗 H9# 这一话题登上了微博热搜，并获得了 1.7 亿次阅读，6.5 万次讨论，红旗 H9 成功实现出圈。

③ 节日借势。节日是人们日常生活中重要的文化元素，具有深厚的情感基础和广泛的参与度。节日借势营销可以利用节日的文化内涵和人们的节日情感，创造与品牌相关的营销活动，如节日限定产品、节日主题广告等，从而引导消费者关注和购买。节日借势营销的关键在于深入理解节日文化和消费者需求，制定有针对性的营销策略。

④ 公众话题借势。公众话题是社会关注的焦点，具有较强的传播力和影响力。公众话题借势营销可以通过关注和分析社会热点话题，将其与品牌或产品相结合，策划与话题相关的营销活动，从而引导消费者关注和参与。在进行公众话题借势营销时，企业应注重话题的敏感程度和舆论性质，避免涉及敏感话题或引发负面舆论。

😊 **想一想**

2021 年 7 月，河南郑州遭遇特大暴雨灾害，某房地产公司发布了含有暴雨背景的广告，广告中配文"就算大雨让这座城市颠倒，有车位，无烦恼"，引起了社会公众的强烈不满和愤怒。借势营销有没有界限？该例中，该房地产公司为什么会引发众怒？

（2）借竞争对手之势。在竞争激烈的市场中，竞争对手的营销策略和表现往往能为企业提供有益的借鉴。采用借竞争对手之势营销时，可以通过分析竞争对手的优劣势、营销策略和消费者反馈等信息，寻找自身的差异化优势和创新点，从而制定更具竞争力的营销策略。需要注意的是，借竞争对手之势营销应遵守公平竞争的原则，避免恶意竞争和侵权行为。在借竞争对手之势营销的时候，一是要保持格局。营销的目的是共赢，确保和气生财，而不是两败俱伤。二是把握时机。缺乏时机时借势则不是营销，而是挑事。三是善用幽默表达。保持幽默，更容易让人喜欢。

示例

2019 年 5 月，奔驰 CEO 迪特·蔡澈退休。在大家都当它是一个常规人员变更事件时，奔驰的竞争对手宝马，公布了一支"致敬"广告片。广告片前面是拉长的慢镜头，充分体现出离情依依，可结尾处却画风突变，退休回家的奔驰总裁从家里开出了一辆宝马，此时画面上配的字幕则是"Free at last"（终于自由了）。

（3）借大品牌之势。大品牌通常具有较高的知名度和美誉度，与大品牌合作可以为企业带来品牌效应和消费者信任。借大品牌之势营销可以通过与大品牌进行联名合作、共同推出新产品或服务等方式，借助大品牌的品牌影响力提升自身品牌的知名度和认可度。在与大品牌合作时，企业应注重品牌匹配度和合作方式的选择，确保合作能够产生积极的品牌效应。

在实施借势营销策略时，需要注意以下几点：①确保借势内容与产品或品牌形象紧密相关，避免为了跟风而忽略与品牌的契合度；②迅速反应并把握时机，因为热点事件和时事新闻具有时效性，错过时机可能会影响营销效果；③注重创意和差异化，避免与竞争对手的营销活动过于相似或雷同；④在追求短期销售额提升的同时，也要考虑品牌的长期发展和形象塑造。

（四）事件营销策略之造势营销

造势营销是指企业通过举办活动或制造事件，借助大众传播媒介的报道，引起社会大众或特定对象的注意，营造对自己有利的声势，达到使企业扬名的目的，进而提高品牌的知名度，并以此在公众中树立良好的企业形象，改变那些对企业不友善的态度或者不利于企业的看法。

1. 造势营销的原则

为确保造势营销活动能够成功地引起公众的关注、增强品牌影响力和促进销售，企业在采用造势营销策略时，要遵循以下关键原则。

（1）创新性原则。创新是造势营销的灵魂。在策划造势营销活动时，需要突破传统思维，只有独特的创意和新颖的形式，才能从众多的营销信息中脱颖而出，吸引目标用户的注意力。创新不仅仅体现在内容上，也体现在营销渠道、推广手段以及合作方式上。

（2）公共性原则。公共性原则是造势营销的基础。在策划造势营销活动时，企业需要关注公众的利益和需求。造势营销活动应该契合公众的兴趣和关注点，确保活动能够引起公众的广泛关注和参与。同时，活动内容需要符合社会主流价值观，体现企业的社会责任和公众形象。

示例

安踏"冬奥冠军同款"系列推广

安踏作为 2022 年北京冬奥会官方合作伙伴，成功借助冬奥会的热度进行造势营销。安踏推出了"冬奥冠军同款"系列运动鞋和服装，通过社交媒体平台和线下门店进行广泛宣传。同时，安踏还邀请了多位冬奥冠军进行代言和推荐，进一步提升了产品的知名度和影响力。这一活动不仅提升了安踏的品牌形象，还实现了销售额的大幅增长。

（3）一致性原则。造势营销活动需要与企业的品牌形象、市场定位以及长期战略保持一致。活动的内容和形式需要与企业的核心价值观和品牌形象相契合，避免产生负面影响。

2. 造势营销策略

造势营销的核心在于举办活动或制造事件，其手段多种多样，下面列举了常用的几种。

（1）明星造势。明星是社会发展与大众文化需求共同作用的产物。当消费者对产品的价格和质量已有充分信任时，借助明星的知名度和影响力，可以增强消费者对产品的情感认同和品牌联想，从而提升产品的市场吸引力。明星造势是一种非常有效的造势营销策略，通过选择合适的明星代言人、制定明确的营销策略、充分利用社交媒体、创新营销方式等手段，可以为品牌或产品创造强大的声势，提升品牌的知名度和影响力。

示例

在董宇辉走红网络后，OPPO 官微表示送董宇辉一台 OPPO Find N 手机，祝福他得偿所愿，微笑前行。这一行为不仅体现了 OPPO 对董宇辉个人影响力的认可，也展现了 OPPO 希望通过与董宇辉的合作来进一步提升品牌的知名度和影响力。

（2）舆论造势。企业通过精心策划和组织，与相关媒体合作，利用媒体宣传、社交网络等渠道，发表大量介绍和宣传企业的产品或服务的软文，传播正面信息，以理性的手段传播自己，塑造积极形象，引发公众关注和讨论，从而为企业或品牌创造有利的舆论环境。

即学即练

请从日历中选择一个日期，通过创意赋予这个日期一个新的意义，并策划出一个营销主题。

（3）活动造势。企业为推广自己的产品可以组织策划一系列宣传活动，吸引消费者和媒体的目光，从而达到传播推广的目的。例如苹果、小米等品牌在新品发布会前会做宣传和推广，促使发布会人人皆知、人人关注。

（4）概念造势。企业可以为产品创造出一种全新的概念，以引发新的时尚和潮流。在炒作概念时，策划者将市场看作理论市场与产品市场两个不同的层面，通过先启动理论市场来传输一种观念，进而做好产品市场。例如 11 月 11 日这样一个普通的日子，硬是被阿里巴巴打造成了"双 11"购物狂欢节。类似的还有京东的"6·18"、唯品会"4·19"品牌特卖节等。

六、饥饿营销

饥饿营销作为一种商业推广策略，其核心在于通过调控产品供应量来制造供不应求的市场现象，从而提升产品价值、激发消费者购买欲望，并最终促进销量增长。这种营销策略在 20 世纪 80 年代初期开始出现，被广泛应用于数字产品、高档服装和奢侈品等领域。随着信息技术的发展和数字化消费的普及，饥饿营销越来越多地被企业所采用。

1. 饥饿营销策略

饥饿营销策略是基于消费者求购心切、求新求快的心理，通过限量销售或限时优惠等方式制造紧迫感，激发消费者的购买欲望和行动。饥饿营销的成功实施需要一系列精细的策略支持，这些策略包括以下内容。

（1）产品定位与差异化。明确产品的目标受众群体，并深入了解他们的需求和偏好，确保产品具备独特的功能、设计或品质，以区别于竞争对手。

（2）营造紧张氛围与制造话题。通过倒计时、限量预告等方式营造紧张、期待的市场氛围，利用社交媒体、短视频等渠道发布相关话题，引发公众关注和讨论。

（3）精准传递信息与制造悬念。清晰、准确地传递产品的特点、优势和价值，激发消费者的购买欲望。同时，通过透露部分信息或设置悬念，引发消费者的好奇心和探究欲，同时还要注意定期更新预告信息，以持续吸引消费者的关注。

（4）限量供应与抢购策略。严格控制产品的供应量，营造稀缺感，刺激消费者的购买欲望。在特定时间段内开放购买，引发消费者的抢购热潮；通过实时更新库存量、倒计时等方式，营造紧张、刺激的购物体验。

（5）价格策略与动态调整。根据市场需求和竞争状况，制定灵活的价格策略。针对不同消费者群体或购买量，实施差别定价；根据市场反应和消费者反馈，动态调整产品价格以保持竞争优势。

（6）合作伙伴与渠道控制。与合作伙伴签订排他性协议，限制其在其他渠道销售同类产品；与特定渠道商合作实现独家销售，增强产品的稀缺性和吸引力。

饥饿营销虽然是一种有效的营销手段，但并非适用于所有产品。它更适合单价较高、购买周期较长、同质化程度低的产品。也就是说，产品或服务需要有一定的差异化或优势，业已形成一定范围的品牌黏性。

课堂讨论

大家对小米手机并不陌生，可以说小米手机发展到今天的局面，饥饿营销功不可没。当年的"限量红米：抢不到，急死你"让很多年轻人对小米手机的饥饿营销深恶痛绝，但又禁不住小米手机高性价比的诱惑，在骂骂咧咧的同时情不自禁地参与抢购，这便是饥饿营销的魅力。

小米手机早期在营销方面基本是"零投入"，主要通过微博、论坛等社会化渠道展开营销，依靠"价格屠夫"、关注用户体验和良好的口碑积累了大量粉丝，仅仅利用粉丝便打造成为知名品牌。

请以小组为单位，讨论如何理解雷军曾经所说的"小米从来没有也永远不会故意饥饿营销"这句话。

2. 饥饿营销的风险

饥饿营销并非没有风险。如果过度实施，可能会将消费者"送"给竞争对手，因为消费者可能会因为期望过大、等待时间过长或价格超出承受范围而转移注意力，寻找其他企业的产品。此外，饥饿营销还可能对品牌造成伤害，降低其附加值。

（1）误导消费者。某些企业可能过度夸大产品或服务的稀缺性，以致误导消费者。这种行为一旦被揭穿，将严重损害企业的声誉。如果产品或服务本身缺乏吸引力，饥饿营销可能就无法达到预期效果。

（2）消费者疲劳。过度实施饥饿营销可能会导致消费者流失和品牌形象受损，频繁的饥饿营销活动也会导致消费者疲劳。对于一些企业来说，长期依赖这种策略可能会适得其反。

（3）法律合规问题。饥饿营销需要谨慎实施，以免触及法律的红线。在运用此策略时，企业必须确保不违反《广告法》和《消费者权益保护法》等相关法律法规。

3. 如何正确运用饥饿营销

为了有效应对风险和挑战，企业在实施饥饿营销策略时需要注意以下几点。

（1）诚信和透明度。企业应该提供准确的信息，避免过度渲染产品或服务的稀缺程度，保持诚信和透明度。诚信对于建立长期的品牌忠诚至关重要。

（2）合理规划和管理。企业应根据自身实际情况，合理规划和实施饥饿营销策略，可以合理地限制产品或服务的供给，但要确保符合市场需求，避免人为炒作和恶意囤积，避免过度依赖或频繁使用饥饿营销策略。

（3）关注消费者需求和体验。企业应关注消费者的需求和体验，提供高质量的产品和服务，赢得消费者长期的信任和忠诚。

（4）多样化策略。企业不宜过分依赖饥饿营销，应根据市场变化和消费者反馈灵活调整饥饿营销策略，同时与其他营销策略相结合，如品牌形象营销、内容营销等，以适应不同的市场环境、契合消费者需求。

（5）遵守法律法规和商业道德准则。企业应遵守相关的法律法规和商业道德准则，确保营销行为的合法合规且不违背商业道德。

第四节　技术驱动类营销

技术驱动类营销在当前数字化时代扮演着至关重要的角色，它通过先进的技术手段来优化营销策略、提升用户体验、增强品牌互动性和实现精准营销。

一、精准营销

精准营销是一种高度个性化和数据驱动的营销策略，它通过收集和分析用户的行为数据、偏好信息等多维度数据，构建用户画像，从而实现对目标用户的精准识别和个性化推荐。

（一）精准营销的优势

相较于传统营销，精准营销凭借其显著优势脱颖而出。它利用大数据分析与智能算法，精准锁定潜在需求群体，实现广告信息的个性化推送，不仅极大地提升了广告投放的精准度与转化率，还有效降低了营销成本，提高了投资回报率。同时，精准营销通过"一对一"策略增强用户体验，满足个性化需求，进而提升用户转化率和品牌影响力。此外，它还能促使企业深入洞察用户心理与消费趋势，不断优化产品与服务，提升用户满意度与忠诚度，从而在激烈的市场竞争中占据先机。

（二）精准营销策略

精准营销以用户为中心，利用大数据、人工智能等先进技术，对目标用户进行精准定位和个性化沟通，以实现最优的营销效果。

1. 用户画像构建

用户画像构建是企业实现精准营销、提升用户满意度和忠诚度的重要手段。通过用户画像，企业可以更深入地了解用户，制定更贴合用户需求的营销策略，提高用户的满意度和忠诚度。构建用户画像主要有以下步骤。

（1）数据收集。通过多种渠道收集用户的基本信息（如年龄、性别、地域等）和行为数据（如购买历史、浏览记录、参与的社交媒体活动等）。

（2）数据分析。运用关联规则挖掘[1]、聚类分析[2]等数据分析技术，对收集到的数据进行深入分析和挖掘，以全面了解用户的消费习惯、需求和偏好。

（3）画像构建。基于数据分析结果，构建出详细的用户画像，包括用户的兴趣、需求、购买意向等多个维度。

2. 市场细分与精准定位

精准定位是指企业根据目标用户群体的需求和特征，确定产品或服务在市场中的最佳位置，以最大限度地满足用户需求并实现企业的市场目标。

（1）市场细分。根据用户画像，将市场细分为不同的目标市场，每个目标市场包含具有相似特征、需求和行为的用户群体。

（2）精准定位。针对每个目标市场，确定企业的产品或服务在其中的定位，包括品牌形象、产品特点、价格策略等因素。

---

[1] 关联规则挖掘是一种从大规模数据集中发现特征之间关联关系的数据挖掘技术。它通过分析数据集中的项集（Items），找出项集之间的关联规则。

[2] 聚类分析（Cluster Analysis）是一种无监督学习（Unsupervised Learning）的统计方法，它用于将一组数据对象划分为若干个组或簇（Clusters），使得在同一个组或簇内的数据对象彼此相似度较高，而不同组或簇之间的数据对象相似度较低。这种方法不依赖于预先定义的类别标签，而是根据数据本身的特性来发现其内在的结构或模式。

3. 个性化营销策略

个性化营销策略是指根据每个用户的需求、兴趣和行为特征，采用个性化的方式进行市场推广和营销活动。这种策略的核心在于深入理解并满足用户的独特需求，从而提升用户体验，增强市场竞争力。

（1）内容定制。根据用户的兴趣和需求，定制个性化的营销内容，如推送符合其兴趣的文章、视频或广告等。

（2）渠道选择。根据用户的触媒习惯和偏好，选择合适的营销渠道进行投放，如社交媒体、电子邮件、短信等。

（3）互动沟通。通过社交媒体、在线客服等渠道，与用户进行一对一的沟通和互动，了解其需求和反馈，提供定制化的产品或服务方案。

4. 实时监测与策略调整

在精准营销中，实时监测主要通过收集和分析目标用户的行为数据、市场趋势以及营销活动的效果来实现。这些数据可以来自多个渠道，包括但不限于社交媒体、电商平台、企业网站等。

（1）效果监测。利用数据分析工具对营销活动的效果进行实时监测，包括点击率、转化率、投资回报率（ROI）等关键指标。

（2）策略调整。根据监测结果及时调整营销策略和方案，以优化营销效果。例如，对于效果不佳的广告投放渠道，可以调整投放策略或降低投放预算；对于效果显著的广告投放渠道，可以加大投入力度或进一步优化。

5. 技术支持与保障

技术支持与保障是高效、精准地实现营销目标的必要条件。

（1）大数据与人工智能技术。利用大数据和人工智能技术，对海量数据进行高效处理和分析，以实现对目标用户的精准识别和细分。同时，这些技术还可以协助企业制定个性化的营销策略，并提供智能化的客户服务和售后支持。

（2）数据分析与挖掘技术。通过数据分析和关联规则挖掘等技术手段，深入挖掘用户的潜在需求和购买意向，为精准营销策略的制定提供有力支持。

示例

> 京东通过对其用户的购物行为进行分析，将目标用户细分为不同的群体，如"高消费用户""活跃用户""沉默用户"等。针对不同群体的用户特点，京东会制定不同的营销策略和促销活动，以提高用户活跃度和转化率。例如，对于"沉默用户"，京东会通过邮件或短信向其发送优惠券和促销信息，以唤醒他们的购买意愿。

二、AI 营销

AI（人工智能）技术与营销的结合正在深刻改变着现代营销的面貌。AI 营销是伴随着 AI 技术的发展而产生出来的一种营销模式，它通过 AI 技术对数字营销进行全面智能化升级，以达到提升营销效率的目的。

（一）AI 营销的优势

AI 营销作为营销领域的革新力量，正在重塑企业与用户间的互动模式。其核心价值有以下几点：首先，通过深度分析用户数据，可实现精准营销，提升广告点击率与转化率，优化资源分配，提高投资回报率；其次，采用自动化与智能化手段，可极大提升营销效率，使团队能更专注于策略创新；再者，提供个性化内容与即时服务，可显著增强用户体验，助力品牌口碑建设；最后，利用 AI 技术引领营销模式创新，如 AIGC（人工智能生成内容）、虚拟体验及跨平台互动等，可拓宽营销边界，提升用户参与度与忠诚度，为企业创造更多发展契机。

 示例

京东云·言犀的智能营销服务

2024年，京东云·言犀依托于全栈自研的人工智能技术，为零售、金融、教育、政务等行业客户提供全渠道全生命周期的营销服一体化智能服务。其产品和服务包括"在线咨询机器人""语音应答""AI外呼""商家智能客服""直播数字人"等，助力企业实现智能化、精细化的长效经营。京东云·言犀将前沿的智能技术与规模化的应用实践相结合，助力政企客户服务和营销数智化转型升级。

（二）AI技术在新媒体营销中的应用

AI技术在新媒体营销中的应用领域广泛且深入，为企业和品牌带来了前所未有的机遇和挑战。通过充分利用AI技术的优势，企业可以更加精准地了解市场需求和用户行为，制定更加有效的营销策略，提升用户体验和品牌形象。以下是AI技术一些主要的应用领域。

1. 数据分析与市场预测

AI技术的发展极大地提高了数据分析的效率和准确性，为企业和组织提供了更深入、更全面的市场洞察和商业决策支持。

（1）大数据处理能力。AI技术能够有效处理海量数据，并从中挖掘出有价值的信息，如用户行为模式、市场趋势、竞争动态等。这些信息为营销人员提供了宝贵的数据支持，帮助他们更深入地了解市场需求和用户行为，从而制定更明智的营销策略和决策。

（2）市场预测。根据大数据分析结果，企业可以预测市场趋势和用户行为的变化，提前布局，抢占先机。这对于企业在激烈的市场竞争中保持领先地位至关重要。

2. 营销策略制定与优化

AI技术在营销策略的制定与优化中发挥着越来越重要的作用。运用AI技术，企业可以更加精准地锚定目标市场，为用户量身打造个性化的产品和服务，从而增强用户体验，提升品牌忠诚度和市场竞争力，并降低营销成本。

（1）个性化推荐。利用AI算法，企业可以根据用户的兴趣和购买历史，为他们提供个性化的产品推荐。这种个性化推荐不仅可以提升用户的购买意愿，还能增加销售额。电商平台如亚马逊、淘宝网等，都采用了AI技术来为用户提供个性化推荐。

（2）情感分析。AI技术可以分析用户对产品或服务的情感反馈，帮助企业了解用户的真实需求和反馈。例如，通过AI技术分析社交媒体上的评论和反馈，企业可以了解用户对某一款产品的看法和情感倾向，获得有价值的反馈和建议。

（3）定制化营销活动。AI技术能够根据用户的偏好和行为模式，协助营销人员精准推送优惠券、折扣信息等，提高营销活动的用户参与度，从而提高交易转换率。通过AI技术，企业可以更轻松地定制营销活动，以满足不同群体的需求。例如，针对年轻用户，企业可以举办时尚潮流主题活动；针对成熟用户，可以推出优雅气质系列商品；等等。

（4）社交媒体营销。AI技术可以帮助企业在社交媒体平台进行精准营销。通过AI算法分析社交媒体上的热门话题、趋势和用户群体特点，企业可以制定更具针对性的社交媒体宣传策略。此外，AI技术还可以自动生成个性化的社交媒体内容并与用户进行互动，从而提高品牌知名度和用户参与度。

（5）跨平台整合营销。AI技术可以帮助企业实现跨平台的整合营销。通过分析用户在不同平台上的行为数据，AI可以为企业提供一体化的营销策略，实现多平台的协同效应。

3. 内容创作与优化

AI技术在内容创作与优化中的应用已经取得了显著的进展，为创作者、企业和平台带来了前所未有的效率提升。

（1）个性化内容生成。AI 技术可以通过分析用户的行为数据和偏好，生成个性化的内容，以满足不同用户的需求和兴趣。这种个性化内容生成能力极大地丰富了营销手段，增强了内容的吸引力和针对性。例如，Open AI 的 Sora 视频生成工具能够快速将文本转换为视觉内容，加速创意过程。

（2）跨模态内容融合。人工智能生成内容不局限于单一形式，还可以实现文本、图像、视频、音频等多媒体内容的自动生成和跨模态融合，为品牌叙事和创意表达开辟新路径。

（3）广告优化。AI 技术在广告优化方面也有很大的应用空间。通过分析用户的兴趣和行为，AI 可以优化广告内容和投放策略，从而提升广告投放效率和成本效益。同时，AI 还能实现广告创意的自动化生成和测试，帮助找到最佳的广告形式和内容。

 示例

可口可乐的AI广告应用

可口可乐作为人工智能生成内容营销的先驱，在 2023 年利用 Stable Diffusion AI 和 3D 技术，结合实拍，创作了一部短片。这部短片巧妙地将《戴珍珠耳环的少女》等名画融入广告剧情，展示了名画角色互传可乐的有趣场景。这一创新不仅展现了 AI 技术在创意广告领域的潜力，也增强了消费者的视觉体验和品牌记忆。

4. 用户体验与互动

AI 技术在用户体验与互动方面的应用日益广泛且深入，极大地提升了用户的满意度和参与度。

企业可以利用聊天机器人等虚拟助手来与用户进行友好互动。这些智能客服系统能够自动回答用户的常见问题，提供实时的购物帮助，从而大大提高客户服务的效率和质量，提升用户体验。此外，AI 还可以通过情感分析技术对用户的反馈进行分类和优先级排序，确保关键问题得到及时解决。

通过 AI 技术实现的智能客服、自动回复等功能，不仅提高了品牌与用户的互动效率，还可以帮助企业了解用户的需求和意见，从而改进产品或服务。

三、LBS 营销

LBS（Location Based Service）营销，即基于位置服务的营销，是一种借助互联网或无线网络，利用用户的地理位置信息进行精准营销的方式。它通过电信运营商的无线电通信网络，如全球移动通信系统（Global System for Mobile Communications，GSM），或外部定位方式（如北斗卫星导航系统、全球定位系统）获取移动终端用户的位置信息（地理坐标或大地坐标），在地理信息系统（GIS）平台的支持下，为用户提供相应服务。

1. LBS 营销的策略

LBS 营销的策略多种多样，旨在通过移动设备和其他技术来精准地触达目标用户，提升品牌知名度，促进销售。除个性化内容推送、精准定位广告、数据驱动优化、跨平台合作、线上线下结合、优惠与促销活动等一些普遍使用的情境体验营销策略外，LBS 营销还有一些关键策略。

（1）利用徽章提升品牌形象。设计 LBS 应用签到系统，通过签到机制，鼓励用户在特定地点进行签到，以获取积分、徽章或其他奖励。徽章可以作为用户成就的象征，用户一旦获得具有特殊含义的品牌徽章，将长期保留。这对品牌来说既是长期的曝光和宣传，同时也是品牌与用户之间互动的一种方式，有助于提升品牌形象和用户忠诚度。

（2）协助品牌进行产品促销。当用户登录 LBS 客户端时，系统会自动检索用户当前所在位置，并显示附近正在或即将举行活动的地点。用户可以点击查看活动详情，并选择前往任意一个地点签到、赢取徽章、参加活动。这种定位式广告特别适用于有线下门店的品牌，能够将用户直接引导到门店，增加线下流量。

（3）通过信息同步形成口碑传播。几乎所有 LBS 应用都可以绑定各类社交媒体平台。LBS 客户端的签到、徽章奖励以及商家优惠信息等都可以同步到这些社交媒体平台，利用社交媒体的传播力量扩大品牌的影响力，形成更大范围的口碑传播，吸引更多潜在用户参与。

在进行 LBS 营销时，要确保用户的隐私得到保护，遵守相关法律法规和道德准则，要明确告知用户数据的收集和使用方式，提供完善的数据保护措施和隐私政策。

2. LBS 营销的应用场景

LBS 营销在多个领域都有广泛的应用，它通过分析用户的地理位置信息，提供个性化的内容和服务，提升市场营销效果。LBS 营销的应用主要包括但不限于以下场景。

（1）餐饮、零售行业。餐厅、商场或超市可以利用 LBS 技术向附近的用户推送优惠券、促销信息，吸引他们前来就餐、购物。同时，LBS 应用可以根据用户位置信息为其推荐附近的美食店铺、商店，并提供在线订餐和购物服务。

📖 示例

许多大型商场如万达广场、万象汇、大悦城等，都会提供免费 Wi-Fi 服务。当用户接入商场 Wi-Fi 时，商场可以通过 LBS 技术识别用户的位置，并向其推送商场内的促销信息或特价商品信息。这种方式能够有效地吸引用户前往商场内的特定区域购物，提高商场的销售额和用户满意度。

（2）旅游行业。旅游景区可以利用 LBS 技术向游客推送景点介绍、导游服务和优惠信息等，提高游客的满意度。同时，还可以根据用户位置信息推荐附近的酒店和餐厅，提供在线预订服务。

（3）社交娱乐。基于位置的社交网络服务（如 Foursquare 等）可以帮助用户寻找朋友位置和关联信息，同时激励用户分享位置等信息内容。这种基于位置的社交互动增加了品牌曝光和口碑传播的机会。

📖 示例

Foursquare 是一款基于用户地理位置信息的 App，也是 LBS 营销的一个经典案例。用户可以通过 Foursquare 分享自己当前所在的位置、活动等信息，并查看附近的其他用户分享的内容。商家可以通过 Foursquare 发布优惠和促销活动信息等，吸引附近的用户前来消费。这种基于地理位置的社交分享和推荐功能，使得 Foursquare 成为一个非常受欢迎的 LBS 应用。

（4）车辆导航。LBS 技术在车辆导航领域有着广泛的应用。通过位置信息服务，用户可以获取实时交通状况、路线规划等信息，方便用户出行，提升出行效率。

📕 归纳与提高

本章介绍了四大类 16 种新媒体营销方式的基础知识、营销策略以及部分营销方式的相关应用场景和注意事项。需要注意的是，这些营销方式的分类和运用多有交叉，实务中也多是综合运用。所以，作为专业的新媒体从业人员，除了要具备扎实的专业知识外，还需要具备一定的综合能力和新媒体素养。

新媒体营销方式与策略在现代商业环境中具有不可替代的重要作用。它不仅能够扩大品牌的影响力，提高用户的参与度和忠诚度，还能实现精准营销和危机公关。AI 技术在营销中的运用，推动了创新营销手段的发展。因此，我们在学习过程中要不断探索和实践新的营销方式，以适应不断变化的市场环境。

一、单项选择题

1. 内容类新媒体营销方式的核心是（　　）。
  A. 广告投放量　　　B. 优质内容　　　C. 社交媒体关注度　　　D. 广告预算

2. 在新媒体广告策略中，以下哪一项是确保广告能够精准触达目标用户并实时监测广告效果的关键？（　　）
  A. 明确目标　　　B. 用户定位　　　C. 内容创意　　　D. 数据分析与优化

3. 在 IP 营销策略中，以下哪一项是确保所利用的 IP 与品牌形象和价值观相符，从而避免产生负面影响的关键步骤？（　　）
  A. 明确 IP 定位　　B. 创造 IP 关联　　C. 内容创作与传播　　D. 线下活动与体验

4. 互动社群类新媒体营销方式的核心特点是（　　）。
  A. 低成本高效传播　　B. 个性化定制　　C. 互动性强　　　D. 社交属性显著

5. 社群运营中，哪个角色对于带动整个社群的发展潜力与生命力至关重要？（　　）
  A. 内容创造者　　　　　　　　　B. 社群领袖（活跃的灵魂人物）
  C. 收集者与参与者　　　　　　　D. 围观者与不活跃分子

6. 跨界思维的本质是什么？（　　）
  A. 封闭与独立　　B. 融合与共享　　C. 模仿与复制　　　D. 单一与专注

二、多项选择题

1. 内容共创营销在哪些场景下比较适用？（　　）
  A. 社交媒体平台　　　　　　　　B. 产品发布会与活动
  C. 跨界合作与联名　　　　　　　D. 传统广告投放渠道

2. KOL 营销策略中，提高营销效果的方法有哪些？（　　）
  A. 定制化内容创作　　　　　　　B. 强化互动体验
  C. 多维度数据分析　　　　　　　D. 跨界合作与利用社交媒体平台

3. 场景化营销策略的关键要素有哪些？（　　）
  A. 明确目标用户与场景　　　　　B. 利用或创造特定场景
  C. 单纯依赖广告宣传　　　　　　D. 产品与场景融合、情感连接与故事叙述

4. LBS 营销的关键策略包括哪些？（　　）
  A. 利用徽章提升品牌形象　　　　B. 协助品牌进行产品促销
  C. 通过同步信息形成口碑传播　　D. 忽视用户隐私保护与合规要求

5. 以下哪些属于借势热点中可以借势的类型？（　　）
  A. 社会事件　　　B. 个人生活琐事　　C. 节日　　　　D. 流行文化

三、判断题

1. 新媒体广告策略的制定需要综合考虑目标、用户、内容、渠道、数据和技术等多个方面，以确保广告能够精准触达目标用户并实现最佳效果。　　　　　　　　　　　　　　　（　　）

2. 互动社群类营销允许用户与品牌之间进行单向传播，品牌无法实时获取用户的反馈。
　　　　　　　　　　　　　　　　　　　　　　　　　　　　　　　　　　　　　（　　）

3. 长期稳定的合作关系可以确保品牌在 KOL 粉丝群体中的持续曝光和影响力，并鼓励 KOL 持续为品牌创作高质量内容，共同推动品牌发展。　　　　　　　　　　　　　　（　　）

4. 新媒体故事营销中，故事内容必须完全基于真实事件和人物进行创作。　　　　（　　）

5. 在精准营销中，实时监测主要通过收集和分析目标用户的行为数据、市场趋势以及营销活动的效果来实现，这些数据来自企业网站和移动应用。（　　）

6. 跨界思维鼓励企业在新媒体营销中保持开放心态，积极寻求与其他产业的合作与整合，以挖掘隐藏的商业机会并创造更大的价值。（　　）

四、简答题

1. 请简述借势营销中的"美誉度原则"及其重要性。

2. 请借助网络查找关于小米手机饥饿营销的案例，并结合案例分析企业在实施饥饿营销策略时应如何平衡产品的供应量与市场需求，以避免消费者疲劳和法律合规问题。

五、实训题

设计一个新媒体故事营销与内容共创营销相结合的活动方案。

要求：

1. 选择一个品牌（可以是虚构的），并为其设计一个符合品牌理念的故事主题。

2. 确定目标受众，并描述如何精准定位这些受众。

3. 设计创意展现方式，包括故事内容的呈现形式（如文本、图片、视频等）和互动元素。

4. 描述如何鼓励消费者和 KOL 参与内容共创，以及如何通过多渠道进行传播和互动。

5. 列出活动执行的关键步骤和预期效果评估方法。

第四章　新媒体营销文案创作

【学习目标】

知识目标：了解新媒体文案的基础知识；了解新媒体文案的结构、新媒体文案的创作策略和构思。

能力目标：掌握新媒体文案的创作技巧；能够撰写不同类型的新媒体文案。

【导入案例】

董宇辉小作文的流量密码

2023 年 5 月，东方甄选举办的省级专场活动正式开启，董宇辉在直播间妙语连珠式的疯狂输出，彻底征服了粉丝。大家给这种成段的金句送了个雅号，叫"小作文"，以表示对董宇辉的喜爱。正是因为一段段小作文，更多的人认识了山西的文化特点，知道了李白、苏轼、诸葛亮、陆游等名噪天下的学士与四川的深厚渊源，感受到了西安"城墙之下车水马龙犹在，八街九陌呼唤盛世的华丽"。

启发思考：小作文为什么广受欢迎？小作文吸睛的主要原因是什么？

第一节　新媒体营销文案创作概述

俗话说，得营销者得市场，得文案者得营销。可见，文案是营销的重要手段。文案不仅是品牌与消费者之间沟通的桥梁，更是推动产品销售、提升品牌知名度的关键工具，它在营销领域具有不可替代的作用。新媒体营销文案是指基于新媒体平台传播的推广性文本，它以精练生动、符合平台特性的语言和多媒体形式，实现品牌宣传、用户互动及营销目标。优秀的文案不仅能够提升品牌形象和销售业绩，还能够为消费者带来更好的购物体验。因此，企业在营销活动中应该充分重视文案的创作和应用，通过不断优化文案来提升营销效果。

一、创作要素

新媒体营销文案主要通过各类数字化平台，如社交媒体、网络广告、微信公众号等，以文本为核心，以吸引和影响用户为目的，进行信息传递和内容传播。相较于传统营销文案，新媒体营销文案表现出互动性、个性化、创新性、简洁明了等特点。

想一想

请同学们打开手机，看看自己经常使用的新媒体 App 有哪些，它们分别属于什么类型，并和同学一起讨论这些新媒体平台的营销形式有哪些，文案营销所占比例大概是多少。

新媒体营销文案是为增加品牌曝光、提高销量、推广新产品、加强与用户互动而生的，其中包含了创意、策略、用户和写作技巧，所以在创作文案时要考虑信息接收者的特点，明确传播重点，并依托文案创作要素进行创作。

（1）明确目标用户。明确信息到达的目标用户，了解用户需求、个性以及他们的年龄、性别、兴趣、受教育程度、职业、地理位置、消费习惯等信息，以便创作时选择相符合的文案风格、语言表达、传播内容等。

（2）满足目标受众需求。在创作新媒体营销文案时，根据目标受众的喜好、需求、痛点和行为模式来确定文案内容和形式，使用目标受众的语言和风格，确保文案能引发他们的共鸣，以更好地满足受众需求，并通过精准定位目标受众，提升文案的转化率和传播效果。

（3）突出个性化和互动性。新媒体营销文案应突出个性化和互动性，以吸引用户的注意力并增强用户黏性。例如，通过设置话题讨论、有奖竞猜等环节，鼓励用户参与和分享，增强用户与品牌的互动。

（4）创作吸引人的标题。标题是文案的"门面"，一个引人入胜的标题能够迅速吸引用户的注意力。创作标题时使用数字、问句、引人入胜的词汇，可以提高文案的点击率。

（5）保持内容简洁明了。新媒体营销文案应简洁明了，避免长篇大论和冗余的表述。用简洁的语言传达核心信息，确保信息清晰易读，方便用户快速理解和记忆。突出主要信息和价值点，让用户快速了解文案的核心内容。同时要注意文案的排版和格式，使其易于阅读和理解。

（6）富有创意和趣味性。新媒体营销文案的创意和趣味性是吸引用户关注的重要因素。在文案创作中，从独特的角度切入，加入别出心裁的创意，往往能使文案脱颖而出。同时运用创新的表达风格，如幽默诙谐等，营造轻松愉快的氛围，让用户在阅读文案的过程中感受到乐趣，提升用户对品牌的好感度。写作过程中紧跟时事、热点，可以使文案更具时效性和话题性；结合品牌调性，可使文案更具吸引力和传播力，也能确保具有新意的表达与品牌形象相符。

（7）强调品牌价值和产品优势。新媒体营销文案不仅是推广产品或服务的工具，也是传递品牌价值和理念的重要载体。因此，在文案创作中，要通过明确品牌定位、展现品牌故事、强调产品特点和优势以及融合品牌与产品等方式，突出品牌价值和产品优势，塑造品牌形象，提高品牌知名度和美誉度，有效地吸引潜在消费者并促进购买。

（8）强调行动召唤。文案的结尾部分要有"行动召唤"，明确地告诉用户你想他们做什么，例如点击链接、关注账号、购买产品等，这是提升转化率的关键步骤。

（9）坚持独特性与原创性。新媒体营销文案的独特性与原创性原则是确保其从众多信息中脱颖而出的关键。独特性原则强调在新媒体营销文案创作中，要追求与众不同、别具一格的表达方式和内容呈现，挖掘并突出自身品牌或产品的独特价值。原创性原则要求新媒体营销文案创作者在创作过程中保持独立思考和创新精神，确保文案内容的独特性和新颖性。这有助于树立品牌形象，提高消费者对品牌的信任度和忠诚度。

 示例

未来已来，触手可及

2023年，华为Mate 60系列手机在新媒体平台上发布了一系列富有创意的文案，以突出华为Mate 60系列手机的创新功能和卓越性能。其中一篇文案以"未来已来，触手可及"为主题："华为Mate 60，未来已来，触手可及。它让我们感受到科技的魅力，也让我们对未来充满期待。让我们一起，迎接这个充满无限可能的新时代，拥抱华为Mate 60带来的美好未来。"其通过生动的语言和精美的配图，展示了手机的前沿技术和独特设计。这篇文案在社交媒体上获得广泛传播，引发了消费者的热烈讨论和关注，为华为Mate 60系列手机的上市销售奠定了良好基础。

二、创作形式

新媒体营销文案的创作形式丰富多样。本书依据文案的呈现形态和内容表达两个标准划分新媒体营销文案的创作形式。

1. 按文案的呈现形态分类

（1）图片文案。以图片为主要载体，搭配简洁明了的文字，通过视觉冲击力来吸引用户的注意力。图片文案适用于需要展示产品外观、颜色、质感等特性的产品或服务。

（2）视频文案。通过短视频、动画以及直播等形式，将产品或服务的特点和优势以更加生动、直观的方式呈现给用户。视频文案可以激发用户的兴趣和好奇心，提高用户的参与度和转化率。

（3）文本文案。以文字为主要载体，通过优美的文字、引人入胜的故事、富有哲理的引言，传达产品或服务的信息、吸引用户关注。文本文案需要注重语言的艺术性和感染力，让用户产生共鸣和信任感。

（4）音频文案。音频文案以听觉形式呈现，通过声音来传达信息，具有便捷性和伴随性，用户可以在进行其他活动（如驾车、运动等）的同时收听。此外，声音的情感表达、节奏变化等还可以增强音频文案的感染力。

实践中具体选择哪种形式的文案，需要根据产品或服务的特点、目标用户的喜好以及营销目的来决定。同时，文案的创作还需要注重内容的真实性、独特性和创新性，以引起用户的关注和信任，提升营销效果。

示例

江小白文案

1. 情感共鸣类

"有些话说与不说都是伤害，有些人留与不留都会离开。"

"我们总是发现以前的自己有点傻，走过一些弯路，也好过原地踏步。"

"写给18岁的自己：曾以为青春是QQ签名里最后的倔强，原来青春在没有美颜和滤镜的相片里。"

2. 生活态度类

"小酒怡情，白酒助兴，一醉方休。"

"江小白，酒中贵族，小酌怡情，大酌伤身。"

"江小白，传承精酿，品味生活。"

2. 按文案的内容表达分类

（1）故事化文案。通过讲述一个扣人心弦的故事，将品牌或产品融入其中，使用户在情感上产生共鸣，从而增强记忆和认同感。

（2）情感类文案。运用抒情的语言和表达方式，触动用户的内心，激发他们的情感反应，进而产生购买欲望或提升品牌忠诚度。

（3）幽默式文案。以幽默诙谐的方式呈现品牌或产品，轻松愉快地吸引用户的注意力，让他们在愉悦的氛围中接受信息。

（4）悬念式文案。通过设置悬念，激发用户的好奇心和探索欲望，引导他们继续关注和了解品牌或产品的更多信息。

（5）数据类文案。利用数据、图表等直观的信息展示方式，说明品牌或产品的优势，增强说服力和可信度。

（6）互动类文案。鼓励用户参与互动，如提问、投票、分享等，增强用户的参与感和归属感，强化品牌与用户之间的互动关系。

（7）创意类文案。运用独特的创意和新颖的表达方式，使文案内容更具冲击力，吸引用户注意力。

（8）用户评价式文案。通过展示用户的真实评价和反馈，展现品牌或产品的口碑和信誉，增强用户的信任感和购买信心。

（9）跨界合作式文案。与其他品牌或 IP 进行跨界合作，共同创作文案，借助双方的影响力和资源来扩大用户范围和影响力。

在创作新媒体营销文案时，需要根据品牌或产品的特点、用户群体以及营销目标来选择合适的创作形式，并结合具体的创意和策略，打造出具有吸引力和影响力的文案作品。同时也要注重文案的可读性和易传播性，使其能够在各类新媒体平台上得到广泛传播和分享。

请以"时光之旅，咖啡相伴"为主题，为国货咖啡品牌瑞幸咖啡撰写一则故事化文案，旨在唤起人们对美好时光的怀念，并强调咖啡的陪伴作用。

三、创作结构

新媒体营销文案的每一种类型都有它的结构特点。作为具有信息传播功能的文案，通常需要具备以下几部分内容。

（1）标题。标题是吸引用户注意力的第一要素，它需要简洁明了，同时充满吸引力。好的标题能够激发用户的好奇心，让他们产生阅读下去的欲望。

（2）引言。引言部分通常用于引出主题，为用户提供一个背景或情境，让用户更好地理解文案的主题和内容。引言可以是引人入胜的故事、匪夷所思的问题、发人深省的句子等。总之，这部分内容应该简洁而富有吸引力，能够迅速抓住用户的注意力。

（3）观点阐述。这是关于产品或服务的详情介绍部分，包括其特点、优势、使用方法、使用人群等，内容应该尽可能具体、详细，同时还要注意表达上的通俗易懂，可提供事实、数据、案例等。

（4）客户案例或故事。这部分可以是真实案例分享或故事讲述，展示产品或服务的实际应用效果，增强说服力。这部分内容应能使用户产生情感共鸣，让用户更容易产生信任感。

（5）呼吁行动。文案的结尾部分需要引导用户采取行动，明确告诉用户你想要他们做什么，包括购买产品、关注账号、参与活动等。呼吁行动的语言应该直接、明确，同时具有一定的激励性，如"立即购买""了解更多"等，以此激发用户的兴趣和行动欲望。

（6）品牌信息或联系方式。这也是文案的重要部分，在文案末尾适当的位置展示品牌信息或联系方式，有助于建立品牌形象，同时也为用户提供了进一步沟通的渠道。

新媒体营销文案还应根据具体的需求和目标进行适当的调整和优化。例如可以增加互动环节、使用视觉元素等，以提升文案的吸引力和传播效果。

请同学们打开最常用的一个新媒体 App，找一篇你最喜欢的文案并对其创作结构进行分析，仿照该文案撰写一篇关于新品手机上市的文案。

第二节　文案的选题

新媒体营销文案选题是对文案进行设想和构思，即确定主题或话题，是创作文案的首要工作。选题确定后，方可搭建文案框架进而完成文案。与此同时，创作好的文案还需要考虑不同情境下的任务，以及考虑不同新媒体平台的要求和特点，进而生成平台适用的文章、图片、视频等文案作品。

一、文案选题的构思方向

对于一篇新媒体营销文案而言，选题为创作者传播信息、表达情感指明了方向。选题是写好文案的第一步，是吸引用户关注的重要因素，更是信息传播的第一要务。选题好坏决定了文案是否具有生命力。

（一）好选题的特点

新媒体营销文案的选题对于吸引目标用户、传达品牌信息以及促进销售转化具有至关重要的作用。所以，在创作一篇文案之前，首先要确立选题，从而确立文案的中心思想。

（1）有广泛的覆盖人群。创作文案之前先要想一下文案的潜在用户数有多少，只有覆盖的人群足够多，文案才有被广泛传播的可能性。

即学即练

在这个快节奏的时代，咖啡已经成为许多人生活中不可或缺的一部分，"9.9 元咖啡"曾多次冲上微博热搜。请在微博、抖音、今日头条等平台搜集 5 条关于咖啡主题的文案，并和同学讨论"9.9 元咖啡"这一文案选题能受到广泛关注的原因是什么。

（2）能击中痛点。痛点是指完成某一行为的阻碍，是用户无法绕过的问题，是用户强烈渴望避免或非常反感的体验。简单来说，痛点就是让用户恐惧、害怕的东西。用户害怕头发洗不干净会有头皮屑，所以才有了"去屑实力派，当然海飞丝"；害怕吃辣太多，容易上火，所以才有了"怕上火，喝王老吉"；害怕吃完饭回办公室时满嘴都是大蒜味，所以才有了"吃完喝完，嚼益达"。由此可见，一个好选题要能击中用户的痛点。

（3）能激起人们的分享欲。如果文案本身蕴藏着能激起人们分享欲的内容，就容易引起人们的共鸣，如《成都人有什么好得意的》《东北人也太有趣了吧》《广东人真是太好玩了》，这类文案基本每隔一段时间就会在朋友圈里"刷屏"。因为许多人都喜欢分享这样的文案，其有趣、有话题，能让人有身份认同感与归属感。

（4）有足够的信息增量。信息增量就是同样的话题能让人挖掘出不同的内容，或者找到不同角度的、更新颖的思考方式来传递价值观，带给用户获得感。

（5）能以正确的价值观引起用户共鸣。要想让文案具有传播性，就要有正确的价值观。正确的价值观能够引起用户的共鸣，让用户主动将文案传递、分享给更多的人，达到传播的目的。

创作好的文案就是要站在用户的立场，代替用户还原场景，替用户发声，强化用户感受，以引起用户的共鸣。

示例

华为Mate X3折叠屏手机——解决手机屏幕尺寸痛点

产品：华为 Mate X3 折叠屏手机。

痛点：传统手机屏幕尺寸有限，无法满足消费者对于更大屏幕的需求，且传统大屏手机携带不便。

文案："想要大屏体验，又不想牺牲便携性？华为 Mate X3 折叠屏手机，一机两用，展开即是大屏平板，折叠起来轻松携带。无论是观影、游戏还是办公，都能给您带来震撼的视觉体验。创新设计，轻薄耐用，让您尽享科技带来的便利与乐趣。"

成功之处：文案通过强调华为 Mate X3 折叠屏手机的大屏体验和便携性，成功解决了消费者对于手机屏幕尺寸的痛点，同时突出了产品的创新设计和耐用性，吸引了消费者的关注。

（二）如何找到好的选题

对于新媒体人来说，选题难、写作难，标题构思也很难。那么，究竟什么最难？俗话说"万事开头难"，选题是新媒体人首先要面临的问题，当然是最难的。好的选题是新媒体人写作的利器，如何找到好的选题就成为新媒体人进行文案创作的首要任务。

1. 数据分析

新媒体平台众多，传播形式多样，用户范围广泛，传播速度够快、够及时，很多网络语言和新事物都会第一时间通过新媒体平台传播。

因此，通过微信、微博、抖音等官方账号的权重查询、统计数据分析，新媒体人可以了解其运营数据、历史文章风格、粉丝互动情况、粉丝群体类型等，分析其中的核心关键词和热门词汇、观点、话题。

2. 热点借势

内容有料、角度新颖、言语表达独特有趣，是网络热点和社会热点成立的基础，也是文案得以迅速转发、扩大传播范围、增加曝光量、被搜索引擎收录的必要条件。

新媒体是网络热点的聚集地，例如百度搜索风云榜就包含了实时热点、今日热点、风云时讯、娱乐、人物等各类网络热点。当今时代，企业需转换角色，变身"小记者"，借助新媒体平台创新热点话题，策划符合自身传播风格的选题，以提升受众关注度。例如针对高考主题，星巴克曾发起"高考再见，星巴克请你吃瓜"的话题活动，用户凭手绘的、打印甚至手写的"准考证"三个字，就能前往附近的星巴克获得买指定产品送一杯"晴空蜜瓜星冰乐"的资格。

📖 示例

体彩顶呱刮：传递体育精神，为中国力量加油

2024 年 7 月盛夏，第 33 届夏季奥林匹克运动会在法国巴黎举行，体彩顶呱刮延续"为中国力量加油"系列，推出"为中国力量加油 2024"即开票，为出征巴黎奥运会的中国运动健儿加油。

体彩顶呱刮在巴黎奥运会期间，特别推出印有奥运体育项目的彩票，这款票一共五个票面场景，分别展示了我国在奥运会上的五大优势比赛项目——举重、乒乓球、射击、跳水、体操的画面定格赛场瞬间，彰显了中国力量，展示了中国运动健儿坚持不懈、勇于拼搏的体育精神。

3. 细分关键词

新媒体营销文案选题中的关键词是影响新媒体营销效果的重要因素，文案创作者需要长期积累、熟悉行业、了解市场，才能找准关键词。因此，进行关键词的积累和分析是新媒体人工作的常态。

在选题策划工作中，新媒体人可以借助日常构建的关键词词库选择满足新选题要求的关键词，并围绕关键词的属性、所处行业、目标人群等打开思路，设计、策划多角度的选题方案。例如，选择关键词"涨粉"，可从实现"涨粉"的途径入手，以扩展"涨粉"的方式为选题，就这个选题展开多维度的讨论并创作出新的文案。

即学即练

请为某品牌智能运动手环撰写一个以"奥运风潮，智能助力"为主题的新媒体文案，发布平台可任选。

4. 寻找用户的需求和痛点

新媒体营销文案选题的第一要务是细分用户群体，明确他们的需求和痛点。那么如何找到用户的需求和痛点呢？文案创作者需要回归新媒体运营初衷，回到用户真实的生活、工作、思考等场景中，转换角色、换位思考，关注用户的行为，发现用户的困难、兴趣、心理等，找到其对应的需求和痛点。例如，京东小金库的文案："别用所谓的成功，定义你的人生——京东小金库，你的坚持，我的支持。"在处处宣扬成功学的当下，许多人被生活、工作中的各种压力所包围，身体和心理都处于亚健康状态。于是，该文案用温暖的语言给了用户一个温暖的拥抱，成功地运用逆向思维找到了用户心灵上的突破口。

示例

小米——智能家居，让生活更懂你

创作背景： 随着智能家居的普及，越来越多的家庭开始享受科技带来的便利。小米作为国内智能家居的领军企业，一直致力于为用户打造更智能、更便捷的生活体验。

用户需求与痛点： 现代家庭在追求生活品质的同时，也希望家居设备能够更加智能化、便捷化，以节省时间和精力。然而，市面上智能家居产品种类繁多，用户往往难以选择最适合自己的产品组合。

文案策略： 小米通过新媒体平台发布了一系列智能家居产品文案，以"让生活更懂你"为主题，展示了小米智能家居如何通过智能互联、语音控制等功能，让家庭生活更加便捷、舒适。例如："一句话控制全屋灯光，小米智能家居，让你的夜晚不再手忙脚乱。""智能门锁，守护家的安全，小米让你出门更放心。"这些文案直接击中用户痛点，传达了小米智能家居的便捷性和安全性。

效果： 这些文案不仅吸引了用户的关注，还成功引导了用户购买小米智能家居产品，提升了小米品牌的知名度和用户的满意度。

想一想

在新媒体盛行时代，抖音、微博、小红书等平台已经占据了网友大多数的碎片时间。想一想，这些新媒体平台都采用了哪些"涨粉"手段。

5. 通过积累材料建立素材库

人们的生活因互联网而改变，获取的信息也更加丰富，但信息永远来源于生活、来源于现实。在日常工作中，文案创作者要注意观察生活和工作中的点滴，养成积累材料的好习惯，建立素材库。

6. 选题剖析

选题剖析就是要厘清文案表达的立场和需求，从多个角度解读同一个选题，激发用户对话题的讨论，提升选题的关注度和热度。

动手创作文案之前要深度剖析选题，以选题核心内容为主体，以用户类型、需求立场、信息层次等为依据拆分主题内涵，策划系列选题，多角度构思新文案。

二、文案选题的策划流程

文案选题的策划流程是一个从信息梳理到选题设计、论证、优化的系统性工作，其中每一步都需精心策划与认真执行，以打造出既具有针对性又极具吸引力的文案作品。

（1）信息梳理。信息梳理是指结合信息采集对信息进行类别和层次梳理，它是文案选题策划的基础。通过信息梳理，筛选出适合产品和新媒体平台的风格、调性和业务特点的信息，并深入挖掘用户兴趣点，提炼出用户关心、容易传播的有效信息作为备选选题。

微课堂
组织选题会的流程

（2）选题设计。选题设计是文案选题策划的核心工作，是撰写文案的基础。选题设计环节通常包括以下工作内容。①精准定位与价值挖掘。明确信息的目标受众与核心价值，构思文案逻辑框架，提炼核心输出内容，确保信息既精准传达又富有深度。②信息线索与要点分析。全面把握信息线索，深入剖析信息精髓，精准锁定传播主题，确保文案内容既深刻又引人入胜。③市场需求与选题创新。紧密贴合市场需求，捕捉有效信息，创新设计文案选题，确保文案既符合市场期待又具有差异化竞争力。

（3）选题论证。选题论证通常是指采用书面选题报告的形式，通过选题会进行团队汇报，对现有的文案选题进行头脑风暴、集体讨论等，分别对选题的主旨、内容、形式、可行性、传播性等进行分析，特别是对其传播效果进行分析，最终确定文案选题。

（4）选题优化。选题优化是贯穿文案选题策划、文案创作乃至新媒体传播全过程的必要步骤。它要求不断根据市场反馈、受众反应及传播效果，对选题进行细致调整与优化，确保文案内容始终贴近受众需求，传播策略始终高效精准。通过持续的优化迭代，不断提升文案的吸引力、影响力和转化效果。

示例

示例1：结合时事热点的选题策划流程

时事追踪： 密切关注本年的时事热点，如重大节日、社会事件、科技进展等。

热点分析： 对时事热点进行深入分析，判断其受众关注度、话题性和持续时间。

选题关联： 将时事热点与品牌或产品特点进行关联，找到切入点。

内容创作： 结合时事热点，创作具有时效性和话题性的新媒体文案，如节日祝福、社会话题讨论、科技产品评测等。

示例2：基于数据驱动的选题策划流程

数据收集： 收集目标受众在新媒体平台上的行为数据，如浏览量、点赞量、评论量等。

数据分析： 对收集到的数据进行深入分析，找出受众最感兴趣的内容类型、话题和呈现方式。

选题优化： 根据数据分析结果优化选题方向和内容策划，提升文案的吸引力和转化率。

效果评估： 定期评估文案的发布效果，根据数据反馈调整选题，实现持续优化。

案例 4.1

可口可乐的"分享一瓶快乐"

2023年，可口可乐推出了"分享一瓶快乐"的文案活动，鼓励人们通过分享可口可乐来传递快乐和友情。

该活动结合了创意的包装设计，让消费者在购买可口可乐时能够感受到分享的快乐。例如，推出特别版的分享装可口可乐，或者设计具有互动性的线上分享平台，让消费者能够轻松地将自己的快乐分享给朋友和家人。同时通过线上社交媒体、线下门店等多种渠道对"分享一瓶快乐"活动进行推广。

可口可乐的"分享一瓶快乐"文案活动成功地通过情感共鸣、互动性和品牌价值观的传递，吸引了消费者的关注和参与。

启发思考： 该文案活动成功的关键点是什么？

第三节　文案标题创作

标题是新媒体营销文案的"眼睛"，能够概括文案的核心内容，帮助用户快速了解文案的主题和要点。"广告学之父"大卫·奥格威有一句经典名言："平均来讲，人们阅读标题的次数是阅读正文内容的五倍。当你在写标题时，你需要花 80%的时间。"因此，在撰写新媒体营销文案时，标题的创作至关重要。一个好的标题不仅要能够准确传达文案的核心信息，还要能够吸引读者的注意力，引导他们深入了解文案内容，从而实现营销目标。

一、标题认知

新媒体营销文案的标题在新媒体环境中扮演着至关重要的角色。它是吸引用户注意的第一道门槛，也是用户是否选择进一步阅读内容的决定性因素。对于新媒体营销文案的标题，我们需要有清晰、准确、深入的认识。

1. 好标题的特点

（1）吸引力强。在信息爆炸的时代，用户每天都会接触到大量的信息，标题的首要任务是吸引用户的注意力。一个具有吸引力的标题能够在第一时间抓住用户的眼球，激发他们的好奇心，从而引导他们进一步阅读文案内容。通常，可以通过使用引人入胜的词汇、制造悬念或突出文案的核心价值来实现吸引用户注意力的目的。

（2）简洁明了。新媒体环境下，用户的时间成本越来越高，他们更倾向于快速获取信息。因此，一个简洁明了的标题能够迅速传达文案的核心信息，降低用户的理解成本。标题要避免使用冗长、复杂的句子，尽量使用简短、精练的词汇来表达。

（3）能够引起情感共鸣。标题可以融入情感元素，让用户产生共鸣。通过触及用户的情感需求，激发他们的阅读欲望，增强他们对文案的认同感，使文案更容易被接受和传播。

（4）独特性。信息时代，一个独特的标题能够帮助文案从众多信息中脱颖而出。可以采用新颖的角度、独特的表达方式或创新的词汇，让用户记住并分享你的文案。

（5）能准确传达信息。虽然标题的作用在于吸引用户，但它不能夸大其词或误导用户，要确保与文案内容紧密相关。一个与文案内容保持一致的标题，能够让用户在阅读文案后感到满意，从而增强对品牌的信任感。

新媒体营销文案的标题在吸引用户、传达信息、建立连接、突出个性和保持一致性等方面都发挥着重要作用。因此，在创作新媒体营销文案时，需要对标题给予足够的重视，以确保其能够有效地实现营销目标。

> ### 示例
>
> 以下这些文案标题通过简洁明了的表达方式，传达了产品的特点和优势，有效地引起了目标用户的关注和兴趣。
>
> **标题 1：创新科技，重塑未来**
>
> 这是华为 Mate 60 系列手机的广告文案标题。它强调了"创新科技"和"重塑未来"，凸显了产品的高科技特性和前瞻性，引发了消费者对产品的兴趣和好奇心。
>
> **标题 2：畅爽一夏，冰凉来袭**
>
> 这是可口可乐夏季营销活动的广告文案标题。它突出了夏季畅饮可口可乐的清凉感，通过"畅爽一夏"和"冰凉来袭"等词汇，传达了产品带来的舒适和愉悦感受，促使消费者在夏季购买和饮用。

2. 标题的作用

（1）吸引用户。标题为文案的纲领，往往能吸引用户的眼球，引领用户的思路，通过独特的表达展现重要信息，以醒目的方式触达用户的需求。

（2）筛选用户。标题可对文案阅读群体进行筛选和定位，以便更好地了解目标用户的浏览习惯，知道什么样的信息对他们有吸引力。例如"餐后这五件事，可以让你多活十年"，这样的标题显然对中老年人有更大的吸引力。

（3）引导阅读。约瑟夫·休格曼在《文案训练手册》中说："一个广告的所有元素首先都是为了一个目的而存在：使用户阅读这篇文案的第一句话——仅此而已。"标题是对文案主题最直接、最简单的表达，文案创作者可通过标题关键词表达文案的核心信息，将最吸引人的部分放在标题里，让它像一只不安分的猫一样去挠用户的内心，引发他们的好奇。好的标题是引导用户继续关注正文的关键所在。

3. 标题的类型

新媒体营销文案标题的类型多样，每一种类型都有其独特的特点和吸引用户的方式。基于其结构和表达方式来划分，新媒体营销文案标题可分为以下类型。

（1）直言式标题。直言式标题不追求艺术性，不采用华丽的语言表述，而是选择开门见山的方式，用最直白的文字传达内容的核心信息或观点，让用户用最短的时间抓住信息要点，快速判断出文案的内容是不是自己需要的，从而提升有效点击率。这种标题特别适用于搜索引擎竞价推广。

（2）暗示式标题。暗示式标题通过隐晦或含蓄的方式传达信息，通常不直接点明主题，而是通过某种暗示或隐喻引起用户的兴趣和好奇心。如果标题能激发用户的好奇心，用户在读完标题后会产生某种疑问，并且非常想要寻找答案，从而自然会点击标题进入正文进行阅读。新媒体时代信息泛滥，文案创作者需要通过标题增加点击量，提高文案内容的展现量，实现信息的有效传播。

（3）如何式标题。如何式标题常用于提供指导、建议或解决方案的文案或内容中。这类标题的特点是明确、直接，能够迅速传达文案的核心内容，即告诉用户如何完成某项任务或达到某个目标。在各类营销文案中，无论是广告标题还是杂志文案标题，利用"如何……"都有显著的效果。以"如何"开头的标题，等于承诺了提供具体的信息、有用的解决方案。例如"如何戒烟""如何减肥""如何提升网站流量"等，这些标题都从用户的痛点出发，比较容易获得用户的关注与点击。撰写文案标题没有思绪时，最适合采用如何式标题。

（4）提问式标题。提问式标题通过提出问题来吸引用户的注意力，并激发他们对文案内容的兴趣和好奇心。这类标题常用于博客文案、新闻报道、营销文案等，因为它能够迅速与用户建立联系，引导他们进一步探索答案。撰写这类标题首先要找到用户的需求、兴趣和痛点，问题的提出必须能引起用户共鸣，这样才能使其产生点击查看内容的兴趣。

（5）见证式标题。见证式标题通常通过具体的数字、事实或用户反馈来强调某产品、服务或信息的真实性和有效性，从而增强说服力，吸引用户注意。在编写时，需要确保所引用的数字、事实或用户反馈真实可信，避免夸大其词或虚假宣传。同时，也要根据目标用户的需求和兴趣来选择合适的强调点，以增强标题的吸引力和说服力。运用见证式标题的文案，就如同用户在帮你宣传。以广告文案为例，运用见证式标题的文案要用用户的口吻来描述，并借由标题与正文的重点文字来暗示其他用户，让其他用户感受到文案的真实性，以增强信息的可信度。撰写这类文案时应尽量完整引用用户的话，实实在在地表达，避免美化，以自然通俗的口吻提升文案的可信度。

示例

典型标题示例

（1）直言式标题：语言简洁明了，直接传达文案的核心信息。例如：2024 年最火的新媒体平台/××产品的特点你了解吗？

（2）暗示式标题：不直接说明，而是通过暗示或隐喻来激发用户的兴趣和探索欲望。例如：背后的秘密，你了解多少？/探索未知的领域

（3）如何式标题：强调实用性和指导性，提供具体的方法和步骤。例如：如何写出吸引人的新媒体文案？/如何提升你的社交媒体影响力？

（4）提问式标题：能够引起用户的共鸣或好奇心，吸引他们点击并阅读文案。例如：为什么新媒体营销文案如此重要？/你是否遇到过这样的难题？

（5）见证式标题：借助第三方的见证和评价来增强文案的说服力和可信度。例如：从失败到成功，这位创业者如何逆袭？/亲测推荐：这款产品的效果超乎想象！

二、标题的创作策略

新媒体营销文案标题的创作对于吸引用户点击和阅读至关重要。具有吸引力和传播力的标题，可以提升文案内容的点击率和传播效果。

1. 冲突感制造

（1）创作公式：矛盾词碰撞。如"月薪 3 000 的宝妈，靠写作年入 50 万"。矛盾词碰撞并不局限于收入差异，还可以是身份与成就的反差、期望与现实的落差等。例如"90 后小职员逆袭成 CEO，揭秘不为人知的职场秘籍"。

（2）底层逻辑：通过制造认知反差激发用户探索欲，利用好奇心的递进式传导提升点击率。这种策略在社交媒体场景中效果显著，其核心在于用违背预期的信息差瞬间锁定注意力。例如"年薪 50 万被裁员，却靠 PPT 模板年入百万"，通过收入维度的逆向对比制造悬念；而"便利店收银小妹直播带货逆袭：单场 GMV 破千万方法论"则用身份反差构建故事张力，二者都形成了"非常态→探究竟"的心理牵引链条。

2. 精准利益点前置

（1）黄金 3 秒法则：确保前 10～15 字不仅包含痛点或解决方案，还要尽量简洁有力，直接触及用户核心需求。例如"7 步教你快速消除黑眼圈"，直接点明了解决方法和效果。

（2）数据支撑：使用具体数字不仅能增加可信度，还能通过多维量化构建决策依据，吸引目标用户精准关注。例如"10 分钟早餐食谱，让你一周瘦 3 斤"同时量化了时间成本和健康收益，形成可验证的闭环；"5 个 AI 工具让运营效率暴涨 200%"则通过工具数量与效率增幅的正向关联强化说服力；"3 招提升面试成功率 80%：智能简历优化实测数据"更是将策略数量、效果增幅与实证路径三重绑定，形成阶梯式的数据信任链。

3. 场景化代入

（1）身份标签绑定：例如用"宝妈/学生党/打工人"等群体词圈定用户，除此之外，还可以细化到特定职业如"程序员/设计师/自由职业者"，以及特定生活状态如"独居青年/旅行爱好者"，以更精准地定位目标用户。

（2）行为指令植入：通过时空锚点+心理共鸣双重绑定，在用户认知中预设行为路径。如"周末宅家必备清单"直接关联固定场景触发条件；"午休时间高效学习法"则切割碎片时段构建行为闭环；"通勤路上听的书，让你悄悄变厉害"将被动位移转化为主动学习场景；"深夜失眠急救包：5 部电影重建心灵秩序"，更通过心理状态+解决方案的即时匹配，完成从场景想象到行为召唤的

完整链条。

4. 情绪价值传递

（1）情感共鸣：在标题中融入情感元素，比如焦虑、治愈、好奇，还可以是怀旧、励志、幽默等，根据内容特点选择最能触动目标用户的情绪点，例如"那些年，我们一起追过的爆款产品，你还记得几个？"

示例

标题1：记录每一刻美好，与你共创生活故事（OPPO Reno8 手机）

文案内容：OPPO Reno8，不仅仅是一部手机，更是你生活中的贴心伴侣。它用高清的摄像头，捕捉你每一个微笑、每一次感动，记录生活的美好瞬间。与你一起，共创属于我们的独特故事。每一次点击，都是对美好生活的致敬。

共鸣点：强调手机作为生活伴侣的角色，能够记录并陪伴人们的每一个重要时刻，引发人们对于生活美好瞬间的珍惜和回忆。

标题2：一杯咖啡，一份陪伴，让温暖传递心间（星巴克咖啡）

文案内容：在忙碌的生活中，星巴克是你温馨的避风港。一杯香浓的咖啡，一份真挚的陪伴，让温暖在你的心间传递。无论是与朋友相聚，还是独自享受片刻宁静，星巴克都与你同在，陪你度过每一个美好时光。

共鸣点：通过强调咖啡与陪伴的温馨氛围，引发人们对于生活中美好时光的回忆和珍惜，同时传递出星巴克作为人们生活中不可或缺的一部分的品牌形象。

（2）价值承诺：明确结果导向，如"看完这篇，你也能写出 10w+标题"，除了直接承诺结果，还可以提供具体的改善方向或思维转变；再如"学会这 5 点，让你的职场沟通效率翻倍，领导同事都夸你""别再盲目跟风！这份护肤真相清单，让你少走十年弯路""职场小白必看！掌握这 3 点，快速晋升不再是梦"等均属此类标题。

示例

标题1：十大新媒体营销技巧，让你轻松提升点击率！

分析：标题中使用了数字来强调将要分享技巧的数量，同时"轻松提升点击率"这一表述直击用户痛点，激发了用户的好奇心和阅读欲望。

标题2：5 年内，这家创业公司如何成长为行业领军者？

分析：标题中的"5 年"提供了时间背景，而"成长为行业领军者"则突出了公司的成长速度和成就，激发了用户对于公司成功秘诀的兴趣。

标题3：月薪 3 000 与月薪 30 000 的文案，差别究竟在哪里？

分析：标题中的"月薪 3 000"和"月薪 30 000"是两个极端的薪资水平，突出了文案的价值差异，引导用户思考不同薪资背后可能存在的文案技巧和能力差异。

标题4：7 天教你掌握新媒体文案写作技巧，快速提高转化率

分析：标题中的"7 天"给出了学习的时间范围，而"快速提高转化率"则直接关系到文案写作的实际效果，让用户感受到学习这些技巧的重要性和紧迫性。

（3）强调优势：在标题中强调文案的优势、独特性或创新点，让用户在第一时间了解文案的价值所在。可以突出产品的特点、服务的优势或者品牌的影响力等，以吸引用户继续阅读。例如，强调某种新技术、新方法或新观点在文案中的应用，让用户觉得文案有独特价值。

（4）简洁明了：标题要力求简洁明了，避免冗长和复杂的表达。简洁的标题更容易被用户记住，

并且能够在短时间内传达出文案的主要信息。

（5）风格独特：尝试为文案标题创造独特的风格，以区分其他同类信息。独特的风格可以让文案从众多信息中脱颖而出，提高用户的关注度。

第四节　文案的构思与创作策略

新媒体营销文案是随着移动互联网技术的发展而催生出的一种营销手段，它对于新媒体运营来说至关重要。好文案能够帮助运营者达到最终的目的，即促成用户的转化。

一、文案的构思

新媒体营销文案的构思是一个系统且富有创意的过程，它涉及深入了解目标用户、产品特点、市场竞争环境等多个方面。

（一）文案构思建议

新媒体营销文案的成功与否，往往取决于其内容的吸引力、与用户的共鸣程度以及传播的有效性。以下是一些新媒体营销文案构思的建议，有助于创作出引人入胜且效果显著的文案。

（1）挖掘产品/品牌特点。深入研究产品、品牌的功能、优势、创新点等，找出产品与竞品的差异，突出独特卖点和市场价值。

（2）设定文案风格与调性。根据品牌、产品定位和目标用户，选择适合的文案风格，例如幽默、正式、亲切等。只有保持文案调性与品牌形象的一致，才能有效提升品牌识别度。

（3）构建核心信息。提炼产品的主要卖点，形成文案的核心信息。使用简洁、有力的语言，确保信息传达的准确性和高效性。

（4）创意构思与故事化表达。运用比喻、拟人、夸张等修辞手法，通过讲述故事或场景化描述，增强文案的吸引力和趣味性。

新媒体营销文案的构思是一个系统性过程，需要综合考虑多个方面的因素。通过深入研究和创意构思，创作出的营销文案才更具吸引力和影响力，从而提升品牌知名度和销售业绩。

示例

石头G20：清洁新革命，让生活更美好！

"石头科技再度引领清洁科技新潮流，推出全新 G20 全自动扫拖机器人。凭借卓越的清洁能力和智能化操作，它将成为你家居清洁的得力助手。G20 搭载强大的 6000Pa 吸力，能轻松应对各种顽固污渍。双胶刷设计，可升降结构，在清洁时更加灵活高效。全新升级的全向浮动胶刷，让清洁无死角，让地面焕然一新。同时，G20 还具备智能识别功能，能够自动规划清扫路线，避开障碍物，轻松完成清洁任务。通过手机 App，你可以随时控制机器人的工作状态，实现远程操控，让生活更加便捷。现在购买石头 G20 全自动扫拖机器人，享受科技带来的清洁新体验，让生活更加美好！"

以上文案主要将产品功能以及科技创新点等作为核心内容，简单明了地描述了产品的卖点，向用户传达了产品能解决的主要问题。

（二）文案构思模式

新媒体营销文案构思需要综合考虑多个方面的要素，以确保文案能够吸引目标用户，传达品牌信息，并促使他们采取行动。以下是"3W1H"的文案构思模式。

1. 对谁说（whom）

新媒体营销文案的好与坏是由用户来评判的，因此，在撰写文案之前首先要明确为谁而写。文案创作者可通过要传递的信息能解决什么问题来定位人群，即以用户的需求来定位，并对用户进行细致的分析，包括分析人群特征、兴趣爱好和消费习惯等。

2. 说什么（what）

（1）换位思考，从用户的角度思考问题。站在用户的角度，以用户的思维模式思考其需求，往往更容易找到贴近用户需求的信息。例如，目标用户是刚出校门的大学生，那么他们在购买衣服时最关注的因素通常是经济实惠。如果针对这个群体来撰写新媒体营销文案，一定要对经济实惠的信息做重点传达。

（2）感性推动，用情感的温度感染用户。情感是人与人交流的温度，借助情感进行表达更能触动人心。在撰写文案时可以利用温暖的故事、暖心的语言等方式，拉近用户与产品的距离。

（3）直接表达，把最想要说的内容直接告诉用户。直接表达适合短文案，它能把最核心的信息用最简短的话传达出来，让用户在最短的时间内获得最重要的信息。例如"怕上火，喝王老吉"。

3. 在哪儿说（where）

新媒体营销文案发布的关键，是找到合适的新媒体平台和行业频道。首先，要对新媒体平台进行类别划分，找到适合发布企业信息的新媒体平台；其次，分析新媒体平台的特点，确定平台主要用户群体与企业目标用户的匹配程度；再次，根据所属行业确定相适应媒体的行业频道；最后，在同类型的媒体中进行转发，实现资源整合。

示例

"与辉同行"直播间的开场文案

"各位观众朋友们，欢迎来到与辉直播！在这里，我们将带你领略不一样的世界，感受生活中的美好与惊喜。无论是时尚穿搭、美食分享，还是旅行探索、科技新品，我们都有专业的团队为你精心准备。让我们一起，在与辉直播的世界里，发现更多精彩！"

"与辉直播，你的专属生活指南！在这里，你可以跟随我们的镜头，走进世界各地，感受不同的风土人情；你也可以聆听我们的分享，发现那些隐藏在日常生活中的'小确幸'。与辉直播，用心陪伴你的每一个时刻，让你的生活更多姿多彩！"

"大家好，我是董宇辉。在这个美好的时刻，我们又相聚在直播间。感谢每一位朋友，是你们的支持和陪伴，让我有了站在这里的机会。"

"生活就像一本书，每一天都是新的一页。在这里，我们一起翻阅生活的篇章，分享那些温馨、有趣、深刻的瞬间。无论是人生的困惑，还是生活的点滴，都将成为我们的话题。"

"今晚，让我们一起走进这个奇妙的世界，感受那些不一样的风景。也许你会在笑声中找到共鸣，也许你会在思考中找到答案。无论如何，我都希望这个直播间能成为你心灵的一个港湾。"

课堂讨论

借助网络资源，查找董宇辉的"小作文"文案，小组讨论"小作文"的撰写构思、撰写切入点以及文案类型，并分析其成功的原因有哪些。

4. 怎么说（how）

（1）直奔主题。直接陈述卖点或者受益点，让用户快速看到重点。例如，vivo 手机的广告语"2000 万柔光双摄，照亮你的美"。

（2）数字量化。运用数字量化效果，使结果明确化。例如，"20 分钟，高效阅读一本书"。

（3）策划短句。短小精悍、朗朗上口、容易记忆的句子，能够使人在遇到类似的场景时立刻想起来。例如，"今年过节不收礼，收礼还收脑白金"。

（4）场景描述。构建一个目标用户经常遇到的场景，让其产生共鸣，有继续阅读文案的欲望和冲动。例如，德芙巧克力的广告文案"下雨天和巧克力更配哦"。

（5）故事讲述。营造故事情境，将主人公的经历、情怀等与产品或者要传播的信息进行匹配，用以打动用户，取得其信任。例如，白酒品牌江小白发布的"友情也像杯子一样，要经常碰一碰才不会孤单""我们最先衰老的从来不是容颜，而是那股不顾一切的闯劲""我把所有人都喝趴下，就为和你说句悄悄话"等故事性文案，创造出匹配于年轻人的消费场景，成功增加了其白酒产品触碰年轻一代用户内心的可能性。

 即学即练

白酒品牌江小白发布了很多关于情感故事的文案，吸引了众多年轻消费群体。请参照江小白的文案构思方式，选择一个国货运动品牌的新产品，为其撰写一则故事营销文案。

二、文本类文案创作策略

互联网和信息技术的发展催生了众多不同类型的新媒体。以文本为主要传播方式的新媒体平台比较常见的有微博、微信、今日头条等。

课堂讨论

请仿照小米 Civi 4 Pro 新品发布的微博文案，撰写适用于今日头条和微信朋友圈的新品发布文案。试讨论：同样的主题、同样的活动在不同的平台，是否可以发布相同内容的文案，并说明原因。

文案的创作策略是确保其内容吸引目标用户、传递有效信息并促进互动与转化的关键。

1. 标题策略

标题是文案给人的第一印象，也是吸引用户点击的关键。一个好的标题应该简洁、有吸引力，并能准确传达文案的核心信息。根据内容需要，写作时可添加副标题，进一步补充或解释标题。

2. 内容策划

（1）核心信息传达。确保文案中包含了产品或服务的核心信息，如功能、优势、价格等。

（2）情感共鸣。文字应该能够引发用户的情感共鸣，使其产生购买或使用的冲动。例如，可以描述一个具体的场景，使用户感到自己也需要这个产品或服务。

（3）独特性。避免与竞争对手的内容相似，突出自己的独特性。

3. 语言策略

（1）简洁明了。避免使用过于复杂的词汇或句子结构，确保用户能够轻松理解。

（2）具有亲和力。使用亲切、友好的语言，使用户感到被尊重和重视。

（3）具有感染力。通过生动的描述和具体的例子，使用户产生共鸣和购买的冲动。

4. 排版与视觉效果

（1）分段。合理的分段可以使文案更加易读，避免用户因为长篇大论而出现阅读疲劳。

（2）图片与视频。适当加入图片和视频，避免枯燥，丰富画面感，增强吸引力，提高阅读兴趣。

5. 数据分析与优化

分析数据，如点击率、转化率等，根据数据反馈进行优化。例如，如果发现某个标题的点击率较低，可以尝试修改标题，看看是否能够提高点击率。

文字类文案内容创作除了以上五方面外，还需要根据文案所要发布的新媒体平台要求、用户特点等采取相应的创作方式，以更好地传达核心信息，从而实现营销目标。

案例 4.2

华为24条产品文案

扫码阅读搜集整理的24条关于华为的产品文案，其中包括海报文案和视频文案等。华为通过文案传播，有效地将产品的核心卖点与用户诉求相结合，实现了产品营销的目的。

以下归纳了三点这些产品文案吸引用户的原因。

（1）在清楚传达产品卖点的同时，字里行间透露着磅礴大气的中国美和文化底蕴。例如，用中国神话中的玄武、昆仑来形容手机"非凡大师"屏幕的过硬实力。

（2）为产品赋予场景以及衍生想象的空间。例如，将手机的外观颜色"黄色"与秋天黄灿灿的胡杨进行关联。

（3）以关心的名义说明卖点。例如，华为 WATCH 3 的文案是"你的健康它更懂"，让为身体状况担忧但没有过多时间去了解相关知识并进行健康监测的用户对购买这款产品感到暖心又放心。

启发思考：赏析华为产品的文案，并从主题、内容策划、图片排版和视觉效果上，分析其文案吸引用户的原因。

三、视频类文案创作策略

新媒体自产生和发展以来备受用户的喜爱，并且用户的关注点逐渐从文本内容转向了视频内容，这加速了视频类新媒体的发展，如快手、抖音、B站等。目前，视频类新媒体营销已经成为品牌推广的重要手段之一。视频类新媒体营销文案的创作不仅能够吸引观众的眼球，还能够传递品牌价值，提高品牌知名度。以下视频类新媒体营销文案的创作策略，它可以帮助品牌更好地进行营销。

（1）设置悬念。在标题或者文案开头设置悬念，可使用户产生好奇心，吸引其注意力，还能引导用户看完视频，增加视频的推荐量。

（2）引入热点。整合社会热点、行业热点、产品热点等，选择热点关键词，以特殊字体或者颜色显示，放在视频画面的醒目位置，以吸引用户的注意力，提高关注度。

（3）情感共鸣与引导。共鸣是用户能在记忆中寻找到并能引起其情绪反应的一种情感。创作视频类新媒体营销文案时，可以通过设定目标用户熟悉的场景、熟悉的事件、熟悉的人物，用贴近用户生活、符合用户表达习惯的文案，让用户产生共鸣。创作中要特别强化文案内容与用户之间的联系，要让用户感到这个场景与他们有关，使场景和用户的记忆产生某种连接。同时要注重文案的引导性，引导用户进行互动、分享或购买，提升营销效果。

（4）借鉴素材。文案创作者可以借助网络、新媒体平台收集爆款文案、"金句"、图片文案等素材，建立个人所属的文案素材库，并将其作为新文案创作的资源库。通过对资源库中的资源进行二次加工创作，形成满足用户需求、适合新媒体选题的视频类文案。

（5）突出品牌特色。视频类新媒体营销文案应突出品牌特色，传递品牌价值。在文案中融入品牌理念、品牌故事等元素，有助于提升用户对品牌的认知度和忠诚度。

（6）创意策划与呈现。创意策划是视频类新媒体营销文案创作的核心。通过独特的创意和角度，吸引用户的注意力，提高视频的观看率和传播率。在创意策划过程中，要注重文案与视频画面的配合，使文案更加生动、形象。同时要注重文案的节奏感和韵律感，使用户在观看过程中更容易产生共鸣。

归纳与提高

本章介绍了新媒体营销文案的基本知识、文案类型，以及不同类型文案的创作思路、创作策略和可投放的平台等。本章重点学习内容是如何借助新媒体平台，创作满足用户需求、传播核心信息、实现营销目的的各类文案。

综合练习题

一、单项选择题

1. 以下哪一项不是新媒体营销文案撰写时应考虑的关键因素？（　　）
   A. 目标受众　　　　B. 文案长度　　　　C. 文案风格　　　　D. 文案创作者的年龄

2. 新媒体营销文案中，使用数据或统计信息的主要作用是什么？（　　）
   A. 增加文案的趣味性　　　　　　　　B. 提升文案的可信度
   C. 展示创作者的专业知识　　　　　　D. 吸引用户的注意力

3. 在新媒体营销文案中，哪种元素最能吸引用户的注意力并激发他们的兴趣？（　　）
   A. 精美的图片　　　　　　　　　　　B. 引人入胜的标题
   C. 详细的产品描述　　　　　　　　　D. 优惠活动信息

4. 撰写新媒体营销文案时，如何确保文案的合规性？（　　）
   A. 只需确保文案内容不违反法律法规
   B. 只需确保文案内容不侵犯他人知识产权
   C. 综合考虑法律法规、行业规范及平台规则
   D. 只需确保文案内容符合平台规则

5. 下列哪一项不是优质视频类文案应该具备的特点？（　　）
   A. 语言过于书面化、专业化　　　　　B. 能够引起用户的情感共鸣
   C. 具有较强的场景感　　　　　　　　D. 能激发用户的好奇心和互动兴趣

二、多项选择题

1. 新媒体营销文案通常具有哪些显著的特点？（　　）
   A. 互动性：鼓励用户参与和反馈，形成双向沟通
   B. 创新性：追求新颖独特的创意和表达方式
   C. 简洁性：追求简短、精练，能快速传递信息
   D. 适应性：根据不同平台和用户进行个性化调整

2. 在构思新媒体营销文案时，通常需要考虑以下哪些因素？（　　）
   A. 目标用户：明确文案的用户群体，了解他们的需求和兴趣
   B. 平台特性：根据不同新媒体平台的特性和规则，调整文案的风格和形式
   C. 创意点：寻找独特、吸引人的创意点，使文案在众多信息中脱颖而出
   D. 传播目的：明确文案的传播目的，如品牌推广、产品介绍、活动宣传等

3. 制定吸引人的新媒体营销文案标题时，以下哪些策略是有效的？（　　）
   A. 突出亮点：准确捕捉文案的核心信息，将其以引人注目的方式呈现
   B. 制造悬念：通过提问、省略关键信息或使用引人入胜的词汇，激发用户的好奇心
   C. 强调利益：明确告知用户阅读或参与将获得的益处或奖励
   D. 使用数字：利用数字来量化信息，使标题更加具体和易于理解

4. 文案创作中为了增强文案的说服力，下列哪些策略是合理的？（　　）
   A. 引用权威数据和研究报告
   B. 展示用户好评和真实案例
   C. 采用命令式的语气，让用户必须接受观点
   D. 对产品的缺点进行隐瞒，只强调优点

5. 视频类文案创作中为了提高观众的留存率，以下哪些文案策略是可行的？（　　）

    A. 每隔一段时间就设置一个小悬念，引导观众继续看下去

    B. 文案内容中不断重复视频的主题，加深观众印象

    C. 采用快节奏的文案风格，快速切换观点和内容

    D. 加入一些与观众互动的文案，如"点赞过万，下期就做这个"

三、判断题

1. 新媒体营销文案是品牌传播的重要手段，其文案风格、价值观等都要与品牌形象相符。

                    （　　）

2. 模仿热门新媒体营销文案的风格来撰写自己的文案是一种有效的策略。　　　（　　）

3. 在新媒体营销文案中加入图片、视频等多媒体元素会分散用户对文案本身的注意力，所以应尽量少用。　　　　　　　　　　　　　　　　　　　　　　　　　　　（　　）

4. 为了让新媒体营销文案看起来更专业，应该尽量使用专业术语和行话。　　（　　）

5. 网络热词能够体现当下的潮流文化，让文案更贴近用户的日常交流，使用户产生亲近感，从而增强文案的趣味性和时效性，吸引更多的关注。　　　　　　　　　　　　　（　　）

四、简答题

1. 请简述在撰写新媒体营销文案时，可以从哪些方面进行构思。

2. 请简述视频类文案创作的策略有哪些。

五、实训题

假设你是一家新成立的智能手环公司的文案撰写员，公司即将推出一款具有睡眠监测、心率检测、运动记录以及消息提醒等功能的智能手环，目标用户主要是年轻的上班族和运动爱好者。请撰写一篇新媒体营销文案来推广这款智能手环。

要求：文案字数为200～300字；需包含一个引人注目的标题，能突出产品的核心卖点；文案内容要体现对目标用户需求的理解，突出产品如何满足他们的需求；至少使用一种修辞手法，增强文案的生动性；合理排版，使文案清晰易读。

第五章 微信生态营销与运营

【学习目标】

知识目标：理解微信生态的商业价值；理解微信生态的公私商域联动营销；掌握微信生态的全用户生命周期及其管理；掌握微信生态全用户生命周期运营的具体方法。

能力目标：能够分析微信生态的公私商域联动营销及其在商家运营中的作用；能够运用微信生态内的各种运营方法；能够结合产品特点和用户需求，策划微信生态内的运营策略。

【导入案例】

OPPO Find N3的微信生态营销

OPPO 针对商务人群对隐私安全的关注，在新品 Find N3 上市时，与微信视频号深度合作。OPPO 利用微信视频号的强大传播力，结合腾讯、许知远及众多视频号达人，共同创作并分发视频内容。许知远作为商务人士的代表，其影响力与 OPPO 目标用户高度契合。这些视频在微信私域中发酵，引发了用户的主动搜索和分享，从而提升了 OPPO 在微信平台的搜索热度，并成功构建了与隐私安全相关的热度话题。视频全网播放量超过 1 675 万次，其中微信视频号播放量达 238 万次，互动超过 10 万次。同时，该话题还延伸至其他 26 个平台，覆盖近千万粉丝，视频播放量超过 120 万次，并获得了 50 多位"大 V"的分享。

启发思考：微信生态是如何有效连接品牌、名人与目标用户，以实现精准营销和高效传播的？

第一节 认识微信生态

在"所有人对所有人传播（all for all）"的新媒体时代，商家不再局限于单一的流量渠道，而是致力于实现多渠道流量的协同与放大。微信作为一个综合性平台，其生态内各组件的智能化与联动化已成为微信营销与运营发展的必然趋势。商家们正积极从微信生态中汲取流量，并通过微信生态实现流量的有效转化与增值。为构建有效的增长策略，商家们需从微信生态的整体视角出发，深入理解并充分利用微信生态所蕴含的巨大商业价值。

一、微信生态的构成

微信生态是一个以微信为核心的综合性平台，它整合了社交、服务、商业等多个方面，拥有庞大的用户基础、多元化的服务与应用、广阔的商业机会以及持续的创新能力，为用户、商家和开发者提供了丰富的价值。这个生态系统不仅包含微信基础的即时通信功能，还扩展到了支付、内容创作与分发、企业服务等多个领域，为用户提供了一站式服务体验。

从宏观角度看，微信生态可被界定为一个连接企业与个人用户的综合性平台。而从微观层面审视，微信生态则是由一系列具体组件构成的，包括朋友圈、微信群、公众号、视频号、直播、小程序、搜一搜以及微信支付等，且微信还细分为企业微信与个人微信两个版本。

微信主界面是用户打开微信后首先看到的界面，包含"微信""通讯录""发现"和"我"四个一级核心组件，这是用户进入微信生态的主要入口。

（1）"微信"组件是微信生态的入口之一，集成了即时通信、文件传输、健康管理及支付功能等。用户可在此进行文字、语音、视频聊天，分享文件，甚至可以通过"文件传输助手"，实现跨平台传输文件。"微信运动"可促进健康管理与社交互动。右上角快捷入口包含"发起群聊""添加朋友""扫一扫""收付款"等功能，其中"收付款"提供安全便捷的在线支付服务，支持多种支付场景，全面提升了用户体验和社交互动。

（2）微信"通讯录"是一个强大的社交联系管理平台，集成了多种功能以满足用户多样化的需求。其核心在于轻松存储、整理及搜索联系人信息。通过"新的朋友"管理好友请求，"仅聊天的朋友"实现特定社交距离管控，"群聊"促进多人互动，"标签"助力联系人分类，"公众号"汇集资讯内容，"企业微信联系人"促进工作沟通。微信"通讯录"为用户提供了一个全面且灵活的社交工具，它不仅满足了基本的联系人管理需求，还适应了复杂的社交场景和工作需求，提升了用户的社交体验和工作效率。

 示例

小李的职场沟通

小李是一名市场营销专员，他利用微信通讯录的"标签"功能，对同事、客户、合作伙伴等不同类型的联系人进行了分类管理。当需要向特定群体发送活动邀请或营销信息时，他能够迅速定位到目标联系人，提高了工作效率。同时，他还通过关注行业相关的微信公众号，及时获取市场动态和营销技巧，不断提升自己的专业能力。

（3）微信"发现"组件汇聚了社交、娱乐、信息及生活服务等功能，包括"朋友圈"分享生活动态、"视频号"观看与创作视频内容、"直播"支持互动与带货、"扫一扫"实现快速扫码与物体识别、"听一听"聚合音频内容、"看一看"提供个性化资讯阅读、"搜一搜"便捷检索信息、"附近"发现周边服务、"购物"链接京东商城、"游戏"丰富娱乐体验、"小程序"满足多样需求。这些功能共同为用户打造了一个多元化、便捷的生活服务平台。

（4）微信"我"组件是用户个人中心的核心，集成了全方位的个人管理功能。通过"服务"模块，用户可便捷获取金融理财、生活服务、交通出行及购物消费等一站式服务。而"收藏"功能则帮助用户整理喜爱的内容。"朋友圈"与"视频号"组件分别展示了用户的社交动态和个人创作的内容，便于回顾与管理。"卡包"汇聚了各类卡券，方便用户享受优惠。"表情"库提供丰富素材，增添聊天趣味。"设置"模块则负责账号安全、隐私及通用设置，确保用户体验个性化与安全性。这些功能共同为用户打造了一个便捷、个性化的微信使用环境。

 即学即练

打开微信 App，在"我"组件中找到次级组件"服务"，打开看看"服务"组件都与哪些生活服务相链接。

二、微信生态的商业价值

微信生态是一个庞大且充满活力的商业体系，其商业价值体现在多个方面。

1. 庞大的用户基础和高度的用户活跃度

微信作为中国最流行的即时通信工具之一，拥有庞大的用户基础和高度的用户活跃度，这为微信生态中的商业活动提供了巨大的潜在客户群体和广阔的潜在市场，使得商家能够在微信平台上进行精准营销和品牌推广。

2. 多元化的功能与服务

微信生态提供了多元化的功能与服务，包括公众号、朋友圈、小程序、视频号等，这些功能共同满足了用户的多样化需求。例如，公众号成为内容营销和品牌建设的重要渠道；小程序则提供了便捷的购物和服务体验；视频号则通过短视频和直播形式吸引了大量用户关注。这些功能相互协同，共同推动了微信生态的商业化进程。

3. 强大的商业化能力

微信生态具有强大的商业化能力，这一点可以进一步细化为以下几个关键点。

（1）多元化的商业入口。微信生态内包含公众号、小程序、视频号、直播等多种商业入口，为商家提供了丰富的展示和销售平台。这些入口不仅可以帮助商家触达更广泛的用户群体，还能通过精准定位满足用户的个性化需求。

（2）高效的转化机制。微信生态通过精准的算法推荐和个性化的服务，能够引导用户探索更多功能和内容，从而延长用户在微信生态中的停留时间，增强用户黏性。这种高效的转化机制使得商家能够更有效地将潜在用户转化为实际用户。

（3）丰富的营销工具。微信生态提供了丰富的营销工具，如朋友圈广告、公众号推送、小程序优惠活动等，帮助商家进行品牌推广和促销。这些工具不仅提高了商家的品牌知名度，还能激发用户的购买欲望，促进销售增长。

（4）便捷的支付与交易系统。微信支付作为微信生态内的重要支付工具，为用户提供了安全、便捷的支付方式。同时，微信还提供转账、红包等交易功能，进一步简化了交易流程，提高了交易效率。

（5）私域流量的沉淀与运营。微信生态允许商家通过公众号、企业微信等方式建立自己的私域流量池，将用户沉淀下来并进行长期的运营和维护。这种私域流量的运营方式不仅可以帮助商家更好地了解用户需求，还能提高用户的忠诚度和复购率。

（6）数据驱动的决策支持。微信生态提供了丰富的数据分析工具，帮助商家了解用户行为、偏好和需求。这些数据可以为商家的决策提供有力支持，使其能够更准确地把握市场趋势和用户需求，从而制定更有效的商业策略。

此外，微信生态还通过跨界融合与生态协同不断拓展其商业价值。微信不仅局限于社交领域，还向电商、金融、教育等领域拓展，通过跨界融合为用户提供更加便捷的一站式服务。同时，微信还加强与其他企业和组织的合作，共同推动数字化和智能化的发展，形成了良好的生态协同效应。

案例 5.1

麦吉丽旗舰店联动微信触点，共振品牌大事件营销

麦吉丽，这家成立于 2014 年的国产高端护肤美妆品牌，在国货崛起的浪潮中，通过开设超级旗舰店来强化其高端形象。为了进一步推动这一目标，2023 年，麦吉丽借助微信视频号直播平台，利用社交矩阵，策划了一场大型营销活动。在 2023 年 5 月 13 日的直播中，其吸引了 234.4 万余名观众，引发广泛关注。之后，麦吉丽与一众美妆博主合作，通过探店体验和微信公众号深度推荐，持续增强了品牌影响力，相关内容阅读量超过 50 万，互动近万次。

麦吉丽的此次活动不仅为其微信视频号新增 2 000 多名粉丝，还通过社交裂变显著提升了品牌知名度，展现了国货的高端吸引力。麦吉丽的营销策略巧妙地结合了达人探店与微信生态，既提升了品牌影响力，又增加了用户互动。

启发思考：请分析微信生态的庞大用户基础、多元化功能与服务、商业化能力、技术创新与智能化升级等方面是如何助力麦吉丽品牌提升商业价值的。

第二节　微信生态的公私商域联动营销

微信生态为众多参与者提供了多样化的用户触点与转化契机。然而，随着外部环境的不断变化，商家仅仅聚焦于微信内单一或少数几个组件以寻求增长的模式已难以满足当前需求。商家不仅渴望通过渠道多样化来打破流量天花板，突破增长瓶颈，还意识到单一的聚焦模式难以全面覆盖用户在微信生态内各组件间的流转全链。因此，商家迫切需要一个能够覆盖多场景的微信生态，以更好地运营用户的全周期行为，实现全链路的效率提升，并激活新的增长点和变现潜力。因此，构建一个能够有效联动微信生态内多元组件与场景的一站式投放平台，将成为企业开拓新流量的有效策略。

一、认识微信生态公私商域的联动营销

微信生态的公私商域联动营销，实现了微信生态从单点阵地向系统生态的横向升级。为了深入理解这一概念，首先需分别探讨微信生态的公域营销、私域营销与商域营销，进而再学习它们之间的联动策略。

1. 微信生态的公域营销

微信生态的公域营销是指利用微信生态的公域流量进行的营销活动。

微信生态的公域流量，是指那些在微信平台公共区域自然流动、可被所有用户及商家共同接触到的流量，主要包括朋友圈的公开动态、公众号的广泛传播、视频号及直播的公开推荐等。这些流量具有开放性和共享性，任何符合微信规则的内容都有可能获得大量曝光，进而引起用户关注与互动。

公域营销主要具有以下几个特点。

（1）广泛覆盖。微信生态拥有庞大的用户基数，公域营销可以触达更广泛的用户群体。

（2）精准触达。通过微信的广告系统和算法，企业可以根据用户画像和兴趣偏好进行精准投放，提升营销效果。

（3）品牌曝光。公域营销有助于快速提升品牌知名度，吸引潜在用户的关注。

（4）引流转化。企业可以通过公域营销将用户引流至自己的私域流量池（如企业的公众号、小程序等），进行深度运营和转化。

公域营销在微信生态中扮演着重要角色，它为企业提供了快速扩大品牌影响力和吸引潜在用户的有效途径。同时，企业也需要注重公域与私域之间的联动，实现流量的高效转化和用户价值的最大化。

> **示例**
>
> ### 盒马鲜生"帝王蟹警告"
>
> 2023 年，网友拍摄的一段"帝王蟹吃龙虾"的视频在微信上爆红。盒马鲜生迅速抓住这一公域流量机遇，发布幽默的"帝王蟹警告"。该内容通过朋友圈等社交平台广泛传播，成功吸引用户关注。同时，利用微信广告系统和算法，盒马鲜生进行精准投放，推出帝王蟹优惠活动，将公域流量有效转化为私域流量。此次营销活动不仅提升了盒马鲜生的品牌形象，还带动了产品销售，实现了营销与销售的双赢。

2. 微信生态的私域营销

微信生态的私域营销是指企业通过微信生态中的私域流量，来实现品牌推广、用户维护和转化的营销方式。

微信生态的私域流量，是指商家或个人在微信生态内建立并掌控的、属于自己的用户群体，主要包括微信公众号的粉丝、微信群的成员、小程序的用户等。私域流量的核心在于"私有"和"可控"，商家可以通过精细化的运营和管理，与这些用户建立紧密的联系和信任关系。私域流量的优势在于其稳定性和高转化率。

私域营销的核心在于建立并维持一个长期的、稳定的用户关系，通过不断提供有价值的内容和服务，增强用户的黏性和忠诚度，最终实现商业目标。具体来说，私域营销在微信生态中的表现包括但不限于以下几方面。①内容营销。通过微信公众号、视频号等渠道发布高质量的内容，吸引用户关注并增强用户黏性。②社群运营。利用企业微信、微信群等社群工具，将用户聚集在一起，进行精细化运营和精准营销。③个性化服务。通过用户画像和数据分析，提供个性化的产品或服务推荐，提升用户体验和满意度。④用户转化。通过私域流量的深度运营，促进用户从潜在客户向实际购买者转化，提高用户转化率和复购率。

私域营销相比传统的公域营销，具有用户黏性强、获客成本低、可重复触达等优势，因此越来越受到企业的重视和青睐。

示例

"旅购"小程序深耕旅游零售行业，利用微信生态的优势，精准定位20～39岁的女性用户，并以她们为核心群体成功构建了私域流量池。凭借有163万名粉丝的社交媒体网络和513个活跃的微信社群，"旅购"实现了对用户的高效触达，增强了用户黏性。作为中免集团的官方线上营销伙伴，"旅购"打造了一个集多品类商品于一体的一站式购物平台，全面满足用户的多元化购物需求。值得一提的是，其私域社群的精细运营已成为推动其销售业绩的重要力量，私域交易额占比高达15%。

3. 微信生态的商域营销

微信生态的商域营销是指在微信生态内，企业通过付费方式购买流量并据此开展营销活动。商域营销是公域营销的一种形式，但特指那些通过付费手段获取的流量，即商域流量。微信生态的商域流量是指微信生态内为商家提供的、用于商业推广和营销的流量资源，主要包括微信广告、小程序电商、微信支付等商业功能所带来的流量。商域流量的特点在于其商业性和目标性，商家可以根据自身的需求和目标，选择合适的商域流量进行投放和运营。

在微信生态中，商域营销主要依赖于微信的广告系统和付费推广工具，具有以下特点。

（1）付费获取流量。与私域营销依靠自有渠道积累流量不同，商域营销通过付费方式直接购买流量，可确保营销活动的曝光度和覆盖面。

（2）精准定向。借助微信的广告系统和算法，企业可以根据用户画像、兴趣偏好、地理位置等多维度信息，实现广告的精准定向投放，提升营销效果。

（3）灵活性强。实施商域营销时，企业可以根据营销目标和预算灵活调整投放策略，如调整广告创意、出价、投放时间等，以适应市场变化和用户需求。

商域营销在微信生态中扮演着重要角色，它为企业提供了快速获取流量、提升品牌曝光度和实现销售转化的有效途径。同时，商域营销也需要与公域营销、私域营销相结合，形成公私商域联动的营销体系，以实现流量的高效转化和用户价值的最大化。

示例

白小T，一个主打高品质与科技融合的男装品牌，致力于为现代男性提供兼具舒适与时尚的穿着体验。在微信生态内，白小T运用商域营销策略，通过微信广告平台精准投放信息流广告。白小T锁定30～50岁有经济基础的男性用户，强调"阿玛尼同款面料"与"科技服装"的特色，成功吸引了目标群体。此策略不仅大幅提升了品牌曝光度，还有效促进了销售转化，使得T恤销量迅速攀升，二代T恤更成为热销爆款。

4. 如何实现微信生态的公私商域联动营销

微信生态的公私商域联动营销是整合了公域流量、私域流量与商域流量的全方位营销策略。

在这种模式下，企业首先利用公域和商域流量进行广泛曝光和精准引流，吸引潜在客户；随后，通过私域流量池进行深度运营，提供个性化服务和内容，增强用户黏性，促进转化和复购。同时，企业还可以利用微信生态的多种功能和工具，如小程序、社群运营、直播带货等，形成流量闭环，实现流量的高效转化和用户价值的最大化。

公私商域联动营销充分利用了微信生态的多元性和互动性，为企业提供了更多元的营销渠道和更高效的流量转化路径。

品牌可以通过公私域联动的方式实现流量的双向转化。例如，在公域流量中引入私域流量，增强用户黏性，提高用户转化率；同时，在私域流量中引入公域流量，扩大品牌影响力和用户基数。

总之，微信生态的公私商域联动营销是一个全面且高效的营销体系。通过整合微信生态内的各种功能和资源，品牌可以实现精准营销、增强用户黏性、提高用户转化率，最终实现商业变现和可持续发展。

案例 5.2

"官栈"打造公私商域联动生态，开辟拓新渠道

广州滋补科技品牌"官栈"深谙微信生态营销之道，融合公私商域，打造全方位营销体系。"官栈"精准定位微信视频号平台，该平台用户群体与健康爱好者高度重叠，为品牌提供了丰富的公域流量。

"官栈"通过发布引人入胜的短视频、开展直播间互动活动并与知名达人合作，成功吸引了大量用户的关注。为了将公域流量转化为私域流量，"官栈"引导用户添加企业微信，以此和用户建立紧密联系。在私域流量池中，"官栈"通过为用户提供个性化服务，深化用户体验，增强用户黏性，实现高复购率。

同时，"官栈"充分利用微信生态中的小程序、社群运营等工具，形成流量闭环，实现高效转化。这一策略不仅助力品牌在微信生态中脱颖而出，更为其在滋补市场的长期发展奠定了坚实基础，展现了品牌对市场的敏锐洞察和精准布局能力，以及微信生态公私商域联动营销的无限潜力。

启发思考： 公私商域联动营销的核心价值是什么？

二、实施步骤

微信生态的公私商域联动营销涉及多个方面的策略。以下是一些关键步骤和策略，可以帮助企业有效地在微信生态中进行营销。

（1）明确营销目标。企业需要明确自己的营销目标，比如提升品牌知名度、增强用户黏性、促进产品销售等。明确的目标有助于制定更有针对性的营销策略。

（2）整合微信生态资源。①公域资源。利用微信搜一搜、朋友圈广告等公域流量入口，进行广泛曝光。②私域资源。建立并维护公众号、小程序、企业微信、视频号等私域渠道，打造品牌私域流量池。③商域资源。通过微信广告系统购买流量，实现精准触达和高效转化。

（3）制定联动策略。①内容联动策略。在公域渠道发布高质量内容，引导用户关注私域渠道；在私域渠道持续输出有价值的内容，增强用户黏性。②流量互通策略。通过公域广告投放，引导用户进入私域渠道；在私域渠道内设置引流机制，如优惠券、活动链接等，引导用户参与商域营销活动。③数据共享策略。建立统一的用户 ID 账号体系，实现公私商域数据共享。通过数据分析，精准把握用户需求，优化营销策略。

（4）执行与监控。①执行计划。按照制定的策略，执行公域广告投放、私域内容更新、商域社群运营等公私商域同步推广的营销工作。②实时监控。利用微信提供的数据分析工具，实时监控各渠道流量、用户行为、转化效果等数据，以便及时调整策略。

（5）优化与迭代。①分析数据。定期分析营销数据，评估公私商域联动营销的效果。②优化策

略。根据数据分析结果，及时调整公私商域联动营销策略，优化流量分配、内容输出、用户互动等环节，进一步提升整体营销效果。③迭代升级。随着市场和用户需求的变化，不断迭代升级公私商域联动营销的实施步骤和策略，保持营销活动的持续性和有效性。

通过以上步骤，企业可以在微信生态中实现公私商域的有效联动，提升营销效果和用户价值。同时，企业还需关注微信生态的最新动态和趋势，及时调整营销策略，以适应市场和用户需求的变化。

三、具体方法

在微信生态中实现公私商域联动营销的具体方法如下。

（一）以视频号直播为主

以视频号直播为核心的营销策略，是通过直播、微信群、小程序及线下门店的紧密联动，构建一个高效的用户转化与留存体系。其具体操作方法如下。

1. 引导直播流量至线下门店

这种方式是利用直播活动作为吸引用户的首要触点，吸引用户关注并引导他们加入微信群。随后，在微信群内发布多样化的活动资讯和营销推广内容，进一步激发用户兴趣。通过小程序与线下门店的联动，推出会员专享服务、门店特别优惠等活动，促使用户从线上转向线下，通过到店提取商品或消费，实现直播流量的有效转化和交易闭环。

2. 将直播流量转化至私域流量池

这种方式是在直播间内通过限时折扣等促销手段，集中用户的注意力并促成即时购买。同时，积极引导完成购买的用户加入微信群，将直播间的瞬时流量转化为可长期运营的私域流量。在微信群内，再通过持续提供有价值的内容和促进用户互动，增强用户对品牌的忠诚度，逐步形成一个稳定的私域流量池，为后续的营销活动提供持续的动力支持。

示例

耐克：以直播和品牌营销为中心的营销打法

耐克作为全球知名的体育运动品牌，在利用微信进行品牌营销时，以直播和品牌营销为中心的具体做法为：运用公域广告、公众号与小程序为直播引流，通过在朋友圈投放限时广告吸引用户预约课程，同时利用公众号推送、菜单栏及小程序矩阵，将用户导入直播间。其直播内容丰富多彩，包括新品首发和健身课程等，既满足了用户的健身需求，又成功推广了品牌和产品。

耐克的核心策略是打造线上健身房，根据用户级别提供个性化课程内容，满足多元化健身需求，并通过自助订阅课程服务，增强用户黏性。健身课程直播让用户能跟随专业教练实时运动，直播中提及的运动装备与产品深度融合，易被用户接受。

（二）以个人/企业微信为主

以个人/企业微信为主的公私商域联动营销策略，是结合了私域流量运营与公域流量引入，以及商业变现的综合性营销策略。这种策略充分利用了微信生态的多样性和互动性，旨在实现用户价值的最大化和企业收益的增长。其具体操作方法如下。

1. 线上导购与精细化运营

品牌可以利用员工个人及企业微信账号，与用户建立起直接且紧密的联系，将微信好友关系转变为品牌与用户间互动的坚实桥梁。这一策略是实施以个人/企业微信账号为核心的公私商域联动营销的关键环节。随后，再通过实施用户标签管理、进行数据整合以及提供个性化服务，确保每一位用户都能享受到专为其定制的独特体验，进而增强用户满意度与忠诚度。

同时，品牌利用小程序作为便捷的购物途径，简化购买流程，有效提升私域转化率。在小程序中，品牌还可以收集用户行为信息，为优化后续的运营策略提供有力的数据支持。此外，品牌还可根据用户标签对微信群进行精细化划分，实施差异化的运营策略，以此来增强用户黏性并提高社群的活跃度。

2. 公域引流与私域沉淀

品牌可以在朋友圈精准投放广告，有效触达潜在用户，实现公域流量的有效拉新，提升品牌曝光度和影响力。同时，充分利用官方公众号的多触点功能，将公域流量引导至企业微信，构建品牌与用户之间的深度互动平台。成功将公域流量转化为私域流量，并将私域流量沉淀至个人/企业微信号，形成品牌独有的用户资产，为长期运营与转化奠定坚实的基础。

示例

圣罗兰：以会员营销为中心的微信生态营销

圣罗兰（YSL）是一个集时尚、艺术、奢华于一体的法国美妆奢侈品品牌，其微信生态营销的核心在于公域与私域流量的融合。圣罗兰精准投放朋友圈广告，利用节日与新品推出时机，有效吸引新用户跳转小程序。同时以公众号为桥梁，推送会员绑定与权益信息，促进用户互动与购买。

小程序内的"Y秀场"与"Y粉圈"更是以积分+分享为核心，促使用户晒图互动，形成口碑传播。圣罗兰还构建了线上线下融合的会员体系，提供积分赚取、专属权益等服务，增强用户黏性。此外，品牌还整合了线下资源，提供个性化服务，并积累数据资产以优化管理。这一系列策略不仅构建了私域内容社区，还提升了用户忠诚度与品牌声量，实现了从公域到私域的高效转化，展现了圣罗兰在微信生态营销中的卓越实力。

（三）以微信群为主

以微信群为主的微信生态公私商域联动营销策略，是充分利用微信群作为核心触点，结合微信生态内的其他功能（如公众号、小程序、视频号等）及公域流量的引入，来实现用户增长、促活与商业变现。这种策略旨在通过微信群的高互动性和社群效应，增强用户黏性，促进品牌与用户之间的深度连接，进而推动业务增长。

该营销策略的具体做法如下：先利用公众号推送高质量内容，吸引用户关注，并结合线下门店的导购引导，将潜在用户引流至个人或企业微信号，构建私域流量的初步入口。同时，通过公众号矩阵的广泛覆盖和精准定位，为私域流量池注入活力，吸引不同类型的人群。随后，通过个人或企业微信号，发送专属会员群邀请，实现与用户的直接沟通。精心打造朋友圈人设，为用户提供日常的专业服务和互动，增强用户黏性和信任感，为后续的用户转化奠定基础。然后，在微信群中通过持续的内容输出和互动，反复触达用户，构建并巩固品牌私域流量池。利用微信社交关系的优势，激发群内老用户的裂变效应，吸引更多新用户加入，不断扩大私域流量池的规模。另外，在微信群内通过丰富多样的玩法和活动，如限时优惠、会员专享等，激发用户的购买意愿。品牌还可以利用小程序的便捷交易体验，促使用户在群内直接下单，实现流量的高效转化和变现。

示例

连咖啡：以社交裂变为中心的微信生态营销

连咖啡（Coffee Box）自2014年在上海创立以来，迅速在咖啡界崭露头角。起初，它通过微信公众号提供星巴克、咖世家（Costa）等品牌的外送服务积累用户。2015年8月，连咖啡转型专注于自有品牌的咖啡外卖业务。其采取以社交裂变为核心的微信生态营销策略，通过公众号引导用户扫码添加服务，发放优惠券，并直接跳转至小程序商城。小程序商城不仅是商品购买平台，还融入了社交小游戏，增强了用户互动。

连咖啡的核心玩法包括拼团、连豆、福袋等，特别是利用"成长咖啡+咖啡库"的会员体系，激励用户持续下单。其特色玩法"口袋咖啡馆"将游戏与社交结合，让用户成为咖啡店店主，进行装扮和售卖。连咖啡还利用视频号进行"猫播"直播，通过流浪猫主播和抽奖环节吸引用户参与，提高转化率。这些策略共同促进了连咖啡的用户复购和裂变拉新，使其在咖啡市场中脱颖而出。

想一想

公私商域联动营销是否适用于所有行业？请结合具体行业想一想这个问题。

第三节　微信生态的全用户生命周期运营

目前，新媒体流量已结束其野蛮增长，线上生态逐渐进入高质量成长时代，增强用户体验和持续释放用户终生价值成为新的方向。企业长效增长的根本在于引导用户的心智与行为。

一、微信生态全用户生命周期的运营方法论

在微信生态中，全用户生命周期运营方法论基于用户生命周期理论和用户终生价值理论形成。用户生命周期理论为微信生态的运营提供了基础框架，它强调用户从接触产品到离开产品的整个过程，包括引入期、成长期、成熟期、休眠期和流失期。在这个过程中，微信生态的运营者可以针对不同阶段的用户制定不同的运营策略，以延长用户生命周期并提升用户价值。用户终生价值理论则提供了评估用户价值的指标，它强调了用户在未来可能为企业带来的收益总和，包括历史价值、当前价值和潜在价值。在微信生态中，运营者可以通过分析用户的购买行为、活跃度、留存率等指标来评估用户的终生价值，从而制定更有效的用户战略和营销策略。

> **微课堂**
> 美妆行业的微信
> 生态营销

1. 微信生态全用户生命周期的定义及构成阶段

微信生态全用户生命周期是指用户在微信这一特定生态环境中，从初次接触、了解、使用到最终离开（或持续使用），所经历的过程与特有的状态。这个周期涵盖了用户与微信生态中各种产品、服务及内容互动的全过程，包括但不限于微信公众号、小程序、微信支付、朋友圈、微信群等。微信生态全用户生命周期可以分为以下几个阶段。

（1）获取阶段。这是微信生态全用户生命周期的起始阶段。在这个阶段，用户首次接触微信生态。此时，企业需要吸引用户的注意，让他们对微信生态产生兴趣。因此，在这个阶段，企业应注重精准定位和定向广告，通过了解用户的偏好和需求，设计吸引他们的内容和活动。同时，利用微信生态中的多种工具，如朋友圈广告、公众号推广等，提高用户获取的效率。

（2）激活阶段。在激活阶段，用户开始使用微信生态中的产品并产生互动。这是建立用户对产品的认知与兴趣的关键时期。企业应提供有价值的内容和服务，引导用户深入了解产品，并通过个性化定制、精准推送等方式提升用户的参与度和活跃度。例如，可以设计一些互动性强的活动或小游戏，吸引用户积极参与。

（3）消费阶段。在消费阶段，用户开始付费购买微信生态中的产品或服务，如小程序电商、公众号付费阅读等，这是企业实现盈利的关键阶段。企业应优化购物流程，提供便捷的支付方式，以提升用户的购物体验。同时，通过优惠券、满减活动等促销手段，刺激用户的消费欲望。

（4）留存阶段。在留存阶段，用户继续使用微信生态中的产品或服务，并产生复购。这是企业

提高用户忠诚度和实现长期发展的关键阶段。企业应注重用户关系的维护，通过客户服务、社交互动、场景互动等方式提升用户满意度和忠诚度。例如，可以建立会员体系，提供积分兑换、会员专享优惠等福利，增强用户的黏性。

（5）衰退与流失阶段。随着用户兴趣的转移或市场的变化，部分用户可能会进入衰退期，甚至流失。这是企业需要警惕和应对的阶段。在这一阶段，企业应密切关注用户的行为与反馈，及时调整策略以延缓衰退或挽回流失用户。例如，可以推出新产品或服务，满足用户的新需求；或者通过优惠活动、召回策略等方式，吸引用户重新回归。

简单而言，微信生态全用户生命周期的有效环节主要包括潜在用户、新用户、活跃用户、转化用户等四个环节。这个过程中的每一个阶段，都存在用户随时流失和被召回的情况。此外，在活跃用户和转化用户两个环节中，都可能有超级用户脱颖而出。在转化用户环节，也常常会出现消费总金额高的高价值用户。

2. 微信生态全用户生命周期的运营管理

所谓微信生态全用户生命周期的运营管理，就是在用户生命周期的各个关键节点，通过不同运营动作对其产生影响，引导用户转化，进而成为高价值用户。

微信生态全用户生命周期运营管理是一个全面且细致的策略体系，旨在通过精细化运营提升用户在微信生态中的价值贡献和忠诚度。以下是这一管理过程中的核心策略。

（1）拉新。针对潜在用户，微信生态通过多渠道拉新策略吸引用户关注。这包括线上广告投放、社交媒体推广、合作伙伴引流等多种方式。为了进一步扩大用户基数，还会采用裂变拉新策略，鼓励现有用户邀请新用户加入，形成病毒式传播效应。

（2）会员运营与活跃用户留存。当潜在用户转化为新用户后，微信生态开始注重会员运营，并以活跃用户留存为目标。通过提供个性化推荐、优惠活动、内容互动等方式，激发新用户的兴趣，提高新用户的参与度，促使他们逐渐成为活跃用户。同时，为了增强用户黏性，微信生态还会融合线下会员服务，为用户提供线上线下一体化的便捷体验，并通过等级权益制度激励用户提升会员等级。

（3）超级用户培养。在活跃用户群体中，微信生态会进一步筛选和培养超级用户。这些用户具有高消费能力和忠诚度，是微信生态中的重要价值贡献者。为了保持超级用户的活跃度和忠诚度，微信生态会提供专属的会员服务、定制化内容和优惠活动，以满足他们的个性化需求。

（4）流失用户召回与转化用户关注。对于已经流失或即将流失的用户，微信生态会采取召回策略，通过推送挽回信息、提供回归优惠等方式，重新激发用户的兴趣，提高用户的参与度。同时，对于转化用户，即那些从潜在用户转化为新用户，或从新用户转化为活跃用户或超级用户的群体，微信生态会持续关注他们的需求变化，及时调整运营策略，以保持他们的活跃度和忠诚度。

（5）高价值用户管理。在高价值用户的管理上，微信生态会投入更多资源，提供更高水平的会员服务和售前咨询服务。通过融合线下会员运营，为用户提供更加全面和个性化的服务体验。在售后方面，也会加强会员服务的跟进，确保用户在使用过程中得到及时有效的支持。同时，为了促进用户的复购行为，微信生态还会制定一系列的转化复购策略，如积分兑换、会员日优惠等。

（6）持续优化与动态调整。微信生态全用户生命周期运营管理是一个持续优化、动态调整的过程。通过精准识别用户需求和阶段特征，制定针对性的运营策略，微信生态能够不断提升用户价值贡献和忠诚度，实现用户与平台的共赢发展。

想一想

某在线教育品牌希望借助微信生态扩大用户基础。他们在朋友圈投放了精准定位的广告，并提供了丰富的免费试听课程。然而，在广告投放初期，转化率并不理想。你认为该在线教育品牌应该如何调整策略以提高转化率？请结合微信生态用户从潜在用户转化为新用户的关键因素，提出具体建议。

3. 构建微信生态全用户生命周期的运营闭环

构建微信生态全用户生命周期的运营闭环，是一个旨在提升用户体验、增强用户黏性、促进用户转化并最终实现用户价值最大化的系统性工程。而在这个系统中，微信生态全用户生命周期的私域流量运营闭环方法论对企业和品牌方的微信生态全用户生命周期运营提供了基本的流程参照。私域流量运营闭环方法论包括流量沉淀、流量运营、流量转化、再次激活四个环节。

（1）流量沉淀。流量沉淀是私域流量运营闭环的起点，旨在将公域流量或其他私域流量引入并沉淀到自身的私域流量池中。要保证这一步骤的顺利实施，关键在于精准选择流量引入渠道，如利用搜索引擎营销、信息流广告等付费广告投放方式获取潜在用户的关注；通过短视频、直播、图文等内容营销手段激发用户的兴趣；举办新品发布会、主题展览等线下活动，引导目标客户关注私域账号；与其他品牌或平台合作共享用户资源，以扩大私域流量池。同时，制定明确的引流目标、优化引流内容以确保其吸引力和价值性，并提供便捷的引流路径以降低用户进入门槛，也是实现高效流量沉淀不可或缺的策略。

（2）流量运营。运营阶段的重点是激发用户兴趣，将"流量池"转化为"留量池"。这要求运营者深入了解用户需求，制定个性化的会员运营策略，如提供定制化内容、优惠活动、互动体验等，以增强用户黏性和忠诚度。同时，融合线下业态，借助 LBS 方案盘活线下资源，实现线上线下库存打通，提升整体营收。这一阶段的目标是让用户在微信生态内形成稳定的消费习惯，为后续的变现创造有利条件。

（3）流量转化。流量转化是私域流量运营闭环的关键环节，旨在将用户资源转化为实际收益。在这一阶段，运营者需要采取一对一触达策略，确保信息能够精准传达给用户，打通变现的"最后一公里"。同时，通过产品交叉销售、互动直播带货等方式，促进消费结构升级，加快消费品类延展，从而提升用户的购买频次和客单价。此外，还可以结合会员服务，如跨平台会员体系打通、提供附加价值等，进一步提升用户满意度和忠诚度。

（4）再次激活。流量的再次激活是私域流量运营闭环中不可或缺的一环。随着时间的推移，部分用户可能会逐渐失去活跃度，甚至流失。因此，运营者需要定期分析用户数据，识别出潜在流失或已经流失的用户，并采取针对性的召回策略，包括推送挽回信息、提供回归优惠、开展互动活动等，以重新激发用户的兴趣，提高用户的参与度。通过再次激活，可以确保私域流量池的持续稳定发展。

💬 **课堂讨论**

请大家讨论如何识别潜在流失或已经流失的用户，并分析不同召回策略的有效性。

二、微信生态全用户生命周期运营的具体方法

微信生态依托其庞大的用户基础，为品牌提供了从产品推广到销售转化的全链路高效支持，涵盖了用户生命周期的各个阶段。微信生态全用户生命周期运营的具体方法如下。

（一）各平台导流，沉淀至微信私域流量池

在微信生态体系中，企业微信、社群以及公众号可以汇聚并沉淀来自各渠道的流量。企业微信与社群凭借其高度的互动性和高效的触达能力，成为极其优质的流量沉淀场所。而公众号则以其多样化的触达形式，赋予用户更多自主权，同样扮演着不可或缺的流量沉淀角色。商家可以采用多种策略，将其他平台的流量有效导入微信生态。

1. 第三方电商平台向微信生态的流量导入

在第三方电商平台上，商家可以利用售后卡和产品防伪码上的二维码，引导用户关注其微信公众号或小程序。同时，客服团队可以主动向用户推荐关注，以享受专属优惠。此外，通过组织各类

互动活动，如限时折扣、会员日等，设置先关注后参与的规则，也能有效吸引用户流量。发布高质量的内容并运营社群，可以进一步增强用户黏性，持续向微信生态导入流量。

2. 线下门店向微信生态的流量导入

线下门店可以通过多种方式展示微信生态的二维码入口，如店内海报、收银台提示以及商品包装等。例如，在收银台区域设置活动，提示顾客"扫码关注公众号，即可领取下次购物优惠"，以此激励顾客扫码并加入品牌的微信社群。同时，店员可以主动在顾客购物过程中引导其关注微信公众号或添加企业微信为好友。此外，导购或店员还可以直接添加顾客微信，将流量导入企业微信和社群，以在微信生态内实现流量的有效沉淀和转化。

📇 **示例**

林清轩是一个植根上海的本土高端油类护肤品牌。该品牌以导购为核心策略，推动门店向数字化与私域场景融合转型。

其线下导购引导顾客关注公众号、添加企业微信，实施差异化运营。公众号则作为互动桥梁，承载会员注册、导购绑定及福利群引导等，加深用户连接。微信群中，用户可尽享新品试用、限时购及护肤小贴士，促进销售与复购。同时，以小程序引入砍价、拼团、直播等多样玩法，满足运营需求，并与线下门店服务相衔接。导购依据用户画像提供个性化服务，精准提升会员营销效果。林清轩以导购为纽带，贯通线上线下，强化用户信任与忠诚度，实现了私域流量的高效转化与数据共享，从而在市场竞争中占据了一定的地位。

3. 官网平台向微信生态的流量导入

商家可以在官网首页、产品详情页以及客服中心等关键位置设置微信生态的引流入口。通过提供微信用户专属福利，如微信专享折扣、加倍会员积分等，吸引官网访问者扫码关注商家的微信公众号或视频号。此外，为了方便用户操作，还可以在官网上增加微信登录选项，让用户能够快速完成注册和登录，加深对品牌的认同感。

4. 微信生态内的相互导流

在微信生态体系内，小程序、公众号、企业微信、社群、视频号及直播等各组件可以相互协作，共同实现流量的有效导入与沉淀，最终将用户汇聚至公众号、企业微信以及社群之中。

具体而言，小程序作为微信生态内的重要一员，其关键资源可以与公众号、企业微信进行对接。通过在小程序中嵌入公众号文案的链接或直接展示客服人员的企业微信二维码，可以将用户引导至公众号或企业微信平台。

公众号则可以利用自定义菜单的图文内容以及自动回复功能，向用户推送企业微信二维码，从而实现将用户流量引导至企业微信平台的目的。

对于已经添加企业微信的用户，商家可以直接向他们推送社群的二维码，进一步引导用户加入品牌的微信社群，实现流量的深度沉淀与转化。

📇 **示例**

万益蓝：以朋友圈广告为切入点，双链路运营

万益蓝（WonderLab）是一家专注于健康营养领域的创新型企业，其产品种类丰富，涵盖多个健康领域，满足了不同用户的多元化需求。它在微信生态内采用一套独特的营销方法：以朋友圈广告为切入点，结合小程序和公众号的双链路运营模式，实现流量的高效转化。其具体做法如下。

在前期，品牌通过宽泛的人群定向策略，广泛覆盖高潜力人群，并与喜茶进行 IP 联名合作，迅速提升品牌知名度。同时，利用小程序直购功能，为用户提供便捷的购买体验，实现快速转化。进入中后期，万益蓝不断优化广告素材，测试多种产品组合，借助朋友圈广告的精准投放能力，稳定扩大客户群体。

此外，品牌还注重公众号增粉，通过朋友圈广告投放筛选目标用户，引导他们关注公众号，沉淀为私域流量。在玩法上，万益蓝独具匠心，通过制造话题和朋友圈广告的社交互动，实现种草效果。官方主动制造话题，引发朋友圈互动调侃，借助熟人社交场景吸引用户点击和评论。这种策略不仅提升了广告的点击率和转化率，还实现了社交拉新和流量转化，从而助力品牌实现销售增长。

（二）裂变式拉新，扩大微信私域流量池

裂变式拉新是扩大微信私域流量池的一种高效策略，主要通过现有用户的推荐和分享，吸引新用户加入微信私域流量池。这种策略利用用户的社交关系网进行病毒式传播，能够迅速扩大用户基数并提升品牌知名度。为了有效扩大微信私域流量池，商家需从结果出发，精心设计活动场景，确保活动能够激发用户的分享意愿，从而实现流量的快速增长。

（1）小程序优惠券裂变。小程序优惠券裂变的基本原理是利用用户对优惠和奖励的渴望，以及社交的需求，促使他们主动分享小程序并邀请新用户。当用户通过分享小程序成功邀请新用户后，双方都可以获得优惠券作为奖励，这种互利共赢的机制能够激发用户的分享热情，从而实现用户数量的快速增长。

小程序优惠券裂变活动的操作过程为：当用户在小程序中参与裂变活动后，他们可以选择分享小程序给自己的好友。一旦好友通过分享链接进入小程序并填写了基本信息，不仅好友能即刻获得一张优惠券作为奖励，分享者本人也同样能获得一张优惠券。此外，好友在领取优惠券后，很有可能会被吸引成为小程序的新用户，从而进一步扩大小程序的用户基础。这样的裂变方式既提高了用户的参与积极性，又有效促进了小程序用户的增长。

（2）小程序游戏裂变。小程序游戏裂变是通过在小游戏中设计分享场景来实现的。用户可以选择将小游戏分享给一定数量的好友，而好友们的助力则能让用户获得游戏中的生命值、补给等各种奖励。这种机制不仅能激励用户更积极地分享小游戏，还能吸引更多好友加入，从而有效扩大裂变范围。这种裂变方式能够在短时间内迅速增加小程序用户数量，提高用户活跃度。

示例

饿了么"吃货大挑战"

饿了么"吃货大挑战"活动于2023年春节期间首次推出，随后在2024年"双11"期间再次推出。该活动意在通过创新的裂变式拉新策略，提升用户活跃度和消费金额。活动以微信小程序为载体，用户参与"吃货大挑战"小游戏后，可分享链接以邀请好友助力完成任务。每位好友助力完成后，原用户和好友均可获得游戏奖励，包括外卖代金券、优惠券等实物奖品或满减券、折扣券等优惠券。

活动期间，"吃货大挑战"小游戏的日活用户数显著增长，峰值达到每日100万活跃用户。饿了么小程序的用户活跃度大幅提升，用户停留时间和互动频率明显增加。通过奖励兑换和优惠券的使用，用户在饿了么平台内的消费金额也有所增加。

（3）小程序海报裂变。要想实现微信生态内的小程序海报裂变，核心在于激励用户分享与利用社交网络的扩散效应。品牌运营者可开发小程序，内置海报生成功能，用户只需简单操作即可创建个性化海报，并附带小程序码。通过设置分享奖励，如优惠券、积分或专属礼品等，激发用户将海报分享至朋友圈。好友扫码进入小程序后，同样可参与活动，形成裂变循环。这种裂变方式需结合精准的目标用户分析与创意海报设计，以最大化裂变效果。

（4）社群老带新裂变。社群老带新裂变是鼓励社群中的老用户邀请好友加入，当组成三五人的小团体时，不仅老用户可以获得小礼品作为奖励，同时被邀请的新用户也能获得商品优惠券。为了

进一步激发社群活力，还可以配合开展一系列针对性活动，持续激活这些由裂变活动形成的小团体，从而促进社群规模的持续扩大和用户黏性的增强。

（5）朋友圈集赞裂变。朋友圈集赞裂变是一种常见的营销策略，其操作方式通常是先设计一张吸引人的海报，并鼓励用户将海报分享至自己的朋友圈进行集赞。通过这样的裂变方式，品牌或产品能够得到更多的曝光机会。为了更有效地推动裂变，还可以在海报上添加可追踪的二维码。当用户的朋友圈中有一定数量的人扫码关注时，除了给予基本的集赞福利外，可再为这些积极参与裂变的用户提供额外的奖励。这样的裂变方式不仅能够激发用户的参与热情，还能更精准地追踪裂变效果，从而实现用户数量的快速增长和品牌影响力的扩大。

（6）超级推广员裂变。商家可以开展推广员或分享员的招募活动，邀请用户加盟成为超级推广员。作为超级推广员，用户只需将商品链接或二维码分享给自己的好友，一旦好友完成购买转化，超级推广员即可获得相应的返利。随着超级推广员数量的不断积累，商家还可以进一步利用其用户画像，主动挖掘那些具有潜力的超级推广员，通过精准激励和扶持，提升裂变营销的效率和效果。这种裂变方式不仅能够有效扩大商品的销售渠道，还能激发用户的推广热情，形成良性的裂变循环。

📋 示例

点睛 POINT 是苏州的一个美甲美睫品牌，拥有 20 家遍布各大商圈的门店。在 2023 年的"双旦"（指圣诞节和元旦）活动期间，该品牌运用了超级推广员裂变策略，具体做法为：客户成为推荐官后，成功邀请好友下单，即可获得 20 元现金奖励。同时，品牌还推出了仅需 99 元的美甲套餐，并附赠 50 元现金抵用券，以此吸引更多客户参与，鼓励高黏性会员成为裂变种子用户，分享活动海报，进一步引导客户进群下单。此策略在 7 天内成效显著，共成交 1 091 笔订单，精准吸引新客户 396 人，绑定客户总数达 1 900 人，实现现金收入超 10 万元。

（三）激发用户兴趣，化"流量池"为"留量池"

为了将微信各平台的"流量池"有效转化为"留量池"，商家需要结合各平台的特点，通过丰富多彩的活动和高质量的内容持续激发用户的兴趣和新鲜感。例如，在社群中开展互动性强的话题讨论和趣味活动，以增强用户的参与感和归属感；在小程序中推出新颖有趣的玩法，吸引用户不断探索和体验；在公众号中发布有奖互动、换购活动以及实用的干货内容，以满足用户的多样化需求，进而留住用户、激活用户，并增强用户黏性。

（1）社群互动话题。商家在进行社群运营时，可以定期策划一些与商品或行业紧密相关的互动话题。例如，美妆商家可以开展"科学卸妆小技巧"的讨论，宠物用品商家则可以围绕"如何为狗狗有效驱虫"进行交流。通过几位社群运营人员的积极参与和引导，营造活跃的交流氛围，从而可以提升社群日常的互动频率与活跃度。

（2）社群互动活动。商家可在社群内组织各类互动活动，并设置具有吸引力的奖励机制，以此激发用户的参与热情并提升社群活跃度。例如，可以设定"当有 10 位用户分享图片时，即在社群中发放红包或进行抽奖"的活动。这种红包或礼品的激励方式，不仅能有效促进用户参与互动，还可能激发一些用户积极主动地邀请更多社群成员共同参与，进一步增强社群的凝聚力和活跃度。

（3）小程序新玩法。商家可以在小程序中融入新技术与新玩法，以带给用户全新的体验和感受。例如，美妆商家可以推出 AR 试妆功能，让用户仅需开启前置摄像头或上传个人照片，即可实时预览妆容效果，轻松完成线上试色。此外，商家还可以融入 AI 智能互动、实时翻译等新技术，提供个性化推荐及多语言支持。在新玩法方面，可设置互动社区让用户分享心得，或举办晒图抽奖活动，提升用户参与度和活跃度；或者设计小程序礼品卡功能，让用户能够便捷地选购并赠送礼品卡给好友。这种新颖的互动方式无疑将为用户增添更多乐趣与新鲜感。

（4）小程序互动社区。针对美妆、珠宝、消费电子等具有强分享属性的产品，商家可依托小程序构建一个分享社区。在这个平台上，用户可以自由地晒出购买商品的图片、晒单或发布使用测评，而其他用户则能对这些内容进行点赞和评论。这样的互动社交机制，不仅能够促进用户之间的交流与分享，还能有效提升用户的活跃度和留存率，为商家营造良好的用户生态。

（5）公众号的留言互动和干货内容。商家可以在公众号推文中设计一些有奖互动环节，以此激发用户的阅读兴趣并提升文案的点击率及留言数量。同时，增加推文中高价值的干货内容，确保内容既实用又吸引人，从而增强用户的点击阅读意愿。通过这些策略，商家能够促使公众号留存在用户的关注列表中，增强用户黏性。

📇 示例

汉宸集团作为一家建筑企业，其微信公众号在宣传企业文化、展示项目成果方面取得了显著成果。集团公众号精准定位内容，围绕集团要闻、项目创作、行业资讯、获奖信息、员工风采、榜样人物等题材开展内容创作，并积极创新内容策划与表现形式。同时，公众号内容注重时效性，及时发布重要新闻，以保持公众号的活跃度，吸引用户关注。凭借高质量的内容和持续的创新，汉宸集团微信公众号成功获得了"2024年全国建筑业优秀微信公众号"称号，有效提升了企业的品牌形象和行业影响力。

（四）一对一触达，打通变现"最后一公里"

借助一对一的主动沟通，商家可以给用户适当营造一种"紧迫感"，以有效促进销售转化。这里所说的一对一触达，是指直接面向用户的沟通方式。它既可以通过群发消息或按用户分组进行精准推送来实现，也可以借助微信支付的到期提醒、服务通知等自动化工具来完成。

（1）限时促销活动。商家可利用企业微信平台，采取一对一沟通或依据用户标签进行分组推送的方式，向用户发送限时促销活动的信息，以此吸引用户加入社群。然后，借助社群内的互动氛围、优惠价格的诱惑力以及活动时间的紧迫感，激发用户间的相互带动效应，从而促进交易的成功达成。

（2）微信支付的优惠券到期提醒。商家在发放优惠券时可设定一个有效期限，并确保这些优惠券能被用户直接领取并存放在微信卡包中。在优惠券到期前，微信支付系统会自动向用户发送一条提醒通知。借助优惠券本身的吸引力及其即将到期的紧迫感，此举往往能有效促使用户进行消费转化。

（3）服务通知的待支付提醒。商家可以利用服务通知功能，向那些已提交订单但尚未支付的用户，或是已支付定金而需完成尾款支付的用户，发送待支付提醒。这样的提醒机制有助于促进订单的成交转化。

（4）朋友圈/小程序/公众号的触达。商家可以通过朋友圈发布的图文信息、小程序启动时的弹窗提示，以及公众号菜单中的会话功能等多种渠道，实现对用户的一对一精准触达。特别是小程序弹窗，它在用户打开小程序时，会立即展示优惠券发放、限时活动等通知，这种即时且直观的方式有助于显著提升转化率。

🐵 想一想

星巴克利用微信生态，通过企业微信、小程序、公众号等精准触达用户，建立私域流量池，并向用户提供个性化优惠及新品推荐，以提升购买转化率。其小程序在用户打开时即展示优惠券与限时活动，营造紧迫感，有效促使用户快速下单。

请问：星巴克在运用一对一触达策略时，是如何与其高端、品质化的品牌形象和市场定位保持一致的？这些策略是如何帮助星巴克增强用户忠诚度，并提升其在咖啡市场的竞争力的？

（五）视频号直播互动带货，加快消费品类延展

商家当前多采用直播带货与社群、公众号及短视频的运营模式相结合的营销策略，以期吸引更多用户观看直播。在直播过程中，通过搭配多品类商品进行组合推荐，实施绑定销售策略以及提供

赠品等促销手段，有效促进消费品类的拓展与延伸，从而增加用户的购买量和消费频次。

（1）社群互动与视频号直播联动。商家可以在社群中提前发布专属的直播预告，通过精心策划的种草内容激发用户兴趣，并引导用户进入直播间。在直播过程中，通过实时在社群内公布抽奖活动结果，进一步吸引更多用户观看直播。同时，采用多品类组合销售的方式，例如口红与卸妆水搭配购买享受折扣，或者购买口红即赠送卸妆水等促销策略，来有效促进用户消费品类的扩展和延伸。

（2）公众号预告与视频号直播联动。商家在公众号自定义菜单的关键位置，用吸引人的文案提前进行直播预告，例如"直播盛宴，五折券等你来抽"，并鼓励用户开启直播提醒功能，以便在直播开始前收到服务通知，及时进入直播间观看。在直播过程中，主播应根据事先策划的方案进行各品类的组合推荐，通过巧妙的搭配和展示，激发用户的多品类消费需求，从而促进用户整体消费水平的提升。

示例

随着人们对食品质量和健康的关注度不断提高，消费者对生鲜水果的品质要求也越来越高。渝品川作为安徽省的一家水果生鲜销售公司，看准了视频号这一拥有庞大高消费力客群的渠道潜力，决定在视频号上进行直播带货。他们精选高品质进口牛油果，以口感、营养和外观三大优势吸引消费者。直播中，主播通过近景展示和品尝，让消费者直观感受产品魅力。同时利用直播间的互动功能，实时解答消费者疑问，分享食用知识，增强购买信心。此外，渝品川还运用视频号的 ADQ[①] 投流推广策略，精准定向投放短视频素材，吸引更多消费者进入直播间，有效促进了销售增长。

（六）构建跨平台会员体系，优化服务体验

商家通过部署专门的小程序，实现会员积分、等级权益等的高效管理，并与微信卡券等多渠道实现对接，从而显著提升用户的服务体验。

实务中，尽管很多品牌已经能够在某些平台上实现会员体系的互通，但全面覆盖包括小程序商城、微店、官方网站、App、第三方平台以及线下门店等在内的全平台数据，仍然是一项艰巨的任务，它需要商家的数据基础建设达到极高的标准。

为了确保会员在各平台间积分的同步，目前许多商家都采取了以下措施：用户在官网签到所获得的积分，能够实时同步至该商家的小程序中。此外，部分商家的小程序还提供了便捷的功能，用户只需录入或拍摄交易凭证，即可将第三方平台或线下门店的订单积分轻松纳入会员体系，进一步提升了积分管理的便捷性和用户体验。

示例

太平鸟作为时尚零售品牌的佼佼者，成功构建了跨平台会员体系，优化了用户服务体验。通过部署小程序，太平鸟实现了会员积分、等级权益的高效管理，并与微信卡券等多渠道对接。用户无论是在官网签到还是在第三方平台、线下门店购物，所获得的积分都能实时同步至小程序，确保了积分管理的统一性和便捷性。此外，太平鸟还提供便捷的功能，让用户轻松录入或拍摄交易凭证，将订单积分纳入会员体系，从而进一步提升了用户体验。这一举措提高了会员的忠诚度，也为太平鸟在全渠道零售领域赢得了竞争优势。

（七）融合行业场景，增添附加价值服务

商家可以紧密结合所处行业的特性及用户的实际使用场景，提供诸如耗材补给、使用记录追踪、行业知识分享等增值服务，以此实现已转化流量的持续激活，增强用户黏性。

---

① 这里的 ADQ 指的是腾讯广告平台中的"广点通"。它是基于腾讯的社交及内容流量开发的广告平台，广告主可以在 ADQ 投放广告，利用腾讯的社交和内容流量（如微信视频号、朋友圈、公众号等）来推广自己的产品或服务。ADQ 为广告主提供全方位的营销解决方案，包括广告创意制作、投放策略制定、效果监测与优化等。

（1）商品配件与耗材服务优化。对于需要配件或耗材的商品，例如血糖仪等，商家可以专门设立配件或耗材商城，并根据用户所购买商品的型号，精准推荐相应的配件或耗材，确保用户能够轻松找到并购买到所需配件或耗材。此外，商家还可以提供积分兑换服务，允许用户通过积分兑换一些配件或耗材，此举在为用户提供便利、优质售后服务的同时，也增强了用户的忠诚度与黏性。

（2）融入行业场景，提供增值服务。商家可以深入结合行业场景，为用户提供一系列相关服务以增强用户黏性。例如，宠物用品商家可以开发养宠记录小程序，为用户提供宠物日程管理、在线问诊等贴心服务，从而加深与转化用户的联系；运动服饰商家可以组织线下运动相关活动，并在活动报名页面设置分享与购买引导。这种策略不仅能够有效促活并转化用户，还可能触发新一轮的裂变传播与转化机会。

示例

"旅行探秘"视频号

"旅行探秘"视频号专注于分享全球旅行见闻与美景，深受旅行爱好者喜爱。粉丝们热衷于将精彩视频分享至微信朋友圈和群聊，从而引发了裂变式传播，使该视频号的影响力迅速扩大。通过用户的社交分享，更多潜在用户被吸引，该视频号的知名度和用户数量因此大幅提升，同时凝聚了一批积极参与互动并乐于分享视频内容的忠实粉丝。

（八）借助 LBS 技术，盘活线下业态潜力

商家可以借助 LBS 技术，通过构建位置关联的社群，实时推荐店内货品、组织群接龙活动、开展货品直播等。同时，利用小程序平台发布线下门店的优惠券和促销活动信息，有效吸引用户前往实体门店，实现对线下业态的精准导流。此举旨在提升门店客流量与营业收入，充分激活线下业态的潜在价值。

（1）基于线下门店位置的社群。商家可以创建以线下门店位置为核心的社群，将周边用户吸引并聚集于此。在社群中定期发布新品到货信息，激发用户的购买兴趣并引导他们前往门店消费。同时，通过组织群接龙等互动活动，促进用户在线上完成交易后，再到门店提取商品，以此有效拉动线下门店的客流量。

（2）小程序、公众号与线下业务联动。商家可以利用小程序或公众号的丰富功能，实现线上线下业务的对接。例如，用户可以在小程序中领取线下门店的优惠券，并在指定门店进行核销使用；也可以通过小程序或公众号快速查找线下门店的位置，并便捷地预约门店的各项服务，如美容护理、珠宝试戴等。此外，小程序还提供了上门服务的预约功能，如洗衣服务的上门取衣、家电的上门安装或清洗等，为用户带来了极大的便利。这种线上线下的紧密联动，不仅有效盘活了线下业务，还显著提升了线下门店的营业收入。

示例

宜家家居线上线下业务联动

进入数字化时代，宜家作为全球知名家具及家居品牌，紧跟潮流，充分利用微信平台实施矩阵化运营。宜家融合小程序商城、公众号、直播与社群，打造全面便捷的线上购物体验，并实现线上线下无缝对接。小程序商城覆盖 301 个城市，提供一站式服务，从选购到送货安装，极大提升了用户便利性。同时，宜家通过公众号推送干货、举办互动活动吸引关注；利用 LBS 技术建立门店社群，推送新品信息，开展群接龙等，有效引导线下流量。宜家的这些举措，彰显了其在数字化转型中的卓越成就，以及微信矩阵化运营的巨大潜力。

案例 5.3

"苏宁易购"小程序：打造全场景零售新体验

"苏宁易购"小程序是苏宁集团旗下的重要线上购物平台，致力于为用户提供便捷、全面的购物体验。作为线上线下融合的重要一环，该程序成功地将小店菜场、苏宁云店、家乐福、苏宁拼购等多元化业务融为一体，形成了强大的商品与服务矩阵。

"苏宁易购"小程序依托苏宁集团强大的供应链体系和大数据精准营销能力，得以在激烈的市场竞争中脱颖而出。在品类发展上，小程序坚持"巩固家电、主攻快消、培育百货"的方针，不断丰富商品种类，满足用户多样化的购物需求。

"苏宁易购"小程序通过创新多元社交玩法和直播业务，加强了用户间的互动关系，提升了整体活跃度和留存率。同时，小程序还打造了直卖矩阵，消除了中间环节和信息不对称，为用户提供了更加优质、个性化的购物体验。这些举措不仅提升了用户的购物体验，也推动了"苏宁易购"小程序在线上线下融合方面的成功实践。

启发思考：分析"苏宁易购"小程序如何实现线上线下融合，并讨论这种融合模式为商家和用户分别带来了哪些优势。同时，思考该模式在实施过程中可能遇到的主要挑战及应对策略。

归纳与提高

随着微信生态的不断发展壮大，掌握微信生态营销与运营的基本知识与能力，已成为每一位新媒体从业人员不可或缺的职业素养。本章介绍了微信生态的商业价值、微信生态营销与运营的本质，以及微信营销相较于传统营销的独特之处，详细梳理了微信生态营销与运营的核心工作内容，涵盖公私商域联动营销策略及方法、全用户生命周期运营策略及方法等多个方面。

综合练习题

一、单项选择题

1. 微信生态中，哪个组件通常用于构建私域流量池？（　　）
   A. 朋友圈　　　　　B. 公众号　　　　　C. 视频　　　　　D. 微信支付

2. 在微信生态中，以下哪个组件不是用于用户管理的？（　　）
   A. 朋友圈　　　　　B. 通讯录　　　　　C. 企业微信　　　　　D. 服务

3. 私域流量的核心在于什么？（　　）
   A. 用户的购买能力　　　　　　　　B. 用户的活跃度
   C. 用户的私有和可控性　　　　　　D. 用户的分享意愿

4. 下列哪项策略不属于裂变式拉新？（　　）
   A. 小程序优惠券裂变　　　　　　　B. 社群老带新裂变
   C. 微信支付到期提醒　　　　　　　D. 朋友圈集赞裂变

5. 在微信生态全用户生命周期的哪个阶段，企业主要关注用户留存和复购？（　　）
   A. 获取阶段　　　B. 激活阶段　　　C. 留存阶段　　　D. 衰退与流失阶段

二、多项选择题

1. 微信生态中，商家可以通过哪些方式将公域流量导入私域流量池？（　　）
   A. 朋友圈广告　　　B. 公众号推文　　　C. 小程序活动　　　D. 线下门店引导

2. 微信生态的公域营销特点包括哪些？（　　）
    A. 广泛覆盖　　　　B. 精准触达　　　　C. 品牌曝光
    D. 私域流量运营　　E. 付费获取流量
3. 微信生态的私域营销可以通过哪些方式实现？（　　）
    A. 内容营销　　　　B. 社群运营　　　　C. 个性化服务
    D. 广告投放　　　　E. 社交互动
4. 微信生态中公私商域联动营销的实施步骤包括哪些？（　　）
    A. 明确营销目标　　　　　　　　B. 整合微信生态资源
    C. 制定联动策略　　　　　　　　D. 执行与监控
    E. 优化与迭代
5. 在微信生态中，如何识别潜在流失用户？（　　）
    A. 分析用户活跃度　　　　　　　B. 监控用户购买行为
    C. 评估用户满意度　　　　　　　D. 跟踪用户反馈
    E. 分析用户社交互动频率

三、判断题

1. 微信生态的公域流量是指商家直接拥有的用户数据。　　　　　　　　（　　）
2. 私域流量的优势在于其稳定性和高转化率。　　　　　　　　　　　　（　　）
3. 商域流量是指微信生态内为商家提供的、用于商业推广和营销的流量资源，不需要付费。
　　　　　　　　　　　　　　　　　　　　　　　　　　　　　　　　（　　）
4. 在微信生态全用户生命周期的衰退与流失阶段，企业不需要采取任何措施。　（　　）
5. 微信生态的公私商域联动营销能够提升流量的转化效率和用户价值。　　（　　）

四、简答题

1. 请简述微信生态中公私商域联动营销的核心价值是什么。
2. 在微信生态中，如何有效将公域流量转化为私域流量？
3. 请简述微信生态全用户生命周期中激活阶段的定义及其重要性。

五、实训题

　　假设你经营一家专注于健康食品销售的公司，产品包括各种保健品和有机食品。你希望通过微信生态实现公私商域联动营销，扩大品牌影响力，提升销售业绩。

　　要求：设计一个微信生态的公私商域联动营销方案，编写一份详细的营销方案报告。请确保方案具有可操作性，并充分考虑目标用户的需求和行为习惯。

第六章　小红书营销与运营

【学习目标】

知识目标：了解小红书平台的营销功能；了解小红书平台的用户群体、账号运营策略。

能力目标：掌握小红书平台的营销技巧和内容创作方法，能够借助小红书进行产品或品牌等的有效营销。

【导入案例】

小红书与蕉内的联合营销

2024 年年初，小红书联合蕉内发起"新年穿红的 100 个理由"话题活动，邀请站内用户晒出自己的新年红色系穿搭，分享对"新年穿红"的不同看法。此次活动在小红书站内掀起了一场"穿红"热潮，使品牌与目标用户群体来了一次深度的认知沟通。此次活动上线不久，总曝光量就高达 2.2 亿次，超 15 万用户贡献了 4 万多条话题笔记，互动人次超 60 万。

小红书联合蕉内还借此次活动上线了"红礼"福利模块，平台用户参与专属打卡活动、完成任务即有机会领取品牌好礼。互动机制的加入不但丰富了活动玩法，也帮助品牌从初始目标群体向外延展，实现了破圈传播。

启发思考：在整个营销活动中，蕉内借助小红书采用了哪些营销策略？

第一节　认识小红书

小红书从社区起家，是一个生活方式平台和消费决策入口，主要以年轻都市女性为服务主体。在小红书中，用户通过短视频、图文等形式记录生活的点滴，分享产品信息和使用体验，帮助其他用户了解产品并做出购买决策。小红书社区中包含美妆、个护、运动、旅游、家居、酒店、餐馆等信息的分享，涉及消费经验和生活方式的众多方面。

一、小红书的用户

小红书作为一个购物分享平台，通过用户的笔记分享，记录真实生活和购物体验，为品牌和用户架起一座集购物分享和购买决策于一体的桥梁，触及消费经验和生活方式的众多方面。

1. 用户特点

从用户性别来看，小红书的女性用户约占 80%；从用户年龄来看，18～34 岁的用户占比达到了 77%。小红书的这些用户通常具有热爱分享与社交互动、追求时尚潮流与知识求索、高消费能力和品质追求、高品牌忠诚度等特点。

 示例

小红书联合lululemon营销破圈，引领品质运动生活新趋势

2023 年 10 月，加拿大运动生活方式品牌露露乐蒙（lululemon）在进入中国十周年之际，携手小红书以门店为中心建立运动社区，倡导热汗生活，建立真诚联结，聚焦于用户的品质生活需求，提供最具价值的用户体验，掀起对健康生活的讨论风潮。

本次活动以"我们身上的故事"为话题发起号召，由宝藏明星和优质 KOL 强势抢占热潮发布，迅速卷入海量 UGC 笔记，背靠站内成熟互动机制，成为热度话题。小红书凭借友好的社区分享氛围，充分运用自身优质内容潜力和用户活跃度，再度建立露露乐蒙和用户双向沟通的语境，将优质的原创内容、活跃社区氛围，转化为露露乐蒙品牌下一个十年的原生动力。

2. 用户需求

小红书的用户群体注重时尚、生活品质和消费体验，对于独立自主的生活方式有着更多的追求。小红书的用户需求主要体现在以下几个方面。

（1）购物决策参考。小红书是一个社交电商平台，其用户希望通过其他用户的真实体验来做出购买决策。他们会在小红书上寻找关于产品的评测、心得分享以及购物攻略等内容，从而获取对产品更全面的了解，为自己的购物决策提供参考。

（2）发现新奇产品。小红书用户喜欢探索市场上不太常见或刚刚兴起的产品，并且对这些产品是否具备品质保证非常重视。他们希望看到与众不同且又能满足自己需求的产品推荐。

（3）学习时尚美妆技巧。小红书也是一个时尚美妆社区，其用户渴望学习各种化妆技巧和护肤秘籍，了解最新最潮的流行趋势。用户会在平台上搜索相关教程、视频和资讯，并与其他用户进行交流分享。

（4）社交互动体验。用户希望在小红书上与志同道合的人分享自己的心得、经验等，同时也期待获得其他用户的回复和建议，形成互动交流的社区氛围。

 想一想

请打开手机中的小红书 App，查看一下平台主推给你的信息都有哪些。这些信息是你感兴趣的吗？除此之外，你还有没有其他类型的信息是通过小红书获取的？

二、小红书营销的价值

小红书作为一个以社交和购物为主的平台，为品牌和个人提供了良好的营销机会，其核心价值在于通过内容营销的方式精准触达目标用户，实现品牌曝光、用户黏性增强和忠诚度提升，以及促进销售增长。

 示例

小红书2023年夜间营销数据

对于年轻人来说，白天的 8 小时需要奉献给工作、学习和社交，只有夜晚时光才能奉献给真正想做的事。"下班后开始新的一天"，越来越多的人开始认同这一概念，告别"报复性熬夜"，重新掌握晚间生活的方向盘，尝试更健康的夜间习惯与生活方式。多样化的生活方式也因此孕育出了庞大的夜经济市场。

千瓜数据显示，2023 年 1—7 月，"夜晚"相关商业笔记互动总量已破 10 亿。同比 2022 年，笔记数增长 318.66%，互动量增长 121.21%，夜间场景商业潜力飙升！

（1）精准的用户定位。小红书的用户群体以年轻、时尚、注重生活品质的女性用户为主，这使得品牌能够更精准地定位此类目标用户，实现更有效的营销。品牌或者产品通过在小红书上发布有价值的内容，可以吸引此类用户的关注，并与其建立互动关系。用户在平台上获取到有用的信息和购物建议后，更容易形成忠诚度，成为品牌的长期用户。

💬 课堂讨论

以 4 人为一小组，分别查找小红书平台分享的笔记类型、所属行业。可以以小组成员各自的小红书 App 为例，归纳整理每个人在平台上关注的信息和行业类型。讨论信息是否有重合，哪些类型的信息重合度高，为什么？

（2）丰富的内容生态。小红书以 UGC 为主，拥有海量的内容资源，涵盖美妆、时尚、旅行、生活等多个领域。品牌可以通过发布高质量的内容，与用户建立深度互动，提升品牌形象和认知度。

（3）KOL 与 UGC 的双重影响力。小红书上的 KOL 和 UGC 都具有很大的影响力。品牌可以与KOL 合作，借助他们的影响力进行产品推广，同时还可以鼓励用户生成内容，形成口碑传播，提高产品的曝光度和用户信任度。

（4）强大的购物导向性。小红书作为一个社交电商平台，具有很强的购物导向性。用户在浏览内容的过程中，可以直接购买推荐的产品，实现内容到购买的闭环。

（5）丰富的营销工具。小红书提供了多种营销工具，如品牌合作、直播带货、话题挑战等。品牌可根据自身需求选择合适的营销方式，实现多样化的营销效果。

（6）数据驱动的优化。小红书提供了丰富的用户数据和行为分析工具。品牌通过数据分析能了解用户的兴趣、偏好和购买行为，从而进行精准的营销策略制定和优化，进一步提高用户满意度，增强用户黏性，有效增加用户的点击，提高转化率。

案例 6.1

母婴品牌BeBeBus与小红书合作，倾听宝妈真实需求

2023 年 2 月 23 日，在上海举办的小红书 WILL 商业大会上，BeBeBus 蝴蝶遛娃"神器"被作为小红书平台合作标杆案例进行讲解。BeBeBus 推出了一款中高端的婴儿手推车产品，客单价在 3 000 元左右，在产品推广期与小红书进行合作。原本设想的卖点中，这款产品被定位为"移动大沙发"，主打对脊椎的保护功能。但在平台的校准过程中，小红书发现无论是产品关键词还是核心功能，都并非宝妈人群的关注重点，很难实现强力传播。于是经过数据分析、产品试用、新品测品用户座谈会，小红书助力 BeBeBus 将护脊功能这一概念具象为"护脊蝴蝶靠背"，提炼出"蝴蝶车"这一个新昵称，强调产品背后四条护体像蝴蝶翅膀一样支撑住宝宝的脊椎，与产品功能进一步挂钩的同时更具吸睛效果。从"移动大沙发"更换为"蝴蝶车"，产品上新七天便登顶"四轮推车热销榜"的首位，"6·18"当月销售量便迅速突破 4 000 台。

启发思考：尝试分析 BeBeBus 与小红书合作成功的原因有哪些。

第二节　小红书的营销工具

小红书是以社区分享为核心的平台，它不仅是连接年轻消费群体、企业与品牌的桥梁，更蕴藏着巨大的营销价值。用户通过在此平台上分享真实的品牌体验故事，可为潜在消费者提供沉浸式的购买体验预览，让新用户感受品牌所彰显的魅力与价值。随着时间的推移，小红书上累积的品牌体验分享汇聚成了一座庞大的消费口碑宝库，它不仅为企业决策提供依据，更成为连接品牌与消费者之间的纽带。

一、品牌营销的自有阵地

互联网竞争的加剧，让品牌营销面临更大挑战，如何寻找更有效的营销渠道成为品牌的核心难题。随着小红书的快速发展，其商业营销能力越来越完善，种草价值也得到了验证。那么，品牌方如何在这样一个充满活力和机遇的平台上，为自己的品牌打造一个强大的营销阵地呢？

（一）建立专业号

专业号是品牌在小红书的专属阵地，聚合了多种运营及营销工具，是品牌展示形象、发布内容、与用户互动的主要平台。通过个性化人设、主页搭建、笔记内容构造等方式，专业号可以展现品牌的核心竞争力，吸引目标用户的关注。

▨ 示例

花西子彩妆如何通过小红书推广运营

2023年，花西子遭遇品牌公关危机，但其小红书专业号的营销策略仍值得借鉴。花西子在小红书上建立了专业号，并针对花西子彩妆产品持续发布与品牌理念、产品特性相关的内容。花西子还利用明星效应，与知名度明星合作，通过他们的推荐和分享，增强了品牌的信任度和吸引力。此外，花西子还通过举办线上活动、发起话题挑战等方式与用户互动，增强了用户的参与感和黏性。

👨‍🏫 即学即练

请打开小红书 App，搜索花西子品牌的专业号，找两个关于彩妆的笔记并进行拆解。尝试分析彩妆产品的内容笔记，提炼出其中包含的营销元素。

建立专业号是搭建自有品牌阵地的主要手段。运营一个专业号，要做好以下工作。

（1）深入了解平台特性。在小红书上进行品牌营销，要深入了解平台的特性，针对小红书年轻、有消费能力的女性用户群体特点，结合她们注重生活品质、追求时尚潮流、喜欢分享消费体验和心得的需求，制定符合其喜好的营销策略。

（2）精准定位与内容策划。品牌首先需要明确自己在小红书上的定位，是时尚潮流的引领者，还是生活方式的倡导者。明确定位后，要围绕这一定位进行内容策划，确保所发布的内容与品牌形象高度一致，并能吸引目标用户的关注。同时，品牌还需要注重内容的视觉呈现，利用精美的图片和视频提升用户的阅读体验。

（二）品牌合作（蒲公英）

小红书旗下的蒲公英是一个专为品牌和博主提供商业合作服务的平台，是品牌与小红书上的达人进行合作的官方渠道，是小红书所承接广告的变现平台。

（1）达人选择。品牌可以根据自身需求和预算，选择头部、腰部、尾部等不同粉丝量级的博主进行合作，既可以借助头部博主帮助品牌更高效地出圈，也可以借助"素人"博主以生动真实的用户生成内容沟通产品卖点，同时通过不同的博主合作内容的反馈及数据分析，探索产品新的沟通点和输出方向。

（2）合作内容。与博主合作的内容可以是产品评测、使用心得、搭配建议、生活场景分享等，旨在通过高质量、有趣、有价值的内容吸引用户关注。品牌在单向输出内容的同时，还可以寻找一些匹配的优质博主进行内容共建。

与小红书上的优质博主合作，是品牌快速获得曝光和影响力的有效途径。品牌可以选择与自身定位相符的优质博主进行合作，通过他们的影响力，将品牌信息传递给更多的潜在用户。此外，品牌还需要注重社群的运营，与用户进行互动，收集反馈意见，不断优化营销策略。

（三）商业话题

商业话题是小红书为品牌提供的一种营销工具，其通过聚合优质内容来高效链接用户。开通了专业号的品牌，可在小红书App上申请一个免费商业话题，该话题与专业号绑定，将展示在专业号页面。品牌也可以付费开设更多话题，可以根据自身需求创建或参与相关话题，吸引用户参与讨论和互动，提高品牌曝光度和用户参与度。

（1）商业话题的创建与运营。品牌对于商业话题的创建与运营，主要从确定话题方向、定制话题标签、发布优质内容、激励用户参与等方面开展工作。要确保话题内容及品牌形象与用户需求高度一致，话题标签独特且易于记忆，话题内容丰富且多样，并通过活动激励用户发布相关笔记、参与话题讨论，提高用户的参与度，增强用户黏性。

（2）运营商业话题的注意事项：①保持话题内容的更新和多样性。品牌需要定期更新话题内容，确保话题内容的多样性和新鲜感，吸引用户的持续关注。②遵循平台规则。品牌需要遵循小红书平台的规则和要求，发布合规的内容，避免违规行为导致的话题被封禁或限制。③与用户保持互动和沟通。品牌需要积极回应用户的评论和反馈，与用户保持良好的互动和沟通，提高用户的满意度和忠诚度。

除此之外，要在小红书平台上建立品牌营销的自有阵地，品牌还可以利用母体词语流量、产品流量、元媒体流量和渠道流量等多种策略。通过综合运用这些策略，品牌可以在小红书上建立起强大的营销阵地，吸引更多目标用户的关注，促进用户转化。

二、品牌的商业推广工具

小红书为品牌提供了多样化的商业推广工具，品牌可以根据自身需求和预算选择合适的工具。

（1）专业号笔记。小红书专业号是品牌在小红书上进行营销的官方阵地，可以用来展示品牌信息、与用户进行沟通，也是品牌进行广告投放的基础。品牌应围绕用户需求，从用户痛点出发，结合产品特点进行高质量的内容创作，采用故事化、场景化等方式输出信息，并在发布专业号笔记后积极回复用户的评论和私信，与用户建立良好的互动关系。总之，专业号笔记不仅是展示品牌信息和进行产品推广的窗口，更是品牌与用户沟通、建立品牌忠诚度的重要手段。

课堂讨论

请在小红书App上找到兰蔻的专业号，分组对其发布的笔记进行讨论。尝试分析笔记的发布内容、发布频率有什么特点，与用户互动情况怎样，是否达到营销预期。

（2）信息流广告。信息流广告是品牌高效种草的必备利器。品牌通过在小红书的原生投放场景中投放广告，可以完成多个营销目标。信息流广告比较适合品牌前期种草，让更多的用户先了解品牌，积累品牌势能。其作用主要是增加优质内容的曝光量或投放量，把之前概率性的爆文变成实际可运作的确定性选择，形成可量化的投放标准。

（3）薯条广告。薯条是小红书的官方广告产品，类似于微博的粉丝通和抖音的 DOU+。薯条主要有两个功能，即内容加热和营销推广。内容加热支持推广非营销笔记，如日常生活、经验分享笔记等，笔记需要符合小红书的内容规范。营销推广支持以广告形式推广营销笔记，品牌方可通过购买薯币（小红书的虚拟货币）来投放广告，增加特定笔记的曝光量。薯条广告允许品牌方根据自己的需求设置预期曝光量、投放时间、推广目标和目标人群等参数。投放薯条广告时，品牌方需要选择投放的目标，例如增加阅读量、点赞量、收藏量或粉丝关注量等。

（4）搜索广告。搜索广告是指广告主根据自己的产品或服务的内容、特点等，确定相关的关键词，撰写广告内容并自主定价投放的广告。品牌可以通过投放搜索广告提高品牌曝光度，吸引潜在用户。搜索广告对于企业的价值在于以下两点。①锁定高消费意愿用户。精准获取主动搜索品牌、品类、相关产品信息的用户。②实现关键词卡位与拦截。锁定企业品牌关键词、品类关键词的同时拦截竞品流量。

此外，小红书还提供了数据分析工具，可帮助品牌更好地了解用户行为和市场趋势，为营销策略的制定提供数据支持。在众多商业推广工具中，品牌可以根据自身的需求和预算，选择适合自己的推广工具，有效实现营销目标。

示例

常驻在小红书的戴森吹风机

戴森吹风机作为高端家电产品，在小红书上取得了显著的营销成果。戴森通过小红书专业号发布了大量关于吹风机的使用教程、功能介绍和产品对比等内容，展示了产品的独特性和高性能。同时，戴森还与多位时尚博主和发型师合作，通过他们的专业推荐和教程分享，吸引了大量对美发有需求的用户。此外，戴森还利用小红书的社区特性，积极与用户互动，解答用户疑问，提升了用户的品牌忠诚度。

三、品牌广告及活动工具

在品牌商业推广工具中，小红书的活动工具包括开屏广告、小红屏广告、惊喜盒子、定制贴纸、品牌专区、火焰话题、搜索彩蛋等。这些工具不仅是品牌广告的输出渠道，更是品牌吸引用户关注和转化、推广自己产品的重要工具。

（1）开屏广告。当用户打开小红书 App 时，首先看到的就是开屏广告。由于它的展示位置独特，能够迅速吸引用户的注意力，所以非常适用于品牌宣传和产品推广。开屏广告通常具有精美的设计和强烈的视觉冲击力，能够给用户留下深刻的印象。这种广告可以迅速吸引用户注意力，提高信息曝光率。

（2）小红屏广告。小红屏广告是全屏式定制化的广告形式，可以在用户浏览内容时以特定方式展示。小红屏广告能够根据品牌的需求进行个性化设计，以符合品牌形象和调性。通过小红屏广告，品牌可以更好地传达其核心价值，提升品牌知名度和美誉度。但是这种广告会打断用户的浏览进程，因此要谨慎使用，避免过度干扰用户。

（3）惊喜盒子。惊喜盒子是在用户浏览内容时弹出的互动式的广告形式，通常包含品牌的产品或优惠券等奖励，用户可通过参与互动获得这些奖励。它也是展示品牌、产品或服务的有效途径。这种广告通常根据用户的兴趣和行为来精准推送相关内容，不仅可增强用户的参与度和黏性，也能有效提升品牌曝光度和用户转化率。

（4）定制贴纸。品牌可以设计专属的贴纸，将其放置在小红书的任意位置。用户在发布内容时使用这些贴纸，可增强内容的趣味性，提高品牌的曝光度。贴纸设计可以融合品牌元素和创意，以吸引用户的关注，提高其参与度。

（5）品牌专区。品牌专区是为品牌定制的专属展示区域，用来展示品牌的产品、活动、品牌故事等内容。品牌专区可以根据品牌的需求进行个性化设置，以呈现出独特的品牌形象和风格，提高品牌的知名度和美誉度，吸引更多的用户关注和转化。

（6）火焰话题。火焰话题是用户参与度较高的广告形式，通过话题讨论和互动来吸引用户关注。品牌可以通过创建自己的火焰话题，引导用户参与讨论和互动，提高品牌的曝光率，增强用户黏性。

（7）搜索彩蛋。搜索彩蛋是在用户搜索关键词时出现的广告形式，主要展示品牌的产品或服务。这种广告形式可以精准地触达潜在用户，提高广告的转化率，提升推广效果。

案例 6.2

雅诗兰黛是如何针对其产品做小红书投放的？

美妆品牌雅诗兰黛成立于 1946 年，其旗下小棕瓶系列产品已有 40 年历史，处于成熟期。品牌通过科技迭代不断深化产品核心价值——修护，也尝试通过小棕瓶眼霜来拓展年轻人群。因此，雅诗兰黛小棕瓶系列产品选择了与年轻群体黏性高的小红书作为营销投放平台。下面是 2022 年 1 月至 7 月雅诗兰黛针对该系列产品在小红书的投放情况，其整体传播数据表现分为品牌内容和激发内容两个方面。

（1）品牌内容：商业投放和官方账号层面。商业投放笔记数 666 篇，互动量 88 万，投放达人数 538，爆文率 31.83%；3—5 月是热门投放阶段，月度投放数量均大于 130 篇；4 月销量投放，声量、互动量均为第一。官方账号"雅诗兰黛"笔记数 70 篇，互动量 2.6 万，爆文率 2.86%，涨粉率 10.48%。

（2）激发内容：自然流量层面。自然流量笔记数 6 519 篇，互动量 163 万，参与达人数 5 280 人，爆文率 4.71%；讨论热度较高，日均声量为 30 篇；受到 4—6 月品牌方投放蓄水、"6·18"大促等因素影响，6 月声量、互动量均为第一。

启发思考：（1）分析雅诗兰黛在小红书成功营销的影响因素有哪些；（2）在整个营销过程中，你认为哪一点是最重要的营销活动？

四、针对不同行业的其他工具

小红书为更好地满足不同行业的营销需要，开发了不同类型的营销工具。

1. 按照行业划分的工具

（1）时尚美妆行业。时尚美妆是小红书平台上的高竞争垂类赛道之一，小红书为其提供了多种专门的推广工具，比如乘风广告、广告行业推词等工具。这些工具各具特色，能够满足品牌在不同阶段的推广需求。品牌可以根据自己的实际情况和目标用户的特点，选择合适的推广工具进行组合使用，以实现最佳的推广效果。比如：完美日记通过与用户的频繁互动和专业美妆博主的合作，利用乘风广告精准定位年轻女性用户，成功提升了品牌知名度和销量。品牌 INTO YOU 利用小红书的矩阵账号进行产品销售，通过乘风广告将产品精准推送给目标用户，主打哑光妆效和口红、腮红两用的产品特性，吸引了大量用户关注和购买。

（2）旅游行业。小红书的旅游类内容也非常受欢迎，因此平台也提供了针对旅游行业的工具，可以帮助旅游达人在小红书上分享旅游攻略、游记、景点介绍等内容，吸引用户的关注，增强互动。

旅游工具推荐

"热门目的地"标签：用户可以通过搜索或浏览热门目的地标签，发现更多有趣的旅行目的地和攻略。这为旅游目的地提供了展示和推广的机会。

"旅行达人"计划：邀请旅游领域的专业人士和达人入驻，分享他们的旅行经验和攻略。这些达人的内容往往更具权威性和可信度，能够吸引更多用户关注和参与。

（3）家居家装行业。小红书也是家居家装行业重要的营销平台，针对该行业提供了品牌账号、广告投放工具等，可帮助品牌展示产品、发布设计案例、与用户进行互动。此外，小红书还提供了家居家装类的购物功能，用户可以直接在小红书上购买所需产品。

（4）美食行业。小红书的美食类内容同样受到用户的喜爱。美食博主可在小红书上分享美食教程、餐厅评测、菜品推荐等内容，吸引用户关注。

示例

美食探店工具

小红书上的美食探店功能允许用户分享自己的美食探店经历和推荐，帮助其他用户发现更多优质的美食店铺和美食产品。

小红书还会定期推出美食地图、美食榜单等功能，方便用户查找和筛选附近的美食店铺。

除了以上几个行业，小红书还针对其他多个行业提供了相应的工具和服务，以满足不同行业的需求。

2. 按照内容划分的工具

（1）小红书内置的"笔记"功能。这是一个非常直观的内容创作工具，用户可以直接在小红书上撰写、发布图文或视频笔记，分享他们的购物心得、使用体验、生活方式等。

（2）小红书官方提供的"话题"和"标签"功能。这些功能能够帮助用户更好地定位自己的内容，使其更容易被目标用户发现。

（3）数据分析工具。虽然小红书本身并没有公开提供详细的数据分析工具，但有一些第三方数据分析平台可以帮助用户分析小红书上的数据，例如千瓜数据、新红数据等。这些工具可以提供用户行为、内容趋势、竞品分析等方面的数据支持。

（4）小红书广告平台。小红书广告平台提供了多种广告形式，如信息流广告、搜索广告等，用户可以根据自己的需求选择合适的广告形式，推广自己的品牌或产品。

（5）KOL 合作工具。小红书上有很多具有影响力的 KOL，他们可以通过发布笔记、直播带货等方式帮助品牌进行推广。小红书提供了一些工具来帮助品牌和 KOL 进行合作，如蒲公英，它为品牌和 KOL 提供了一个官方、安全、高效的合作渠道，使得双方可以在平台上进行内容创作和品牌推广。

（6）管理工具。小红书为企业提供了账号管理工具，如小红书助手等。企业可以通过这些工具来管理自己的账号、发布内容、与用户互动等。这些工具可以提高企业的运营效率，更好地在小红书上进行品牌推广和营销。

除了上述工具外，小红书还有大量的创意和图文编辑工具，如在线作图工具（创客贴、稿定设计、图怪兽等）及文案创意平台（Topys、书影网等）。这些工具或平台能够帮助品牌和用户制作高质量的图文内容，提升品牌在小红书上的影响力。

第三节　小红书运营策略

在小红书上，好的产品加上好的运营能够引导种子用户进行二次传播，所以很多新媒体运营者在构建新媒体运营矩阵时会选择到小红书分享，以期产生自发性的口碑传播，形成营销闭环。而运营小红书账号的第一步，就是要熟悉小红书的运营机制，掌握小红书的运营策略。

一、垂直账号运营

小红书的垂直账号分为"专业号"和"非专业号"两种类型。"非专业号"是没有经过官方认证的个人普通账号，而"专业号"则是经过企业/商家品牌认证、职业认证和兴趣认证的账号。账号体系让更多的用户可以通过认证获得一个身份标识，更加方便用户专注于垂直领域的内容发布。

（一）垂直账号的内容特点

垂直账号的内容特点主要体现在以下方面。

（1）主题聚焦。垂直账号的内容围绕一个或多个固定的主题展开，如美妆、家居、母婴、旅行等。这些主题在账号的封面、标题、正文和标签中都会有所体现，以明确账号主题和方向。

（2）深度挖掘。在选定的主题范围内，垂直账号需要深度挖掘，提供有价值、有深度的内容。例如，美妆博主分享各种化妆技巧、产品评测、护肤心得等；家居博主分享家居装修、家居用品推荐、家居生活小妙招等。

（3）持续更新。垂直账号需持续更新内容，以保证用户的持续关注和黏性。垂直账号要定期发布新的笔记或视频，保持一定的更新频率。同时，内容的质量和风格也要保持一致，以提高用户对内容的依赖度和信任感。

（4）用户互动。除内容发布外，垂直账号还需要与用户进行互动，包括回复用户的评论、私信等，与用户建立联系和沟通。同时，垂直账号也可以通过举办活动、抽奖等方式吸引用户的参与和关注。

（二）垂直账号的运营基础

垂直账号运营的核心要素包括选择并专注于某一特定领域（赛道垂直），针对具有相同特征、生活习惯、兴趣爱好的用户群体提供内容（粉丝垂直），以及通过统一的账号外在表现强化专业性和辨识度（账号属性垂直）。

1. 赛道垂直

赛道垂直是指垂直账号持续发布的内容都在同一领域，如美妆、美食、家居等。在这个领域中，内容可以更加细分，例如美妆可以分为护肤、彩妆、化妆教程等子领域。

以美妆赛道为例，垂直账号会持续发布与美妆相关的内容，如产品评测、化妆技巧、护肤知识等。其用户也往往是具有相同兴趣爱好的特定人群，如美妆爱好者或专业化妆师。这些账号通过提供有价值的内容，持续吸引并留住用户，同时也在平台上塑造了自己的专业形象，扩大了账号的影响力。同样，小红书其他领域的垂直账号也都有其独特的内容特点和用户群体，但都致力于通过专业化的内容吸引和留住用户。

2. 粉丝垂直

垂直账号的粉丝为具有相同特征、生活习惯、兴趣爱好的特定用户人群，账号要围绕这些人群持续提供有价值的内容。例如，如果目标用户是美妆爱好者，那么内容就应该专注于美妆相关的话题。

在运营垂直账号时，账号定位和内容生产至关重要。针对某一特定群体提供他们喜欢的内容，有助于增强粉丝黏性。因此，需要考虑产品或服务要辐射的人群，包括他们的年龄段、地域以及主要喜好。同时，选取所属领域的标签词，让平台发现并识别账号的定位，这有助于平台对账号的内容进行精准推荐，提高内容的曝光率和用户的关注度。

3. 账号属性垂直

账号的封面、头像、个人简介、昵称等外在表现应尽可能地与内容主题保持一致，以增强账号的专业性和辨识度。系统会根据账号的垂直度来判断其定位，从而更准确地推送内容给目标用户。

即学即练

结合自己感兴趣的行业，如美食、游戏或者旅游等，策划一个小红书账号，完成账号名称、账号简介、账号内容以及未来变现计划，形成一份报告，并开通小红书账号完善相关资料。

（三）垂直账号的运营策略

垂直账号的运营需要从多个方面进行综合考虑和策划。

（1）明确账号定位。选择一个具有吸引力的领域或主题，确保自己对该领域或主题有深入的了解和热情。确定目标用户并研究他们的兴趣、需求和行为习惯，以便为他们提供有价值的内容。

（2）创造高质量内容。内容作为垂直账号的核心，必须具备独特性、专业性和深度。创作者应采用多元化的创作形式，精心打磨图文、制作精良视频、开展精彩直播等，全方位满足不同用户的需求。同时，还要保持学习热情，持续更新所在领域的知识，让内容始终紧跟前沿趋势，彰显专业水准。

（3）保持内容一致性。在账号运营过程中，需要保持内容的一致性，即所有内容都围绕特定的领域或主题展开，同时还要通过统一的风格和调性强化账号的品牌形象，提高用户对账号的认知度。

（4）加强用户互动。与用户进行积极的互动，如回复评论、私信等，增强用户黏性和忠诚度；举办线上活动或抽奖，吸引用户参与并提高曝光度；通过用户反馈不断优化内容，提升用户体验。

（5）进行数据分析。利用平台提供的数据分析工具，分析用户的浏览、点赞、评论等行为数据，了解用户需求和喜好，根据数据分析结果调整内容创作和运营策略，提高运营效率。

（6）合作与联动。与其他相关领域的账号或品牌进行合作和联动，共同举办活动或互相推荐，扩大影响力。与知名品牌或 KOL 进行合作，提高账号的知名度和权威性。

（7）优化推广策略。制订合理的推广计划，包括发布时间、发布频率、发布渠道等，以提高内容的曝光度。利用其他社交媒体平台（如微博、微信等）进行账号的宣传和推广，吸引更多用户关注。

（8）持续更新与创新。垂直账号需要不断更新和创新，以满足用户的需求，保持用户的关注。关注行业动态和趋势，及时调整内容方向和策略。尝试新的内容形式和创作方式，以满足用户不断变化的需求。

二、学习同类账号

对于运营者而言，深入了解行业趋势、借鉴成功经验、学习同类账号是拓宽视野、提升运营质量的重要途径。

1. 学习同类账号的途径

（1）利用数据网站。蝉妈妈、新红数据、千瓜数据等数据网站通常会提供详细的账号数据和内容分析，可以帮助运营者快速找到可研究和学习的同类账号。运营者可按照分类选择行业、地域、用户量等，找到所在领域的账号榜单。

（2）官方话题和笔记推荐。小红书官方每周都会发布热门话题，运营者可以在这里找到所在领域的话题，查看官方正在主推的笔记，并对这些优秀的、被官方喜欢的同行笔记进行分析和研究。此外，在小红书上浏览某一领域的笔记较长时间后，回到主页推荐并刷新页面，通常也能看到对应领域的同行笔记推荐。

（3）系统推荐。当关注一个同行账号后，系统通常会推荐与该账号相似的其他账号。运营者可以通过点击这些推荐，找到更多可以分析和学习的同类账号。

（4）搜索关键词。在小红书的搜索栏中输入与所在领域相关的关键词，如"学习技巧""学习方法"等，能找到与该关键词相关的笔记和账号，通过浏览这些笔记和账号，也能找到感兴趣以及与学习目标相符的同类账号。

课堂讨论

近年来，随着小红书的快速发展，越来越多的学习账号开始涌现，为用户提供了丰富多样的学习资源。其中，知名学习账号"静静教主"凭借其独特的内容创作策略，成功吸引了大量粉丝，并在小红书上形成了广泛的影响力。请大家分组讨论：该账号有哪些内容值得同类账号学习和参考？

2. 学习同类账号的策略

在小红书的运营策略中，学习同类账号是一种非常有效的方法，可以帮助运营者了解行业动态、用户喜好以及成功账号的运营技巧。以下是一些具体的学习同类账号的策略。

（1）确定目标领域。首先，需要明确自己的营销目标和所在领域。

（2）观察热门话题和标签。小红书上的热门话题和标签通常反映了当前用户的兴趣和需求。可以通过关注这些热门话题和标签，找到与目标领域相关的账号。

（3）学习优秀账号的特点。观察优秀的同类账号，梳理其特点，可以从有价值、互动性强、评论回复多、风格独特、变现能力强等几方面进行判断、选择和学习。

（4）分析账号数据。除了观察账号的特点外，还可以使用小红书的数据分析工具来分析账号的数据。这些数据可以帮助我们了解账号的粉丝构成、内容表现、互动情况等，从而更好地学习账号的运营策略。

（5）实践并调整。在了解了同类账号的特点和运营策略后，可以开始在自己的账号上进行实践。同时，需要不断调整和优化策略，以适应小红书和用户需求的变化。但在学习借鉴时也需要保持理性思考，不可因过度模仿而导致失去账号本来的风格和特点。

课堂讨论

小红书上有很多关于美食的账号，假如你是一名自媒体人，想为山西美食进行宣传，你觉得怎么做才能帮助它出圈？

示例

新闻时事与社交媒体的传播结合

@人民日报出版社是小红书上的官方账号，拥有庞大的粉丝群体和广泛的影响力。该账号通过培养网络意识，聚焦网络热点，成功地将新闻时事与社交媒体传播结合在了一起。

@人民日报出版社利用其专业的新闻团队和大数据分析工具，实时监控社交媒体上的热门话题和讨论趋势。当某个事件或话题成为热点时，该账号会迅速组织团队进行深入报道和分析，并发布相关的新闻稿件和评论文章。这些内容不仅传递了权威的新闻信息，还展示了运营者的专业素养和快速响应能力。

@人民日报出版社还善于利用社交媒体平台的互动功能，与粉丝进行互动和交流。该账号通过回复评论、发布投票等方式，引导粉丝参与讨论和分享，进一步扩大了自己的影响力和传播范围。

三、区别化创作

区别化创作，也称为差异化创作，是一种在内容创作过程中强调独特性和创新性的策略。它是指创作者在内容创作过程中，通过独特的视角、创新的表达方式和个性化的风格，使作品在内容、形式或风格上与其他作品形成明显差异。该策略旨在使作品从众多相似内容中脱颖而出，吸引并留住目标用户。

1. 小红书在创作方面的差异化优势

与其他平台相比，小红书在创作方面的差异化优势主要体现在以笔记为主要内容形式，融合社交和电商的独特体验，注重用户对于内容的信任度以及采用有利于新人的推荐算法等方面。这些特点使得小红书在创作领域具有独特的优势和吸引力。

（1）以笔记为主要内容形式。小红书以笔记为主要内容形式，用户可以在笔记中分享购物心得、生活经验、美妆技巧等各种主题。这种以笔记为核心的内容形式，使得平台更加注重用户对于实用性内容的追求。在小红书上，用户通过图文结合的方式，轻松记录和分享自己的生活点滴，这也为创作者提供了更多的创作空间。

（2）融合社交和电商的独特体验。用户可在小红书上直接购物，享受一种融合社交和电商的独特体验。创作者可通过推荐商品、分享购物心得来实现变现，获得一定的佣金。这种社交电商模式不仅为用户提供了更多购物选择，也为创作者提供了更多的变现方式。

（3）注重用户对于内容的信任。小红书采用了严格的审核机制，对于低质量或虚假内容有严格的限制，这为用户提供了更为可靠的信息。在小红书上，用户可以放心地阅读和分享内容，这也为创作者注入了更多的创作动力和信心，以激励他们产出更优质的内容。

（4）采用有利于新人的推荐算法。小红书的推荐算法有利于新人，无论创作者的粉丝数有多少，都有机会被推荐到"首页"。这为新人创作者提供了更多的曝光机会，也为平台注入了更多的新鲜血液和创意。

2. 区别化创作的主要体现

小红书的区别化创作主要体现在内容的深度、差异性、持续更新以及错位竞争等方面。这些特点使得小红书在内容创作上更具吸引力和竞争力，也为创作者提供了更多的发挥空间和机会。

（1）强调内容的深度。这意味着创作者需要在一个方向上深入挖掘，提供给用户更深层次、更有价值的内容，避免发布表面的、肤浅的、缺乏创意的信息，而要注重内容的质感和内涵。

（2）注重内容的差异性。在众多的账号中要想让用户记住你、关注你，就必须展现出自己的独特性。这种差异体现在内容领域、IP或人设的特点、内容结构、表达方式、表现场景、拍摄方式、视觉效果等多个方面。即使大的差异难以做到，也可以从细微处开始，逐渐展现出自己的特色。

（3）鼓励持续稳定地更新。内容做得再好，如果不持续稳定地更新，那么在平台的规则和算法机制下，账号的权重就会下降，获得的平台推荐量也会变低。因此，创作者需要保持创作热情和持续性，才能在小红书平台上获得更好的表现。

（4）在创作上追求错位竞争。这意味着并不是简单模仿或跟随热门内容或策略，而是要结合自身的用户需求和平台优势，探索自己的发展路径，在内容创作上更具独特性和创新性。

第四节　小红书营销策略

企业在小红书开展营销活动能否取得成功，关键在于能否制定并执行一套高效且能精准吸引和有效转化目标用户的营销策略。不仅如此，一个精心策划的小红书营销方案，对于品牌能够在该平台上顺利推广产品，以及大幅度提升品牌知名度，起着决定性的作用。

一、目标设定

首先需要明确营销目标，如提高品牌知名度、增加产品销量、提升用户口碑等。针对这些目标，设定具体的、可量化的 KPI（关键绩效指标），如点赞数、评论数、转发数、转化率等，以便后续监测与评估。

二、内容策略

小红书用户对内容质量有很高的要求，因此品牌需注重内容创作，打造有价值、有趣、有吸引力的内容，涵盖产品测评、使用教程、搭配建议、生活分享等多种形式。在内容种草方面，需注重以下几点。

1. 内容种草——精准化

如今，很多普通小红书用户的消费习惯可能是当从其他渠道（如微博、微信、抖音、朋友推荐等）知道了某款产品，并且想要进一步了解产品以进行消费决策时，就会打开小红书进行搜索，而搜索出来的产品内容信息会直接影响其后续的产品销售。如果搜索出的内容是正向的，用户就更倾向于打开某电商 App 或者到线下门店去购买。这说明小红书上的内容是能影响消费决策的，小红书是用户消费决策的入口。

基于小红书的这种影响力，用户在搜索品牌名的时候对内容质量的要求非常高，首先是真实，评价正向；其次是美，要有自己的风格，能借助内容中所展示的美和风格传递品牌的价值观；最后是实用，能给用户提供一些具体帮助。

2. 内容营销——种草化

简单来说，内容种草就是先打造一个爆款产品，再借助这个产品迅速提升品牌的知名度。内容种草式营销给了很多中小品牌机会，因为品牌不用投入巨额营销预算来塑造品牌形象，只要产品具备吸引用户的亮点，就能迅速在市场上得到认可。

进行内容种草最重要的是产品要有独特的"种草点"，这个点可以从用户痛点（正在困扰用户的问题，或者用户急需解决的问题）需求和用户痒点（虽然不紧急，但如果能解决掉，也会让人很舒服）需求两种维度来创造，或者在原本基础上进行再创造，进而提炼出来。

KOL 种草是建立在用户信任基础上的。让人信赖的内容种草形式通常可以是产品测评和个人使用体验。特别是一些无法通过外观影响用户消费决策的产品，如以护肤为卖点的产品，最好结合 KOL 自身使用经历来宣传产品功效，突出产品成分的作用。

3. 产品推广——场景化

给用户提供一个产品使用的场景是非常有效的内容营销策略。用户从对某个产品产生兴趣到对品牌形成印象，其间如果有合适的购买场景催化，将有助于用户做出购买行动。具体表现为在多次出现日常生活中同样场景信息的情况下，用户的记忆容易被唤醒，这样他往往就会为这一记忆买单。

三、推广策略

小红书用户群体年轻、接受能力强、消费水平高、包容性好，加上种草推广模式的普及，使小红书营销模式多样，广告内容丰富，传播范围广，能精准吸引目标用户，且推广成本低，营销效益良好。因此，小红书已经成为很多品牌引流的首选。这些品牌聚集在一起推广，可以大量引流，这也是小红书能吸引更多商家的主要原因。小红书最有效的推广策略包括以下几种。

（1）关键词排名推广。关键词排名也就是小红书的笔记推广排名。其排名机制受多方面因素影响：首先，小红书的排名机制与笔记的总数有关，包括新笔记的数量，爆款笔记的数量，爆款笔记的点赞量、评论量和收藏量等。此外，笔记的阅读量和话题排名同样不可忽视，所以选择笔记的话题和关键词时也要注意其排名。其次，与用户的互动程度对排名影响显著，基础互动量越大，排名越靠前。而小红书笔记排名靠前，互动也会更多，说明用户越喜欢，小红书就会增加权重，提高笔记的排名。最后，发布的内容质量要高，文案要有创意，文笔要优秀，内容要符合社区规则，图片要有吸引力。

（2）达人推广。小红书达人推广指达人通过发布笔记和种草分享等，向平台发送一些有价值的信息，然后用户通过主动搜索、系统推荐等方式浏览笔记、评论笔记和分享笔记。小红书社区还将根据点赞量、浏览量和评论量向其他用户推送有价值的笔记，以进一步引爆。一般来说，达人推荐是提升知名度最快的方法，运营者可以通过小红书达人推广的粉丝数量和每个笔记的点赞量，来选择适合推广的小红书达人。

示例

小红书笔记示例

标题为"美拉德穿搭法则：小红书教你如何穿出高级感"的笔记由小红书上的时尚穿搭达人撰写，详细介绍了美拉德穿搭法则的要点和技巧。其内容涵盖了颜色搭配、款式选择、配饰点缀等方面，同时结合具体的穿搭案例进行了详细的讲解和展示。该笔记主要面向对时尚穿搭有浓厚兴趣的女性消费者，尤其是那些追求高级感和品质感的年轻女性。

该笔记在小红书上获得了极高的点赞量和收藏量，成为一篇爆款笔记。许多用户纷纷表示受益匪浅，并尝试将美拉德穿搭法则运用到自己的穿搭中。该笔记不仅提升了时尚穿搭达人的影响力和知名度，也为小红书平台上的时尚穿搭内容树立了新的标杆。

（3）素人推广。小红书最受欢迎的推广方式就是素人推广。相较于达人来说，选择素人最大的优势就是推广费用低且更加贴近用户，他们的推广更容易引起用户共鸣和同理心，适合做长期品牌推广。

（4）KOL 投放。KOL 投放也是小红书推广的热门方法，大部分品牌都会选择这样的推广方式。品牌运营者可以将 KOL 分为三类进行投放：腿部 KOL 用于多维曝光，腰部 KOL 用于转化和引流，头部 KOL 用于品牌宣传和制作口碑，达成转化。

示例

时尚饰品品牌"潘多拉"与小红书时尚博主的合作

2023 年，时尚饰品品牌"潘多拉"与小红书某时尚博主就产品、穿搭等进行合作。当时，该时尚博主的粉丝量超过 50 万，擅长时尚饰品搭配、流行趋势分析、购物推荐等内容，在小红书发布的各类笔记也以时尚穿搭等为主。

此次两者合作，主要就新品首发体验、时尚搭配教程、流行趋势分析、互动活动等几方面展开，通过与时尚博主的合作，潘多拉在小红书上的曝光量大幅增加，品牌知名度和美誉度得到提升。粉丝对潘多拉新品的关注度和购买意愿显著增强，销售额实现稳步增长。该时尚博主的专业推荐和搭配教程，进一步巩固了潘多拉在时尚饰品领域的领先地位。

四、执行与监测

营销策略的执行与监测是确保品牌影响力和用户互动效果持续提升的关键环节。只有将精心策划的营销策略付诸实践并实时监控其效果，才能不断优化策略，精准触达目标用户。

（1）执行计划。在策略执行阶段，要围绕小红书的特性和用户习惯，制订详细的执行计划，包括内容创作、发布时间、推广方式等，并确保每个步骤都有明确的责任人和时间节点，确保策略能够有序、高效地展开。同时要注重团队协作和沟通，确保各个环节的顺畅衔接，避免不必要的延误和疏漏。

（2）数据监测。在监测阶段要密切关注营销策略的执行效果，通过数据分析工具收集关键指标数据，如阅读量、评论数、转化率等，深入了解用户对于品牌内容的反应和喜好，及时调整策略，优化内容。同时还要及时跟踪市场变化和竞争对手的动向，以便调整策略，确保品牌始终保持领先地位。

五、预算与资源分配

在制定营销策划方案时，还需要考虑预算和资源分配。只有根据企业的实际情况和目标设定合理分配预算和资源，才能确保营销活动的顺利进行。

（一）预算制定

在制定营销预算时，首先需要考虑的是预算的合理性与预估效果。

（1）合理性。预算需要符合品牌发展的阶段需求，在品牌的营销能力范围内，并能实现单位效用的最大化。同时，预算的制定也要参考行业的平均水平。

（2）预估效果。在制定预算的同时，要对投放后的结果进行预估，确保预算能够带来预期的品牌曝光、销售转化、客咨收集等效果。

（二）资源分配策略

在确定合理预算的基础上，要考虑如何高效地将资源分配到不同的营销环节。在小红书营销实务中，通常会从以下几个方面考虑资源的分配。

1. 按广告目标分配资源

（1）品牌曝光。如果主要目标是提高品牌知名度，可以考虑将较大比例的预算分配给信息流广告或全站智投，以在更广泛的范围内增加曝光量。同时，可以预留一部分预算用于 KOL 合作或内容制作，通过高质量的内容吸引用户的关注和互动。

（2）销售转化。若目标是直接推动销售转化，则应将更多预算分配给搜索广告，因为这类广告能够精准触达有明确购买需求的用户。此外，可以考虑设置一定的预算用于优化商品详情页和购买流程，以提高用户的购买体验和转化率。

2. 依广告形式规划投放

（1）信息流广告。信息流广告适合品牌曝光和吸引潜在用户。应根据目标用户的特征和兴趣，设置合理的出价和定向标签，以实现广告的精准投放。分配预算时，可以根据预期曝光量和点击成本进行估算。

（2）搜索广告。搜索广告适合追求高转化率的品牌。通过关键词竞价和精准匹配，可以将广告展示给搜索相关关键词的用户。分配预算时，应重点考虑关键词的竞争程度和预期转化率。

（3）KOL 合作。选择与品牌定位相符的 KOL 进行深度合作，可以借助其影响力和粉丝基础提高品牌的知名度和信任度。分配预算时，需要考虑 KOL 的报价、合作形式（如视频、图文等）以及预期效果。

3. 借测试优化迭代策略

在广告投放初期，可以分配一定比例的预算用于 A/B 测试，以找出最有效的广告组合和投放策略。通过对比不同的广告形式、创意、出价等变量的效果，可以优化后续的投放策略。

同时，要实时监控广告数据，包括曝光量、点击率、转化率等关键指标。要根据数据反馈及时调整投放策略，如优化广告创意、调整出价、扩大或缩小定向范围等。

（三）预算与资源分配的灵活性与应急准备

在制定预算和资源分配策略时，还需要考虑灵活性和应急准备。

（1）灵活性。市场环境的变化和用户需求的波动要求企业在预算和资源分配上保持一定的灵活性。这意味着企业需要根据实际情况及时调整策略，以确保营销活动的持续性和有效性。

（2）应急预算。为了应对可能出现的市场变化或突发情况，预留一部分应急预算是必要的。这部分预算可以用于应对紧急情况，确保广告的持续投放效果，避免因突发事件导致的营销中断。

六、总结与优化

在活动结束后，要对整体营销效果进行总结评估，分析其成功之处和不足之处。根据评估结果，对策略进行优化调整，为下一次营销活动提供改进方向。以下为常用且可行的总结与优化方法。

1. 数据汇总与分析

数据汇总与分析主要包括对关键指标统计、用户行为分析、竞争对手对比等。

（1）关键指标统计。汇总营销活动期间的所有关键数据，包括但不限于笔记阅读量、点赞数、评论数、分享数、转化率、广告点击率、投资回报率等。

（2）用户行为分析。利用小红书的数据分析工具，深入了解用户的行为模式，包括他们的兴趣偏好、活跃时段、参与互动的类型等。

（3）竞争对手对比。分析竞争对手在小红书上的表现，了解他们的优势、劣势以及市场策略，为自身的优化提供参考。

2. 策略效果评估

策略效果评估涉及对营销活动成果的全面审视和量化分析，主要指标包括但不限于以下内容。

（1）目标达成度。评估营销活动是否达到了既定目标，如品牌知名度提升、用户增长、销售额增加等。

（2）内容效果。分析不同类型内容（图文、视频、直播等）的表现，识别出最受欢迎和最有效的内容形式。

（3）推广效率。评估广告投放、KOL 合作、社群运营等推广手段的效果，确定哪些策略带来了最高的投资回报率。

3. 问题识别与原因剖析

这一步骤对于发现营销活动中的不足之处、确定改进方向至关重要，可以从以下角度开展工作。

（1）识别表现不佳环节。识别出营销活动中的薄弱环节，如内容创作、用户互动、广告投放等。

（2）问题根源分析。深入剖析问题产生的原因，可能是内容不够吸引人、推广渠道选择不当、用户定位不准确等。

（3）经验教训总结。总结本次营销活动的经验教训，为未来的策略制定提供参考。

4. 优化策略制定

这一步骤旨在根据前期分析的结果，提出具体的改进措施，以提升营销活动的效果。以下是优化策略制定的基本内容。

（1）内容创新。基于用户反馈和市场趋势，制定新的内容创作方向，提高内容的吸引力和互动性。

（2）推广策略调整。根据推广效率评估结果，调整广告投放策略、KOL 合作计划以及社群运营方式，提高推广效率和投资回报率。

（3）预算与资源重新分配。根据策略效果评估和资源利用效率，重新分配预算和资源，确保资金投入最有效的营销环节。

5. 监测与评估

监测与评估机制能够帮助企业实时了解营销活动的效果，及时发现问题并进行调整，对于企业或品牌在小红书上的营销活动至关重要。监测与评估可以从以下方面进行。

（1）定期监测。建立定期的数据监测机制，确保能够及时发现策略执行中的问题并进行调整。

（2）效果评估。设定明确的评估标准和时间节点，对优化后的策略进行效果评估，确保改进措施的有效性。

（3）持续改进。基于监测和评估结果，不断调整和优化营销策略，形成持续改进的闭环。

通过总结与优化，企业或品牌能够全面评估营销活动的效果，识别问题并制定针对性的优化策略，从而确保在小红书上的营销活动能够持续高效运行，实现品牌增长和市场份额提升。

 **归纳与提高**

本章介绍了小红书的用户群体、营销价值、营销工具、运营策略、营销策略等内容，其中重点梳理了小红书的运营策略和营销工具的运用技巧等，可帮助我们掌握小红书的运行机制，学会利用小红书进行营销。

 **综合练习题**

一、单项选择题

1. 小红书是一款以分享什么内容为主的社交电商平台？（　　）
  A. 新闻资讯　　　　　　　　　　　B. 生活方式、时尚美妆、健康养生等
  C. 科技产品　　　　　　　　　　　D. 学术论文

2. 在小红书上，哪种行为可能会导致笔记被限流？（　　）
  A. 发布高质量的原创内容　　　　　B. 频繁删除笔记
  C. 与用户积极互动　　　　　　　　D. 遵守平台规则

3. 在小红书上，什么类型的标题更容易吸引用户点击？（　　）
  A. 冗长且复杂的标题
  B. 简短但缺乏亮点的标题
  C. 提问式或数字式等具有吸引力的标题
  D. 与内容无关的标题

4. 在小红书"养号"期间，以下哪些行为是推荐的？（　　）
  A. 频繁发布广告内容　　　　　　　B. 搜索关键词并浏览相关内容
  C. 忽视与用户的互动　　　　　　　D. 发布低质量的笔记

5. 在小红书上发布笔记时，以下哪个做法是不建议的？（　　）
  A. 发布后频繁修改或重新发布　　　B. 提前规划好内容并精心制作
  C. 保持内容的原创性和垂直性　　　D. 利用平台工具提升笔记的曝光度

二、多项选择题

1. 小红书作为一个社交电商平台，其营销优势包括哪些？（　　）
  A. 精准的用户画像和定位　　　　　B. 强大的内容推荐算法
  C. 丰富的用户互动和社区氛围　　　D. 高效的广告投放和转化机制

2. 在小红书上进行内容营销时，以下哪些策略是有效的？（　　）
   A. 精准定位目标用户，了解他们的需求和兴趣
   B. 制作高质量、有创意的图文或视频内容
   C. 频繁发布广告性质的内容，提高曝光率
   D. 与用户积极互动，回复评论和私信
3. 在小红书上进行广告投放时，以下哪些因素会影响广告效果？（　　）
   A. 广告内容的质量和创意　　　　　B. 广告的投放时间和频次
   C. 目标用户的精准度和覆盖范围　　D. 广告主的品牌知名度和口碑
4. 小红书的营销活动中，以下哪些方式可以提高用户的参与度？（　　）
   A. 举办线上抽奖或互动活动　　　　B. 发布有奖问答或挑战活动
   C. 邀请用户参与产品试用或评测　　D. 提供专属优惠或礼品给用户
5. 小红书的营销活动中，以下哪些方式可以提高转化率？（　　）
   A. 提供具有吸引力的优惠或促销活动
   B. 优化产品或服务的描述和展示方式
   C. 加强与用户的沟通和互动，解答疑问
   D. 频繁发布营销广告，提高曝光率

三、判断题

1. 小红书不仅支持图文分享，还支持视频内容的发布，用户可以在平台上发布短视频或长视频。
（　　）

2. 小红书的推荐算法主要基于用户的兴趣和行为数据，发布时间不影响推荐结果。
（　　）

3. 在小红书上，用户可以通过点赞、收藏、评论等方式与内容进行互动，这些互动行为是小红书社区的重要组成部分，有助于提升内容的曝光度和用户的参与度。（　　）

4. 小红书的用户画像主要包括用户的年龄、性别、地域等基本信息，但这些信息对品牌更精准地定位目标用户、制定更有效的营销策略影响不大。（　　）

5. 小红书禁止任何形式的广告推广，以保持平台的纯净性。（　　）

四、简答题

1. 请简述在小红书上进行内容营销时，如何制定一个有效的内容策略来吸引并留住目标用户。
2. 小红书上的 KOL 营销有哪些优势？品牌在选择与 KOL 合作时应考虑哪些因素？

五、实训题

品牌在进行小红书营销时，如何构建有效的用户画像，以便更精准地定位目标用户？请举例说明。

第七章　短视频+直播营销与运营

【学习目标】

知识目标： 了解短视频和直播的特点；了解"短视频+直播"的优势和变现方式；了解主流短视频与直播平台的分类和特征；掌握短视频的种草策略；了解直播团队的角色构成及各自职责；掌握直播营销与运营的策略；了解短视频与直播数据复盘方法。

能力目标： 能够制定短视频与直播营销策略；能够进行短视频内容的发布与推广；能够组建直播营销团队；能够对直播间的运营数据进行简单复盘，识别关键指标和潜在问题；能够应对直播中的突发状况。

【导入案例】

"博物馆奇妙游"系列直播活动

2022年暑期，微信视频号发起"文博探秘——博物馆奇妙游"系列直播活动，近50家博物馆馆长带着300余件文物走进微信视频号，满足了大众对优质文化的极大需求。7月6日至7月11日，中国国家博物馆联合来自欧洲、非洲、美洲、大洋洲、亚洲的33家博物馆馆长共聚微信视频号，以"手拉手：共享世界文明之美"为主题，进行了全球博物馆珍藏展示在线接力，近150件世界级藏品轮番上场。这一系列活动还邀请了龙门石窟、云冈石窟、山西博物院、湖南博物院等一众国内各大研究院/博物馆馆长在微信视频号"开讲"，观众能够实时与馆长进行互动交流，提出自己的问题和疑惑。这种互动方式极大地提高了观众的参与度和满意度。

启发思考： 在这次活动中，直播对传统博物馆的参观模式有哪些突破？表现出哪些优势？

第一节　短视频与直播营销概述

2016年，短视频与直播作为新媒体内容崛起，成为互联网舞台上的璀璨双子星。这两种生动鲜活的媒介形态自诞生以来便迅猛发展，开创了内容创业的新纪元。随着智能手机、社交媒体、4G/5G、超高清视频、虚拟现实等技术的蓬勃发展，短视频与直播不断获得新的发展动力，并与各行各业深度融合，正深刻改变并持续影响着我们的生活环境与生活场景。在工作、生活、出行、娱乐、商务等领域，短视频与直播已成为"新媒体+"赋能实体产业与经济的重要基石。

一、认识短视频营销

短视频以其精练的内容、生动的视觉表现形式和强大的社交传播力，成为市场营销中极具吸引力的新载体。通过将市场营销策略与短视频创意相结合，企业能够以更加直观、有趣且富有互动性的方式，展示产品特点、传递品牌价值，从而有效吸引目标用户的关注，激发用户的购买兴趣，最终实现市场营销效果的最大化。这种融合不仅创新了营销手段，还为企业带来了更广阔的市场机遇。

1. 短视频及短视频营销的定义

短视频是一种在各种新媒体平台上播放的信息载体，由图像、声音、文字组成，时长通常在10秒至5分钟之间。短视频内容丰富，既可单独成片，也可成为系列栏目，适合用户在移动状态和碎片化时间观看。短视频继文本、图片和传统视频之后，能更直接、立体地满足用户表达、沟通的需求，以及用户间的展示与分享诉求。

短视频营销是指企业或个人通过制作和发布短视频，将产品、服务或品牌的信息传递给潜在用户，并通过短视频的传播和分享达到提升品牌知名度、推广销售的目的。这种营销方式结合了视频、音频和动画等多种元素，能够生动形象地展现产品的特点和优势，吸引用户的注意力。

想一想

美团外卖精心打造了一系列以"外卖小哥的一天"为主题的短视频，通过真实记录外卖小哥的工作日常，生动展现了他们的辛勤付出与不易，同时凸显了他们为客户带来的便捷服务。这一系列视频在情感层面深深地触动了用户，不仅强化了美团外卖的社会责任感形象，还有效提升了其品牌知名度和用户好感度。

请问： 美团外卖打造的"外卖小哥的一天"系列短视频是如何通过内容策划和呈现方式，在情感上引起用户共鸣，并增强品牌的社会责任感形象的？

2. 短视频营销的优势

短视频以其高度吸引力、适应快节奏生活、易于社交分享、互动性强以及低成本高效益等特点，成为品牌进行营销的重要手段。通过短视频营销，品牌可以迅速提升其知名度和影响力，以吸引更多潜在用户关注并转化为实际购买者。短视频营销的优势具体包括以下几点。

（1）视觉冲击力强。短视频凭借其卓越的视觉效果，展现出强大的视觉冲击力，能够迅速吸引用户的注意力，使用户沉浸其中，有效增强用户的黏性。同时，这种引人入胜的视觉效果也会极大地激发用户的消费意愿，使短视频成为促进用户参与和消费的有力工具。

（2）时间短、效果好。短视频以其几十秒甚至更短的时间长度，完美契合了现代人的快速浏览习惯。它能够在极短的时间内迅速吸引用户的注意力，有效传达信息，实现高效沟通。这种时间短、效果好的特点，使短视频成为当今信息传播的重要工具。

示例

郭继承抖音号：知识盛宴，社交分享新力量

郭继承，中国政法大学马克思主义学院副教授，其在抖音平台上拥有众多粉丝，是一位颇具影响力的知识传播者。他以教育授课为主，内容涵盖"阳明心学及其智慧"等主题，其抖音账号下的合集"郭继承讲中西文化对比"尤为热门。

他的视频内容深刻且多样，围绕中西文化对比、人生哲学、道德修养等话题展开，观点鲜明、论述深入，能够引发用户共鸣，促使用户在社交媒体上分享和传播，从而进一步扩大了其知识传播的影响力，展现了短视频在社交分享方面的巨大潜力。

（3）可接触性强。短视频凭借其可随时随地通过手机观看的特点，极大地增加了用户接触产品的机会。这种便捷性不仅让用户能够轻松地获取产品信息，还能够促进消费决策的迅速形成，为营销带来新机遇。

（4）具备社交分享特性。短视频因其易于在社交平台上分享的特性，展现出极快的传播速度，显著提升了曝光率。这一优势使短视频成为营销领域的宠儿，它能够迅速扩大营销信息的影响范围，提升品牌知名度，为营销活动带来更大的成功机会。

二、认识直播营销

短视频以简短、精练的内容形式在短时间内迅速吸引了大量用户的关注。但受限于时长，它难以充分满足用户对于深度内容以及即时互动的需求。在这一背景下，直播应运而生，它承接了短视频的吸引力，同时借助实时互动和更丰富的内容形式，为用户带来了沉浸式的体验，也为品牌打开了全新的营销窗口。从短视频到直播，不仅是内容形式的拓展，更是对用户需求的深刻洞察与响应。

1. 直播及直播营销的定义

直播是利用互联网和流媒体技术实时传输音视频内容的活动，即用户在移动终端或 PC 端通过直播软件进行实时拍摄与呈现，供大家在平台观看。直播形式多样，具有实时互动性、场景真实性、内容娱乐性等特点，能实现用户与主播的双向交流。

直播营销则是充分利用直播平台进行产品推广和销售。通过实时展示产品、互动问答以及赠品促销等多种手段，直播营销能够吸引大量用户观看并积极参与，进而提升用户的购买意愿。这种营销方式以直播平台为载体，打破了传统营销的时空限制，实现了商家与用户的实时互动，极大地提升了营销效果和用户参与度，为产品销售开辟了新的渠道。

 示例

> 蜜雪冰城通过其官方直播间，不仅积极推广产品，还与用户进行实时互动，回答关于产品特性、品牌理念等多方面的问题。蜜雪冰城这种实时互动的方式不仅显著增强了用户的参与感和满意度，进一步塑造了积极的品牌形象，还成功拉近了与用户的距离，增强了用户的信任感和忠诚度，有效促进了产品的销售。

2. 直播营销的特点

（1）即时性。直播内容是实时发生的，用户可以即时观看并参与互动。这种即时性使直播营销具有极高的时效性和现场感，用户能够第一时间了解产品或服务的最新动态，同时也可以通过弹幕、评论等方式实时表达自己的看法和疑问，与主播或其他用户进行即时的交流和互动。

（2）互动性。直播时，主播与用户可以实时交流，这种互动性极大地增强了用户的参与感和黏性。主播可以通过提问、答疑、抽奖等方式与用户进行互动，引导用户参与讨论和分享，从而加深用户对品牌或产品的认知和记忆。同时，用户也可以通过互动获得更多的信息和优惠，提升购买意愿和忠诚度。

（3）真实性。直播内容未经剪辑和加工，真实地展现了产品或服务的使用场景和效果。这种真实性使直播营销更具可信度和说服力。用户可以通过直播直观地看到产品或服务的实际使用效果，了解产品的优点和缺点，从而做出更明智的购买决策。

（4）营销形式多样。直播营销形式多样，包括产品介绍、试用体验、互动问答和限时折扣等多种形式。多样化的营销形式使得直播营销更加灵活和有趣，能够满足不同用户的需求。通过产品介绍和试用体验，用户可以更深入地了解产品和服务的特点和优势；通过互动问答，可以实时解答用户疑问和困惑；通过限时折扣等促销活动，用户可以获得更多的优惠和福利。多样化的营销形式可以提升用户的购买意愿，进而提升销售转化率。

 示例

林氏家居的沙漠挑战与地铁列车展示

家居品牌林氏家居为了展示其产品的品质和耐用性，发起了一系列沉浸式体验活动。

一是沙漠挑战。林氏家居将主推款产品放到腾格里沙漠深处，接受高温差的极端环境考验，并通过直播展示产品在恶劣环境下的表现，为用户提供身临其境的沉浸式体验。

二是地铁列车展示。林氏家居在郑州打造了一辆品牌列车，在地铁车厢内饰融入沙漠场景，并用真皮的材质包裹栏杆、扶手杆等，让消费者在乘坐地铁时就能感受到产品的质感和品质。

这些沉浸式体验活动不仅增强了用户对产品的认知和兴趣，还激发了他们的购买欲望，有效提升了销售转化率。

三、"短视频+直播"的整合运营策略

"短视频+直播"整合运营的思路充分利用了短视频的快速吸引力和直播的深度互动优势，能够形成互补效应。短视频用于快速吸引流量，突出产品亮点，为直播预热；直播则通过实时互动、详细展示和解答疑问，深化用户认知，促进转化。两者相结合，既扩大了品牌曝光，又增强了用户黏性和购买意愿，可实现营销效果的最大化。

"短视频+直播"的整合运营通过合理的内容策划、平台选择与运用、用户运营与维护以及数据分析与优化等具体策略，利用"短视频+直播"的媒体融合优势来实现更好的营销效果和用户体验。整合运营策略的具体内容如下。

1. 内容互补与联动

"短视频+直播"整合运营的内容策划，旨在通过短视频和直播两种形式的互补优势，提升内容的吸引力和传播效果，进而实现用户增长和商业变现。

（1）确定目标用户。要确定"短视频+直播"的目标用户，需深入了解用户，构建用户画像，并据此制定符合其需求的内容策略。

（2）选题策划。运营者进行"短视频+直播"的选题策划时，需紧密结合热点话题、节日活动或品牌特性，深入分析目标用户的兴趣与需求，选择具有吸引力并能引起共鸣的话题与素材。同时，运营者还应注重内容的创新性与差异性，确保选题既贴合潮流，又凸显品牌特色，有效吸引并留住目标用户。

（3）内容制作。运营者进行"短视频+直播"内容策划和制作时，需注重两者内容的互补性，既要确保主题、风格上的一致性，又要突出各自的特色。短视频应精练有趣，吸引用户关注；直播则要深入展开，提供丰富信息。两者相辅相成，共同构建完整的内容生态。

示例

在传统电商增长放缓的背景下，飞科电器决定在抖音平台加大投入力度，通过短视频和直播构建新的内容生态。具体做法是制作短小精悍、趣味横生的短视频，以快速吸引用户注意力，提高品牌曝光度；另外，利用直播形式详细介绍产品的功能、使用方法等，解答用户疑问，提供丰富的购买信息。两者相辅相成，共同推动销售增长，使飞科电器的抖音电商业务快速成为该品牌新的增长点。

2. 短视频引流+直播转化

"短视频引流+直播转化"是一种高效的营销策略。通过制作精练的短视频吸引用户关注，激发他们的兴趣，并将用户引导至直播间。在直播间里，主播与用户再进行深度互动，详细展示产品的特点和使用效果，解答用户的疑问，消除他们的购买顾虑。同时，利用直播间的即时性和互动性，营造紧迫感和购买氛围，提升用户购买意愿。这种策略能为品牌和产品创造更多曝光机会，为用户提供丰富、便捷和有趣的购物体验。

3. 直播预告+短视频回顾

"直播预告+短视频回顾"也是一种行之有效的营销策略。通过制作短视频，预告即将进行的直

播活动，展示其亮点和吸引力，以此激发用户的兴趣，并引导他们设置开播提醒。直播结束后，再制作短视频回顾直播中的精彩片段、重点内容和优惠信息，以此吸引更多用户的关注，进一步扩大传播范围。同时，回顾短视频也可以作为对之前直播活动的补充，提醒用户直播中的优惠和亮点，从而促进用户的复购行为。这种策略可以有效提升直播活动的曝光度和影响力，同时也可为用户提供更加完善和便捷的购物体验。

案例 7.1

现象级热点《黑神话：悟空》

2024 年 8 月，正式上线的首部国产 3A 游戏大作《黑神话：悟空》，热度持续攀升，成为平台现象级的话题。其在短视频引流与直播转化方面表现出色。

在短视频引流方面，《黑神话：悟空》团队通过制作高质量的游戏预告片、幕后制作花絮等短视频内容，在抖音、B 站等平台上吸引了大量游戏爱好者的关注。这些短视频不仅展示了游戏的精美画面和独特玩法，还通过话题标签、挑战赛等形式激发了用户的参与热情，有效引导用户关注游戏官方账号并预约直播活动。

在直播转化方面，《黑神话：悟空》团队邀请知名游戏主播进行试玩直播，通过主播的实时互动和深入讲解，让用户更直观地了解游戏特色，提升购买意愿。同时，该团队还在直播间设置专属优惠、限量礼品等福利，进一步刺激用户转化与购买。高权威游戏媒体和社区的数据显示，《黑神话：悟空》通过短视频引流与直播转化策略，成功吸引了数百万潜在玩家的关注，为游戏的正式发售奠定了坚实基础。

启发思考： 分析《黑神话：悟空》在短视频引流与直播转化方面的成功要素，并探讨这些成功要素如何共同促进了游戏的品牌曝光与用户转化。

4. 跨平台整合营销

跨平台整合营销推广策略是将短视频与直播内容整合至多个社交平台，如抖音、快手、微博等，从而进行多渠道的传播与推广，以覆盖更广泛的用户群体。同时，根据不同平台的用户特征、使用习惯以及流量优势，制定差异化的营销策略。例如，针对年轻用户活跃的平台，可以推出更加时尚、有趣的内容；而在专业用户聚集的平台，则可以注重产品的专业性和详细解读。通过这样的差异化策略，可以最大化地实现内容的曝光与用户转化，提升品牌的影响力和市场份额。

示例

喜茶与芬迪的联名活动

2023 年 5 月，喜茶与高端时尚品牌芬迪携手推出了以"喜悦黄"为主题的新品及联名周边，并通过抖音、微博、小红书等社交平台进行广泛宣传，巧妙运用色彩营销吸引用户关注。同时，喜茶还精心策划线下活动，邀请明星和网红助阵，极大地提升了活动的曝光度和话题性。

此次联名活动成效显著，联名周边迅速售罄。喜茶凭借跨平台整合营销策略，不仅成功提升了品牌形象，还吸引了更多高端用户群体。此次合作不仅为喜茶带来了积极影响，也助力芬迪进一步拓展了市场，实现了双方的互利共赢。

第二节　短视频与直播平台的选择

短视频与直播平台不仅推动了内容创作生态的繁荣，还深化了内容与电商的融合，为内容创作者与商家提供了广阔的发展空间。在选择平台时，抖音、快手、小红书、B 站、微信视频号这五大平台成为关键考量，它们特色鲜明，为内容创作者与商家提供了丰富的选择与广大的发展空间。

一、认识主流平台

要想在短视频与直播领域取得成功，选择适合的平台至关重要。不同的平台会因其不同的生态及商业形态，会直接影响创作者的内容曝光、粉丝互动和变现情况。创作者与商家要在掌握平台特性的基础上，根据自己的情况进行选择，既要适应平台的规则，还要发挥优势，顺势而为。

1. 平台内容创作生态

随着媒体技术的不断发展和用户需求的不断变化，平台内容创作生态也呈现出新的特点和趋势。

（1）抖音。抖音的内容创作生态以短视频为主，内容涵盖了音乐、舞蹈、美食、旅行等多个领域，强调个性化和创意性，鼓励用户展示自我，形成了丰富多样的内容创作生态。其基于用户兴趣的消费链路已经基本形成，用户可以通过直播、短视频等形式观看内容、下单转化，并在线下打卡消费。

> **示例**
>
> 抖音陆续联合少年儿童出版社、故宫博物院、中国科学技术协会、南开大学文学院等机构，推出"十万个为什么"系列短视频、"抖来云逛馆"计划、《科创中国·院士开讲》栏目、短视频版《唐诗三百首》等精品知识内容，为青少年提供优质的学习资源。

（2）快手。快手的内容创作生态同样丰富多样，除了短视频外，还包括直播、小剧场等多种形式，涵盖搞笑、才艺、美食等多元内容，强调真实、接地气的生活分享。在非遗传承方面，快手为非遗创作者提供了展示和传承的平台，吸引了大量的年轻用户。

> **示例**
>
> 快手致力于体育内容生态建设，并取得了显著进展，成为 2024 年巴黎奥运会的特权转播商。为了给用户带来更加丰富的观赛体验，快手充分利用其技术优势不断创新，实现场景深度融合。在奥运会期间，快手提供了全面的赛事直播内容，同时还推出了多样化的衍生节目，满足了用户多元化的观赛需求。

（3）小红书。小红书的内容创作生态以图文和短视频为主，分享时尚、美妆、生活方式等内容，内容定位明确，强调实用性和购物指南性质，为用户提供了有价值的内容。

（4）B站。B站的内容创作生态以PUGC（专业用户生成内容）为主，涵盖ACG（动画、漫画、游戏）等领域，同时也在不断扩大其他领域的内容。其推出的"视频创作激励年度计划"为创作者提供了更多的支持和机会，促进了内容生态的繁荣发展。此外，独特的弹幕评论系统也增加了用户互动，提升了用户的观看体验。

（5）微信视频号。微信视频号的内容创作生态以短视频和直播为主要形式，涵盖了多个领域。其平台生态的全面完善和服务商体系的规范化为创作者提供了更好的创作环境和更多的商业机会。

2. 平台商业化形势

在商业化浪潮中，短剧与虚拟主播已成为内容营销的重要关注点，品牌定制短剧能够与用户建立起深度且持久的连接，AI技术则为营销带来了无限可能。在电商领域，作品带货与直播带货成为电商新趋势，品牌自播更是呈现出强劲的发展势头。

（1）抖音。电商营销和广告合作是抖音的核心商业化手段，为其带来了丰厚的收益。在营销策略上，抖音采用了全域兴趣电商策略，即一种结合用户兴趣与全场景购物需求的电商模式，通过短视频、直播、商城等多种场域协同，满足用户多元化、个性化的消费需求，提升购物体验与转化率。这一策略不仅极大地丰富了用户的购物选择，提升了用户体验，同时也为商家创造了更多的商业机会，有力地推动了平台的商业化进程，实现了平台与商家的互利共赢。

（2）快手。快手的商业化模式以电商直播为核心，同时积极与品牌合作进行广告推广，这为创作者提供了多样的商业变现机会，实现了收益的多元化增长。其用户为先的战略和全域流量协同增长策略，为商家提供了优质的服务和支持，进一步促进了平台的商业化发展。

（3）小红书。社交电商是小红书主要的商业化模式，用户可直接在平台上购买商品。通过社交电商的方式，小红书实现了较高的转化率。其多元化变现策略的实施，如与品牌合作推出联名商品和独家优惠等促进销售的策略，为用户提供了更多的盈利机会。

 示例

多元化变现：华为Mate Pro"小红书种草计划"

华为 MatePad Pro 是华为推出的一款高端平板电脑。2024 年春节期间，华为 MatePad Pro 在小红书推出"种草计划"，利用节日消费旺季和用户高活跃度，提升产品知名度和销量。活动策略包括：用户可在小红书笔记中直接购买 MatePad Pro，并生成专属购买链接；邀请科技博主等 KOL 分享使用心得，增强产品信任感；设置"晒单返现"活动，鼓励用户分享使用体验并添加话题标签（如#MatePad Pro 种草）。这次活动成果显著：MatePad Pro 销量同比增长 50%，相关笔记曝光量达 2 000 万次，华为品牌旗舰店粉丝增长 15 万。通过此次"种草计划"，华为不仅提升了 MatePad Pro 的市场竞争力，还进一步巩固了其在高端平板电脑市场的地位。

（4）B 站。B 站的商业化手段主要围绕广告、会员和游戏展开，这为其带来了稳定的收益。特别是 B 站推出的"视频创作激励年度计划"，不仅为创作者提供了更多的收益机会，也极大地推动了平台的商业化进程，形成了良好的商业化生态。

（5）微信视频号。微信视频号的商业化模式主要以电商直播和广告合作为主，这两种方式为其带来了显著的收益增长。其完善的平台生态和规范的服务商体系为商家提供了一个良好的商业环境。品牌在微信视频号中快速增长，品牌 GMV[①]占比达到 15%，这充分彰显了品牌对平台的认可和信任，也进一步推动了微信视频号的商业化发展。

课堂讨论

目前，消费者获取美妆产品、医美产品等颜值产品信息的渠道呈现出多样化的特点。人民数据研究院 2023 年整理的数据显示，社交媒体以其交互性强、传播范围广和形式多样灵活的特点，成为消费者获取此类产品信息的主要阵地，占比超六成。其中，微信作为重要的社交工具，占比达 31%。朋友圈、公众号、企业微信和小程序等成为医美产品消费群体了解、咨询服务的主要渠道，而美妆、口服美容产品消费群体则更偏爱于抖音、小红书等内容类社交媒体和电商网站/App。

对于颜值消费者而言，社交媒体不仅是他们获取品牌和产品信息的关键途径，更是他们进行购买决策时不可或缺的辅助工具，同时也是分享个人体验的在线社区。

如果你是一位美妆产品的经营者，你该如何运用不同的社交平台为你的产品账号引流？

二、选择平台

每个平台都有其独有的特点和优势，选择适合的平台是成功运营短视频和直播的关键环节。

（一）创作者如何选择平台

在多元化且竞争激烈的市场环境中，创作者在选择短视频与直播平台时需从多个维度综合考量，以找到适合自身发展的舞台。

---

① GMV（Gross Merchandise Volume）是电商行业中的一个常用术语，中文翻译为"商品交易总额"。它是指在一定时间段内，电商平台或商家通过交易活动所达成的商品销售总额，通常用于衡量电商平台的整体交易规模和市场表现。

1. 创作方向与平台的契合度

创作方向决定了作品的内容定位、目标用户以及长期的创作路径。确定创作方向时要考虑以下两个要素。

（1）内容与平台特色相契合。创作者在明确创作方向后，首要任务是要寻找与其创作方向高度匹配的平台。例如，因为其用户群体对美妆有着浓厚的兴趣，所以时尚美妆类内容应选择小红书、抖音等平台。

（2）精准定位目标用户。研究各平台的用户画像，确保目标用户与平台用户高度重合。创作者还需针对不同平台的特性调整其内容策略。例如，小红书注重经验分享，抖音偏爱潮流才艺，B站则推崇专业知识与深度内容。

🖥 示例

短视频助力多形式日常普法

短视频以其生动直观、易于传播的特点，正成为日常普法的新利器。通过创新法治内容传播形式，短视频使复杂的法律知识变得浅显易懂。线上专家如@罗翔说刑法，以幽默风趣的方式讲解刑法，深受用户喜爱。政务机构如@四平警事、@孝警阿特等，通过趣味短视频科普法律知识、展示执法现场，吸引了大量粉丝关注，成功实现了法治内容的破圈传播。短视频不仅增强了法治宣传的趣味性和互动性，还极大地提升了普法工作的覆盖面和影响力。

2. 内容商业变现潜力

内容商业变现是将内容创作转化为经济效益的过程，这个过程涉及多个方面，创作者在基于内容变现选择平台时，可以从以下两个方面考虑。

（1）变现模式多样性。创作者应优先考虑那些能提供多种变现模式的平台，如广告分成、电商变现、知识付费、会员订阅等。这样的平台能够给予创作者更大的灵活性，使其能够根据自己的内容特点和用户需求选择最适合的变现方式。例如，对于教育类创作者，知识付费可能是一个更好的选择；而对于时尚或美妆类创作者，电商变现则可能更具吸引力。

🖥 示例

"微微不好惹"与短剧电商

古麦嘉禾旗下的短剧达人"微微不好惹"在快手上通过发布职场爽剧内容吸引了超过500万粉丝。其短剧《我的男友有bug》累计播放量超过2.1亿，古麦嘉禾利用这些流量，通过电商平台销售相关产品，实现了电商变现。近年来，这种通过内容引流的电商模式越来越受到创作者的青睐。

（2）电商生态评估。对于计划开展电商业务的创作者而言，考察平台的电商环境是至关重要的，包括用户购买习惯、物流支持、售后服务等多个方面。创作者需要确保平台具有完善的电商生态系统，能够为自己的产品和服务提供足够的曝光和销售机会。同时，了解平台上成功的品牌案例，也可以帮助创作者更好地评估自己在该平台上的商业潜力和发展前景。

🖥 示例

玩美移动与AI染发试色

作为美容科技行业的领导者，玩美移动开发了使用AI的虚拟试色功能，允许用户在不实际尝试产品的情况下测试不同的发色。这一创新不仅减少了塑料浪费和运输碳足迹[①]，还通过提供独特的用户体验吸引了大量

---

① 运输碳足迹是指在产品、货物或人员的运输过程中所产生的温室气体排放量，特别是二氧化碳的排放量。这些排放主要来源于运输工具（如汽车、飞机、轮船等）所使用的燃料燃烧。运输碳足迹是衡量运输活动对环境影响的重要指标之一。

近年来，随着内容商业变现的不断发展，越来越多的平台开始注重提供多样化的变现模式和不断优化的电商环境。创作者在选择平台时除了要考虑上述因素外，还应关注平台的用户规模、活跃度、内容生态以及政策扶持等，以做出更加明智的选择。同时，创作者也要不断提升自己的内容创作能力和商业运营能力，以更好地适应不断变化的市场环境并实现可持续的商业变现。

3. 平台运营支持

平台运营支持是指为创作者的在线运营活动提供的全方位支持和服务，它能确保平台高效、稳定地运行，以充分满足创作者的需求，助力其实现商业目标。平台支持体系涵盖以下四个方面。

（1）流量扶持。了解平台是否对新入驻创作者提供流量扶持政策，以便创作者更快地积累粉丝，扩大个人或品牌的影响力。

（2）数据分析工具。评估平台是否提供数据分析工具，使创作者能够更好地洞察用户行为和内容表现，进而优化内容策略，提升内容的质量和吸引力。

（3）互动功能。考察平台的互动功能是否丰富，如点赞、评论、转发等，这些功能对于增加创作者与用户的互动，增强用户黏性和活跃度至关重要。

（4）创作者成长体系。了解平台是否构建了完善的创作者长期培养计划，包括专业培训、资源对接、社群支持等。完善的成长体系将有助于提升创作者的专业能力和影响力，实现个人和品牌的持续发展。

想一想

B 站 UP 主"才疏学浅的才浅"，因手工复原古代文物而走红。"才疏学浅的才浅"之所以选择 B 站，是因为：第一，B 站对新入驻创作者和潜力创作者有流量扶持政策，能帮助其快速积累粉丝；第二，B 站推出的数据分析工具能帮助其精准把握用户需求；第三，B 站还有丰富的互动功能，如弹幕、评论等，能帮助 UP 主增强用户黏性；第四，B 站更有针对 UP 主的专业培训、资源对接等成长体系，助力其在专业技能和影响力上实现双重提升。

请问：创作者在选择平台时，应如何评估平台的定位与自身内容的匹配度？匹配度对创作者的成功有何影响？

（二）品牌方和商家如何选择平台

品牌方和商家在选择短视频与直播平台时，在明确目标受众和业务目标的基础上需要考虑多个因素，以确保选择与自身业务目标相契合的平台。

示例

飞利浦与抖音的深度合作

飞利浦与抖音的深度合作成效显著。面对年轻、注重生活品质的消费群体，飞利浦明确目标，旨在提升品牌年轻化形象，增加与年轻消费者的互动，并促进产品销售。抖音平台以其年轻化的用户群体和高用户活跃度，与飞利浦的目标受众高度匹配，且内容生态丰富，适合进行场景化、情感化的品牌传播。通过场景营销、内容营销及与抖音达人的合作，飞利浦成功树立了年轻化、专业化的品牌形象，产品销量显著提升，用户互动和反馈积极。

1. 评估平台的特点

（1）用户规模和活跃度。选择拥有庞大用户基数和高活跃度的平台，可以确保品牌内容得到更广泛的传播和高效互动。例如，抖音和快手等平台拥有数亿活跃用户，适合广泛传播品牌内容。

（2）用户画像。了解平台的用户画像，确保与目标用户相匹配。例如，抖音的用户以年轻人为主，适合时尚、美妆等品类；快手则以三四线城市用户为主，适合大众消费品类。

（3）商业化能力。评估平台是否提供广告投放、产品销售等商业化手段，以及是否提供合作机会和资源支持。这将直接影响品牌的推广效果和盈利能力。

2. 考察平台的功能和工具

（1）直播功能。考虑平台是否支持高清视频直播、屏幕分享、实时互动等功能，以满足不同场景下的直播需求。

（2）数据分析工具。了解平台是否提供数据分析和报告功能，以便更好地了解用户画像、观看时长、互动情况等数据，为决策提供参考依据。

（3）营销工具。考察平台是否提供优惠券、红包、抽奖等营销工具，以提高用户的参与度和购买意愿。

3. 考虑成本预算

（1）价格结构。了解平台的价格结构和费用模型，确保选择符合自身预算并提供良好性价比的平台。

（2）投入产出比。评估在平台上投入的成本与预期收益之间的比例关系，确保投资能够带来良好的回报。

4. 参考成功案例和行业趋势

（1）成功案例借鉴。了解其他品牌在所选平台上的成功案例与经验教训，为自身选择提供有价值的参考依据。

（2）行业趋势跟踪。密切关注短视频和直播行业的最新发展趋势及新兴平台动态，以便及时调整策略，抓住市场机遇。

通过全面评估与比较不同平台的特点和优势，选择适合自身需求的平台，这有助于提升品牌方或商家的影响力和销售业绩。

案例 7.2

波司登与多平台的精准选择与合作

近年来，波司登为提升品牌的影响力与产品销量，在短视频与直播平台上进行了精准布局。通过对不同平台的用户规模、活跃度、用户画像及商业能力等的深入分析，波司登选择了用户基数大、活跃度高的抖音、快手作为主要合作平台。这两个平台不仅用户基数大、活跃度高，而且用户画像与波司登的目标用户也高度契合。

在合作策略上，波司登注重内容创新，通过发布一系列新品预告、产品展示以及时尚搭配等创意短视频，成功吸引了年轻用户的关注。同时，通过邀请知名 KOL 和明星进行产品推广和直播带货，波司登进一步提升了品牌曝光度和销量。此外，波司登充分利用平台的直播带货功能，提供沉浸式购物体验，并结合限时优惠、赠品等促销手段，有效提升了购买转化率。波司登还积极参与社区互动，回应用户的反馈，增强了用户黏性和品牌忠诚度。这一策略不仅带来了粉丝量和互动量的持续增长，还显著提升了产品销量，进一步巩固和提升了波司登在年轻消费群体中的品牌形象。

启发思考：（1）波司登在选择短视频与直播平台时考虑了哪些关键因素？它们是如何影响波司登的最终平台选择决策的？（2）波司登在不同平台上的营销策略有何异同？这些差异是如何基于平台特性和用户画像产生的？

第三节　短视频的种草策略

短视频种草是互联网平台上流行的一种营销方式。它主要通过短视频内容来介绍、展示和推荐各种产品，以激发用户的购买欲，并直接引导他们进行购买。这种短视频形式在我国互联网文化中尤为盛行，尤其是在抖音、快手、微博等社交媒体平台上。

一、种草短视频的内容策略

短视频内容运营需制定高效科学的策略，避免随性而为，否则直播间营销难以成体系，甚至还可能损害账号原有的人气和调性。短视频内容创作需有完整的策略，包括内容、封面、文案及主题策划，以提升曝光度、增加互动数据，最终促进直播间转化。

（一）种草短视频的内容策划

种草短视频的内容策划是一个综合性的过程，需要基于直播主题和产品特性，充分考虑目标用户的具体需求和兴趣点，并在此基础上进行创意构思、运用视听元素以及互动沟通等，打造出具有吸引力和影响力的短视频内容。

1. 需求分析

进行种草短视频的内容策划，首先要在全面了解目标用户的年龄、性别、消费习惯、兴趣爱好等多维度信息的基础上，深入洞察其兴趣与需求痛点，为即将创作的短视频内容能够准确地触达目标用户并有效吸引他们的注意力奠定基础。

2. 创意构思

种草短视频的内容设计需独特、有趣，并与目标用户紧密相关。短视频内容可以通过多种方式实现，例如，生动展示产品特点，让用户直观了解产品；制作详细的使用教程，提升用户的使用体验；创作情景剧，将产品巧妙地融入有趣的情景，增加娱乐性；设计趣味挑战，激发用户参与热情，提升直播吸引力。以下是进行短视频内容设计时的几个构思方向。

（1）融入独特元素。在预热短视频中融入独特的元素可以提升内容的吸引力和辨识度。可以将品牌或产品的独特卖点、深厚的文化元素以及创意点融入视频中，使其在众多预热内容中脱颖而出。这样的差异化策略能够吸引更多用户的关注，为后续的直播或推广活动吸引更多的目标用户。

（2）悬念与互动。在预热短视频中巧妙地设置悬念或提出引人入胜的问题，引导用户进行互动和猜测，这是提升用户参与度的重要手段。可以预告直播中将揭晓的神秘内容或特别福利，激发用户的好奇心，使其产生进一步了解的冲动。这样的策略能有效吸引用户关注，为直播预热。

（3）知识分享与文化解读。制作短视频内容时，除了直接展示产品，还可以融入知识分享与文化解读等元素。通过趣味性的知识讲解和深入的文化背景剖析，不仅能够丰富视频内容，还能提升其价值感，吸引更多用户的兴趣。这样的短视频策略旨在打造更具吸引力的内容体验。

🖼 示例

2024 年，"e 见阿坝"短视频挑战赛在预热阶段成效显著。主办方发布了一系列知识分享与文化解读的预热视频，不仅展示了阿坝州的自然风光和人文历史，还深入解读了当地藏族、羌族的文化和民俗风情，让用户在欣赏美景的同时感受到浓厚的文化底蕴。这种预热方式丰富了视频内容，提升了其价值感，为后续挑战赛奠定了一定的用户基础。

3. 突出卖点

在种草短视频中，突出产品的核心卖点和直播的亮点是至关重要的。这意味着要简而有力地传达出产品的独特价值，让用户在短时间内就能明确产品能为他们带来的好处。同时，也要巧妙地展示直播的特别之处，比如独特的优惠、限时抢购、与知名嘉宾互动等，以此吸引用户的注意力，激发他们的参与兴趣，为直播活动积累人气。

即学即练

练习要求：对"视频结构"部分进行解析，总结出爆文公式。（提示：在短视频领域，爆文公式被用于指导如何制作出吸引人的短视频内容，通常包括如何选题、如何构建内容、如何引发情感共鸣、如何设计结尾等要素。）

1. 标题

"老丁的工具大变身！师傅亲测海信激光电视 D9H #工具的魅力 #男人的快乐源泉 #科技护眼新体验"

2. 视频结构

（1）开头部分：生活化场景与伏笔铺设。视频以家庭安装电视的场景开篇，展现家庭成员对新电视的期待和好奇，同时巧妙地将老丁的工具作为背景元素，为后续的剧情埋下伏笔。

（2）中间部分：剧情串联与产品卖点展示。剧情自然发展，师傅登场并使用老丁的工具进行电视安装。在安装过程中，师傅对海信激光电视 D9H 的画质、音质、护眼功能等卖点进行亲身体验和点评。

（3）高潮部分：冲突引爆与情感共鸣。在安装过程中，师傅遇到了一些小挑战（如空间限制、工具不匹配等），但通过巧妙运用海信激光电视 D9H 的特性和功能，最终成功解决问题。这一过程构成视频的高能剧情，引发了用户的情感共鸣。

（4）结尾部分：动画特效与爽快收尾。在高潮部分之后，使用动画特效展示海信激光电视 D9H 的更多精彩瞬间和使用场景，以爽快的方式收尾，给用户留下了深刻印象。

（二）种草短视频的制作

制作种草短视频涉及创意构思、拍摄准备、拍摄执行、后期编辑以及发布推广等多个环节。通过不断优化各个环节的细节，可以制作出具有吸引力和感染力的种草短视频，激发用户的购买欲并提高品牌知名度。制作种草短视频时要注意以下几点。

（1）高质量制作。制作种草短视频时要确保画面清晰、音质优良、剪辑流畅，以全方位提升用户体验。因此，在拍摄时要精心考虑光线与构图，选用高质量的录音、录像设备，同时在后期剪辑中精心打磨每一环节，力求呈现一个既吸引目光又彰显专业水准的短视频作品，为用户带来卓越观感。

（2）视觉吸引力。首先，充分运用色彩搭配、巧妙构图以及吸引用户的特效等视觉元素，以增强视频的视觉冲击力。其次，通过精心设计的画面迅速吸引用户的注意力，使他们在观看过程中保持浓厚的兴趣。这样的视觉呈现方式有助于提升短视频的吸引力，促进内容的传播。

（3）文案与配乐。在制作种草短视频时，编写精练有力的文案至关重要。同时，搭配合适的背景音乐或音效，能够进一步增强视频的情感共鸣和感染力。将文案与音乐巧妙地结合起来，可以让短视频更加生动有趣，能够激发用户的共鸣，提升他们对产品的兴趣和购买意愿。

示例

　　自从来自美国的奢侈美妆品牌 HOURGLASS 带火了唇蜜后，国货美妆品牌也纷纷推出唇蜜系列。然而，唇蜜虽美，其不成膜又易沾杯的缺点成为消费者需要被迫接受的事实。因此，唇蜜品类营销几乎集中于以色号动人。而小众国货美妆品牌 Girlcut 发布的一条种草视频，仅用 87 秒的科普内容就迅速与同品类产品拉开距离。

　　视频中，Girlcut 品牌以抖音视频常用的网感配音形式，将自家唇蜜与市面上其他唇蜜有何不同、为何不同细细道来，通过将产品配方、成膜原理、使用方法、创新思考等毫无保留地公之于众，让品牌"可以成膜的唇蜜"这一差异化卖点有据可循，既有说服力又有诚意。不少用户被这条视频打动，纷纷点赞、收藏、转发。在同时期同类产品的官方视频甚至达人商业合作视频中，该条视频的传播和反馈数据均名列前茅。Girlcut 的种草视频从原理切入，用理性和真诚收获了消费者的信任。

二、种草短视频的预热策略

短视频预热策略是指在正式直播或推广活动之前，通过一系列精心设计的短视频内容，提前引起目标用户的关注和兴趣，为后续的直播或推广活动打下良好基础的过程。这种策略充分利用了短视频平台的传播力和互动性，有助于提升品牌或产品的知名度和影响力。种草短视频的预热策略包括发布与推广、互动与预热两个环节。

（一）发布与推广

种草短视频的发布与推广直接决定了视频能否被目标用户广泛看到并产生预期的影响，这需要综合考虑平台选择、视频上传、标签与话题、封面与缩略图等多个方面。同时，通过付费推广、社交媒体联动、KOL/网红合作等方式扩大传播范围，并积极与用户互动以优化推广效果。

1. 确定推广目标

在发布种草短视频之前，首要任务是要明确推广目标，这是制定有效预热策略的基础。推广目标可以是提升品牌知名度、推广特定产品、增强账号影响力等多个维度。

2. 制定发布渠道策略

发布种草短视频时，制定一个全面且科学的发布渠道策略至关重要。该策略需综合考虑目标用户的特点、各平台特性、多渠道发布策略、内容优化与平台的适配性，以及基于数据分析的持续优化等多个核心要素。

此外，还要充分利用私域流量渠道进行预热。私域流量的导入不仅能增加用户对直播的关注度和参与度，还能促进口碑传播，通过粉丝的分享与推荐进一步提升直播的影响力与种草效果，实现营销价值的最大化。

> **示例**
>
> Mistine（蜜丝婷），作为泰国知名的彩妆品牌，自 2021 年起便精准定位"Z 世代"市场，并制定了具有针对性的营销策略。该品牌在抖音平台实施视频种草与直播带货并行的策略，大幅提升了品牌的知名度和销售额。Mistine 之所以选择抖音作为主战场，是因为其拥有高度活跃的年轻用户群体，这与 Mistine 品牌的目标用户相契合。大促节点前，该品牌增加了视频发布数量和直播带货场次，有效转化内容消费流量为电商流量。私域流量的导入进一步助力，提升了直播效果，实现了品牌的快速成长。

3. 优化发布时间

发布种草短视频时，需根据平台用户活跃时间和直播时间安排，精心选择发布时机，以确保短视频在直播前能够获得最大的曝光量。这意味着要深入了解目标用户的在线习惯，选择用户最活跃的时间段发布视频，从而有效提升视频的触达率和影响力。

4. 利用平台功能

发布种草短视频时，要充分利用平台提供的标签、话题、推荐算法等功能。通过精准选择标签和话题，以及优化内容以符合推荐算法，可以显著提高视频的搜索排名和曝光度，从而让内容更精准、更有效地触达目标用户。

（1）添加热门话题标签。分析短视频平台的热门话题或挑战活动，精心选择与内容相关且高热度的标签，将其添加到预热短视频中。这样做不仅有助于视频在相关话题下获得更多的展示机会，还能吸引对这些话题感兴趣的用户点击观看，从而助力预热短视频迅速升温，扩大影响力。

（2）优化封面与标题。优化封面与标题是吸引用户点击观看预热短视频的关键步骤。封面应清晰、具有吸引力，能够瞬间抓住用户的眼球，激发他们的好奇心。同时，标题的撰写也至关重要，要确保标题简洁明了，突出视频的主题或亮点，让用户一眼就能明白视频的内容和价值。通过精心设计的封面和吸引人的标题，可以有效提升预热短视频的点击率，为种草视频的播出奠定良好基础。

示例

完美日记作为国货美妆领军品牌，在抖音平台上精准利用平台功能，实现了品牌曝光度和销售额的双重飞跃。完美日记紧跟抖音热门话题和挑战活动，如"美妆种草挑战""变美秘籍"等，巧妙添加相关标签，使短视频在话题下获得更多展示，吸引了潜在用户点击观看。

同时，完美日记注重封面与标题的优化，以清晰、吸引人的封面和简洁明了的标题提高了视频点击率。这一策略不仅显著提升了品牌的知名度和美誉度，更带动了产品销售实现快速增长。

（二）互动与预热

种草短视频的互动与预热对于提升视频传播效果和营销价值具有至关重要的作用。通过精心设计的互动环节和有效的预热策略，能够吸引更多用户的关注和参与，进而提升产品的知名度和销量。

（1）引导关注与预约机制。在直播种草短视频中，要明确引导用户关注主播或品牌账号，并设置便捷的预约入口，以便用户能够轻松预约即将进行的直播活动。使用吸引人的引导语，突出预约入口的设计，可以激发用户的兴趣，提升用户对直播内容的期待值和参与度，促使其主动关注并参与直播。

（2）创意互动环节设计。在直播种草短视频中，应巧妙设置提问、投票、抽奖等互动环节，以提升用户的参与感和期待感。通过这些互动方式，鼓励用户积极留言和分享，从而增加他们对直播内容的关注度和兴趣。同时，这些互动环节还能帮助主播或品牌深入了解用户的需求和偏好，从而为直播活动做出更精准的预热和准备，确保直播内容更加贴近用户的实际需求。

（3）社群预热与凝聚力提升。在直播种草短视频的预热阶段，充分利用社交媒体群组、粉丝群等社群资源，提前分享短视频内容，并预告即将进行的直播活动。这种预热方式不仅让用户提前了解了直播内容，激发他们的兴趣和期待，同时还能增强社群的凝聚力和归属感，促进社群成员之间的互动与分享，以进一步扩大直播的影响力，形成口碑传播效应，为直播活动的成功举办创造有利条件。

案例 7.3

与辉同行·山西行

"与辉同行·山西行"是与辉同行团队一次成功的营销实践。他们将短视频预热与直播带货巧妙结合，极大地提升了山西景点的知名度和影响力，并成功带动了山西特色商品的销售。

在预热阶段，团队精心策划了一系列直播预告短视频，提前发布直播预告与亮点，详细介绍了直播的精彩内容，成功激发了用户的兴趣和关注。同时，他们充分利用短视频平台的算法推荐机制，通过精准定位目标用户和添加热门话题、标签等手段，显著扩大了预热短视频的曝光范围，吸引了更多潜在用户的关注。在内容创新上，团队更是下足了功夫，不仅介绍山西的特色商品和直播福利，还巧妙融入了知识分享、文化解读等丰富元素，使视频内容更富有趣味性和价值感，让用户在享受娱乐的同时也能收获知识。

直播活动中，山西的特色商品备受瞩目，销售额屡创新高。此次活动不仅为山西文旅品牌形象和特色商品市场影响力的提升做出了积极贡献，也进一步巩固了与辉同行在直播带货领域的领先地位，展现了他们强大的市场号召力和影响力。

启发思考： 如何创新短视频内容以吸引更多用户关注直播活动？

三、种草短视频的数据分析与优化

种草短视频的数据分析与优化是提升视频效果、吸引用户关注并促进产品销售的关键环节。通过深入分析用户行为数据，不断优化短视频的内容和推广策略，可实现精准营销，从而最大化地提升种草短视频的营销效果，进而提升品牌影响力和用户转化率。种草短视频的数据分析与优化是一个持续迭代的过程，需要不断收集监测数据、分析评估数据、制定优化策略并评估效果。

（1）精细监测数据指标。在直播种草短视频的推广过程中，要充分利用平台数据分析工具，实时监测播放量、点赞量、评论量、分享量等关键数据指标。通过深入分析这些数据，可了解用户对内容的喜好和反应，从而及时调整和优化短视频内容与推广策略。例如，针对播放量低的情况，可以优化标题和封面设计，或调整发布时间以提高曝光度；对于评论量高的视频，应积极回应用户，增强用户黏性。

（2）深入分析用户反馈。积极收集并分析用户对短视频内容的反馈意见和需求信息，包括用户对内容的喜好、偏好、改进建议等。通过深入挖掘这些反馈信息，可以更准确地把握用户的需求和期望，为后续的直播内容和策略调整提供有力依据。这种以用户为中心的优化方式，有助于提升直播内容的质量，更好地满足用户需求，从而实现直播活动的长期成功。

（3）全面优化策略执行。根据数据分析结果和用户反馈情况，可及时调整和优化种草短视频的内容形式、发布时间和互动环节等方面的策略。在内容形式上要不断创新，尝试新的呈现方式和元素，以保持内容的新鲜感和吸引力。在发布时间上要选择用户活跃的时间段进行发布，以提高视频的曝光度和观看率。在互动环节上要增设有趣的互动，如问答、抽奖等，以提高用户的参与度。通过这些优化措施，可以显著提高短视频的吸引力和传播效果，为直播活动打下坚实的基础。

> ### 📖 示例
>
> **空调消费者的决策周期较长，需提前两个月"蓄水"**
>
> 海信空调在抖音平台大家电的品类结构与趋势背景下，被定位为 2023 年"双 11"的重点潜力类目。然而，空调品类面临着消费者决策周期长的挑战。为了提升转化效率，海信空调计划通过合理的"人货场"策略布局来应对。
>
>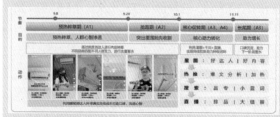
>
> 针对空调消费者决策周期较长的特点，海信空调决定提前两个月开始"蓄水"，充分准备。结合深入的消费者人群洞察，品牌制定了"种草+转化"的营销闭环策略。首先，通过与优质达人合作，创作并发布具有吸引力的短视频内容进行种草，激发消费者的购买兴趣。其次，利用星图、千川以及直播等营销工具，实现持续的拉新和助力种草与收割的闭环，进一步推动转化效率的提升。
>
> 通过这一策略的实施，海信空调在抖音平台上实现了品牌曝光与销量的双重增长，为"双 11"大促活动打下了坚实的基础。

第四节　直播营销与运营

直播营销与运营是当前数字化时代中非常重要且活跃的商业活动模式。直播营销通过直播平台向用户展示产品、服务或品牌信息，以达到推广、销售和品牌建设的目的。直播营销的价值主要体现在提升产品展示效果、增强互动性、提升转化率、塑造品牌形象等方面。

一、直播的人、货、场策略

营销的本质在于连接商品与用户，其核心连接方式便是构建消费场景。简而言之，商品即"货"，用户即"人"，消费场景即"场"，这三者构成了营销的三要素。直播营销作为新兴的营销方式，并未脱离"人、货、场"这一基本框架，而是对其进行了有效的重构，使之更加贴合用户的购物体验。因此，直播营销被视为一种新型高效的商业模式，其具体表现如下。

（一）人：直播营销的核心

传统的营销方式以"货"为核心，围绕"场"进行布局，即用户需要到特定的"场"中购买"货"，并由销售人员提供服务。然而，直播营销颠覆了这一传统模式，将"人"置于中心位置，围绕"人"来布局"货"和"场"，实现了营销模式的创新与升级。

在直播营销中，"人"的要素包含两个核心：用户和主播。用户是直播营销的核心要素，他们的互动与购买行为直接关乎营销成果。在明确了直播目标与目标用户的基础上，主播的营销能力就成为影响用户行为的关键因素。对主播的考评不仅基于其影响力、名气和粉丝量，更在于其是否能深入洞察用户的需求，精准选品，与供应商有效谈判以获取价低且吸引力强的福利，以及能否通过直观、生动的讲解降低用户消费决策成本。

打造成功的直播营销，仅仅依靠主播个人的努力是不够的，往往还需要一个在主播背后出谋划策及支撑整体运营的直播团队。一个完整的直播团队涵盖了多个关键角色，包括操盘手、主播、运营、助播、短视频运营（编导）、投流手、组品专员、助理以及后勤团队等。每个角色都拥有专业的定位和作用，他们紧密协作，共同推动直播营销的成功。这种团队协作的模式，使直播营销能够更加精准地满足用户需求，提升用户体验，从而实现更好的营销效果。

1. 直播团队

直播团队是一个高度协同的集体，他们共同致力于打造高质量的直播内容，以吸引并留住用户，进而促进产品销售或品牌传播。这个团队由多个成员组成，每个成员都扮演着不可或缺的角色。

（1）操盘手。操盘手是整场直播，尤其是大型营销活动的核心舵手，负责全面统筹与协调。直播前，操盘手需制定清晰的运营策略，涵盖货品、内容、投放、节奏及突发情况应对，预设解决方案。直播后，操盘手进行深入复盘，分析亮点与增长点，力求主播事业精细化、专业化发展，推动直播事业不断前行。

（2）主播。主播作为直播间的主要出镜和售卖人员，不仅负责维系直播间气氛、提升粉丝留存和转化，还需配合完成日常账号人设搭建和短视频拍摄。在直播方面，主播需参与测品选品、熟悉直播脚本及商品卖点，与操盘手协同策划整场直播，并对直播间的最终销售额和转化率负责。

（3）运营。运营在直播中主要负责货品的上架与下架，需确保节奏与主播的讲解保持一致。若与主播配合不默契，易导致货品上下架时节奏（商品链接）出错。鉴于运营岗位对能力要求相对较低，但默契配合又至关重要，因此操盘手在专场操盘时，为保持与主播的默契，一般不会随意更换运营人员。

（4）助播。助播的主要职责是协助主播顺利完成直播流程，熟悉并掌握直播脚本，深入了解商品和讲品框架，以有效协助主播促成用户成交。通过分担主播的部分工作，助播能够节省主播在直播间的精力，确保主播保持良好的心态。

（5）短视频运营（编导）。短视频运营是直播团队中不可或缺的角色，负责短视频的策划、编写、拍摄、剪辑及发布等全流程工作。无论是预热视频还是直播切片视频的制作，都需要短视频运营的深度参与和贡献。

（6）投流手。投流手是直播团队中的关键角色，主要负责直播前和直播阶段的商业化投流工作。他们需要实时关注直播间的数据变化和主播状态，灵活调整投流策略和动作，以确保直播间在大型营销活动期间能够保持高流量和优异的 ROI 表现。

（7）组品专员。组品专员的核心职责是对直播间的货品进行科学合理的排序与组合。同时，他们还需根据货盘情况及时补充缺失的货品，确保直播过程中不会出现缺货或 SKU[①]过少等问题，以

---

① SKU（Stock Keeping Unit）即存货单位，每个 SKU 代表一个特定的商品，包括其尺寸、颜色、款式、配置等所有特征。

保障直播销售的顺利进行。

（8）助理。在直播过程中，助理的职责包括核对商品、确认优惠信息，实时掌握销售额及订单数等。此外，助理还需在场外通过画外音或文字形式，对主播提及的商品或优惠信息进行补充，并及时提醒主播发放福利及优惠券，以确保直播流程的顺畅进行。

（9）后勤团队。后勤团队在直播中扮演着至关重要的角色，他们负责确保直播间的基础环节不出现问题，如解决 Wi-Fi、电力等问题，及时补充样品、展示板等物料，以及提供饮用水等，为团队成员在长时间的直播中提供坚实的后盾，确保他们无后顾之忧。

另外，操盘手在协助主播开展大型营销活动时，须根据主播现有的团队人员结构进行人员补充，确保团队在大型营销活动的直播中能够各司其职，实现直播效率的最大化。

请根据你对直播团队各角色的理解，设计一个模拟的直播营销活动方案。该方案应涵盖团队构成、各角色职责分配、直播流程规划以及预期目标设定。请确保你的方案能够充分体现各个角色在直播营销中的协同作用，并具有可操作性和可执行性。

2. 直播中的数字人

数字人是运用数字技术创造出来的、与人类形象接近的数字化人物。数字人在娱乐、教育、电商、金融、政务等多个领域都有广泛的应用前景。例如，在电商领域，数字人可以作为虚拟主播进行商品推荐和促销活动；在教育领域，数字人可以作为虚拟教师为学生提供个性化的教学服务。

随着技术的发展，数字人这一创新元素被引入直播营销。数字人作为虚拟主播或角色，能够在直播平台上进行实时表演、互动，甚至进行商品推荐、知识分享等活动，可以进一步丰富直播内容，丰富用户体验。数字人不仅拥有高度拟真的外表，还具备丰富的动作、声音和情感表达能力，并与真实主播形成互补，共同推动直播营销的创新与发展。数字人的加入，为直播营销带来了更多的可能性和想象空间。

直播中的数字人可以根据不同的维度进行分类。例如，根据任务图形资源的维度，可分为 2D 和 3D 两大类；根据商业和功能维度，可分为内容/IP 型、功能服务型和虚拟分身等。

示例

京东数字人春节持续直播

2024 年春节期间，京东云言犀数字人入驻多家品牌直播间，覆盖多品类商品，累计带货 GMV 超 4 000 万元，闲时转化率（即衡量在非高峰时段即"闲时"内，用户从访问到完成购买行为的转化效率的指标，反映了品牌或商家在低流量时段内的运营效率和用户触达能力）提升超 30%，展现出强大的带货能力。言犀数字人凭借 24 小时超长待机、低成本高效益等优势，有效填补了品牌商春节直播空白。在黄金珠宝、3C 数码等热门品类中，言犀数字人成交转化率显著，助力品牌商实现龙年"开门红"。

（二）货：直播营销的核心商品

"货"在直播间中指的是所销售的商品。与传统营销方式"先有货，货找人"不同，直播营销要求主播首先从用户角度出发进行"选货"（即"选品"），随后整合供应链并制定优惠价格。最后，主播在直播间充分展示"货"，引导用户产生购买行为。在这一系列的营销环节中，选品对直播营销的效果起着决定性作用。

1. 组品策略

直播的本质是比拼"组货"能力与"风险把控"能力。若要实现直播的突破，关键点就在于"货"。优质的组品策略是直播转化的关键因素之一。当前存在四类主要的组品策略，企业可根据实际情况灵活组合运用。

（1）以主播熟悉的品类和货品为主。直播所处的行业以及上架的货品通常都是主播所熟悉的领域，同时也是主播账号吸引并积累粉丝的主要原因。基于这一出发点，主播应持续深耕这一类目，熟悉并掌握各种直播营销技巧，以便未来能够得心应手地拓展其他类目。

（2）选择差异化程度较高的货品。货品基本盘的供应是直播中的一大核心要素。品牌方和主播需要针对用户需求制订货盘供应计划，包括每次直播前的测选品、直播中的清库存以及直播后的售后服务等环节。在这些环节中，提炼货品卖点、选择区别于同行业的货品差异点，为用户做出消费决策提供关键保障，显得尤为重要。

（3）依据 Top 热销货品组成商品架构。热销货品能够满足直播账号垂直受众的需求。操盘手需要分析主播过往的 Top 热销货品，并据此构建包含福利款、利润款和爆款的商品架构，以更好地贴合直播间用户的消费需求。

（4）在直播货盘基础上适当补充货品。在直播货盘（通常指直播带货的货品清单或组合）的基础上，征得主播同意后，适当补充货品能为直播间应对突发情况提供保障。例如，当过品节奏过快无法满足多数粉丝需求，或者投放预算有限需要福利款吸引流量时，适当补充货品或启用备用货品都是非常有效的解决方案。

示例

"青萝衣"套装组合销售策略成功减轻了用户的穿搭顾虑

某直播间的主打商品为"青萝衣"双面穿新中式国风外套，该外套采用盘扣设计，复古、宽松且甜美，面料含30%桑蚕丝和70%合成纤维，售价为469元，销售额预估在100万元至250万元。其直播间的推广策略如下。

一是引流视频场景化：通过搭配油纸伞、折扇等元素，巧妙构建消费场景，有效唤醒用户的消费欲望。

二是打消购买疑虑：在商品页面的显著位置标注"七天试用"和"退换免运费"等关键信息，有效缓解了用户的购买顾虑。

三是组合销售便捷化：直播间同步推广与外套搭配的半身裙和项链，让用户能够一键购买整套搭配，显著节省了他们在搭配时耗费的时间和精力成本。

2. 排品策略

货品的运营策略不仅包括选品和测品的规划，一场井然有序的直播更离不开优质的排品策略。通过对不同的货品进行分层，可以利用福利款和引流款来积攒流量并获得曝光，同时借助利润款和主推款来打造爆品。根据直播间的整体运营节奏，精心打造出排品策略，旨在用最小的流量成本获得最大的销售转化。

（1）货品分层。直播开始时，可以先上福利款，给用户留下货品便宜且抢手的印象，从而烘托直播间货品质优价廉的氛围。在直播过程中，也可按节奏上架福利款，保持用户的活跃度和参与度。引流款是吸引自然流量下单的重要手段，需上架性价比高的货品，以提升用户的消费体验。同时，品类间需有衔接，此时推款可以起到承上启下的作用。主推款作为盈利的主要来源和重点推广商品，需高频或长时讲解，可穿插在福利款和引流款中间上架，以确保用户充分了解。

（2）排品逻辑。在直播过程中，每一小时内所上架的商品品类应保持相对稳定，不宜频繁跳跃，同时要确保针对的用户人群也相对稳定，以维护直播间用户群体的稳定性。为了更好地配合小时品类榜的标签定位，每小时内上架的商品应聚焦于同一品类，这样有助于平台算法更准确地识别主播的销售意图，从而实现精准的人群、标签、流量的匹配。当需要转换到跨度较大的不同品类时，应巧妙地引入衔接品类，或通过丰富多样的话术来吸引用户，以此延长用户的停留时间，保持直播间的活跃度。

星露洁通过阶梯式组货吸引用户在直播间下单

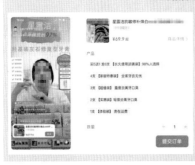

星露洁是一款专研美白的牙膏品牌。在星露洁的直播间内，以三大亮点带动转化。第一，直击痛点。通过讲解如何解决牙齿酸敏等问题，吸引用户在直播间停留。第二，明显价差。通过阶梯式组货凸显高性价比，吸引快速转化。第三，售后无忧。强调30天无理由退款，打消消费者的顾虑，促进直播间快速成交。

值得一提的是，直播间的商品组成中也有巧思，星露洁通过阶梯式的商品价差，打造了适用于多种选择的组合，通过买得越多越划算的方式拉动用户囤货。

（三）场：直播营销的场景与氛围

直播营销中的"场"指的是直播的场地及其所营造的氛围和环境，它是直播营销中一个重要的组成部分，对直播效果和用户体验有着直接的影响。具体来说，"场"包括以下几个方面的内容。

1. 直播场地的选择与布置

直播场地可以是公域直播平台提供的虚拟直播间，也可以是企业自有的实体直播间。选择哪种场地，取决于品牌的需求、预算以及目标用户的偏好。

直播间的布置需要根据商品特点、品牌形象以及用户体验来进行设计。例如，背景墙、灯光、摄像设备、展示台等都需要精心布置，以营造出专业、舒适、吸引人的直播环境。

2. 直播氛围的营造

直播氛围的营造是直播营销的核心环节，它涵盖了营销场、背景场和氛围场等三个方面。

（1）营销场。营销场主要关注直播间如何构建并强化用户的购买心智，通过设定特定的直播主题、优惠活动、限时抢购等方式，有效激发用户的购买欲。

（2）背景场。背景场是用户直观感受到的直播间环境，包括场地规划、商品摆放、视觉元素等，它们共同构成了直播间的背景，会对用户的观看体验和购买决策产生重要影响。

（3）氛围场。氛围场注重直播间的互动元素，如公屏互动、自定义福袋、红包、场控和助理的配合话术、直播间飘屏和用户的夸赞、好评等。这些元素能够显著增强直播的活跃度，提升用户的参与感和归属感，从而营造出一个充满活力和吸引力的直播氛围。

3. 技术与设备的支持

技术与设备的支持是直播营销顺利进行的重要保障。高质量的摄像设备能够确保直播画面的清晰度和稳定性，为用户提供流畅、细腻的观看体验。同时，合适的灯光布置也是至关重要的，它能够突出商品的特点，营造出舒适且富有吸引力的观看氛围。此外，稳定的网络连接更是直播顺利进行的基础，它能够有效避免因网络卡顿而影响用户体验的情况，确保直播的连贯性和稳定性。

雅诗兰黛在直播营销方面表现出色，近三年尤其注重"场"策略的运用。雅诗兰黛精心选择与企业形象和商品定位相符的直播场地，注重整体设计与布置。其直播间的背景墙采用品牌标志性颜色和图案，配备专业灯光和摄像设备，确保画面清晰稳定。

直播中，雅诗兰黛设定特定主题和优惠活动，如"护肤秘籍分享""限时抢购"等，激发消费者的购买欲。同时，该品牌注重互动，通过设置公屏互动、发放福袋和红包等活跃氛围。而在技术与设备方面，雅诗兰黛使用高质量的摄像设备，专业布置灯光，确保稳定的网络连接，为消费者提供了良好的观看体验。

二、直播执行策略

直播执行策略需要从前期准备、直播过程到后期跟进等三个环节进行全面规划和实施。通过精细化的执行策略，可以确保直播活动顺利进行并达到预期效果。下面重点围绕直播执行中的直播内容策略和直播节奏策略进行阐述。

（一）直播内容策略

直播内容策略直接关系到直播的吸引力和效果，需要对直播的主题和内容进行精心策划，确保内容有趣、有价值且与用户兴趣相符。直播时可以通过产品演示、故事讲述、专家访谈等方式传达品牌信息和价值。

1. 打造卖点

在直播营销中，比起单调、死板的卖点话术，赋予品牌和产品文化与内涵才是留住用户的关键。用户往往无法拒绝一个有趣、有灵魂的品牌和产品。通过创造生动有趣的卖点内容，让品牌和产品"活"起来，主播不再是冷冰冰地推销，而是用丰富的内容真正"拉"动用户，让他们主动了解和接受卖点。

在直播中，主播不仅要讲"活"产品，展示其独特魅力和价值，还要讲好品牌故事，传递品牌的文化和理念。通过这样的方式，主播可以成为用户眼中的权威专家，甚至成为他们追求的生活方式的代表。这样的直播营销才能真正打动用户，让他们产生购买行为，并与品牌和产品产生深厚的情感连接。

📟 示例

> 容声冰箱通过深入洞察冰箱类目市场，发现消费者对"超薄零嵌、大容量"等特性尤为关注，并将其作为选购的重要考量。同时，消费者对"结霜、缝隙"等问题也表现出较高敏感度，这些问题直接影响了消费者的使用体验和满意度。基于此，容声冰箱确定将"超薄、嵌入"作为主打沟通卖点，旨在满足消费者对美观、实用冰箱的需求。

2. 构建人设

在营销中，构建人设是指为了提升主播的吸引力、专业性和辨识度，而对其形象、性格、专业能力、行为模式、价值观等方面进行的一系列精心设计和规划活动。构建人设需要明确主播的内容人设和电商人设。为了构建内容人设，可以通过回答"我是谁？""面对谁？""我能提供什么？""解决他们什么问题？"这四个问题来进行深入的内容规划。同时，通过对直播间的买家和用户画像进行细致分析，可以更准确地确定电商人设的方向，从而帮助主播实现从内容创作者向电商销售者的顺利转变。

企业通过树立主播独特的 IP 形象，不仅能够找到更明确的直播方向，还能使直播内容更具吸引力和价值。主播 IP 人设类型多样，包括励志类，他们重情义、真诚且充满爱心，用共同的价值观和情感连接用户；专家类，他们拥有专业机构或身份的背书，专业性强且难以被复制；达人类，他们在特定领域有深入研究，虽无专业背书但具备一定公信力；惠销类，他们依靠性价比吸引用户，通常背靠货源地或强大的供应链；企业家类，作为企业代言人，他们给用户带来被尊重和厚待的感觉。

📟 示例

> 蜜雪冰城通过其活泼可爱的雪王形象成功地打造了独特的品牌 IP。雪王不仅作为品牌形象代言人出现在各种宣传材料中，还通过一系列有趣的短视频和互动活动与用户建立了深厚的情感连接。这种独特的 IP 形象让蜜雪冰城从众多饮品品牌中脱颖而出，提升了品牌的吸引力和价值。

3. 促进共情

促进共情，是指与直播间的用户形成情感连接，这是直播营销中的核心策略之一。为了与用户或潜在用户在心理上达到同频，进而促成交易，运用共情能力至关重要。随着直播行业的不断发展，具有高情感能量的个体逐渐聚合，形成了多样化的群体关系，如以主播为中心的"粉丝团"、以用户为中心的"家族"，以及以头部用户为中心的"土豪团"等。为了有效地打造情感连接，可以采取以下策略。

（1）共同难题策略。品牌应设身处地地将自己置于与用户同等的位置，深入理解和感受用户所面临的难题，从而与消费者形成共鸣，进而提供解决方案或产品。

（2）共同话题策略。积极寻找与用户的共同话题，这些话题可以是热点事件、流行文化等。在共同情绪的影响下介绍产品，通常能够更自然地激发用户的兴趣，拉近与用户的距离。

（3）共同爱好策略。从用户的爱好出发，设定特定的场景，将用户带入这个场景中，引发他们的共鸣。通过共同爱好这一桥梁，可以更轻松地建立情感连接，提升用户的参与度和忠诚度。

（4）共同人生节点策略。以某个人生节点为话题，如毕业、结婚、生子等，与用户形成共鸣。这些人生节点是用户生活中的重要时刻，品牌可以通过关注这些时刻，与用户建立更深的情感联系，从而增强品牌的认同感和归属感。

 示例

宝马MINI的"MINI Yours个性化定制服务"

宝马 MINI 虽然没有直接以某个人生节点为主题进行营销，但其"MINI Yours 个性化定制服务"却巧妙地触达了消费者在不同人生阶段对个性化、专属感的追求。无论是毕业后的第一辆车、结婚时的婚车，还是家庭添丁后的新座驾，消费者都可以通过 MINI Yours 服务，根据自己的喜好和需求定制专属的 MINI 车型。这种服务让消费者感受到品牌对他们人生重要时刻的关注和尊重，从而增强了品牌的认同感和归属感。

（二）直播节奏策略

直播节奏是直播过程中的核心要素，它关乎整个直播间的氛围和效率。为了打造一个成熟的、体系化的直播节奏，需要运用不同的工具和手段来辅助判断和调整直播的节奏和走向。这包括对直播间内容进行精心策划，控制讲解时长和商品上下架时间，以及准确把握互动和推品的时机等。以下是一些打造有效直播节奏的策略。

1. 直播节奏的核心原则

直播节奏的核心原则在于合理分配时间、加强互动与话术节奏控制、营造良好氛围与调节粉丝情绪，以及灵活调整策略与持续优化提升等方面。直播节奏应涵盖讲品节奏和货品上下架节奏；营销用户的时间有限，因此需将直播上品的节奏（讲品—上架—下架）优化至极致；遵循"辅品 1 分钟，主品 10 分钟"的原则，非主推商品无须过多讲解。

2. 根据成交转化率调整直播节奏

根据成交转化率调整直播节奏是直播营销的重要策略。主播及其团队需实时关注转化率变化，灵活调整直播内容。当商品成交转化率高时，表明用户兴趣浓厚，主播可适时安排返场或增加库存，满足更多用户的需求。若商品成交转化率低，则需迅速分析原因，调整讲解时间或果断过品，避免浪费直播时间，确保节奏紧凑有序，持续优化用户体验和销售效果。

3. 通过与粉丝实时互动调整直播节奏

在直播过程中，与粉丝的实时互动不仅能够增加直播的趣味性和参与感，还能帮助主播及时了解用户的需求和反馈，从而调整直播内容和节奏，确保直播活动更加贴近用户，以提升整体直播效果。粉丝与主播之间的实时互动方式多种多样，主要包括以下几种。

（1）评论互动。粉丝可以通过评论区发表自己的观点、提问或分享感受，主播则可以直接在直播间回复，形成即时互动。

（2）礼物互动。粉丝可以通过赠送礼物来表达对主播的支持和喜爱，主播可以根据礼物的数量和价值来感知粉丝的热情，并据此调整直播氛围和节奏。

（3）点赞互动。粉丝可以通过点赞来表达对直播内容的认可和喜爱，点赞数的高低可以直观反映直播间的活跃度和粉丝参与度，主播可以根据点赞数的变化来调整直播策略。

4. 丰富直播节奏的策略

丰富直播节奏的策略是多维度的，旨在通过多样化的内容和形式，提升用户的参与度和观看体验。主播在直播过程中应穿插"送福利"环节，提升用户的购物体验；可通过讲述选品故事或与商品相关的故事，增加与用户的互动和沟通；主播可与用户分享近况，适当放缓带货节奏，让用户和主播都能稍作休息。

总之，要打造好的直播节奏，需要主播及团队在核心原则的指导下，根据成交转化率和粉丝实时互动情况进行灵活调整，并运用丰富多样的直播策略来提升用户的购物体验和参与度。

案例7.4

吴越斋端午节大促

2023年端午节期间，吴越斋直播间主推嘉兴粽子，标价89.9～109.9元，预期销售额高达1 000万～2 500万元。为达成这一目标，吴越斋直播间精心策划了直播节奏策略。

直播初始，主播便详细展示了粽子的优质原材料，如新鲜糯米、精选五花肉等，迅速增强用户的购买信心。随后，主播适时推出"加量装""单一口味装"等商品链接，并配以"立减20元"的优惠券，凸显主推款的性价比，有效刺激用户下单。

整场直播中，主播不断强调运费险、七天无理由退货等消费者权益，打消用户购买疑虑，提升用户对直播间和品牌的好感度。这一系列紧凑而有序的直播节奏策略，助力吴越斋直播间在端午节大促中取得了显著的销售成果。

启发思考： 如何平衡直播节奏中的商品展示、优惠推广和消费者权益强调，以确保整体销售效果的最大化？请结合吴越斋直播间的具体策略进行分析。

三、直播流量投放策略

面对流量难题，直播营销者需采取双重策略：一是通过优质短视频内容提升自然流量，实现涨粉；二是善用电商平台的公域流量池，通过商业化投流将流量引入直播间及私域池。

目前，大部分电商平台已形成"公域有广度、私域有黏性、商域有闭环"的流量生态，直播营销者应持续实现"流量增长—留存—转化"的正循环，并认识到商业化投流并非只是在消耗，而是为流量和直播做加法。直播营销者只有把商业化投流运用得当，才有可能获得高成交转化率。

（一）直播投流内容

直播投流内容主要分为三种：短视频投流、直播间投流、"直播间+短视频"投流。短视频投流主要用于直播前预热；直播间投流则是在直播期间进行直投，曝光主播直播画面；"直播间+短视频"投流则是指同时投流直播间和精彩切片短视频。

（二）直播投流时间

直播投流时间分为直播前和直播中两个节点。直播前投流主要用于预热，直播中投流则用于持续加热，助力主播冲刺更高的GMV。

1. 直播前的投流策略

直播前的投流策略需要从明确目标用户、内容创意与制作、投放渠道与时间选择、精准定向与数据分析以及持续优化与调整等多方面入手，确保短视频能够精准触达潜在用户，提高直播间的曝光率和转化率。

（1）投流内容主题为预热短视频，建议在直播前3～5天多频率、多主题发布并进行投流，全力营造氛围和热度。

（2）让各视频进行"赛马"，根据前两个小时的播放率、点击率及完播率等数据，确定最受用户欢迎的视频进行重点投放，再根据后续流量进行加投或提前停止投放。

（3）直播活动前两天，加大爆款种草视频和福利视频的推送，尤其是种草视频，以最大化触达用户。

⊞ 示例

快手主播@毛毛

前期预热撬动私域流量：2023年"双11"大促期间，主播提前5天进行短视频预热，最终发布29条短视频，直播预约人数2万，撬动私域流量曝光135万。

短视频深度种草打造爆品：主播开播前对爆品持续种草，通过福利品引流之后对爆品深度讲解，开播中发布切片短视频增加爆品曝光，开播后发布挂车短视频保持爆品热度，Top1爆品GMV破150万元。

2. 直播中的投流策略

直播中的投流策略注重直播间直投与短视频作品投放的结合、灵活调整投流策略以及配合爆品节奏投流。通过这些策略的实施，可以更有效地提升直播间的流量和转化率，实现直播销售效益的最大化。

（1）直播间直投与短视频作品投放结合。①直投为主。以直播间直投为主要投放方式，因其能更迅速、直接地触达用户，尤其在直播环境中，时间紧迫，直投更显高效。②短视频辅助。辅以短视频作品投放，作为直播前的预热和引流手段。尽管短视频需要经过制作和审核，但其内容的多样性和吸引力能为直播间带来额外流量。③直播间氛围打造与封面策划。精心打造直播间氛围和策划封面，确保其具有足够吸引力，以有效吸引并留住用户。这是直投成功的关键。

（2）灵活调整投流策略。①实时关注数据。团队需实时关注投流的跑量数据，包括流量走势、转化率等，以便及时做出调整。②主播状态与人气趋势。根据主播状态与人气趋势灵活调整投流策略。若主播状态不佳或流量转化率低，应适时减少投流，确保投流效果与直播质量。③动态调整。投流是一个动态的过程，需根据直播的实际情况灵活调整策略，以应对各种变化。

（3）配合爆品节奏投流。①爆品时段高峰。推爆品时，确保直播间流量能达到一个时段的高峰，以提升整场直播的GMV。②预热与流量积累。在爆品上架前10分钟，加大流量投放力度，预留加热期，进行流量的酝酿和积累。③最大化销售潜力。确保在爆品上架时，直播间人气达到高潮，从而最大化发挥爆品的销售潜力。配合爆品节奏投流需要投流手与主播紧密合作，共同打造直播间的爆发时刻。

总之，优化直播流量投放策略，需从投流内容和投流时间两方面着手。在投流内容方面，要注重短视频的创新性与吸引力，确保其与直播内容紧密衔接，并强调"直播间+短视频"投流的时效性和关联性，以提升用户参与度和转化率。在投流时间方面，需精细管理短视频投流时间，利用数据监控和"赛马"机制确定最优策略，同时加大爆款种草视频和福利视频的推送，以最大化触达用户，实现流量的高效转化。

第五节　直播营销与运营复盘

通过有效的直播营销策略和精细化的运营复盘过程，可以不断提升直播效果和用户体验，从而在竞争激烈的直播市场中脱颖而出。

一、数据复盘

人们常说，电商直播靠实力说话，而数据就是实力的最好证明。每一场直播都会产生大量数据，需要关注的数据主要包括直播间运营、粉丝、货盘、流量等四大维度的数据。

1. 直播间运营维度的数据

直播间的 GMV 是衡量直播带货活动成效的核心指标，它综合反映了直播带货的总成交金额，包括实际付款和未付款的订单金额。对于直播运营者而言，首要关注的是各场直播的 GMV 表现，需要深入分析 GMV 的增长或下降趋势，特别关注近三个月内单场 GMV 的峰值，探究其背后的原因，识别推动 GMV 增长的积极因素以及需要改进的环节。

除了 GMV，直播间运营还需关注多维度数据，包括新增粉丝数、平均同时在线人数、成交订单量、成交人数、成交转化率、GPM（千次观看创造的销售额）、人均观看时长、成交粉丝占比、粉丝复购率、客件数、件单价以及客单价等，这些数据共同构成了直播间运营的全面评估数据体系。

在掌握所运营直播间的基本数据后，为进一步判断运营效果，还需与其他直播间进行对比。具体的操作方法是：选择至少三个同类型的直播间，按照相同的数据维度进行详细对比，明确本直播间在同类型直播间中的优势与劣势，以及差距最明显的数据点。例如，如果发现直播间的平均同时在线人数低于同类型直播间的平均值，那么直播运营者就需要着重解决直播间流量低、用户少的问题。通过这样的对比分析，可以更精准地定位问题，优化直播间的运营策略。

案例 7.5

GMV增长分析

某知名美妆品牌在抖音平台上的直播间，通过精细化运营和数据分析，实现了 GMV 的显著提升，并形成了稳定的粉丝群体和高转化率。以下是对该案例 GMV 的具体分析。

GMV 趋势监控：该品牌直播间持续关注每场直播的 GMV 表现，特别是近三个月内的单场 GMV 峰值。通过分析发现，某次直播活动的 GMV 达到了近期的新高，这主要得益于该次直播中的限时折扣、明星嘉宾助阵以及大量的预热宣传。

积极因素识别：进一步分析峰值背后的原因，团队识别出几个关键因素。一是选品精准，满足了粉丝的迫切需求；二是直播内容丰富有趣，增加了用户停留时间；三是互动环节设计巧妙，提升了用户参与度和购买意愿。

改进环节：团队注意到了需要改进的地方，如部分时段流量下滑明显，经分析发现是由于主播话术不够吸引人，导致用户流失。针对这一问题，团队加强了主播培训，优化了话术内容。

启发思考：如何结合 GMV 趋势监控与积极因素识别，制定并执行有效的直播间优化策略，同时针对发现的问题进行改进，以提升直播间的整体运营效果和销售额？

2. 直播间粉丝维度的数据

在电商平台公域与私域并存的环境下，直播运营的首要任务是涨粉，随后通过精心策划的营销活动，逐步引导粉丝从沉默状态转变为活跃状态，再进一步转化为新客户，并最终培养成为老客户。老客户的高复购率对于提升直播 GMV 具有至关重要的作用。可以说，粉丝的表现直接关系到直播间能否实现可持续发展。

针对直播间粉丝维度的数据，主要从以下几个方面进行深入分析。

（1）直播间用户构成分析。在深入剖析直播间的粉丝数据之前，首先要明确直播间当前的用户构成，这主要包括潜在客户（未关注但浏览或观看直播的用户）、沉默粉丝（已关注但尚未下单的用户）、新客户（首次在直播间下单的客户）、活跃粉丝（60天内有浏览、互动及下单行为的粉丝）以及老客户（180天内多次下单的粉丝）。

（2）直播间粉丝活跃度分析。粉丝活跃度是评估直播间粉丝价值的关键指标，需密切关注周期内粉丝数量的涨跌趋势，特别是大幅涨粉或减粉的时间节点，并深入分析其背后的原因。同时，还需关注各类粉丝的占比情况，以评估粉丝的黏性，并分析各类粉丝占比的变化是否会对直播间的整体人次和GMV表现产生影响。

（3）粉丝画像特征分析。直播间的粉丝画像对于确定选品方向和直播风格具有决定性作用。因此，深入了解粉丝的性别、年龄和地域分布等特征是直播营销中不可或缺的一环。例如，如果直播间的粉丝主要是30岁以上的女性且消费水平较高，那么就需要根据这一特征来调整选品策略，避免浪费粉丝群体的潜力。

（4）转化成交分析。关注直播用户的转化成交表现是优化直播营销效果的关键步骤，需密切关注"观看人数→商品点击人数→下单人数→支付人数"这一转化链条中各类用户人数的变化情况。

通过分析三个月内各场直播的这四类数据，可以筛选出转化成交最高和最低的直播场次，从而有针对性地找出直播间卖得好和卖得差的原因，并据此进行策略调整和优化。

💬 课堂讨论

试讨论：在"观看人数→商品点击人数→下单人数→支付人数"的转化链条中，你认为哪个环节最容易出现瓶颈？又应如何优化这一环节以提升整体转化率？

3. 直播间货盘维度的数据

直播间的核心竞争力在于其货品。通过对货盘进行深入分析，可以迅速识别出直播间的优势与劣势类目，以及与同类型直播间之间的差异。相较于流量、成交等环节，如果主播具备主动求变的意识，那么货盘是在后续直播中较容易进行优化的环节。

在货盘维度上，需要重点关注直播间的爆款数据，同时也要关注同类型直播间的爆款表现，以便进行全面对比。

为了更具体地分析，可以以三个月为周期，选出主播直播间GMV排名Top20的单品。针对这20件商品，依次列出其名称、GMV、货品类目、商品点击量、销量、成交转化率，以及该爆品在当场直播中的GMV占比等详细数据。

基于这些数据，可以进一步总结出优势类目，以及爆品GMV的平均水平（如10万元、50万元或100万元等），从而更全面地了解直播间的货盘特点。这样有助于主播更精准地把握市场趋势，优化货品策略，提升直播间的整体竞争力。

🖥 示例

快手达人可通过PC端—生意通—店铺—店铺经营，或移动端—达人工作台—达人店铺查看店铺的经营数据。具体操作步骤如下。

1. PC端操作：生意通—店铺—店铺经营

（1）登录生意通。打开浏览器，访问快手生意通官网，使用你的快手账号登录，确保已绑定生意通权限。

（2）进入店铺经营页面。在生意通首页，点击左侧菜单栏的"店铺"选项。在"店铺"模块下，选择"店铺经营"功能。

（3）查看经营数据。基础数据，展示店铺的整体经营情况，包括销售额、订单量、转化率等；流量数据，分析用户的流量来源（如直播、短视频、搜索等）及其分布；商品数据，显示热销商品、滞销商品及库存情况；用户画像，提供粉丝画像（如年龄、性别、地域分布）及用户行为分析。

（4）数据分析与优化。数据趋势，通过折线图或柱状图查看近 7 天、15 天或 30 天的经营数据趋势；异常预警，系统会自动识别数据异常（如销售额骤降），并提供优化建议。

2. 移动端操作：达人工作台—达人店铺

（1）登录快手 App。打开快手 App，确保已登录你的账号。

（2）进入达人工作台。在个人主页中，找到并点击"达人工作台"入口（通常位于底部菜单栏上）。在达人工作台中，选择"达人店铺"模块。

（3）查看经营数据。实时数据，展示当前直播或短视频的实时流量、转化率及销售额；历史数据，查看过去 7 天、15 天或 30 天的经营数据，包括销售额、订单量等；商品表现，显示热销商品及滞销商品的排名及数据详情；用户互动，分析用户的评论、点赞及分享行为。

（4）数据分析与优化。数据对比，支持不同时间段的数据对比，帮助发现经营趋势；优化建议，系统会根据数据表现提供优化建议（如调整直播节奏、优化选品策略等）。

4. 直播间流量维度的数据

在直播间，流量主要分为自然流量与商业化流量（付费流量）两大类。自然流量主要来源于主播的私域，如粉丝群、粉丝团、关注页，以及发现页的自然推荐，如直播间、短视频封面等。而付费流量则主要来自各个平台的推广渠道。

在分析主播的流量数据表现时，首先要关注的是自然流量与付费流量在直播间的占比，以及它们在周期内的数据趋势变化。如果自然流量占比在三个月内呈现上升趋势，则表明主播的私域活跃度有所提升，且短视频内容获得了较好的曝光；反之，如果占比降低，则可能意味着私域运营存在问题，内容运营也需进一步加强。

对于付费流量，需要特别关注 ROI 和 GPM 这两个关键数据。其中，GPM 是衡量直播间流量转化能力的重要指标。通过深入分析这些数据，可以更全面地了解主播的流量表现，并据此制定更有效的流量运营策略。

 即学即练

假设主播 A 投放了 1 万元付费流量，获得了 10 万次的累计直播间观看数和 3 万元 GMV。那么主播的 ROI 和 GPM 分别是多少？ROI 和 GPM 的主要区别是什么？

二、问题复盘

根据对直播各个环节的复盘，直播团队需要对直播时出现的问题进行归纳总结，并按照严重程度依次进行排序，并就主要问题给出优化建议和具体方案，用于直播团队对后期运营进行优化。直播复盘中发现的常规问题有以下几类。

（1）主播承接流量能力弱。主播作为直播间的核心角色，其表现直接决定了直播间的最终成效。若主播在带货能力上尚显稚嫩，便难以独当一面，撑不起直播间的氛围与节奏。例如，当新用户涌入直播间时，若主播不能迅速运用欢迎话术、福利品等策略有效引导用户互动和停留，便可能导致用户"秒进秒出"，造成流量资源的流失。因此，提升主播承接流量的能力，使其能够更好地吸引并留住用户，是直播间取得成功的关键。

（2）直播节奏出错。在直播过程中，主播的售卖节奏、过品节奏以及福利发放节奏等都是影响成交效率的关键因素。例如，如果主播在开播时不进行适当的寒暄和福利品推广，而是直接强行推销爆款商品，就很难有效留住用户。同样，如果主播的上款速度过快或过慢，都可能导致货品供应不足或货盘滞销的情况，从而影响整体的成交效果。因此，优化直播节奏，对于提升直播间的成交效率至关重要。

（3）选品排品策略失误。首先，货品品类丰富度的不足会让用户对为数不多的品类产生疲劳感，从而导致"高流量、低转化"的尴尬局面。此外，在排品环节，如果主播未能充分利用开播后前四小时的流量高峰期推出爆款商品，而是一味地推销引流品和福利品，将爆款商品安排在直播的后段，那么销售额很可能会远低于预期。因此，提升货品品类的丰富度并优化排品策略，对于提高直播间的转化率和提升销售额至关重要。

（4）投放预算不足。投流安排需要根据直播的实际情况灵活进行，如果未能在流量高峰或爆款商品时段持续增加预算进行投流吸引更多新用户成交，将导致投流效果不佳，影响直播间的整体表现。因此，提升投流安排的灵活性，根据实时流量情况灵活调整投流策略，是吸引新用户并提升直播间成交额的重要手段。

示例

快手达人可通过 PC 端快手小店"店铺—店铺运营"诊断是否完成对应的经营动作，或通过移动端达人工作台"达人店铺—经营诊断"快速判断店铺的经营问题。以下是具体操作步骤。

1. PC 端操作步骤

（1）登录快手小店后台。打开浏览器，访问快手小店的官方网站。使用你的账号登录，确保你已绑定快手小店权限。

（2）进入店铺管理页面。登录成功后，导航至"店铺"模块。通常位于顶部菜单栏或侧边栏。点击"店铺运营诊断"选项，进入诊断页面。

（3）查看经营诊断报告。在诊断页面，系统会自动分析你的店铺运营状况。报告会列出已完成和未完成的经营动作，例如商品发布、活动参与等。未完成的动作会有提示信息，指导你如何操作。

（4）完成未完成的经营动作：根据诊断报告的提示，逐一完成各项经营动作。完成后，返回诊断页面刷新，确认状态更新。

2. 移动端操作步骤

（1）打开快手 App。在手机上打开快手 App，确保已登录你的账号。

（2）进入达人工作台。在个人主页中找到并点击"达人工作台"入口。如果找不到，可以在搜索栏输入关键词查找。

（3）访问店铺管理界面。在达人工作台中，找到"达人店铺"选项。点击进入店铺管理界面。

（4）进行经营诊断。在店铺管理界面，找到"经营诊断"功能。点击后，系统会显示你的店铺运营状况。诊断结果会明确指出已完成和未完成的经营动作。

（5）完成未完成的动作。根据诊断结果，逐一完成各项任务。完成后，刷新诊断页面，确认更新。

（5）人员不足、分工不明确。团队安排的失误是直播运营中最不应发生的错误。许多突发情况的发生，往往缘于直播团队未能提前做好明确分工，或是存在一人多用的现象。在营销大场中，这种失误尤其容易导致运营混乱。因此，确保团队分工明确，避免一人多用，是预防突发情况、保障直播运营顺利进行的关键。

想一想

假设你是一名直播带货主播，即将进行一场为期两小时的家电产品直播。在直播前，你已经做好了充分的准备工作，包括熟悉产品特性、准备话术、测试直播设备等。然而，在直播进行到一半时，突然遇到了技术故障，导致直播画面卡顿严重，用户开始纷纷留言表示不满。

请问：此时，你应该如何迅速调整状态，应对这一突发情况，以保持直播的最佳状态？

（6）主播、团队、品牌方沟通不足。操盘手与主播在直播前的沟通不畅，往往会导致主播不配合、团队难以根据直播变化灵活调整策略等问题，进而造成直播卡壳、节奏混乱等状况。同样，如果主播、团队与品牌方之间缺乏有效沟通，直播中就会出现配合不默契、因价格问题产生矛盾等情况，这不仅会影响直播间的观感和粉丝体验，最终也会影响整体成交额。因此，加强沟通协作，确保各方在直播前和直播中保持紧密配合，是提升直播效果、实现销售目标的重要举措。

归纳与提高

本章介绍了短视频营销、直播营销以及"短视频+直播"整合运营的概念，目前主流短视频和直播平台的不同调性和商业营销模式，短视频的种草策略，直播营销与运营，直播复盘等内容。

本章重点探讨了短视频与直播营销，强调"短视频+直播"模式能使营销效果最大化。分析了主流平台的特性，指导创作者和品牌方根据需求和平台特点选择合适平台；讨论了短视频"种草"策略的全流程，包括内容策划、制作、预热和优化；同时，详细阐述了直播间营销管理，从人、货、场策略到执行和流量投放，全方位展示直播运营要点；最后的关键数据和问题复盘，可以帮助从业者优化直播营销。掌握直播营销内核，是新媒体营销者开展业务的前提。

综合练习题

一、单项选择题

1. 在短视频和直播营销中，"人"指的是什么？（　　）
   A. 用户　　　　　　B. 主播　　　　　　C. 商品　　　　　　D. 场景

2. 直播间的核心转化指标是什么？（　　）
   A. 粉丝数　　　　　B. 点赞数　　　　　C. GMV　　　　　　D. 观看时长

3. 短视频引流与直播转化策略中，哪个环节是关键？（　　）
   A. 短视频制作　　　B. 直播内容策划　　C. 短视频发布与推广　D. 直播间的流量投放

4. 直播团队中，负责货品上架与下架的角色是？（　　）
   A. 主播　　　　　　B. 运营　　　　　　C. 投流手　　　　　D. 短视频运营（编导）

5. 直播间的排品策略中，哪个阶段应重点展示福利品？（　　）
   A. 直播开始　　　　B. 直播中段　　　　C. 直播结束　　　　D. 随时展示

二、多项选择题

1. 短视频营销的特点包括哪些？（　　）
   A. 视觉冲击力强　　　　　　　　　B. 时间短、效果好
   C. 具备社交分享特性　　　　　　　D. 互动性强
   E. 成本低、效益高

2. 直播营销中的"场"包括哪些方面？（　　）
   A. 直播场地选择　　　　　　　　　B. 直播氛围营造
   C. 技术与设备支持　　　　　　　　D. 直播内容策划
   E. 主播形象塑造

3. 选择短视频与直播平台时，需要考虑哪些因素？（　　）
   A. 平台用户规模和活跃度　　　　　B. 平台用户画像
   C. 平台商业化能力　　　　　　　　D. 平台流量扶持政策
   E. 平台内容生态

4. 直播团队的主要角色包括哪些？（　　　）

    A. 操盘手　　　　　　　B. 主播　　　　　　　C. 运营

    D. 短视频运营（编导）　　　　　　　　　　　E. 用户

5. 直播复盘需要关注哪些维度的数据？（　　　）

    A. 直播间运营数据　　　　　　　　B. 直播间粉丝数据

    C. 直播间货盘数据　　　　　　　　D. 直播间流量数据

    E. 主播个人形象数据

三、判断题

1. 短视频营销主要通过视觉和听觉元素吸引用户注意力。　　　　　　　（　　）

2. 直播营销中的"人"主要指主播，而"货"指的是直播间的观众。　　（　　）

3. 在直播节奏策略中，辅品讲解时间应长于主品讲解时间。　　　　　　（　　）

4. 短视频引流与直播转化策略中，短视频的内容策划不重要。　　　　　（　　）

5. 直播间的核心目标是提升用户观看时长和互动量。　　　　　　　　　（　　）

四、简答题

1. 请简述在短视频种草策略中，如何通过内容策划吸引用户关注。

2. 在直播营销中，如何构建有效的主播人设？

3. 直播间的排品策略有哪些关键点？

五、实训题

    假设你是一家专注于年轻女性美妆产品的品牌方，计划通过抖音平台进行一场直播营销活动，旨在提升品牌知名度，增加产品销售量，并增强与年轻女性用户的互动，提升用户黏性。

    要求：策划并执行一场针对年轻女性消费群体的美妆产品直播营销活动，编写一份详细的直播营销活动策划书，确保策划书具有可操作性和可执行性，并充分考虑目标用户的需求和偏好。

第八章　社群营销与运营

【学习目标】

知识目标： 理解社群营销的基本概念；掌握搭建社群的方法；掌握社群营销与运营的策略和方法。

能力目标： 具备创建社群、管理运营社群、社群内容创新推广、社群用户互动交流及数据分析的能力，以及通过数据反馈优化营销策略的能力。

【导入案例】

TikTok用户建立独特社群口碑

TikTok 作为拥有全球庞大用户规模的内容娱乐平台，聚集了活跃度高、分享意愿高、购买力强的电商消费者。这些消费者追随着他们所感兴趣的内容，在拥有优质内容的 TikTok 平台中持续投入时间，并自发聚集形成社群圈层，在时尚、美妆、3C 电子和家居家具等热门品类持续展现购买热情。

正如起源于 TikTok 平台的现象级购物话题"TikTok Made Me Buy it（因为 TikTok 我才买了）"，TikTok 上的用户不分年龄或种族，他们自发地形成兴趣社群，交流分享购物心得。他们或是一群热爱搭配鲜艳颜色上身的"多巴胺穿搭控"，或是热衷于通过治愈好物装点家居的"宅家一族"，这些社群成员因兴趣而聚集，互相交流种草，展示好物，促使内容被更多人看到。这些真实的社群口碑成为消费决策中的核心力量，撬动电商营销的杠杆。

所以我们不难发现，无数兴趣社群在 TikTok 平台聚集，为万千用户打造了始于社群、回归社群、再起于社群的全新种草拔草的购物体验，帮助用户在娱乐中发现好物，在分享中激发兴趣，在信任中加速决策，在互动中建立情感，在购物中感受满足，在社群中沉淀忠诚。

启发思考：（1）在 TikTok 这样的社交平台上，社群是如何形成的，并且这些社群是如何影响消费者购买决策的？（2）如何利用 TikTok 等社交平台上的社群效应，设计有效的社群营销策略来提升电商销售额？

第一节　社群营销与运营概述

在移动互联的消费者主权时代，社群营销与运营显得愈发重要。社群不仅是用户交流的平台，更是企业展示、互动和创造价值的舞台。通过精心策划与持续运营，社群能有效增强用户黏性，强化品牌认知，推动销售增长。社群营销已成为企业连接用户、塑造品牌的重要方式之一。

一、认识社群

简单建群并不等同于构建社群，真正的社群需满足两大特征：一是成员间必须有共同之处作为联系纽带；二是通过共同活动形成"亲密的伙伴关系"。

有共同之处是构建社群的基石，包括共同兴趣、爱好、地域、价值观及经历等，这些共同点能凝聚人心。而"亲密的伙伴关系"则基于这些共同点，通过频繁互动交流而深化，从而构筑起坚实的社群联系。如小米用户群、美食爱好者群等，都是因共同兴趣而集结并因紧密互动而更加团结的社群。

课堂讨论

"知味葡萄酒"是一个服务于葡萄酒爱好者的品牌，它以葡萄酒文化和品酒知识为共同纽带，会聚了众多爱好者。该品牌通过在自有平台以及相关的社交媒体平台（微信号 TasteSpiritMag、微博@知味葡萄酒杂志）上构建社群，形成了其专业的媒体内容和线下教育体系，吸引超 50 万用户加入其社群，并定期举办品鉴会、讲座等活动，加强成员互动。"知味葡萄酒"社群已成为国内热门的葡萄酒社群之一，它凭借精准的社群营销，实现了用户与企业的互利共赢。

试讨论： 该品牌在构建"知味葡萄酒"社群时，其最吸引成员的价值或共同之处是什么？如何确保这一核心价值能够持续吸引并凝聚成员？

（一）社群的特质

新媒体时代的社群是一个由人组成的社会网络，这个网络通过特定的线上或线下空间（如社交媒体平台、论坛、线下活动等）将成员连接在一起。在这个网络中，成员们可以进行信息交流、资源共享、情感沟通等多种形式的互动，从而建立起紧密的人际关系。这种人际交流网络是社群存在和发展的基础，也是社群价值得以体现的重要载体。社群既包括各种网络社群，也包括线下俱乐部、广场舞群体等，甚至基于同一地理位置而集结的人群都可以被称为社群。社群具有以下特质。

（1）碎片化。社群的碎片化指的是社群成员在时间、空间和内容生产上的分散性与灵活性。他们可以随时随地参与社群讨论、在群内分享信息，形成多样化的社群交流片段。同时，碎片化也降低了成员参与社群的门槛，使更多人能够轻松加入并享受社群带来的乐趣。

（2）去中心化。社群的去中心化指的是社群中不存在单一的控制中心或权威，每个成员都有同等的话语权和参与机会。这种特质鼓励成员自主贡献内容、发起活动，促进了社群的创新性、多样性和自组织性，使社群更加活跃和富有创造力，使用户能不断丰富其兴趣和话题标签。

（3）富媒体化。社群的富媒体化指的是社群内容形式的多样化，包括文本、图片、音频、视频等多媒体元素的融合。这种特质可丰富社群信息的表达方式，提升用户体验，增强内容的吸引力和传播力，促进社群文化的多元化和成员间的深度互动。

（4）本地化。社群的本地化是指社群活动、成员互动及信息交流紧密围绕特定地理位置展开，强调地域特色和本地文化的融入。同时，本地化的社群也更容易组织线下活动，如聚会、讲座等，从而进一步促进本地成员间的相互了解与合作，增强社群的地域归属感和凝聚力。

当然，并非所有社群都强调本地化特质，很多社群并不受空间的约束，甚至在全球范围内都能实现成员间的互动和交流。但无论如何，本地化都是社群多样性和丰富性的一个重要方面。基于社群的地理位置，往往可以建立新的好友关系。

示例

山西太原老街文化探索群：一个有着浓厚地域文化色彩的兴趣交流社群

太原作为山西的省会城市，有着 2 000 多年的建城历史，至今仍保留了诸如柳巷、钟楼街、开化寺街等著名的老街巷。这些老街巷不仅承载着城市的历史记忆，也是太原文化的重要组成部分。"太原老街文化探索群"是一个具有浓厚地域文化色彩的兴趣交流社群，通过线下探访、故事分享、文化讲座等活动，让成员深入体验太原的老街魅力。该社群中的成员多为热爱太原文化的本地人或外来者，他们在线上线下积极互动，共同传承与保护老街文化遗产。该社群不仅增强了成员对太原老街文化的认同感，还促进了社区凝聚力，为太原文化旅游资源的开发提供了有力支持。通过社群活动，更多人开始关注和了解太原老街，为城市文化的传承与发展贡献了力量。

（二）社群的类型

社群可以根据不同的标准进行分类。以下是一些常见的社群类型。

1. 按照平台分类

按照平台分类，常见的社群类型有QQ群、微信群、微博"粉丝群"和豆瓣小组等。其中，QQ群是腾讯公司推出的多人聊天交流平台，支持文本、语音、图片等多种交流方式，还提供群空间服务，包括群BBS、相册、共享文件等功能，便于用户深入互动和共享资源。而同样是腾讯公司旗下的微信群则以即时通信为特点，支持快速发送文本、图片、语音和视频。用户还可以通过微信邀请好友加入群聊，形成紧密的社交圈子。

微博的"粉丝群"属于特定的博主，是博主与粉丝之间实时互动、交流的平台。博主可以管理粉丝群，与粉丝进行直接沟通，增强粉丝黏性和活跃度。豆瓣小组是豆瓣网提供的在线社区功能，它允许用户根据共同的兴趣、话题或需求创建或加入小组。在小组里，成员可以发帖交流、分享资源、组织活动，从而形成一个个围绕特定主题的互动社群。豆瓣小组涵盖了广泛的主题，从文学、电影到旅行、美食等，是发现新知、结交朋友的好去处。这些不同平台的社群各具特色，满足了不同用户的需求。

2. 按照建群目的分类

按照建群的目的不同，社群可以分为电商型社群、学习型社群以及人际关系型社群。

（1）电商型社群。电商型社群是以完成电商交易为目标的社群。各个电商平台的商家、实体店铺建立的粉丝群或者会员群，以及有商品资源的人建立的团购群，都属于电商型社群。电商型社群要想获得商业回报，一般需要有目标用户、优质商品、消费KOL、购买氛围、传播激励。

（2）学习型社群。学习型社群一般由课程运营者建立，用户为了学习某个领域的知识而购买相关课程，进而加入社群。学习型社群提供了丰富的教与学的内容，包括但不限于在线课程、作业练习、社群交流、实践活动等，其运营成本相对较高。

📠 示例

"英语共进会"是一个专注于英语学习且集资源共享和互动学习于一体的社群，成员们会聚一堂，共同学习英语知识，积极分享各类学习资料和宝贵经验。这个社群为英语爱好者提供了一个互动交流的平台，助力大家更快地提升英语水平。

（3）人际关系型社群。人际关系型社群建立的初衷往往是利用社群对自身的人际关系进行强化，以实现社群成员之间的资源链接、技能互补。其核心价值就在于群内用户本身，通过强化社群成员之间的连接，实现群内用户自身边界的拓展。因此，人际关系型社群的变现条件不在于销售商品或者输出专业知识，而在于筛选出同频的人，建立大家需要的价值链接，从而发挥出社群的整体价值。同一社群内成员的同频点可能是共同兴趣、共同职业或者共同地域等。

3. 按照定位分类

按照定位的不同，社群可以分为以下类型。

（1）兴趣型社群。兴趣型社群是围绕某一共同兴趣或爱好创建的，如摄影、旅行、音乐、读书、健身等。其成员因共同的兴趣而聚集在一起，分享经验、交流心得，并可能组织线下活动。

（2）职业型社群。职业型社群通常由同一行业或领域的专业人士组成，如程序员、设计师、市场营销人员等。成员可以在社群中分享行业动态、交流技术或业务经验，甚至寻找工作机会或合作伙伴。

（3）地域型社群。地域型社群是基于地理位置建立的社群，成员通常来自同一地区或城市。成员可以在社群中分享本地新闻、活动信息、生活服务资源等，并可能组织线下聚会或活动，如同城交友社群、地方文化社群等。

（4）品牌型社群。品牌型社群是围绕某个品牌或产品建立的社群，旨在增强品牌忠诚度、促进产品销售。品牌型社群通常由品牌方运营，品牌或企业可以通过社群与消费者建立更紧密的联系，了解消费者的需求和反馈，提供个性化的服务或产品，并可能通过社群进行品牌推广或营销活动。

（5）创业型社群。创业型社群主要用于社交和交友，注重成员之间的社交互动，成员可以通过社群认识新朋友、拓展社交圈子。这种社群通常具有娱乐性，社群中可能包括各种社交活动、话题讨论、娱乐分享等，帮助成员保持社交活跃度和维持情感联系。

（6）产品型社群。产品型社群以购物为主题，成员可能是消费者、卖家或电商平台的用户。在这类社群中可以分享购物经验、推荐产品、讨论优惠活动等，以帮助成员更好地进行购物决策。

（7）公益型社群。公益型社群关注社会问题或公益事业，成员可能是志愿者、慈善家或关注公益事业的普通人。这类社群常通过组织公益活动、宣传公益理念、募集善款等，为社会做出贡献。

以上是一些常见的社群类型，实际上，社群的分类还有很多其他方式，可以根据不同的标准或需求进行划分。无论哪种类型的社群，都需要注重成员的互动和参与，只有持续提供有价值的内容和服务，才能保持社群的活跃度和吸引力。

二、认识社群营销与运营

传统的营销方式是泛大众营销。企业或品牌通过大众媒体，向那些坐在电视机前看电视或在网上冲浪的人进行宣传，希望会有一部分人能够买他们所推广的产品。这些品牌运营者往往希望能创造一个品牌身份，以便人们购物时（哪怕广告播出很长一段时间后）能想起他们的品牌。这是一种产品和消费者之间一对多的单向传播，而运营者只能通过一些变量指标来衡量广告效果，如品牌知名度和市场渗透率。如今，运营者面对的不再仅仅是消费者个体，而是一个个会在内部共享信息且行动迅速的社群。这些社群中的成员相互联系，共同组成了一个鲜活的有机体，其"血管"里流淌的，就是信息的"血液"。

社群不仅建立了高效的会员体系，更拓展了营销和服务的范畴。社群模式加深了用户归属感，强化了品牌影响力，为企业成长注入了新动力，成为当代社会与商业发展的重要推手。

（一）社群营销与运营的内涵

在数字时代，社群不仅实现了人与人之间的连接，还实现了人与物的深度连接，它不仅是人的聚合，更是连接产品、内容、资源、服务的载体。社群的商业价值主要体现在其作为连接用户与品牌的桥梁，通过精准定位、有效运营及多元化策略实现盈利。社群以产品、内容和服务为核心，吸引并稳固用户群体，将用户流量、内容价值及用户忠诚度有效转化为实际收益。通过社群营销，企业能够提升品牌知名度和影响力，精准把握用户需求，及时调整市场策略。同时，社群还能显著增强用户忠诚度，为企业带来长期稳定的商业价值。

社群营销就是对社群商业价值的培养和利用，是一种基于社交网络和群体互动的营销方式，它的核心目标是通过社群的力量来扩大品牌影响力，增强用户黏性，并最终促进销售转化。这种营销方式主要通过建立、维护和扩展具有特定兴趣或需求的社群来实现。

社群运营则是指对社群的日常管理和优化，以确保社群的活跃度、凝聚力和可持续发展。其核心目标是维持社群的健康运行，并提升成员的参与感和归属感。

1. 社群营销与运营的区别与联系

社群营销与社群运营虽然在目标和侧重点上有所不同，但它们之间存在着紧密的联系和相互依存的关系。具体来说，社群营销更注重结果导向，如销售额的增长，侧重于打造社群的外部吸引力，通过各种营销手段吸引潜在客户，促进销售转化。而社群运营则更关注过程管理，如提升社群的活跃度和凝聚力，侧重于培养社群内部成员之间的互动和归属感，维护社群的长期健康发展。

尽管两者的侧重点不同，但它们是相互依存的。成功的社群营销离不开良好的社群运营作为基础，一个活跃、有序的社群环境能为营销活动提供更好的平台和条件。同时，有效的社群运营又能为营销创造更好的环境，通过提升用户黏性和口碑效应，进一步扩大品牌影响力。

总的来说，社群营销和运营虽然在具体职能上有所区别，但它们的共同目标都是致力于提升品牌形象和用户价值。只有将两者有机结合，相互促进，才能实现社群的可持续发展，为品牌带来长远的价值。

2. 社群营销与运营的成功要素

成功的社群营销与运营需要具备明晰的定位、自传播的互动运营、稳定的内容输出、共同的价值取向、去中心化的社群互动以及多渠道整合和资源共享等关键要素。这些要素相互关联、相互作用，共同构成了社群成功的基础和保障。

（1）明晰的社群定位。成功的社群首先需要有明确的定位，即社群是为了满足用户的某种特定需求而建立的，可以涉及学习、教育、理财、创业、投资、交友、生活等各个领域。明确的社群定位有助于吸引具有共同兴趣和需求的用户，形成稳定的用户群体。

（2）自传播的互动运营。社群运营是成功的关键，通过有效的运营策略，可以引导用户在不需要外部推动的情况下，自发地将社群的内容、活动以及价值观等信息通过社交媒体、口碑传播等渠道分享给更多的人。这种自传播的互动运营模式具有自发性、低成本和高效率等特点，不仅有助于增强成员之间的联系和互动，培养用户的黏性和忠诚度，还能扩大社群的影响力。

（3）稳定的内容输出。内容是社群的核心。成功的社群需要持续、稳定地为用户提供有品质、有深度、有吸引力的内容。这些内容可以满足用户的需求，提升用户的满意度和参与度，进而促进社群的持续发展。

（4）共同的价值取向。一个成功的社群，必然具有用户共同追寻的信仰和所要实现的价值。对价值取向的认同是社群凝聚力的基础，它使成员之间能够形成共鸣，共同追求社群的目标和理想。

（5）去中心化的社群互动。在成功的社群中，每个成员都应该有发挥的空间，都有被尊重、被关注、被认可的需求。去中心化的互动模式可以激发成员的积极性和创造力，促进社群内部的多元化。

（6）多渠道整合和资源共享。成功的社群需要打破单一渠道和模式的局限，通过多渠道整合和资源共享来拓展社群的影响力和资源。通过与其他社群的合作、跨平台的推广、线上线下的结合等方式，可以更广泛地吸引和服务用户。

💬 课堂讨论

为实现社群的自传播互动运营，可以采取哪些策略？例如，组织社群活动、设定用户激励机制等，你的生活中有没有利用这些策略促使社群成员形成自传播的案例？请讨论为什么要构建社群的自传播互动运营机制，这样做有什么好处？

（二）社群营销与运营的核心方法

在社群营销与运营中，企业或个人通常会创建一个社群（如微信群、QQ 群、微博话题、论坛等），并通过发布有价值的内容、组织活动、提供服务等方式吸引和留住社群成员。社群成员之间以及成员与管理员之间的互动是社群营销的核心，这些互动可以加强品牌与社群成员之间的联系，提高品牌知名度和忠诚度，同时也能为产品或服务的改进提供反馈。以下是实施社群营销与运营的一些具体方法和策略。

（1）进行社群顶层结构和情感连接的设计。一个社群的成功，最终靠的是其精神和文化。明确社群的使命、信仰和价值观，能够为社群成员确立共同的目标和追求，增强社群的凝聚力和向心力。这些精神层面的元素是社群最顶层的结构设计，可为社群的长期发展提供指导和动力。社群运营者还需要进行社群成员之间情感连接的设计，通过共同的理念和价值观，使社群形成独特的文化氛围。这种文化氛围能够激发成员的归属感和认同感，促使他们积极参与社群活动，为社群的繁荣贡献力量。

（2）构建社群的运营机制。社群的运营机制是社群的"骨骼"，为社群的日常运作提供支撑。这包括社群的管理规则、互动方式、活动安排以及激励机制等。一个高效、合理的运营机制能够确保社群秩序井然，促进成员间的积极互动。比如，通过设置合理的激励机制，如积分奖励、等级晋升等，能够激发成员的积极性和创造力，促进社群内容的不断丰富和持续创新。

（3）创建社群的运营模式。根据社群自身的特点和目标受众的不同，社群运营者可以考虑采用多样化的运营模式。例如，可以结合线上和线下活动，通过社群分享、直播以及研讨会等形式，增强社群的活跃度和影响力。社群运营者还应根据社群的运营情况和成员反馈，不断优化和调整运营模式，以确保社群能够适应市场环境的变化，满足成员的需求和期望。

（4）提供个性化的产品与服务。社群的产品和服务是社群最基础的构成元素，也是吸引和留住成员的关键因素。因此，要提供高质量、有价值的产品和服务，满足成员的需求和期望，增强他们对社群的信任和依赖。另外，针对不同成员的需求和偏好，提供个性化的产品和服务，能够增加成员的满意度和忠诚度，促使他们更积极地参与社群活动，为社群的发展贡献力量。

（5）数据分析与优化。社群运营者需要利用数据分析工具对社群的运营情况进行监测和分析，了解成员的活跃度、参与度、留存率等关键指标，及时调整运营策略，优化社群的运营效果，保持社群的活力和新鲜感。

最后，社群运营者还需注意：要明确建群的动机及用户愿意加入社群的理由；要在社群生命周期结束前就能够完成所要推广的产品；当社群走到生命的尾声时，不要过度投入，而是要果断终止社群运营，避免对用户造成困扰。

乐高爱好者联盟

乐高（LEGO）作为全球知名的玩具品牌，其在社群营销与运营方面有着许多值得借鉴的方法。乐高社群运营的核心方法在于其独特的共创理念。乐高通过分圈找到参与者，将用户分为普通用户和参与者，重点赋能活跃贡献者。乐高创建了多种多样的社群和平台，如 LEGO Ideas（乐高创意想法）和 LEGO World Builder（乐高世界建造者），让玩家协同创造新产品和新故事，并分享销售分成。乐高还分权给参与者，赋予他们创造、评选、贡献和改编的权力，形成紧密的共创生态。此外，乐高持续迭代，不断进化其社群模式和玩法，保持品牌活力和创新力。这种共创模式不仅为乐高带来了全球范围内的创意和忠诚用户，还促进了品牌的持续发展和维持了市场领先地位。乐高社群运营的成功，在于其深刻理解和实践了共创理念，将用户视为品牌共创的重要伙伴。

启发思考： 乐高爱好者联盟属于哪种类型的社群？如何通过社群营销与运营来增强品牌与用户之间的互动和联系？

三、构建生态型社群

生态型社群是一种高度综合与协同的商业模型，它超越了传统产业链上下游的简单整合，通过跨界合作与资源优化配置，重构商业模式，形成一个资源循环利用、多方共赢的产业链组织。这种社群不仅仅是产品或服务的提供者，更是一个综合生活方式的倡导者和实践者。

以滴滴为例，其从最初的专车、快车服务，扩展到顺风车、巴士、代驾等领域，这一过程体现了对出行产业链上下游的深度整合与贯通。然而，当滴滴进一步涉足快递、外卖、生鲜配送、商超购物等非出行领域时，标志着滴滴正从一个单一的出行服务平台向更广阔的商业生态布局迈进。这种跨界的尝试不仅丰富了滴滴的服务内容，也为其用户提供了更加便捷、全面的生活服务，从而增强了用户的黏性和忠诚度。

生态型社群的核心在于，社群运营者不仅仅关注自身产品的销售和服务的提供，还更重视为用户创造附加价值，这种价值往往与产品本身无直接关联，但却能深深吸引用户，使用户建立起无限的信任。在滴滴的案例中，这种附加价值不仅能为用户提供更加便捷、高效的出行体验之外，还能通过跨界合作为他们带来生活服务的便利。

为了构建一个有生命力的生态型社群，社群运营者需要围绕用户的日常生活需求，如吃穿住行等，全方位打造生态圈的产品和服务。这意味着社群运营者需要具备强大的资源整合能力和创新能力，能够不断发现用户的需求痛点，并通过跨界合作、技术创新等方式，为用户提供一站式的解决方案。

第二节　创建社群

创建社群是指先明确社群的定位，由此聚集一群有共同兴趣的用户，再进一步优化社群结构，并通过实施一系列策略和措施确保社群氛围的积极健康，同时促进社群的长期稳定发展。

一、社群的定位

社群的定位是一个明确社群发展方向和核心价值的过程，具体可以围绕三个问题进行思考：社群有什么目标？有什么人？能解决什么样的问题？这三个问题涵盖了社群目标、社群目标人群、社群核心价值和文化氛围。通过精准的定位，社群能够更好地吸引和留住目标成员，提升活跃度和用户黏性，并实现长期、健康发展。无论是初创阶段的小型社群，还是已经具有一定规模的成熟社群，清晰的定位都是确保其成功运营的关键因素。

1. 明确社群目标

明确社群目标有助于成员更好地理解社群的定位和价值，从而更加积极地参与社群活动，推动社群的持续发展，增强社群的凝聚力和影响力。社群目标应与社群成员的需求和兴趣紧密相连，社群运营者可以通过调查、访谈或线上讨论等方式，了解社群成员的主要需求和兴趣点，确定社群成员加入社群的主要动机和期望。这同样有助于确定社群的核心价值。社群目标应该具体、明确，可以是提供信息交流、资源共享、技能提升或情感支持等。

🗨 课堂讨论

作为一个专注于跑步运动的兴趣型社群，"悦跑圈"通过深入调研明确了跑友们的需求：记录数据、分享经验与寻求专业指导。基于此，社群运营者设定了增加成员、提升活跃度和组织线下活动等目标，以成员增长率和周活跃度为衡量指标，并定期调整策略。三年内，"悦跑圈"成员稳步增长，活跃度大幅提升，成功打造了专业且互动性强的跑步社群，推动了健康生活方式的普及。

试讨论：如何通过调研有效地了解社群成员的需求和兴趣，并据此设定明确的社群目标？

2. 明确目标用户群体

要想确定目标用户群体，首先要找到社群的同频点，即成员间共同认可的价值观念、兴趣爱好等。这些同频点能增强社群的凝聚力和向心力，推动社群发展。其次要分析社群用户画像，包括他们的年龄、性别、职业、教育背景等特征。最后要进一步深入分析社群用户的需求与偏好，了解他们的问题和期望，这有助于确定社群的聚合点。基于这些信息，可制定贴合用户的内容策略和活动规划，从而促进社群的持续壮大。

3. 确定社群名称

社群名称是非常重要的社群符号，是社群的第一标签。例如，秋叶的社群"秋叶书友会"从名称上就能判断这是一个爱读书的人聚集形成的圈子，是以书会友的社群。社群取名可以遵循以下几个原则和技巧。

（1）明确主题。社群名称应能清晰反映社群的主题或领域，如"旅游爱好者联盟"或"健身达人俱乐部"。

（2）简洁易记。名称应简短、易于拼写和记忆，避免过长的名字或复杂的拼写。

（3）独特性。要确保名称独特，不与已有的知名品牌或社群名称重复，以避免混淆。

（4）吸引力。要使用吸引人的词汇或短语，使名称听起来有趣、积极或神秘，激发人们的好奇心和加入欲望。

（5）符合文化语境。要考虑目标用户的文化背景和语言习惯，确保名称在中文环境中恰当且易于理解。

（6）避免使用生僻字或难以理解的缩写。名称要通俗易懂，方便成员之间口口相传。

🖥 示例

"摄影发烧友"：作为一个兴趣型社群，聚焦于摄影爱好者，名称既独特又吸引人，让人一听就知道这是一个关于摄影的社群，同时"发烧友"一词也传达了成员对摄影的热爱和投入。

"美食探店小分队"：这是一个基于共同的美食兴趣而构建的以美食探店为主题的社群，名称简洁明了，既表达了社群的活动内容——探店寻找美食，也具有一定的吸引力和趣味性。

"编程达人秀"：这是一个聚焦编程领域的集兴趣交流、技能提升、竞赛挑战和专业交流于一体的综合性社群，名称中的"达人秀"寓意着社群成员都是编程领域的佼佼者，同时也展示了社群的活动性质——展示和分享编程技能。

"亲子共读时光"：这是一个以亲子阅读为主题的兴趣与家庭互动相结合的社群，名称温馨且具有吸引力，明确表达了社群的活动内容——父母与孩子一起阅读、分享阅读时光。

4. 确定社群内容

社群需要明确将围绕哪些特定内容与社群用户进行交流和分享。首先要选择一个对用户具有吸引力的内容，可以是热门的、有话题性的，并且与社群用户的兴趣和需求紧密相关，也可以是特定行业领域或技能的学习等。其次要确保社群能够为用户提供交流机会。最后要考虑内容的独特性。如果社群提供的内容与市场上已有的内容相似，那么就需要思考如何才能提供独特的价值或发现不一样的角度。

5. 确定社群的独特价值

确定社群的独特价值是创建和维持一个成功社群的关键。独特的价值不仅可以吸引潜在成员，还能确保社群在竞争激烈的市场中保持其吸引力。社群为成员提供的独特价值和优势，可以是专业知识、行业资源、人脉网络、创意启发等多方面的。

示例

"正和岛"建立在自主研发的互联网创新服务平台上，是一个基于信任链的企业家供需适配社群。它的独特价值在于：首先，实行实名制、会员制、收费制及邀请制，确保成员质量，构建一个安全可信赖的网络环境；其次，聚集了众多亿级营收以上的企业家，形成了强大的人脉网络，为成员提供商业合作与资源共享的机会；最后，提供深度的商业资讯、行业报告及企业案例，助力成员洞察行业趋势，提升战略思维。正和岛社群通过线上线下相结合的方式，为企业家及商界人士打造了一个学习、交流、合作的平台，实现了个人成长与商业价值的双重提升。

6. 构建社群的文化框架

社群文化是社群成员共同的价值观、信仰、行为准则、互动方式所塑造的社群独特的个性和吸引力。社群的文化框架是社群内部共同遵循的价值观、信念、行为准则以及社交互动方式的总和。一个明确的社群文化框架有助于增强成员的归属感，促进社群的和谐与发展。以下是社群文化框架的主要组成部分。

（1）价值观。社群的价值观是社群文化的基石，它体现了社群成员共同追求的理念和目标。这些价值观通常包括诚信、尊重、合作、分享等，是社群成员行为的基本准则。

（2）使命与愿景。社群的使命阐明了其存在的意义和价值，即社群要为用户或成员解决什么问题，提供什么价值。社群的愿景是社群对未来发展的期望和目标，它描述了社群希望达到的理想状态。一个清晰的愿景能够激励成员共同努力，推动社群的发展。

案例 8.2

开源中国技术交流社区

开源中国（OSChina）技术交流社区是国内知名的技术交流社群，它汇聚了大量热爱开源和软件开发的专业人士。该社群倡导开源精神，注重诚信、尊重、合作与分享，致力于推动开源技术的发展和普及。其使命是打造高质量技术交流平台，愿景是成为国内技术社群的领头羊，推动行业创新。社群鼓励深入技术讨论与分享、组织线上线下活动，从而加强成员合作，并通过征文、项目展示等活动促进文化传承，扩大影响力。该社群已成为国内技术交流社群的佼佼者，吸引了众多优秀工程师，其文化框架增强了成员的归属感，推动了技术交流与发展，彰显了社群文化在社群发展中的关键作用。

启发思考： 如何构建一个具有吸引力和凝聚力的社群文化框架？

二、确定社群结构及其载体

社群结构是指构成一个社群的各种要素及其相互关系和排列组合方式，它确保了社群的稳定运作和高效交流。完整的社群结构通常包括社群成员的角色分配、组织架构以及成员间的互动关系。社群成员因共同兴趣、目标或价值观而聚集。组织架构明确了不同角色的职责和权力，成员间的互动促进了社群的活跃与发展，而合适的社群载体则能够确保社群的稳定运作与高效交流。

（一）社群成员

社群成员是构成社群的基础，他们因共同的兴趣、目标或价值观而聚集在一起。社群成员多样且各具特色，大致可分为四类：组织型成员，如群主和管理员，他们负责社群的规划和管理；参与型成员，他们活跃在社群中，发言积极，可为社群带来活力；围观型成员，他们虽然不常发言，但同样是符合社群价值观的成员；潜在成员，他们对社群主题、活动或价值感兴趣但尚未正式加入，具有转化为活跃成员的潜力。

1. 组织型成员

（1）社群创建者。社群创建者是发起、组织并建立社群的人或团队。他们通常是社群的核心，在社群中拥有最高的权限。社群创建者不仅需要对特定领域或主题有深入了解，还需要具备强大的号召力。号召力对于塑造社群独特的文化特征至关重要，它能够促进社群的持续发展、演变，并最终实现商业变现。

（2）社群管理员。社群管理员主要负责规划和管理社群事务及整体运营。优秀的社群管理员需具备三个方面的能力：首先，能根据社群目标规划运营内容和商业转化流程；其次，能从投入产出比角度分析运营活动价值，找到高效的运营方法；最后，能发现并整合各种资源，确保社群工作顺利进行。

（3）社群编辑。社群编辑负责在社群中策划并引导话题讨论，收集并整理有价值的讨论内容，最终以文章形式进行输出。他们的工作不仅促进了社群内的交流，还为微信公众号等自媒体提供了优质内容，形成二次传播，进一步增强了社群影响力。

2. 参与型成员

（1）社群 KOL。社群 KOL，即社群中的关键意见领袖，通过为社群贡献高质量的内容来提升自己的影响力。优秀的社群 KOL 通常具备独特的人格魅力、深厚的知识储备以及出色的深度思考能力。这些特质使他们容易获得社群成员的信任和拥护，即使起初默默无闻，也能凭借几次出色的表现迅速崛起为社群中的达人或"大咖"。

（2）社群活跃分子。社群活跃分子对社群运营至关重要，他们负责提振社群人气、活跃气氛。正常运营的社群需要他们每天在群内签到、交流，分享趣味话题，使社群保持活跃。即使活跃分子会有变化，但只要数量足够，社群就能维持稳定的活跃度。他们是社群生命力的源泉，能够确保社群持续繁荣。

（3）社群传播者。社群传播者是宣传社群的关键角色，但在社群运营中不必因此刻意寻找"爱分享"的人群。实际上持续输出有价值的内容才是激发社群成员主动传播的核心动力，是吸引社群成员主动在私人渠道分享和宣传社群的关键。因为人们通常乐于分享美好事物，展现个人品位，为他人提供帮助和价值。

（4）社群种草者。社群种草者是推荐商品、激发购买欲望的关键角色，他们的人品和品位对种草成功与否至关重要。适合成为种草者的人，需对特定领域的商品有深入了解且易获得他人信任。这样不仅能促进社群的商业转化，还能提升社群成员的购买满意度。

3. 围观型成员

围观型成员是指加入了社群但不频繁发言或参与讨论的成员。他们通常以"旁观者"身份存在，活跃度较低，主要通过阅读、浏览或观看等方式被动消费社群价值。例如，在读书社群中，他们可能只阅读他人分享的心得而不发表自己的观点。尽管存在感较低，容易被忽视，但他们仍可能通过点赞、转发等简单互动表达态度，并且有潜力在未来转化为更活跃的参与者或传播者。围观型成员的存在对社群生态具有重要意义，他们扩大了社群规模，提升了社群的影响力，通过"隐形支持"鼓励了活跃的成员，并且在商业化社群中，他们可能是潜在的消费者，会关注并购买社群推荐的产品。

4. 潜在成员

潜在成员是指那些对社群的主题、活动或价值感兴趣，但还未正式加入的人群。他们对社群的扩展和活跃度具有不可忽略的重要性。这些成员有可能因为兴趣而开始关注社群，但由于时间等因素尚未成为正式成员。他们也可能是通过广告、朋友推荐等被动方式接触到社群的，虽然还没有深度参与互动，但有潜力成为社群的核心力量。根据他们的兴趣和参与意愿，潜在成员可以分为高度意向型、中度意向型、低度意向型和被动接触型。通过恰当的运营策略和引导，这些潜在成员有望被转化为社群中的活跃分子。

（二）社群组织架构

一个清晰且合理的社群组织架构能够有效提升社群的活跃度、凝聚力和目标达成效率。社群的组织架构分为四个层级：核心层、管理层、执行层和外围层。核心层包括社群创建者、管理员和编辑，他们负责社群的创建、运营和内容策划，塑造社群文化，推动商业变现。管理层由活动策划者、内容创作者和数据分析师组成，他们通过活动组织、内容创作和数据分析提升社群活跃度和运营效率。执行层包括活跃分子、传播者和种草者，他们通过日常互动、宣传和推荐商品，增强社群活力和商业转化。外围层则是围观型成员和潜在成员，他们通过被动接受信息或被吸引加入，为社群扩大规模提供可能。通过合理设计核心层、管理层、执行层和外围层的角色分工，并结合目标导向、灵活性与适应性等原则，可以构建一个高效、活跃且有凝聚力的社群。

即学即练

假设你要创建一个专注于"健康生活"的社群，为了确保社群的有效运营和持续发展，你需要设计一个合理的社群组织架构方案。请列出你计划设立的社群角色（至少5个），并为每个角色分配具体的职责和要求。

（三）选择社群载体

社群载体是社群的交流平台，是成员进行交流和互动的场所。它可以是一个线上的平台，如社交媒体群组、论坛等，也可以是线下的聚会或固定的活动场所。运营者在选择社群载体时需要综合考虑多个因素，以确保社群能够高效地运行并满足成员的需求。

首先，社交工具的普及度和用户活跃度至关重要。微信、QQ 等即时通信工具，以及微博、知乎等社交平台，因其庞大的用户基数和高活跃度，成为社群载体的优选。

其次，社群的主题和目标用户的特性也是选择社群载体的决定性因素。学习型社群可能更倾向于选择知识分享或在线教育平台，而年轻用户群体则可能更偏爱社交媒体。

再次，内容呈现方式同样不容忽视。社群内容可能涵盖文本、图片、视频、直播等多种形式，因此，要选择能支持多形式载体的平台，如微信公众号、抖音、B 站等。

最后，互动性和参与度、数据分析和管理工具、可定制性和扩展性以及成本和预算等，都是选择社群载体时需要考虑的因素。高互动性的载体能激发社群活力，强大的数据分析功能有助于社群的精准运营，可定制性和扩展性则能确保社群内容随需求灵活调整，而合理的成本控制则是社群持续发展的保障。

示例

读书社群"书香云集"初期以微信群为平台，聚集了大量读书爱好者，定期分享读书心得，组织线下活动，深受用户喜爱。随着规模扩大，为满足用户多样化需求，"书香云集"迁移至独立App，提供个性化读书小组、电子书购买及读书笔记分享等功能。迁移后，用户活跃度与黏性显著增强，App内的个性化推荐更助力社群商业化，实现了盈利的稳步增长，成为社群发展的成功典范。

三、制定社群规则

社群规则是一个社群良性发展的基础。俗话说，没有规矩，不成方圆。同样，对社群而言，如果没有明确的规则，必定是一盘散沙，要么氛围沉闷不敢逾越，要么开放过头，很快被低质量的无效社交内容所攻陷。因此，在建立和管理社群时，制定并执行一套合理的规则是不可或缺的。

（一）社群准入门槛

一个真正有价值的社群，一定是有门槛的。设定恰当的门槛，有助于筛选精准的目标用户，也会令人更加重视和珍惜进入社群的机会。常用的社群准入门槛设置方式包括邀请式（管理员及以上级别邀请才能入群）、推荐式（群内成员推荐方可加入）、活动式（参加某种活动或完成某种任务才能入群）、审核式（主动申请加群时需要回答问题，通过后方可加入）、付费式（需要给付一定的费用方可加入）。

示例

"得到"是一款知识服务App，致力于为用户提供高质量的音频课程、电子书、文字解读以及直播等内容。在该App中，一些热门专栏的作者会建立专属社群，为付费订阅专栏的用户提供更深入的交流和学习机会。这些社群通常需要用户先订阅专栏并支付一定费用，才能申请加入。付费制不仅为社群运营提供了资金支持，还通过经济成本筛选了真正愿意投入时间和精力学习的用户，同时也增加了社群的稀缺性和价值感，使成员更加珍惜在社群中学习的机会。

（二）社群成员行为准则

社群成员行为准则是社群创建者为确保社群秩序和谐与安全而制定的一系列规则和标准。它之所以重要，是因为能确保社群的秩序稳定与积极发展，防止不良行为对社群造成损害。通过遵守行为准则，成员能更好地互动、分享和合作，共同营造一个健康、有价值的社群环境。

1. 言行规则

设置言行规则的目的是规范社群成员言行，防止一些不利于社群发展的事情发生，避免给社群造成损害。运营者主要可以通过禁止以下几点来建立言行规则：①群内争吵，语言暴力；②违法乱纪，扰乱秩序；③连续或大量刷屏行为；④与本群无关的话题（可以自行设置松紧程度）；⑤群内发广告。

2. 分享规则

社群内可定期开展分享活动，分享有价值、有意义的内容，这不仅可以积极调动成员参与，还有利于打造高质量的社群。每个人都有擅长的领域，通过分享自己的经历、经验、思路、方法、见解，每个人都有机会扮演老师的角色，为部分知识薄弱或者刚入门的新人指点迷津。当建议被认可、被采纳，可以极大地提高成员的成就感与自豪感，使其感受到自我价值。分享规则大部分采用以下三种模式：管理分享型、大咖分享型、成员分享型。

（1）管理分享型。社群群主或管理员定期在群内进行干货分享，这要求群主及相关管理人员具有极为丰富的知识储备与极高的专业水平，可以为成员就专业领域方面的问题答疑解惑。

（2）大咖分享型。邀请该领域的大咖进行定期分享，不同的大咖有不一样的运营想法及手段，得到专业人士指点，或许能帮助成员打开新思路。

（3）成员分享型。提前收集一些有价值的话题，定期在群内邀请成员参与讨论。相比前两种模式，该模式对专业水平的要求可能更低一些，更多的是一群人聚在一起就某个话题展开讨论，但这种方法更能让成员切身参与其中。

（三）社群退出机制

一个成长中的社群除了有准入门槛，还要设计好退出机制，以便让社群保持良好的"新陈代谢"水平。常见的社群退出规则有人员定额制、积分淘汰制、犯规移出制和负能量直接清退四种。

（1）人员定额制。人员定额制即为社群的人数设定上限，一旦人数超过上限，群里那些表现不活跃、对社群无贡献的成员就要被淘汰。移出一个群成员，才可以拉入一名新成员，这样可以促使群成员珍惜自己的成员身份。

（2）积分淘汰制。社群运营者可以为社群建立衡量群成员贡献度的积分淘汰制。例如，可以在群内布置任务和作业，并根据群成员提交结果的质量，为他们记录社群积分。一个周期后，总分排在最后几位的群成员将被移出社群；社群运营者则进行新一轮的招募，为社群注入新鲜血液。

（3）犯规移出制。在社群运营过程中，一旦有人扰乱社群正常秩序，对其他成员造成不良影响，且屡教不改的，社群运营者就要严格按照群规对其做出惩罚。犯规次数过多者将被直接移出社群。

（4）负能量直接清退。有的社群成员可能不会违反规则，但会做出一些让大家讨厌的事情，如喜欢在群内和别人抬杠、打着分享的名义发布广告等。这些行为从严格意义上讲可能不算违规，但处于违规的边缘。对于这样的社群成员，社群运营者可以主动劝退。

🖥 示例

"007不写就出局"的退出机制

"007不写就出局"是一个全球性的写作成长社群，该社群起源于中国，现已发展成为一个跨国界的社群，汇聚了来自全球各地的写作爱好者和终身学习者。社群的核心理念是"7天1篇写7年，7年后一起去南极"，其成员通过持续写作与相互点评，促进个人成长和写作技能提升。为确保社群的高效运作和成员的积极性，社群设立了明确的退出机制：①违反规则者，如发布广告或恶意攻击，将直接移出社群；②不践行每周提交文章并互评的要求，且经提醒不改者，也将面临退出；③长期不参与社群活动，如连续数月沉默，同样可能被视为不活跃而被移出。这些机制旨在确保社群的活跃度和质量，让每位成员都能在"007不写就出局"中找到成长的动力，共同追求写作与思维的精进。

第三节　社群营销

社群营销的核心在于塑造并推广社群IP、精准分层并建立用户联系。通过塑造具有独特个性和魅力的IP形象，社群能够吸引和留住用户，增强凝聚力和提升活跃度，同时实现品牌影响力的提升和商业变现。此外，对用户进行精准分层，依据活跃度、贡献度等因素划分不同层级，并采取差异化的营销策略，能够更精准地满足用户需求，提升用户满意度。与此同时，通过实施定期用户调研、个性化内容推送和快速反馈系统等策略，社群能够深化与用户的沟通和联系，确保每位用户都能感受到社群的关怀与服务，从而建立稳固的用户关系，促进社群的持续发展。

一、社群的 IP 营销

社群的 IP 营销是指通过塑造和推广社群中的特定个体或品牌形象，增强社群凝聚力、提升品牌影响力并实现商业目标的一种营销策略。IP 是社群中吸引和留住用户，增强社群的凝聚力和活跃度的核心元素。同时，通过对 IP 的塑造与推广，可以提升品牌形象，实现商业变现。

1. 社群 IP 的塑造

社群 IP 的塑造是根据社群的目标用户和品牌定位来塑造具有独特个性和魅力的 IP 形象。社群 IP 可以是社群创始人、意见领袖、虚拟角色或社群品牌本身。首先，要为 IP 赋予鲜活的灵魂。通过设定 IP 的性格特点、兴趣爱好、价值观以及故事背景等，围绕 IP 形象创作高质量、有趣、有深度的内容，如文章、视频、音频等。这些内容应能够吸引用户的注意，引发用户的共鸣，鼓励他们积极参与讨论和互动，进而增强用户对社群的认同感和归属感。其次，要为 IP 设计独特的视觉形象，包括头像、昵称、服装、场景等。这些视觉元素应与 IP 的性格特点和品牌形象相契合，以增强用户的认知度和记忆点，使社群 IP 在用户心中留下深刻印象。

2. 社群 IP 的推广

一旦 IP 形象确立，社群运营者就需要利用微博、微信、抖音等社交媒体平台，发布与 IP 相关的内容，吸引用户的关注和互动。通过与用户的互动，建立紧密的关系，提升用户对 IP 的认知和好感；或者与其他社群或品牌进行合作与联动，共同推广 IP 形象。这些举措可以扩大 IP 的影响力，吸引更多的用户关注和参与。

IP 不仅仅是用来展示的，更重要的是要与社群成员进行互动。社群运营者可以组织 IP 与成员之间的问答、直播、分享会等活动，增强 IP 与成员之间的情感连接。同时，鼓励成员围绕 IP 进行创作和分享，形成社群内的 UGC 生态，进一步提升社群的活跃度和凝聚力。

3. 社群 IP 的商业化

社群 IP 营销的最终目的是实现商业变现。借助 IP 的影响力，社群可以围绕 IP 形象开发相关的产品或服务，如周边产品、会员服务以及线上课程等。同时，社群 IP 还可以与品牌进行合作，为品牌提供广告推广服务。

4. 社群 IP 的维护与更新

保持 IP 形象的活跃度和吸引力，持续输出高质量、有趣、有深度的内容，有助于维持用户的关注和互动，提升社群的活跃度。关注用户的反馈和需求，及时回应和处理用户的问题和建议，有助于建立良好的用户关系，增强用户对 IP 的信任和认同。随着市场和用户的变化，定期更新 IP 的形象和内容，有助于保持 IP 的新鲜感和吸引力，满足用户不断变化的需求和期待。

示例

瑞幸咖啡的"首席福利官Lucky"

首席福利官 Lucky 是瑞幸咖啡私域流量运营中的吉祥物和核心代表，其形象为一只具有辨识度的动漫吉祥物小鹿。瑞幸咖啡通过塑造"首席福利官 Lucky"这一 IP 形象，成功实现了私域流量的高效运营。Lucky 作为瑞幸咖啡的福利大使，定期在企业微信等平台发布优惠券、折扣等福利，吸引了大量用户的关注与参与。社群运营团队围绕 Lucky 策划了一系列互动活动，如"Lucky 日"福利大放送、用户积分兑换等，增强了用户的归属感和黏性。这一策略不仅提升了用户的复购率，还促进了瑞幸咖啡的商业增长，展现了社群 IP 营销的强大潜力。通过 Lucky 这一 IP 形象，瑞幸咖啡成功地将品牌与福利紧密关联，实现了用户价值的最大化。

二、社群用户分层与建立用户联系

社群营销中的用户分层与建立用户联系具有重要价值。通过用户分层，社群可以更精准地理解和服务不同类型的用户，提供个性化的体验和解决方案。同时，与用户建立紧密的联系能够增强用户的忠诚度和归属感，促进用户之间的互动和合作，从而为社群创造更加活跃和有吸引力的环境，推动社群的持续繁荣与发展。

1. 社群用户分层

社群运营者需对成员进行分层，依据用户活跃度、贡献度等因素，将其分为核心、活跃、普通及新用户等层级。针对不同层级用户，应采取差异化的营销策略：对核心用户给予专属特权，激励活跃用户保持热度，引导普通用户多次参与，助力新用户快速融入。同时，通过用户调研、个性化内容推送及建立高效反馈机制，可与用户保持紧密互动，更精准地满足其需求。社群用户分层旨在全面提升用户满意度，促进社群健康发展。

图 8.1 所示的社群用户金字塔模型将社群用户分为免费级、种子级、会员级、合伙人级、联合创始团队级和核心运营级。这六种类型的用户可以大致分为三类：第一类是社群的管理人员，第二类是有价值的用户，第三类是一般性用户。针对不同层级的用户，需要用不同的方式运营和管理。

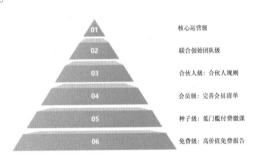

图 8.1　社群用户金字塔模型

（1）管理人员，包括合伙人、联合创始团队和核心运营人员，他们在社群与用户之间起着桥梁和连接的作用。管理人员需要有特定的人设，精心设定话术，对群里的问题和言论，要确保及时回复、频繁互动，使用户在任何时候都能得到及时的响应。这样的管理方式旨在提升用户体验，促进社群的稳健发展。

（2）有价值的用户，指的是高价值、精准的用户，包括种子级和会员级。他们通常扮演 KOL 的角色，足够活跃且能贡献相应的价值。对于这类用户，社群运营者需要花更多的时间和精力来维护。大多数 KOL 用户需要进行更精准的维护，比如赠送生日礼物、体验新品、积分兑换、享受买一送一等特权。

（3）一般性用户，即社群中的普通或免费用户，他们占据了社群的绝大多数。针对这部分用户，重点在于日常的促活措施与运营转化策略，通过这些方式有效激发他们的活跃度，并引导他们逐步转化为更高级别的用户。

用户金字塔模型强调了维护高价值用户的重要性。这些用户能带来显著收益，因此，社群运营者需精心设计用户升级路径，使其从普通用户逐步升级为 VIP，再至 KOL 级别。

在设计用户权益时应参考整体体系，明确各层级用户的权责。由于对 VIP 和 KOL 用户的周到维护能最大化社群效益，因此，可为这些核心用户设定更高级别的权益，使其区别于普通用户。权益设计应综合考虑社群活跃度、消费额度、消费频率及分享频次等多个维度，从而更精确地评估用户价值，并给予相应的激励反馈。这种策略有助于提升用户满意度，促进社群健康、持续发展。

案例 8.3

差异化服务助力美食爱好者共同成长

"美味探索"是一个专为美食爱好者打造的兴趣型社群，该社群聚焦于美食领域的分享、交流与探索，致力于满足美食爱好者对美食文化的追求。它根据用户的互动和贡献，将成员分为新手、爱好者、达人与意见领袖，为各层级提供定制服务。

新手可获得烹饪入门课程和选购指南；爱好者能参加烹饪挑战，提升技艺；达人则有机会直播烹饪，与品牌合作；意见领袖可参与节目录制、写专栏，并在厨艺交流中起关键作用。

社群还定期组织美食分享会、厨艺比赛和交流工坊，加强成员间的交流与学习。这些活动和个性化服务提升了用户满意度，也增强了社群在美食界的影响力，使"美味探索"成为美食爱好者的集结地。在这里，每位成员都能展现自我，共同发掘美食的无限魅力。

启发思考： 在进行用户分层时，"美味探索"社群选择了用户的分享频次、点赞数和评论互动量作为划分标准。你认为这些标准是否充分？还有没有其他更重要的标准或数据指标可以用来更精确地划分用户层级？如果有，请列举并说明理由。

2. 建立用户联系

在建立用户联系方面，可以采取多种营销策略，如定期用户调研、个性化内容推送和构建快速反馈系统等，以深化与用户的沟通和联系，确保每位用户都能感受到社群的关怀与服务，从而促进社群的持续发展。建立用户联系的具体策略如下。

（1）定期用户调研。定期用户调研是社群营销的必要手段，通过定期用户调研，社群运营者能够全方位、深层次地洞悉各层级用户的需求和反馈，基于这些数据和信息，社群运营者可以对服务进行精准优化和调整，确保为用户提供贴合其期望的个性化服务，满足其期望，进而提升社群成员的活跃度和满意度。定期用户调研一般通过问卷调查或线上访谈等方式进行。

（2）个性化内容推送。社群可以根据用户的兴趣和活动参与度，定制专属的信息和个性化内容推送服务，确保内容能够精准匹配用户需求，提高信息传递的有效性和用户的参与度。

（3）构建快速反馈系统。社群通过构建高效的快速反馈系统，确保了用户反馈渠道的畅通，从而能够及时收集并处理用户的疑问和建议。这种快速响应机制不仅有助于迅速解决问题，更能根据用户反馈持续优化服务体验，确保社群服务始终与用户需求保持同步。

以上策略使社群能够针对不同用户类型提供更精准的服务，可以大幅提高用户的满意度和参与度。这种以用户为中心的服务模式，不仅增强了用户的归属感，也为社群的长期稳健发展打下了坚实基础。

📖 示例

社群互动助推品牌影响力提升

露露乐蒙被誉为"瑜伽界的爱马仕"。2024年6月，露露乐蒙宣布著名导演、演员贾玲成为其品牌大使，此举在社群用户中激起热烈反响。贾玲的积极生活态度和运动精神与露露乐蒙的品牌理念相契合，成为社群用户的榜样。用户纷纷在社群分享穿露露乐蒙装备的运动照片和视频，展示运动成果和健康生活方式。受贾玲启发，他们更重视运动与生活品质。

此次代言不仅提升了品牌知名度，还在社群中掀起运动热潮。用户通过社群互动、分享心得，形成了积极的氛围。此外，露露乐蒙还组织线下瑜伽课程、跑步比赛等活动，以增强用户的凝聚力和归属感，让他们亲身体验产品舒适度与功能性，同时收获健康与快乐。这一举措成功地将品牌理念与用户需求相结合，实现了品牌与用户的共赢。

第四节 社群运营

社群运营的核心内容包括社群拉新、社群培育、社群裂变传播、社群成交与社群复购。首先，通过明确的拉新目标、多渠道推广及优化加入流程来吸引新用户；其次，通过高频互动与价值输出建立用户信任，提升社群活跃度；再次，利用用户社交网络实现裂变传播，降低获客成本；此外，通过精准分析用户与产品，优化成交流程，把握用户成交心理，促进销售转化；最后，通过设置会员体系、增强会员黏性等策略，提升用户复购率，实现社群的长期稳定发展。这些策略共同作用，可以为社群运营提供系统性的解决方案，助力社群持续繁荣与发展。

一、社群拉新

社群拉新是社群运营的首要任务，旨在吸引更多符合社群定位和目标的新成员加入。这一过程需要社群运营者明确拉新目标，制定相应策略，如利用社交媒体、合作伙伴关系、内容营销等渠道进行推广。同时，优化加入流程、提供吸引人的入群福利也至关重要。有效的拉新策略能扩大社群规模，促进社群活跃与发展。

1. 社群拉新的目标

社群拉新的目标在于吸引并留住与社群定位相匹配的高质量新用户，旨在扩大社群规模，提升社群活跃度与多样性，同时增强社群的影响力和凝聚力。通过精准的定位、优质内容的输出、吸引人的入群福利及优化了的加入流程，社群拉新不仅要注重增加成员数量，更要注重提升成员质量。

2. 社群拉新的策略

在社群拉新的过程中，社群运营者会运用多种策略，如内容吸引、线下门店推广、技术优化、社交圈子拓展、赠品诱惑、网红引流、线上线下互动以及与其他渠道的合作等。这些策略的核心目的都是为了让更多的人了解并加入社群。

（1）内容吸引。社群拉新通过高质量内容吸引用户，关键在于精准定位目标用户，创作有价值的专业文章、实用教程及趣味话题，结合视频、直播等多媒体形式，提升内容吸引力。同时，利用社群内部知名 IP 的影响力，如创始人、专家等，通过故事化营销增强用户情感连接，鼓励用户互动参与，定期更新内容并回应用户反馈，增强用户黏性。结合搜索引擎优化，提高内容在搜索引擎中的曝光率，有效扩大社群影响力，吸引更多潜在用户加入。

（2）线下门店推广。线下门店推广是借助实体店面的人流量优势，直接触达潜在用户。通过在店内展示社群二维码，并提供小礼品作为加入社群的奖励，能够迅速吸引用户扫码加入。此外，组织线上线下联动的活动，如主题讲座、工作坊、体验日等，不仅能吸引用户参与，还能在活动中深化用户对社群的认知，增强社群的凝聚力和活跃度。这种线下实体与线上社群相结合的方式，有效拓宽了社群拉新的渠道，提升了用户参与度与社群影响力。

示例

2018 年，可口可乐曾融合线上线下，打造了一场别开生面的社群营销活动——可口可乐城市探险。线上，他们通过社交媒体发布了一系列充满趣味的城市谜题与挑战，鼓励消费者组队参与，解锁隐藏在城市各处的可口可乐特制徽章。线下，他们在这些地点设置了互动装置和快闪店，参与者不仅能兑换限量版可口可乐周边，还能在现场体验定制可乐瓶的乐趣。此活动不仅激发了消费者的探索欲与团队精神，还促进了线上社群向线下实体店的引流，有效加强了品牌与消费者的互动，增强了消费者黏性。

（3）技术优化。利用技术优化进行社群拉新，首要的是提升社群的线上曝光率。通过搜索引擎优化策略，确保社群在相关关键词搜索中排名靠前，便于更多潜在用户在搜索时能够发现并加入社群。此外，还可以运用社交媒体平台的广告投放与精准推送功能，将社群信息准确传达给目标用户；或者利用技术工具开发具有吸引力的互动内容，如线上问卷、小游戏等，以赠品或优惠券作为奖励，激发用户的参与兴趣并引导他们加入社群。

（4）社交圈子拓展。社群拉新中的社交圈子拓展，旨在精准定位目标圈层并有效扩大社群影响力。首先，通过深入分析不同圈层的特点和需求，制定差异化的内容及合作策略，开展形式各样的活动，吸引目标圈层内的潜在用户。同时，社群成员可以在圈层内积极分享体验、推荐社群，增强社群在目标圈层的影响力。其次，为进一步破圈，社群可与其他圈层的 KOL 合作，通过跨界活动、内容共创等方式打破圈层壁垒，吸引更多圈层外的用户关注。最后，社群运营者需要利用社交媒体、线下活动等多元渠道，传播社群价值，实现破圈效应，最终提升社群拉新的效率与质量，构建多元化的社群生态。

总的来说，社群拉新是一个综合运用各种策略和手段的过程，旨在吸引更多的新用户加入社群，为社群的发展和壮大提供源源不断的动力。

📖 示例

乐事×泡泡玛特：春天"潮"会玩

2022 年，作为"樱花味食品引领者"的乐事通过与潮玩圈层的"王者"泡泡玛特旗下 IP"小甜豆"合作，精准捕捉年轻消费群体的兴趣，推出三款春季限定口味薯片和樱花虾甜豆手办，实现产品差异化。同时，乐事以年轻消费者为中心，分析潮玩人群、美食人群及泛人群的不同关注点，逐层破圈传播，通过发布限时优惠、新品试吃、开箱、创意 DIY 以及"乐事号高铁"拍照打卡等活动，吸引了更多的年轻消费者，为品牌沉淀了更多的优质资产，让乐事在一众春季限定产品中脱颖而出。

🐾 即学即练

假设你负责管理一个学校的健身社群，现恰逢新生开学季，需要设计一次社群拉新活动，以吸引更多的健身爱好者加入。请结合上述社群拉新的策略，制定一份详细的拉新活动方案。

二、社群培育

社群培育的核心在于建立与用户的深度信任，这是社群营销成功的基石。为了培育这种信任，需强化成员对社群 IP 的喜爱，通过高频互动与持续价值输出，不断维系并加深这种信任感。这样不仅能提升社群活跃度，更能有效推动销售转化，实现营销目标。

1. 激发社群成员互动

激发社群成员互动，关键在于营造平等的社交环境，鼓励成员自由交流、共享智慧与成果。同时，应推动多方互动，将单向的价值输出转变为社群成员的共同参与和创造。此外，通过多群联动覆盖更广泛的成员，进一步促进大家的互动。这些举措能有效提升社群成员的活跃性和参与度。具体做法如下。

（1）吸引用户讨论话题。借助热门话题的力量，可以提升社群活跃度。从知乎、百度、微博等平台挑选与用户兴趣点契合的热点话题，引入社群内，以激发用户的讨论热情。如运营宠物社群时，可选取驱虫、修剪趾甲等宠物主人关心的话题，这些共鸣点强的话题能有效提升社群的活跃度，提升运营效果。

（2）共创话题。共创话题通过设定一个明确的大目标或研究方向，社群能够引导成员共同参与项目或方案的创建与深入讨论。这种鼓励社群成员间开展共创活动的做法，不仅能够促进知识的共享与创新思维的碰撞，还能迅速增强社群的凝聚力与活跃度，营造积极向上的学习氛围。

📖 示例

"宠主联盟"是一个专注于宠物健康和护理的在线社群。2023 年，该社群通过引入关于宠物驱虫的热门话题，成功吸引了大量宠物主人的关注。社群邀请了兽医专家进行在线讲座，解答了宠物主人关于驱虫药物的选择、使用方法和注意事项等问题。这次活动不仅提高了社群的活跃度，还提升了社群成员对宠物健康的认知。

（3）问答互动。在诸多学习群或具备影响力的IP和KOL社群中，一种高效的促活方式是设定固定时间让用户提问，由群主或KOL进行专业解答。这种问答互动模式既可以直接满足社群成员的学习与求知需求，还可以通过实时交流有效提升社群的活跃度与社群成员的参与感。此模式在知识付费类社群中尤为常见，是促进社群活跃的重要策略。

（4）价值输出。价值输出是提升社群活跃度的重要手段。当社群提供用户所需的内容和资料时，其活跃度会显著提升。例如，一个专注于资料整理的私域社群，通过分享相关的知识和内部案例，不仅能提高社群活跃度，还能增强成员满意度。这种通过持续的价值输出来促进社群活跃和成员参与的方法，效果显著。

示例

"运营研究社"是一个专注于互联网运营知识分享的社群，近年来在运营领域迅速崛起。该社群通过持续的价值输出，成功吸引了大量运营从业者和爱好者的关注。运营研究社定期发布与运营相关的深度文章、案例分析、行业报告等内容，这些内容均来自一线运营实践者的经验总结，具有很高的实用性和参考价值。该社群定期举办线上分享会，邀请行业内的知名专家、大咖进行分享，为成员提供与业内顶尖人士交流的机会。高质量的内容和丰富的互动体验使成员对社群的满意度很高，很多成员表示在社群中获得了实质性的帮助和成长。随着社群的不断发展和壮大，运营研究社在运营领域的影响力也日益增强，成为众多运营从业者和爱好者信赖的知识平台。

2. **活动促进社群活跃**

活动促进社群活跃，是指通过策划和执行各类线上或线下活动，如抽奖、主题讨论和问答互动、线上分享会和线下聚会等，激发社群成员的参与热情，增强社群的互动氛围，进而提升社群的活跃度和凝聚力。这些活动旨在吸引成员积极参与，促进彼此间的交流与合作，共同营造充满活力的社群环境，推动社群持续发展和壮大。

（1）抽奖。通过提供吸引人的奖品，激发用户的参与热情。通过设置简单的参与规则，如点赞、评论或分享等，降低参与门槛，吸引更多用户参与。

示例

麦当劳在私域内采用"猜盲盒"玩法，用户猜对即可获得专属福利，且互动人数超10人就增加一个抽奖名额。该游戏选项少、中奖人数多、概率大，有效提升了用户互动率。同时，麦当劳还设有多样化的低门槛互动游戏，如掷骰子、做选择题等，大幅提高了社群互动率，让用户在轻松愉快的氛围中参与活动，享受美食与乐趣。

（2）游戏化互动。游戏化互动通过引入徽章、排行榜、任务等游戏元素，激发社群成员的参与热情。例如，颁发徽章表彰成员成就，增强其荣誉感；设置排行榜激发良性竞争，推动成员提升表现欲；设计趣味任务和挑战吸引成员参与并获得奖励。这种机制让社群活动更具趣味性和吸引力，可有效提升成员的活跃度和黏性，促进社群的健康发展。

（3）线上分享会和线下聚会。邀请行业专家或社群内的KOL进行线上分享，提供有价值的内容，吸引用户参与并促进知识交流。组织线下聚会、研讨会等活动，增强社群成员之间面对面的交流与联系。

（4）挑战赛和节日庆典。发起有趣或具有挑战性的任务，鼓励用户参与并完成任务，如摄影比赛、写作挑战等。在特定节日或纪念日举办庆祝活动，如春节红包雨、圣诞节主题讨论等，营造社群的节日氛围，提升用户的参与度。

（5）积分兑换。设立积分系统，用户通过参与社群活动获得的积分，可用于兑换奖品或享受特定权益，从而激励用户积极参与。

（6）其他社群活动。除了常见的社群活动，还可鼓励用户生成内容，如创作文章、图片、视频等，并在社群内分享，以增强用户的参与感和归属感。或者与其他社群或品牌进行合作，共同举办活动，扩大社群的影响力，吸引更多用户参与。

社群活动的设置旨在为后续的社群运营打下基础。仅提升社群的活跃度意义有限，更重要的是通过活动促进社群的成交转化，从而产生实际价值。社群活动应以引导用户走向最终的购买为目的。

课堂讨论

5 人为一组，收集 5～10 个社群运营的相关资料和案例，讨论如何通过社群活动，如抽奖、问答互动、挑战赛以及积分兑换等，有效提升用户参与度和社群活跃度。

3. 社群氛围组促进社群活跃

社群氛围组是专为提升社群活跃度而设的工作小组，其工作内容是利用人们的从众心理，通过制造和调研话题等方式吸引用户参与讨论，从而保持社群热度，并巧妙引导用户产生购买意愿。这种策略不仅能提升社群的活跃度，还能有效提高用户的留存率，为产品销售创造有利条件。

想一想

如何在不违背用户意愿和道德标准的前提下，有效利用从众心理提高社群活跃度？

社群氛围组成员在工作时，可先分享个人困惑或难点，以此引发社群成员的情感共鸣，进而引发深入的话题讨论。这种策略能有效提升社群活跃度，并激发用户的购买意愿。在实际操作中，氛围组成员可以巧妙提出话题，并通过@特定成员来唤起关注。例如，在讨论孩子行为习惯时，可顺势引入"健康"这一关键词，并@某位成员，将话题自然过渡到小儿推拿训练营的推荐上，从而实现产品的顺畅推广。

三、社群裂变传播

社群裂变是利用用户自动分享以吸引新用户的策略，如拼团、砍价等活动，都是基于心理学和营销学原理（如从众、互惠、口碑等）来激发用户自发分享的。这种裂变增长方式能降低获客成本，同时借助口碑效应，实现低成本、高效率的用户转化，是社群运营中的常用策略。

社群裂变包含三个主要层级：首先，在官方平台如微信公众号、抖音等进行一级裂变；其次，通过员工、老用户等的转发形成二级裂变；最后，扩展至更广泛的用户群体，形成三级乃至更多级的裂变。这种裂变方式在三级后会形成波纹效应，持续扩大影响。

常见的社群裂变方法有转介绍、拼团、砍价和助力、邀请有礼、任务宝裂变等，不同的裂变增长方法有不同的操作方式。

1. 转介绍

转介绍是通过分享获取佣金的方式来进行裂变的，通常会设置一个佣金提现的门槛，同时会在用户购买后提醒用户分享可得佣金，促使用户自发地进行分享裂变，让更多用户购买活动中提及的产品，从而实现获客。

2. 拼团

拼团源于用户自发组织的团购活动，以获取批发价格。在私域营销中，拼团成为一种有效的用户裂变方法。其操作流程简单：用户开启团购，将信息分享给亲友，人数达到团购数量后即拼团成功。拼团传递的信息是共享优惠、共同获利。

常见的拼团方式如普通拼团、阶梯式拼团、团长免单或返佣等，均旨在促使用户自发分享，实现用户裂变和购买增加。不同拼团方式适用于不同的场景，其中，阶梯式拼团效果更佳：商家会设置多个不同的拼团人数阶梯，每个阶梯对应不同的产品价格；参团人数越多，价格就越优惠。这种方式适用的产品也是多样化的，包括实物产品、服务甚至课程等。究竟哪种拼团方式最佳，往往需要通过测试来最终确定。

3. 砍价和助力

以社群裂变为目的的砍价和助力活动，是通过社群成员的互动参与来推动产品销售的有效方式。在砍价活动中，用户邀请好友帮忙砍价，以降低产品价格，实现优惠购买。而助力活动则是用户邀请好友助力，达到一定助力人数后即可获得相应优惠或奖品。这两种方式都能有效促进用户裂变和销售额提升。

4. 邀请有礼

邀请有礼是社群裂变中的常用方法，其优势在于简单直接、操作方便，裂变速度快且效果好。针对不同产品和行业，该方法能带来不同的裂变增长率，通常优于其他方式。选择精准的奖励方式是该方法吸引更多目标用户的关键所在。其劣势则在于用户因利益邀请的好友可能不够精准，易引发广告或刷屏行为，且用户差评会对活动产生不良影响。此外，该方法门槛低，适合短期快闪群或活动发布群。

案例 8.4

拼多多：“拼团+砍价”模式，实现流量精准裂变

拼多多在短短几年内便成为电商领域的黑马，成功上市并持续展现出色业绩，其成功的秘诀之一就是独特的“拼团+砍价”模式。

用户可以通过发起拼团享受低价优惠，吸引亲朋好友参与，成功实现团购。同时，拼多多还推出了砍价模式，用户选择商品后，通过分享链接邀请好友助力砍价，助力人数越多，商品价格越低，甚至有机会免费获得。这种模式不仅满足了用户对低价商品的需求，还通过社交裂变的方式，实现了流量的快速增长。拼多多利用这种模式成功打开了下沉市场，吸引了大量基础流量，并在消费升级的背景下，为用户提供了边社交边购物的全新体验。拼多多的“拼团+砍价”模式，实现了用户与平台的互利共赢，形成了良性循环，也为平台和商家带来了持续增长的财富。

启发思考： 拼多多的“拼团+砍价”模式是如何有效利用用户的社交网络实现裂变传播的？这种裂变传播方式对电商平台的用户增长和活跃度提升有何重要影响？

5. 任务宝裂变

任务宝是由任务中国与腾讯财付通联合推出的一款基于微信朋友圈裂变式传播推广的营销工具，它主要用于品牌推广及增加有效粉丝。图8.2所示为任务宝裂变流程图。

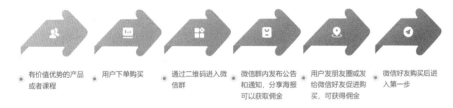

图8.2　任务宝裂变流程图

任务宝的裂变流程是一个高效且具有激励性的推广机制。首先，社群运营者以高价值的产品或课程吸引用户下单购买，随后引导用户通过二维码加入专属微信群。群内定期发布公告与通知，激励用户积极分享海报及购买信息至朋友圈或微信好友，以此促进更多购买行为。每当好友通过分享链接完成购买并加入流程，用户即可获得佣金奖励，从而形成良性循环。此流程利用用户的社交网络力量，通过佣金机制激发了用户的分享动力，在为用户带来实际收益的同时也推动了社群裂变与销售增长。

目前，任务宝活动可以使用公众号、个人微信、企业微信、微信群等进行运营，它是常用的裂变方法之一，可通过打卡、签到、积分奖励等方式完成用户裂变。

在以任务宝活动实现用户裂变的过程中需要注意以下事项：①规划好用户进入的海报及所展现产品的价值；②体验并分析用户路径，保证用户进入和完成任务的路径最短且方便、有效；③裂变活动真实有效，兑奖方式简单直接，并且交付后要收集用户反馈。

裂变活动的目的不同，其裂变方案也会不同，同时还需要限制名额或者时间，以保证活动数据的可控。在做裂变活动时，也可以同时使用多种裂变方式。

🖥 示例

巧用任务宝裂变，助力品牌快速传播

元气森林，一家秉承"轻食、自然、健康"饮食理念的"互联网+软饮料"公司，于 2022 年推出了"0元试喝"活动。在该活动中，元气森林利用任务宝裂变机制，设置多级邀请奖励和排行榜竞争，刺激用户积极分享并邀请好友参与。参与者通过完成任务获得试喝资格和各种奖品，实现了品牌的快速传播和用户基数的扩大。此举不仅让更多人亲身体验到元气森林的健康饮品，还巧妙地通过社交裂变强化了品牌影响力。活动简捷高效，成效显著，为元气森林赢得了更多的市场关注和用户喜爱。

四、社群成交

社群运营旨在实现成交转化和用户留存，而社群发售是其中的重要手段。对于大体量社群，应简化流程以快速成交；对于小体量社群，则可通过精细化运营和用户互动来提升转化率。通过下面几个步骤，可梳理清楚社群发售活动必要的执行环节。

1. 分析产品和用户

在社群发售产品前，首要任务是深入分析产品特色，明确产品的独特之处。同时，需细致描绘用户画像，了解目标用户的特征与偏好。此外，还要深入挖掘用户的需求与痛点，确保产品能精准满足用户期望，从而为社群发售奠定坚实的基础。

2. 确认用户流量来源

基于产品特色和用户分析可确定流量来源，即目标用户可能聚集的平台。例如，美妆产品用户常在小红书、淘宝、抖音等线上平台及线下美妆店聚集，多为爱好化妆的女性，包括学生和宝妈等群体。然后对用户进一步细分，以识别不同的消费层次和地域特点，从而精准策划营销方案。

3. 规划用户私域承接流程

明确用户流量来源后，需细化各种流量的承接流程，以促进用户行为的转化。该步骤可借助思维导图或流程图进行规划，从消息触达、入群到群内互动、鼓励用户贡献，再到逐步建立用户信任并激发其购买欲望，最终实现消费行为。清晰的流程框架可为社群发售构建坚实的基础，确保发售活动有序、高效。

4. 完善并细化成交流程

流程框架完成后，应再进一步深入研究并细化成交流程。例如，要进一步明确用户能够接触社群消息的渠道，如朋友圈、海报、用户群等，并详细策划不同渠道的不同内容。用户进群后，从群名、欢迎语到活动参与，每个环节都需精心设计，细化到具体时间节点和话术，并指定负责人，设定截止时间，确保流程顺畅执行。

5. 把握用户成交心理

成交环节需要考虑如何把握用户的成交心理，常见的用户成交心理如下。

（1）损失厌恶心理。损失厌恶是指人们在面对同样数量的收益和损失时，认为损失更加令他们难以忍受。在社群成交环节，品牌往往会通过预先赠予用户优惠或特权，如限时折扣、赠品等，激发用户的占有欲和"收益感"。为避免这些已得利益的潜在损失（如优惠过期、名额有限等），用户会被驱使积极参与社群互动，如分享、邀请好友等，以此巩固并扩大自己的"收益"。这种心理机制极大地提高了用户的参与度和营销活动的有效性，使社群营销能够更精准地触达并转化目标用户。

（2）价格锚点心理。价格锚点心理指的是人们在做购买决策时，会受到一个初始价格（锚点）的影响，从而判断后续提供的价格是否具有性价比。社群营销先通过高价锚点为用户建立产品价值认知，随后推出折扣，使用户因性价比而产生购买欲。社群互动更方便品牌了解用户需求，以便调整价格策略。同时，用户好评分享也能提升产品的价值感。

6. 完善成交收尾工作

在用户购买产品后，务必及时私聊解答用户疑问，甚至可致电用户，以确保收尾工作完善，这对于提升用户满意度和减少售后问题至关重要。对于发售后的犹豫用户，销售人员应通过促销手段如加赠、抽奖等激活转化。对于线下活动，需配合门店销售员进行转化；而线上活动则需关注产品交付、物流信息及售后体验等环节。

 示例

> 三只松鼠作为国内知名零食品牌，近年来在社群运营方面进行了深入探索。该品牌针对年轻人和零食爱好者，创建了多个具有明确主题的社群，如活动福利群、萌宠亚文化社群等。这些社群不仅作为新品预告和优惠活动的发布平台，还通过晒单大赛、用户评价分享等互动方式，有效地激发了用户的购买欲望，并促进了口碑传播。同时，三只松鼠重视用户留存与复购，通过提供优质售后服务、积分激励和会员体系，增强了用户的忠诚度和参与度。此外，跨界合作与社群拓展进一步扩大了品牌的影响力，为三只松鼠带来了更多的市场机会，展现了其在社群运营方面的深入探索和成功实践。

五、社群复购

在社群运营中，为提升用户复购率，可采取提供年卡、会员卡等服务的方式，以长期绑定用户。用户定制年卡后，每次服务都是与用户的接触点，可及时唤醒用户。同时，定期推送活动能强化用户对品牌的认知，从而建立完善的会员体系，有效提高用户留存率。这些策略共同作用，能有效促进用户复购率的提升。

（一）设置会员体系

社群设置会员体系，具体可分为：产品类，即提供专属产品；服务类，即提供专属服务；福利类，即发放优惠；折扣类，即给予会员专属折扣；特权类，则给予会员专属权益。

（1）社群产品类会员体系专注于为会员提供高品质、专属定制的产品，并赋予会员独家优惠、新品试用等特权。该体系致力于满足会员的个性化产品需求，通过提供优质产品，进而增强会员的忠诚度和黏性，打造独特的社群产品体验。

 示例

产品类会员体系：网易严选Pro会员

网易严选 Pro 会员体系作为高品质生活电商平台的创新之举，专注于为会员提供专属定制的高品质产品及独家优惠。该体系赋予了 Pro 会员更多专属商品选择、定期新品试用机会及专属折扣，精准满足会员对高品质生活的追求。通过这一策略，网易严选不仅成功吸引了大量追求生活品质的用户，还有效提升了会员的复购率和忠诚度。

（2）社群服务类会员体系为会员提供特定服务权益，如包年清洁或套餐服务，确保定期、定额的专属享受。同时，会员还能以优惠价参与线上线下活动。此体系通过整合优质服务与活动资源，旨在增强会员归属感，稳固会员忠诚度。

 示例

服务类会员体系：美团外卖会员

美团外卖会员体系为会员提供了多项专属服务权益，包括免配送费、专属客服、优先接单等，同时推出包月或包年的优惠套餐服务，确保会员享受定期定额的专属优惠。此外，美团外卖还联合线下商家推出会员专享活动，进一步丰富了会员权益。通过整合优质服务和活动资源，该体系有效提升了会员的满意度和忠诚度，增加了会员的消费频次和金额。

（3）社群福利类会员体系通过异业联合，为会员提供多样化的福利。会员每月可领取专属优惠券，或享受付邮领取特色产品的福利。这些独家福利旨在回馈会员，提升他们的忠诚度和满意度，同时增强社群的吸引力和凝聚力。

 示例

福利类会员体系：支付宝蚂蚁会员

支付宝蚂蚁会员体系通过异业联合，为会员提供了多样化的福利，包括来自不同商家的专属优惠券，涵盖购物、出行、娱乐等多方面优惠。此外，该体系还推出了积分兑换特色产品的福利，会员可用积分兑换心仪的产品或服务。这些丰富的福利和优惠活动有效提升了会员的活跃度和忠诚度，同时也增强了会员对支付宝平台的信任和依赖。

（4）社群折扣类会员体系根据会员的消费行为和贡献度，将会员分为不同等级，如普通会员、银卡会员和黑金卡会员等。不同等级的会员在商城消费时将享受不同的折扣优惠，如普通会员 98 折、银卡 95 折、黑金卡 9 折等，以此激励会员增加消费，提升忠诚度。

 示例

折扣类会员体系：京东PLUS会员

京东 PLUS 会员体系将会员分为普通、银牌、金牌和钻石等不同等级，并根据其消费行为和贡献度提供差异化的折扣优惠。此外，PLUS 会员还享有专属客服、免费退换货等增值服务。这一体系成功吸引了大量忠实用户加入，会员在享受购物折扣的同时，也感受到了京东平台的关怀和尊重，从而有效提升了忠诚度。

（5）社群特权类会员体系为会员提供了超越普通用户的独特福利和特权。在这个体系中，会员不仅能够享受到固定的会员福利，如积分加倍、专享折扣等，还能获得一些特别的待遇，如专属生日礼物、定制化服务等。此外，对于更高级别的会员，社群还会提供诸如优先参与新品试用、专属活动邀请等更为丰富的增值服务。这些服务为高级别会员打造了更为尊贵和个性化的社群体验。

特权类会员体系的核心目标是通过提供独特的特权和福利，提升会员的满意度和忠诚度。当会员感受到自己在社群中的独特价值和地位时，他们更有可能积极参与社群活动，分享自己的经验和感受，从而推动社群的持续发展和壮大。

示例

特权类会员体系：腾讯视频VIP会员

腾讯视频 VIP 会员体系为会员提供了丰富的特权和增值服务，包括跳过广告、提前观看新剧、专属弹幕等，更高级别的会员还能享受跨平台观影、多屏互动等增值服务。此外，腾讯视频还会在会员生日时赠送专属生日礼物，为会员打造尊贵的观影体验。

（二）增强会员黏性

当需要增强会员体系中会员的黏性时，可以采用以下方式。

1. 为会员营造仪式感

营造社群会员的仪式感体现在多个方面：不同色调的会员界面彰显个性与尊贵，专属的客服提供贴心的服务，而独特的头衔和证书更是会员身份的象征。这些细节上的精心设计，不仅增强了会员的归属感，也让他们的社群体验更加独特和难忘。

 示例

蔚来汽车NIO Life会员

NIO Life 是蔚来汽车旗下的生活方式品牌。它秉承蔚来汽车"Blue Sky Coming"的愿景，致力于提供设计独特、品质卓越的商品，为用户创造愉悦的生活方式。NIO Life 不仅是一个电商平台，更是一个传递蔚来汽车品牌理念和价值观的重要渠道。

蔚来汽车为 NIO Life 会员精心打造了独特的仪式感体验，包括专属界面设计、贴心客服、独特会员头衔和证书等。此外，蔚来汽车还定期举办线下活动，如车主聚会、新品发布会等，进一步增强了会员的归属感和尊贵感。这一策略成功提升了 NIO Life 会员的忠诚度，会员们积极参与社群活动，分享用车体验，为品牌带来了良好口碑。

2. 给予体验官的权利

赋予社群 VIP 用户参与产品生产、测品与选品的权利，这不仅极大地提升了会员的参与感和归属感，还能快速收集用户反馈，针对产品进行有效迭代升级。这种会员共创模式优化了产品体验，加强了品牌与用户的紧密连接。

3. 设置会员积分体系

会员积分体系是激励用户签到、发言及完成社群任务的有效手段，既能提升社群活跃度，又能助力用户留存与拉新。该体系包括积分奖励机制与积分消耗机制，旨在通过积分促进用户参与，增强社群凝聚力。

（1）积分奖励机制。用户可通过多种方式获取社群积分：新人入群和日常打卡签到，分享好物与参与话题讨论，消费或邀请好友参与等，均可获得积分。这一体系旨在激励用户积极参与社群活动，提升社群活跃度。

（2）积分消耗机制。积分消耗机制是鼓励用户积极参与社群活动的一种有效策略。用户可通过积分兑换心仪的产品或服务，享受积分抵扣现金的购物优惠，还可参与积分抽奖活动，赢取额外奖品，或参与特定活动，从而增加其在社群里的活跃度和停留时间。这种机制有助于培养用户的忠诚度，使用户更愿意长期留在社群。这些多样化的积分消耗途径，不仅让用户感受到了积分的实际价值，增强了用户的参与感和满意度，同时也促进了积分的流通，带来二次产出，如用户活跃度的提升、转化率的提高等，有助于维持积分体系的平衡与社群的持续发展。

示例

  阿芙作为知名的国货美妆品牌，一直注重与用户的互动与连接。为了进一步提升社群的活跃度与用户的参与度，阿芙制定了一套完善的会员积分体系——"芙币"体系。用户通过在群内参与答题、晒单等互动活动，即可获得"芙币"，这不仅是对用户活跃度的认可，还能用于参与抽奖活动，进一步激发了用户的参与热情。同时，阿芙会员积分体系中的任务设计多样化，包括签到、分享、评价等，确保用户有多种途径获取积分，从而保持对社群的持续关注和参与。

归纳与提高

  本章介绍了社群营销与运营的核心策略与方法，深入探讨了社群营销中的 IP 营销、社群用户分层与建立用户联系；社群运营的关键环节，如社群拉新、社群培育、社群裂变传播、社群成交和社群复购。此外，本章还强调了成功社群营销的构成要素和社群的自传播互动，旨在帮助品牌建立与用户之间持久的联系。

  社群营销与运营强调通过精准定位目标社群和有效运用多样化营销手段，深化社群与用户之间的连接，增强用户黏性与忠诚度，从而为社群创造更大的商业价值，助力企业在竞争激烈的市场中脱颖而出。

综合练习题

一、单项选择题

1. 在社群营销中，以下哪项不属于社群 IP 的塑造要素？（　　　）

  A. IP 的性格特点　　B. IP 的价值观　　C. 社群的名称　　　　D. IP 的视觉形象

2. 下列哪项不是社群拉新的常见策略？（　　　）

  A. 内容吸引　　　　B. 线下门店推广　C. 社交媒体广告投放　D. 社群内部促销活动

3. 在社群用户分层模型中，哪一类用户是社群的核心成员？（　　　）

  A. 新手用户　　　　B. 爱好者　　　　C. 达人　　　　D. KOL

4. 社群裂变传播中的"任务宝裂变"主要依赖于什么机制？（　　　）

  A. 用户邀请好友助力　　　　　　B. 用户自发分享

  C. 佣金奖励机制　　　　　　　　D. 用户积分兑换

5. 社群运营中，哪一项不属于增强会员黏性的关键措施？（　　　）

  A. 为会员营造仪式感　　　　　　B. 提供专属会员福利

  C. 举办线下活动　　　　　　　　D. 强制会员参与社群活动

二、多项选择题

1. 社群的四大特质包括哪些？（　　　）

  A. 碎片化　　　　B. 去中心化　　C. 富媒体化

  D. 本地化　　　　E. 专业化

2. 以下哪些策略可以有效提升社群活跃度？（　　　）

  A. 定期组织社群活动　　　　　　B. 提供高质量的社群内容

  C. 设立积分兑换机制　　　　　　D. 强制成员每天发言

  E. 引入热门话题讨论

3. 社群营销中的 IP 推广可以通过哪些渠道进行? （　　　）

    A. 微博 　　　　 B. 微信 　　　　 C. 抖音

    D. 电视广告 　　 E. 线下活动

4. 社群用户分层时考虑的因素有哪些? （　　　）

    A. 用户活跃度 　 B. 用户贡献度 　 C. 用户年龄

    D. 用户地域 　　 E. 用户购买记录

5. 社群裂变传播中常见的裂变方式有哪些? （　　　）

    A. 转介绍 　　　 B. 拼团 　　　　 C. 砍价和助力

    D. 邀请有礼 　　 E. 直接购买

三、判断题

1. 社群营销的基础认知中，社群的价值主要体现在其作为连接用户与品牌的桥梁。

    （　　　）

2. 社群 IP 的塑造和推广是社群营销中不可或缺的一部分，但不需要与社群成员进行互动。

    （　　　）

3. 社群用户分层模型中的所有用户都应该得到相同的关注和维护。（　　　）

4. 社群裂变传播的核心是通过用户的社交网络实现低成本的用户增长。（　　　）

5. 社群复购的关键在于通过单次促销活动吸引新用户，而不是提升现有用户的复购率。

    （　　　）

四、简答题

1. 请简述社群营销与运营的核心目标是什么。

2. 在社群运营中，如何有效激发社群成员的互动?

3. 什么是社群裂变传播? 请举例说明其在实际应用中的效果。

4. 请解释社群用户分层的重要性，并列举至少两种分层标准。

5. 如何通过社群活动提升用户的参与度和社群的活跃度?

五、实训题

    假设你要创建一个专注于"环保生活"的社群，请制订一份详细的社群运营计划，包括社群的定位、社群结构的搭建、社群规则的制定、社群拉新的策略、社群培育的方法以及社群裂变传播的具体措施等。请确保计划能够吸引并留住对环保感兴趣的成员，并促进社群的长期发展。

第九章 其他平台营销与运营

【学习目标】

知识目标: 了解微博、今日头条、搜索引擎类、音频类、问答类、点评类、外卖类等平台的基础知识;掌握以上各类平台在内容策划、用户运营、商业变现等方面的策略和方法。

能力目标: 能够撰写吸引人且具有营销效果的内容,能够以多元化的内容形式触达目标用户;能够与用户进行有效互动,增强用户黏性;能够运用数据分析工具对各平台的营销效果进行监测和评估,为策略调整提供依据。

【导入案例】

鸿星尔克:创新引领,品牌焕新

近年来,鸿星尔克在新媒体平台上展现出强大的营销与运营能力,其精准定位于年轻群体,巧妙融入抖音等平台的短视频热潮,创作出一系列集潮流穿搭、趣味挑战于一体的创意内容,不仅精准捕获年轻用户的兴趣爱好,更以视觉盛宴的形式凸显产品特色,成功吸引了大量年轻用户的关注与喜爱。

在微信平台上,鸿星尔克巧妙地将公众号与小程序构建为一站式购物体验闭环,通过优化服务流程与个性化推荐,有效增强了用户黏性。鸿星尔克将微博平台作为品牌与粉丝互动的重要渠道,积极参与热门话题讨论,及时发布品牌资讯,构建起与粉丝之间的情感纽带,进一步扩大品牌影响力。此外,鸿星尔克还拓展至小红书、B站等平台,以更加多元化的内容形式触及并打动目标用户群体。这一系列创新举措,不仅让鸿星尔克在新媒体领域成功树立了鲜明的品牌形象,更实现了市场份额的稳步增长,彰显出中国品牌的新风采与强大魅力。

启发思考: 鸿星尔克在新媒体营销与运营方面采用的是什么策略?

第一节 微博营销与运营

在当今社交媒体时代,新浪微博(以下简称微博)作为信息传播的重要平台,对于个人品牌和企业营销来说都具有不可忽视的作用。

想一想

在营销与运营方面,微博和微信哪一个更适合进行广泛的品牌推广和信息传播?哪一个更适合进行深度的用户关系维护和服务提供?在实际运营中,这两个平台有什么关联?

一、认识微博

微博,是一种基于用户关系的信息分享、传播及获取的社交网络平台,用户可以通过网页、App及其他客户端,以文本、图片、视频等多媒体形式,实现信息的即时分享、传播互动。它不仅是一个信息分享和交流的场所，更是一个汇聚了各行各业精英、明星大腕与普通民众的广阔舞台。

微博不仅改变了人们获取信息的方式，也深刻影响着现代社会的传播格局。它赋予了每个人发声的机会，让普通人的声音也能被世界听见，促进了社会多元观点的碰撞与融合。同时，微博也是品牌营销和公关活动的重要渠道，众多企业和个人通过微博平台塑造品牌形象，与粉丝进行直接沟通，实现了商业价值与社会影响力的双重提升。

 示例

王老吉："百家姓"版营销活动

王老吉在 2022 年推出的"百家姓"版营销活动在微博上引起了广泛关注。他们通过定制不同姓氏的罐装王老吉，满足了消费者的个性化需求，并在微博上引发了大量讨论和分享，有效提升了品牌曝光度和用户参与度。

二、用户定位

微博的用户定位决定了微博内容的目标接收者。在微博上，不同的用户有着不同的兴趣、需求和消费习惯。通过深入分析和研究目标用户的特征，可以更加准确地了解他们的需求和偏好，从而制定出更符合他们口味的营销内容。关于用户定位，可以借助以下方法。

（1）数据分析。利用微博提供的数据分析工具，根据用户的年龄、性别、地域分布、兴趣偏好等信息，更准确地描绘出目标用户的画像。

（2）用户心理分析。除了基本信息外，还需要关注用户的心理需求。通过分析他们在微博上的行为、互动和评论，了解他们的关注点、兴趣点和痛点，从而更精准地满足他们的需求。

（3）竞争对手分析。了解竞争对手的用户定位及其在微博上的表现，找到差异点和创新点，以更好地满足目标用户的核心需求，从而在激烈的竞争中脱颖而出。

三、内容的创作与发布

微博内容的创作与发布是微博营销与运营的核心环节。它要求运营者深入挖掘品牌内涵，以独特的视角和创新思维，创作出既能吸引眼球又能引发共鸣的优质内容。

1. 内容创作原则

（1）价值性。价值性是微博内容创作的基石。无论是分享行业资讯、提供实用知识，还是讲述品牌故事，都应确保内容对用户有实际帮助或启示，能够引起用户的兴趣和共鸣。

（2）原创性与独特性。原创性与独特性是微博内容创作的核心原则。原创内容不仅能展现创作者的个性和风格，还能够吸引那些追求新颖、独特内容的用户。同时，内容原创才有可能具备独特性，才能在众多信息中脱颖而出，并给用户带来全新的阅读体验，以吸引更多用户关注和讨论。因此，在内容创作时要展现品牌或个人的独特视角，形成自己的风格，以此吸引和留住用户。

（3）时效性。要及时将时事热点、行业趋势和流行话题融入内容创作中，以增加话题性、提升关注度。同时要保持对热点的敏感度和判断力，避免过度炒作或误导用户。

（4）互动性。互动性是微博内容创作中不可忽视的一环。通过在微博内容中设置话题讨论、提问互动等环节，鼓励用户参与和分享，能够提升内容的互动性和传播效果。

 示例

全家便利店：夏日冰爽季

全家便利店作为一个知名的便利店连锁品牌，在 2023 年的微博营销中，以"夏日冰爽季"为主题，通过发布夏日新品海报、互动游戏"冰凉转转乐"吸引了大量用户参与，同时邀请明星代言人加持，扩大了品牌的影响力。全家便利店创建"#全家夏日冰爽季#""#冰凉转转乐#"等微博话题，邀请用户参与话题讨论和分享；开通微博直播，与观众实时互动；邀请知名博主、意见领袖与其合作，有效提升了品牌曝光度和品牌影响力。

2. 内容创作技巧

微博内容创作的技巧涵盖了多个方面，旨在提升内容的吸引力、传播效果和互动性。以下是一些关键的内容创作技巧。

（1）明确主题。根据微博账号的定位选择与其相关的主题进行创作。主题应具有共鸣性、价值性和深度，能够吸引读者的注意力并引发讨论。

（2）语言精练、结构清晰。微博是短文本平台，因此语言要精练，要尽量用短句子表达核心观点，避免冗长和复杂的句子结构，让读者一目了然。微博内容虽然简短，但也要注重结构的清晰性，可以采用"总—分—总"或"提问—回答"等结构来组织内容，使读者更容易理解和接受。

（3）写好首句。微博的第一句话往往被用作内容的标题或引导语。因此，第一句话要精心打磨，以吸引读者的注意力并引导他们继续阅读。

（4）精选话题与标签。精选与内容紧密相关的话题和热门标签，是增加微博内容曝光度和提升搜索排名的重要策略。热门话题往往具有更高的搜索量和关注度，因此借助热门话题和标签能够增加微博被用户发现的机会。同时，要慎用过时或无关的话题，维护内容的专业性和用户黏性。注意不要过度堆砌话题和标签，每个微博的话题和标签数量应当适中，既要保证覆盖面广，又要避免杂乱无章。一般来说，选择两三个与内容最相关、最具代表性的话题和标签即可。

（5）融入情感元素。在微博内容中融入情感元素，如讲述感人的故事、分享个人经历或展示产品背后的人文关怀等，这样可以触动用户的心灵，引发情感共鸣，提升内容的传播力。

3. 内容发布策略

微博内容发布策略对于提升微博的影响力和传播效果至关重要，以下是几点发布策略。

（1）掌握发布时机。根据目标用户的活跃度和在线时间，选择用户活跃度较高的时间段发布内容，如早晨、中午和晚上。另外，也可以结合行业和节假日等因素，调整发布时间，以更好地触达目标用户。

（2）确定发布频率。发布微博的频率应该适中，既要保证内容的新鲜度和活跃度，又要避免过于频繁导致用户反感。可以根据行业和用户的特点，制订每天或每周的发布计划，并保持一定的规律性。

（3）跨平台发布。要将微博内容在其他社交媒体平台进行同步发布，扩大内容的传播范围。发布前需注意不同平台的用户特点和内容需求，对内容进行适当的调整和优化。

优质的微博内容不仅能显著提升品牌的知名度和影响力，更能深化与用户的情感联系，为企业和品牌的长远发展奠定坚实的基础。

四、微博互动

微博互动涉及与粉丝、目标用户以及其他相关群体的有效沟通和关系的建立。它是增强与用户联系，提高品牌知名度和影响力的重要手段。以下是微博互动的几种具体做法。

1. 内容互动

提供有价值、有趣、有吸引力的内容是吸引用户加入互动的基础，内容互动包括提问、投票、话题讨论等形式。通过内容互动，可以深入了解用户的观点和想法，同时增强用户对品牌的认同感。

示例

微博互动下的品牌与粉丝温情共鸣之旅

自然堂作为国内知名护肤品牌，充分利用微博平台的优势，巧妙进行内容互动。自然堂推出一款新面膜时，发布了这样一条推广微博："春天到了，你的肌肤是否也需要焕新呢？试试我们的新款面膜，让肌肤水嫩如初！"同时，微博中还设置了互动问题"你最喜欢的自然堂产品是哪一款呢？"，并邀请粉丝留言分享。此条微博一经发布，粉丝们在评论区争相分享对自然堂产品的使用感受与独到见解，更有粉丝晒出自己的购物清单，展示使用自然堂产品后的效果。自然堂官方及时回应，对粉丝们的支持与分享表达由衷的感谢，这一举动无疑进一步加固了品牌与用户之间的情感纽带。

2. 评论互动

发布微博内容后，应密切关注用户的评论并及时回复。这不仅能够增强用户的参与感和归属感，还能够收集宝贵意见，为后续的内容创作提供参考。

3. 话题互动

企业通过创建与品牌或产品相关的话题，引导用户参与讨论。话题互动能够将用户聚集在一起，形成社群效应，进一步扩大品牌的影响力。

 示例

麦当劳携手微博校园引爆"00后"态度营销

2022年的毕业季，麦当劳携手微博校园在微博这个年轻用户的聚集地，发起了关于"00后"初入职场的话题讨论，带动大批校园用户参与，并产出了丰富多样的UGC内容，为麦当劳的毕业季营销带来了超高流量。

4. 活动互动

通过定期举办互动活动，如问答、投票、抽奖、征文比赛、晒图等活动，鼓励用户参与并分享他们的观点和想法，这不仅可以增强用户的参与度，还可以提高品牌的曝光度。

5. 合作与联动

在微博平台上，不同的账号或品牌通过协作和互动，共同举办活动或推出联名产品，可以扩大受众范围，增加互动机会。常见的形式如下。

（1）跨平台合作。微博可以与其他社交平台进行合作，共同推广某个活动或话题，从而提高品牌或活动的曝光度和影响力。

（2）与KOL合作。品牌可以与微博上的知名博主或意见领袖进行合作，利用他们的影响力和粉丝基础来推广产品或服务。

案例9.1

荣耀手机与数码博主合作，打造新品推广新篇章

2023年新品发布前，荣耀手机特邀了一批在数码领域具有影响力的博主，进行新品手机的深度体验与评测。在体验期内，博主们全面测试了荣耀新款手机的各项功能，包括外观设计、性能、拍照效果等，并通过社交平台发布了详细的评测内容。这些评测不仅展现了荣耀手机的优势，还引发了网友的热烈讨论，为新品推广注入了活力。

此次合作，不仅让荣耀手机的新品推广触及了更广泛的受众群体，更通过博主的专业评价和真实体验，为消费者提供了直观的购买参考。这不仅强化了荣耀手机的品牌形象和市场竞争力，还为消费者带来了不一样的产品体验。

此外，此次合作也为荣耀手机带来了更多的曝光和口碑传播机会。博主们的评测内容在社交平台上广泛传播，吸引了大量潜在消费者的关注。通过与博主的深入互动，荣耀手机还能够更准确地把握市场脉搏，了解消费者需求，从而为产品优化提供了有力支持。

启发思考：荣耀手机与数码博主合作推广新品取得了显著成效，这种合作方式对品牌的市场推广有何重要意义？请从品牌形象、市场曝光、消费者互动和产品优化四个方面进行分析。

（3）线上线下结合。通过与线下的品牌活动或促销活动相结合，可以形成线上线下的互补效应。

合作与联动是一种有效的营销策略，可以帮助品牌扩大影响力、提高用户参与度、降低营销成本。在实施过程中，需要选择合适的合作伙伴、明确合作目标和分工，并保持密切的沟通与跟进。

此外，还需定期评估和调整策略。通过对微博的曝光量、转发量、评论量等数据进行分析，了解微博发布效果，并根据实际情况进行调整和优化。例如，可以根据用户的反馈和数据分析结果，调整发布频率、发布时间及内容形式等。

请选择一款最新上市的手机，为其在微博营销中设计两种互动方式，要求互动内容具体，能够引起粉丝的有效互动并形成社群效应，进一步扩大品牌的影响力。

第二节　今日头条营销与运营

今日头条，以其独特的算法和精准的内容推荐，引领着亿万用户探索世界、发现新知，并以其独特的魅力和价值，成为连接用户与世界的桥梁。今日头条汇聚了海量信息，不仅满足了用户多样化的阅读需求，也为企业和个人提供了广阔的营销空间。通过今日头条，用户可以轻松获取最新的新闻动态、热点话题和行业资讯。同时，企业也能借助其强大的推广能力，实现品牌传播、产品推广和业务拓展。

一、认识今日头条

今日头条，一款基于兴趣、社交化的手机资讯阅读应用，是基于数据挖掘技术的个性化推荐引擎产品。它能为用户推荐有价值的、个性化的信息，提供连接人与信息的新型服务。

今日头条的主要特点在于其个性化推荐、内容多元化以及多平台联动的能力。它通过先进的推荐算法，根据用户的兴趣和浏览历史等信息，提供定制化的内容体验，同时允许用户一键关闭个性化推荐功能。在内容方面，今日头条覆盖了新闻、娱乐、科技等众多领域，并引入音频、短视频、直播等多种形式，可满足用户多样化的阅读需求。此外，今日头条与其母公司字节跳动旗下的多个平台（如抖音、西瓜视频等）在内容生态上形成互补与互动，可为用户提供全方位、多样化的内容消费体验。这种跨平台的运营模式不仅丰富了平台的内容生态，也提高了创作者的曝光率和内容的影响力。

示例

华为Mate 60系列手机精准营销

2023年，华为在推出Mate 60系列手机时，借助今日头条等平台开展了一系列精心策划的营销活动。华为利用今日头条的精准推送功能，将广告内容展示给对高端智能手机感兴趣的目标用户群体。通过发布手机新功能介绍、用户评价分享等内容，华为成功吸引了大量潜在用户的关注，并提升了用户对品牌的认知度和好感度。

二、内容创作策略

内容创作是今日头条营销与运营的重中之重，直接关系到品牌曝光度的提升和用户黏性的增强。其核心目标在于优化内容质量、激发用户兴趣并提升用户参与度。因此，今日头条的内容创作策略需精准定位目标用户，致力于创作高质量、多样化的内容，同时紧跟时事热点，深化专业与垂直领域的探索，积极与用户互动，并依托数据分析优化内容创作策略，从而确保内容的有效传播，实现平台价值的最大化。

课堂讨论

你认为今日头条在内容营销方面有哪些独特的优势？

（1）精准定位目标用户。深入了解目标用户的需求、兴趣和行为习惯是内容创作的基础。通过数据分析和用户调研，明确目标用户的年龄、性别、地域、职业等特征，以及他们在今日头条上的活跃时间、内容偏好及消费行为等，可以确保内容创作策略与用户需求高度匹配。

（2）高质量内容创作。高质量内容创作是今日头条内容生态的基石，也是吸引和留住用户的关键所在。该平台鼓励原创、有深度、形式多样的内容创作，确保为用户提供有趣、有价值的信息。①原创性。鼓励原创内容，确保内容的独特性和新鲜感，避免抄袭和重复。②广度与深度。在保持内容广度的同时，深入挖掘某一领域的知识，为用户提供有价值的信息和见解。③多样性。结合文本、图片、视频、音频等多种形式，丰富内容的表现形式，可满足不同用户的阅读需求。

 示例

三只松鼠年货节创意营销

2023 年年货节期间，三只松鼠巧妙利用今日头条平台，开展了一场别具一格的创意营销推广活动。三只松鼠精心策划并发布了一系列年货节主题的创意内容，将年货选购攻略、新品介绍以及优惠活动等信息以图文、视频等多种形式呈现，不仅吸引了大量用户的点击和分享，更引发了广泛的讨论和热议。通过此次活动，三只松鼠成功提升了品牌知名度，同时在年货节期间实现了销售额的大幅增长。

（3）热点追踪与时效性。紧密结合时事热点、社会动态和用户需求，及时发布与热点相关的内容，可提高内容的时效性和关注度。同时，还可结合节日、活动等时机，策划具有针对性的内容，提升用户参与度。

示例

中国国产大飞机C919亮相新加坡航展

2024 年 2 月 20 日至 25 日，中国国产商用大飞机 C919 在新加坡航展上亮相，这是国产大飞机首次在海外试飞。今日头条实时更新着 C919 大飞机动态和消息，从飞行表演到订单情况，再到与其他国际航空企业的交流合作，都进行了全方位的报道。此外，今日头条还邀请航空专家对 C919 大飞机的性能、技术特点以及市场前景进行了深入解读和分析。这种专业的报道方式不仅提升了读者对 C919 大飞机的认知和理解，也进一步提升了其作为新闻资讯平台的专业性、权威性，还增强了用户黏性。

（4）专业化与垂直化内容。创作专业化和垂直化内容，是企业在今日头条等平台进行内容创作的重要策略。针对某一特定领域或行业进行深入挖掘和报道，可以满足用户对于专业信息的需求。这样不仅可以提升用户体验和满意度，也能增强用户忠诚度和黏性。

三、营销与运营策略

企业或品牌营销与运营的主要目标是提升品牌知名度、吸引目标用户、提高用户参与度，并最终实现业务增长。在今日头条上，营销与运营是相辅相成的，营销主要负责提升品牌知名度和吸引目标用户，而运营则负责维护用户关系、提高用户参与度、优化用户体验。两者共同作用，才能实现品牌的长期发展和业务增长。

（1）合作与资源共享。与权威媒体、自媒体、KOL等建立合作关系，通过资源整合和共享，可实现互利共赢。同时，还可以探索与其他品牌商的合作，通过植入广告或品牌宣传等方式，实现内容变现。此外，与其他社交媒体、搜索引擎等平台进行合作，可以实现跨平台整合营销。这种策略不仅有助于扩大推广范围，还能为广告主提供更精准、更有效的广告投放策略。

> **📖 示例**
>
> **瑞幸咖啡与贵州茅台联手推出"酱香拿铁"**
>
> 2023年，瑞幸咖啡与贵州茅台联手推出"酱香拿铁"，通过独特的口味创新和产品联名，迅速在今日头条及其他一些社交媒体平台上引发广泛关注。这一合作不仅提升了双方品牌的知名度和影响力，还带动了产品销售的显著增长。

（2）多元化广告投放策略。今日头条可为广告主提供多种广告形式，如图文广告、视频广告、橱窗广告等，以满足不同品牌的推广需求。这些广告形式不仅具有高度的创意性和互动性，还能有效吸引用户的注意力，提高广告的转化率。此外，今日头条还通过精准的人群定向和主题定向，确保广告能够触达目标用户，提升广告效果。

（3）用户互动与社区建设。在今日头条上，增加用户互动是提高内容吸引力、扩大影响力和增强用户黏性的核心策略之一。通过积极回应评论、发起话题讨论、举办互动活动、关注用户反馈、利用数据分析以及建立社群互动等方式，可以更好地吸引用户的关注和参与，提升内容的传播效果。例如，在文章或视频末尾，可以发起一些与主题相关的话题讨论，鼓励用户在评论区留言分享自己的看法。

（4）数据驱动优化。利用今日头条的数据分析工具，可以对内容阅读量、点赞量、分享量、评论量等数据进行监控和分析，找出受欢迎的内容类型和表现不佳的内容，以便优化内容创作策略。

案例 9.2

李宁品牌国潮风营销盛典：传统与时尚的完美融合

2024年，李宁品牌以一场别开生面的国潮风营销盛典，再次点燃了消费者对国潮文化的热情。

在产品设计中，李宁融入了大量的国潮元素，通过独特的图案、配色和材质选择，将中国传统文化与当代时尚相结合。其推出的"国潮系列"运动鞋，采用中国传统的刺绣工艺和图案，同时搭配现代感的材质和色彩，既展现了国潮文化的魅力，又满足了年轻消费者对于时尚和个性化的需求。

在2024年春节期间，李宁推出了以"国潮新春"为主题的营销活动，通过线上线下的互动活动，让消费者在参与的过程中感受到国潮文化的独特魅力。此外，李宁还与多个国潮品牌进行跨界合作，共同推出联名产品，进一步扩大了国潮文化的影响力。

李宁充分利用今日头条等社交媒体和短视频平台进行国潮风营销的推广。它携手多位具有影响力的KOL，共同推广国潮文化。这些KOL通过分享自己的穿搭经验和对国潮文化的理解，成功吸引了大量粉丝的关注和讨论。同时，李宁还携手抖音等短视频平台，推出国潮变装挑战等互动活动，吸引了大量用户的参与和关注，进一步提升了品牌的影响力。

第三节　搜索引擎类平台营销与运营

搜索引擎类平台历经多年的发展，已成为互联网生态中不可或缺的组成部分。这些平台不仅以高效、精准的方式满足了用户的信息获取需求，还为企业或品牌搭建了一个个极具价值的营销平台。通过搜索引擎营销，企业或品牌能够精确锁定目标用户群体，实现广告投放的精准触达与品牌推广的高效传播，进而推动业务的快速发展。

一、搜索引擎类平台概述

搜索引擎类平台是指根据用户需求与一定算法，运用特定策略从互联网检索出指定信息并反馈给用户的重要平台。它们依托于网络爬虫技术、检索排序技术、网页处理技术、大数据处理技术、自然语言处理技术等多种技术，为信息检索用户提供快速、高相关性的信息服务。

> **想一想**
>
> 搜索引擎类平台在现代社会中有什么重要作用？

搜索引擎类平台具有信息海量、实时性、精准性、个性化推荐、用户交互性强以及跨平台与多终端适配等特点。这些特点使得搜索引擎类平台成为用户获取信息、解决问题和获取知识的重要渠道，同时也为企业和个人提供了展示和推广自己品牌和服务的重要平台。常用的搜索引擎类平台主要包括以下几种。

（1）百度。作为中国最大的搜索引擎平台，百度不仅提供基础的网页搜索功能，还提供图片、视频、学术、地图、知道等多种搜索服务。其搜索结果丰富多样，并且针对中文搜索进行了深度优化，深受用户的喜爱。

示例

猿辅导借助百度搜索超额完成招生

为提升暑期课程招生报名量，猿辅导利用百度搜索工具，针对"暑期补习班""在线英语课程"等关键词精准投放广告，结合信息流推送个性化课程。通过百度基木鱼（百度为企业、机构、个人提供的电商开发平台）搭建高效落地页，简化报名流程。此营销策略成效显著，使广告点击率跃升了 20%，课程咨询量激增了 30%，暑期招生超额达标，且用户注册成本下降了 15%。百度搜索工具使猿辅导成功实现了暑期课程招生量的飞跃式增长。

（2）搜狗搜索。作为中国领先的搜索引擎之一，搜狗搜索在网页搜索、图片搜索、学术搜索等方面都有不错的表现。此外，搜狗搜索还结合了社交元素，可为用户提供更丰富的搜索体验。

（3）360 搜索。360 搜索依托 360 浏览器和 360 安全卫士等产品的庞大用户群体，可为用户提供快速、准确的搜索服务。其搜索结果丰富多样，同时注重用户体验和隐私保护。

除了以上几个常用的搜索引擎平台外，还有神马搜索、夸克搜索等也在不同领域和场景中受到了用户的青睐。这些搜索引擎平台各具特色，用户可以根据自己的需求和喜好选择使用。

二、百度营销与运营

百度作为中国最大的搜索引擎平台之一，是商家和品牌不能忽视的重要营销与运营平台。商

课堂讨论

你认为为百度营销和微博营销、今日头条营销的主要区别在哪里?

家和品牌可以借助百度的影响力,通过提供优质内容、优化用户体验、精准投放广告等手段提升品牌知名度,吸引用户,增强用户黏性,并最终实现商业转化。

(一)百度营销策略

企业基于百度强大的搜索引擎技术和广泛的用户基础,在百度上可以进行多种营销活动,以扩大品牌影响力、增强用户黏性和促进销售增长。以下是一些具体的营销策略。

1. 搜索引擎营销

搜索引擎营销(Search Engine Marketing,SEM)是一种基于搜索引擎平台的网络营销方式,它利用人们对搜索引擎的依赖性和使用习惯,在用户检索信息时将营销信息传递给目标客户。搜索引擎营销被企业或个人广泛应用,旨在通过优化搜索引擎结果页面中的排名,提高自己网站的可见性和点击率,从而吸引更多的潜在客户并促进转化。常见的搜索引擎营销主要有以下两种方法。

(1)搜索引擎优化。搜索引擎优化是一种通过对网站的内容、结构、链接等进行优化,从而提升网站在搜索引擎结果页面中的排名,以获取更多流量和曝光度的技术和策略,其核心要素包括关键词研究、网站内容优化和网站结构优化。搜索引擎优化是一项长期、持续、系统的工作,需要企业不断地优化和调整,才能达到最佳的效果。

(2)百度竞价排名与广告投放。这是百度搜索引擎营销中最为常见且有效的形式。企业可以通过百度竞价推广平台,针对特定关键词进行竞价排名,当用户搜索这些关键词时,企业的广告将有机会展示在搜索结果页面的显著位置。这种广告形式能够精准地触达目标用户,提高广告的点击率和转化率。百度竞价推广支持多种广告形式,如文字链广告、信息流广告、视频广告等,企业可以根据自身需求选择合适的广告形式进行投放。

示例

比亚迪巧妙吸引海量客户,引领市场新潮流!

2023年,新能源汽车市场的竞争日益激烈。比亚迪选择与百度进行深度合作,通过搜索引擎营销提升品牌曝光度。比亚迪利用百度的关键词广告和精准投放技术,成功吸引了大量对新能源汽车感兴趣的潜在用户。同时,结合百度的数据分析工具,比亚迪对广告效果进行了持续优化,进一步提升了营销效果。

2. 品牌推广

品牌推广是企业在百度平台开展营销活动的重要手段之一。通过百度品牌推广服务,企业可以在搜索结果页面展示其品牌形象、实力和特色,提高品牌知名度和美誉度,增强用户对品牌的认知和信任,进而促进购买。

示例

携程与百度营销合作,助力旅游行业复苏

2023年,携程借助百度的搜索引擎营销服务,精准吸引了众多计划出行的用户,为旅游行业的复苏注入了强劲动力。同时,携程还利用百度的数据分析工具,通过对用户的搜索关键词、点击行为、购买偏好等数据进行挖掘和分析,更好地了解用户需求和市场趋势,从而调整和优化广告内容和投放策略,以有效提升营销效果。此外,携程还与百度合作开展了一系列旅游推广活动,通过线上线下的互动活动、优惠券发放、特价产品推广等方式,进一步提升了品牌的知名度,增强了用户黏性,吸引了更多用户选择携程作为他们的旅游服务平台。

雀巢咖啡与百度地图的创新合作：强化品牌关联与消费引导

2023 年 1 月，雀巢咖啡携手百度地图共同开启了一场别开生面的线上营销活动。这次合作旨在通过创新的营销方式，加强用户与品牌的关联，引导用户到店购买，并进一步扩大品牌的影响力。

此次合作巧妙地结合了同城出行场景与新年高速出行场景，通过百度地图这一广泛使用的导航工具，实现了对目标用户的精准触达。在同城出行场景中，通过百度地图的精准定位与推荐功能，将雀巢咖啡的门店信息精准推送给附近的用户，引导用户前往购买。

而在新年高速出行场景中，雀巢咖啡则采取了更为独特的方式，即在服务区植入品牌语音提示语。当用户在高速公路上行驶时，通过百度地图的语音导航功能，可以听到雀巢咖啡的提示语音。这不仅增强了用户对品牌的记忆度，也激发了用户在服务区停留并购买雀巢咖啡的欲望。

这次合作不仅成功吸引了大量用户的关注，也实现了对潜在消费者的有效转化。通过百度地图的广泛覆盖和精准定位，雀巢咖啡成功地加强了与用户的互动，提升了品牌形象，同时也为门店带来了更多的客流量和销售机会。

启发思考： 分析雀巢咖啡与百度地图的合作中，如何利用百度地图的精准定位和推荐功能强化品牌与用户之间的关联。请从定位精准性、用户行为洞察、个性化推荐等方面展开分析。

3. 智能投放广告

百度智能投放功能，是基于百度强大的 AI 技术和大数据能力开发的。企业可以利用这些功能实时分析用户意图，智能圈定目标人群，并进行精准的品牌广告投放。通过关联行业产品库、自动定向拓展、自动创意生成等功能，百度智能投放能够帮助企业简化投放流程，使企业获得成本更低、数量更多的潜在客户。

此外，百度还提供了其他多种广告形式，以满足不同企业的需求。这些广告形式既可以单独使用，也可以结合使用，以实现更好的广告效果。同时，百度还提供了广告投放工具和优化建议，可帮助企业更好地管理和提升广告效果。

4. 其他营销策略

企业还可以利用百度的其他资源开展营销活动。

（1）百度联盟。企业可以加入百度联盟，通过与其他网站或应用合作，共享流量和广告资源，以扩大品牌曝光度和提升销售转化率。

（2）地图营销。利用百度地图进行位置标注和宣传推广，提供准确的地理位置信息和周边服务信息，以吸引用户关注和到访。

（3）百度 AI 营销。利用百度的人工智能技术，如 AR、语音互动等，实现更多生活场景的突破，可为用户提供更加个性化的营销体验。百度积极推动 AI 技术与传统营销方式的融合，通过先进的算法和大数据分析，实现精准用户画像与行为分析，从而为用户提供个性化、高效的广告体验。

案例 9.4

百度AI数字人希加加成为麦当劳产品的首位虚拟推荐官

2023 年 4 月，百度旗下的 AI 数字人"希加加"成为麦当劳产品的首位虚拟推荐官，这一创新举措在营销界引起了广泛关注。希加加以其独特的虚拟形象，成功登陆了成都和大连两地的裸眼 3D 大屏，与屏幕下方的麦当劳店铺形成了生动的互动场景。

这种跨维媒介的组合方式，为麦当劳带来了全新的线下沟通场景。希加加在屏幕上"掏"出安格斯 MAX 厚牛堡的瞬间，实物牛堡转变为数字牛堡，这不仅赋予了麦当劳及其新品更多的科技感，也吸引了大量路人驻足围观，引发了广泛的社会讨论。

此次合作，不仅展示了百度在 AI 技术领域的领先地位，也体现了麦当劳在品牌营销方面的创新思维。通过希加加的虚拟形象，麦当劳成功地将传统快餐文化与科技元素相结合，为消费者带来了全新的体验。

同时，希加加与麦当劳的合作也标志着虚拟代言人在品牌营销中的重要作用日益凸显。随着科技的不断发展，虚拟代言人以其独特的形象和互动性，正逐渐成为品牌营销的新宠。

启发思考： 请分析百度 AI 数字人希加加与麦当劳的合作案例，探讨这一创新营销方式是如何提升品牌影响力的，并结合当前数字营销趋势，思考未来品牌如何更好地利用 AI 技术实现有效营销。

此外，企业还可以利用百度提供的丰富的营销工具和服务，如数据分析、用户画像、智能推荐等，更好地了解用户需求和市场动态，优化营销策略。

（二）百度运营策略

企业的百度运营策略应当围绕百度的平台特性和用户需求展开，旨在提升品牌知名度、吸引潜在客户、促进产品销售以及增强用户黏性。以下是一些具体的运营策略。

（1）明确运营目标与定位。企业要明确在百度平台上的运营目标，如提高品牌曝光度、增加网站流量、提升转化率等；还要深入了解企业品牌特色、产品优势及市场需求，结合目标用户的兴趣偏好、行为习惯和消费能力，制定符合品牌调性和用户需求的运营策略。

案例 9.5

小米营销新篇章：百度内容+社交媒体双翼齐飞，品牌与用户共舞新高度

2023 年，小米以一场全新的营销盛宴，再次证明了其在品牌传播与用户互动方面的卓越能力。

在百度内容营销方面，小米充分发挥了百度知道、百度经验等平台的优势，发布了一系列精心策划的内容。这些内容涵盖了产品使用技巧、行业动态等多个方面，不仅满足了用户对信息的需求，也提升了小米品牌的专业度和可信度。通过百度搜索引擎的强大功能，这些内容得以被精准推送给目标用户，引发了大量用户的关注和讨论。

而在社交媒体方面，小米则充分利用了微博、抖音等平台的用户基础和传播优势。小米通过话题挑战、用户互动等方式，积极推广百度内容营销中产生的优质内容，形成了广泛的社交传播效应。这种跨平台的内容传播方式，不仅提升了小米品牌的曝光度，增强了用户黏性，也有效促进了产品销售。

更值得一提的是，小米在百度内容营销与社交媒体整合等方面做得相当出色。通过精准的用户画像分析和数据驱动的策略制定，小米成功将百度内容营销与社交媒体平台进行了有机结合。这种整合不仅实现了资源的共享和互补，也提升了营销效果和用户体验。

启发思考： 请分析小米使用百度内容营销与社交媒体整合的策略对其品牌发展的长远影响。

（2）内容运营。企业要根据目标用户的需求和兴趣，制定内容规划；确保内容具有原创性、价值性、可读性，并能满足用户需求；坚持创作高质量的内容，包括文章、图片、视频等；内容应该具有吸引力，易于理解，并能够引导用户进行下一步行动，如点击、分享、购买等。同时可以尝试多种内容形式，如短视频、直播、图文结合等，以多元化的方式展现品牌故事和产品亮点，选择合适的时间、渠道发布内容，并根据用户反馈和数据分析优化内容。此外，还要关注搜索引擎的算法变化，优化内容以符合搜索引擎的排名要求。

（3）用户与社群运营。通过数据分析构建用户画像，了解用户的年龄、性别、地域、兴趣等信息，这有助于制定更精准的用户运营策略。企业应积极回应用户的评论和反馈，及时解答用户的疑问和困惑，增强用户的参与感和满意度；建立品牌社群，通过举办线上活动、发起话题讨论、邀请用户参与内容创作等方式，激发用户的参与热情和创造力，形成良好的口碑传播效应。

（4）数据分析与优化。充分利用百度提供的数据分析工具，对内容发布、用户互动、流量转化等关键指标进行实时监测和深入分析。对收集到的数据进行深入分析，了解用户喜好和需求的变化趋势，以便优化内容运营策略和用户运营策略。根据数据分析的结果，及时调整运营策略和内容方向，提升运营效果和用户满意度。

（5）跨界合作与资源整合。积极寻求与其他领域、平台的跨界合作机会，通过联合创作、互推互粉、共同举办活动等方式，实现资源共享和优势互补。整合企业内部和外部的资源，如品牌、产品、技术、渠道等，形成强大的合力，提升企业的竞争力和影响力。

第四节　音频类平台营销与运营

音频类平台是近年来迅速崛起的一种新型媒体形态，主要以音频内容为核心，通过互联网进行传播和推广。这些平台不仅可以满足用户在不同场景下的收听需求，还凭借丰富的内容和个性化的推荐功能，精准匹配每位用户的独特兴趣和偏好，从而将收听体验推向细腻、舒适与个性化的新高度。同时，它们也为音频创作者提供了发布和传播作品的渠道，推动了音频内容的创作与传播。

课堂讨论

分享你使用过的音频平台，说说你最喜欢的节目。

微课堂

优质音频实例

一、主流音频平台

音频类平台众多，它们通过独特的内容策略、精准的用户定位以及良好的用户体验，成功吸引了大量用户，实现了平台的快速发展。同时，它们也为音频创作者提供了广阔的展示空间，推动了音频内容的创作与传播。以下是一些具有代表性的主流音频平台。

（1）喜马拉雅作为中国最大的在线音频分享平台之一，提供了丰富的有声读物、电台、播客等音频内容。喜马拉雅注重内容的多样性和品质，拥有大量的独家版权内容，吸引了大量忠实用户。它涵盖了有声书、课程、娱乐等多种内容形式，满足了用户在不同场景下的收听需求。此外，它还积极向知识付费领域拓展，推出了众多知识讲座和课程。喜马拉雅不仅为音频创作者提供了良好的创作环境和推广渠道，还实现了平台与创作者的共赢。

示例

喜马拉雅打造悬疑有声剧场

悬疑内容一直是深受用户喜爱的内容品类。因此，喜马拉雅与各大悬疑作家和内容版权方深入合作，打造了大批深受用户喜爱的悬疑作品。其中，自制悬疑厂牌"白夜剧场"上线了心理犯罪、女性悬疑、影视热剧等多个品类下的数十部悬疑有声作品，这些作品在平台内人气颇高，已经成为"悬疑迷"们"听悬疑"的聚集地。截至2025年1月，"白夜剧场"推出的《高智商犯罪》，收听量已突破2.9亿。而喜马拉雅首档原创自制罪案悬疑有声剧《李昌钰·罪案剧》，首次采用菁彩声（Audio Vivid）的音质模式，为用户营造了三维沉浸式收听氛围。

（2）蜻蜓FM于2011年9月上线，是国内首个网络音频App，旨在为用户和内容生产者构建一个多维度、全场景的生态平台，汇聚广播电台、版权内容、人格主播等优质音频IP。该平台提供个性化推荐和高品质音质体验，同时支持多设备同步播放和便捷操作，可带给用户丰富多彩的音频感受。

（3）荔枝FM注重音频社交和用户生成内容，鼓励用户创作和分享自己的音频作品。该平台提供了简单易用的音频录制和编辑工具，可帮助用户轻松制作高质量的音频内容。同时，荔枝FM还通过举办音频创作大赛、与知名音乐人合作等方式，不断提升平台内容的质量和影响力。

这些主流音频平台各具特色，通过不同的运营策略和内容定位，满足了用户多样化的音频需求。同时，它们也在不断创新和完善，从而为用户提供更好的音频体验和服务。

二、音频类平台的营销与运营策略

音频类平台的营销与运营策略主要包括：内容运营，即通过精心策划和制作多样化的高质量内容，吸引并留存用户；用户运营，即通过个性化推荐和社交互动提升用户体验；商业变现，即通过投放广告、内容付费、会员制等多元化盈利模式实现商业价值，再结合数据分析优化运营策略，形成持续发展的良性循环。

（一）内容运营

内容运营作为音频类媒体账号的核心引擎，应当聚焦于精心策划、匠心制作并广泛推广一系列高品质、多元化的独家音频作品，同时不断优化用户体验，深入理解听众需求，强化与听众的互动与反馈机制，以创新驱动内容迭代升级，从而在激烈的市场竞争中脱颖而出，构建稳固且持续增长的听众社群。

（1）打造高品质的内容。打造高品质的内容是运营品牌 IP 或账号的基石。创作者要充分利用平台提供的资源与支持，从选题策划到后期制作，每一个环节都力求精益求精，确保每一期音频节目都是高品质的内容，在满足听众知识与信息需求的同时，引起其情感共鸣。

（2）内容多元化。音频类平台通过结合用户生成内容与专业生成内容，实现了内容生态的多元化。用户生成内容以其个性化和原创性，为平台注入了活力和新鲜血液，吸引了大量用户的参与和互动。而专业生成内容则以其专业性和高质量，满足了用户对精品内容的需求，提升了平台的整体内容品质。创作者要充分利用平台内容的多元化特性，积极探索多元化的内容形式，如深度访谈、专业知识分享、情感故事、创意播客等，以吸引并留住更广泛的听众群体。

（3）打造独家内容。独家内容不仅是吸引听众的磁石，更是巩固品牌地位、提升账号价值的关键。为打造独家内容，IP 运营者首先要进行市场调研，了解听众的真实需求与兴趣点，从而确定内容的独特定位与差异化优势。其次，结合账号特色，精心策划内容选题，力求每一期节目都能带给听众新鲜感与启发。最后，在创作过程中，IP 运营者还要注重内容的原创性与创新性，避免与市场上已有的内容雷同，确保作品具有鲜明的风格与辨识度。

案例 9.6

"凯叔讲故事"：专注儿童内容运营

王凯自 2014 年开始运营"凯叔讲故事"微信公众号起，就专注于为儿童提供高质量的音频故事内容。其品牌扩展迅速，不仅推出了"凯叔讲故事"App，还入驻各大主流音频平台，如喜马拉雅、荔枝 FM 等。

"凯叔讲故事"的内容涵盖故事、科普、传统文化等，深受 0～12 岁儿童及其家长喜爱。王凯以其卓越的主持与讲故事技巧，为孩子们带来了生动有趣的听书体验。同时，运营者还积极与出版社、动画片制作方等合作，推出了一系列原创和改编的优质作品，如《凯叔西游记》《凯叔 365 夜》等，深受孩子们喜爱。

此外，"凯叔讲故事"还积极开展线下活动，如亲子阅读会、故事分享会等，以增强用户的互动体验。同时，"凯叔讲故事"还与出版社、教育机构等合作，共同推广儿童阅读文化，提升其品牌影响力。

启发思考："凯叔讲故事"是如何策划出既有趣味性又有教育意义的音频内容的？

（二）用户营销与运营

用户营销与运营在音频类平台中发挥着至关重要的作用。它不仅能帮助创作者更深入地了解目标听众，把握其兴趣与需求，进而创作出更贴合用户需求的内容，还能通过一系列策略增强用户黏性，使听众对创作者及其作品产生更强烈的情感认同和依赖。此外，用户营销与运营还有助于提升创作者的知名度与影响力，吸引更多潜在听众，为创作者的个人品牌建设和长远发展奠定坚实基础。因此，创作者应高度重视用户运营，通过持续优化与听众的互动体验，实现内容的有效传播与商业变现。

1. 多平台布局，构建庞大的粉丝社群

通过构建和维护一个庞大且活跃的粉丝社群，创作者可以不断洞悉市场机会和用户痛点、促进内容创作与创新、提高用户忠诚度，并实现商业变现的多元化发展。

创作者可以利用多个音频平台扩大内容覆盖面，吸引更多潜在用户。此外，创作者还可以在每个平台建立自己的粉丝群，通过专业的社群管理工具加强与粉丝的互动，以增强用户黏性和归属感。同时，创作者还应定期在社群内发布和更新内容，设置问答环节，举办线上讲座等，以增强用户的参与感和忠诚度，并深入了解其需求与反馈，不断优化内容和服务。

示例

"涛哥讲历史"：深度解析与多维互动，重塑音频历史内容新标杆

"涛哥讲历史"作为音频领域历史类内容的领航者，其独特之处在于对历史事件的深度挖掘与生动诠释。涛哥不仅以通俗易懂的语言讲述复杂的历史，更将其融入现代视角，让听众在享受历史韵味的同时，能感受到时代的共鸣。在用户运营层面，涛哥展现了非凡的洞察力和创新能力。他充分利用多平台优势，构建了庞大的粉丝社群，通过定期发布节目预告、精彩片段、历史小知识等内容，与听众保持紧密的互动和联系。这些社群不仅提高了听众的参与感和归属感，还为涛哥提供了宝贵的反馈意见和建议。值得一提的是，涛哥深谙互动的力量，他在节目及社群内设置了丰富的问答环节，鼓励听众提出问题和观点，并且积极解答和回应。这种互动方式不仅增加了节目的互动性和趣味性，还提高了听众的参与度和满意度。此外，涛哥还精心策划了一系列线上线下活动，如历史讲座、签售会、粉丝见面会等。这些活动不仅为听众提供了与涛哥面对面交流的机会，还增强了听众对涛哥及其节目的认同感和忠诚度。

总的来说，"涛哥讲历史"通过深度历史解析与多维用户运营的有机结合，成功打造了一个集知识性、互动性、趣味性于一体的音频内容生态，为行业树立了新的标杆。

2. 多渠道推广，扩大影响力

为扩大影响力，吸引更多潜在用户关注，音频创作者可以通过社交媒体、合作与联动、广告投放等多渠道进行推广。在社交媒体平台定期发布节目预告、精彩片段和幕后故事等内容，吸引更多潜在用户关注；同时，还可以与其他知名创作者或品牌进行合作与联动，通过互推、联名活动等方式扩大品牌影响力；此外，还可以在合适的时机进行广告投放，提高内容的曝光度和知名度。

 即学即练

假如你是一位职业规划师，计划在音频类平台上帮助年轻人解决就业难题。请你结合当前年轻人的就业现状，选择合适的平台，根据目标人群定位，设计出适合其就业能力提升的音频内容，并设计用户运营策略。

案例 9.7

《孤勇者》：音乐界新贵，引领跨界营销新风潮

2021 年 11 月，陈奕迅深情献唱的《孤勇者》作为《英雄联盟》衍生动画《英雄联盟：双城之战》的中文主题曲震撼发布。歌曲一经推出，便如狂风巨浪般席卷各大音乐榜单，迅速俘获了无数听众的心。

在营销和运营方面，《孤勇者》展现出巨大的影响力。各大音频平台敏锐地捕捉到了这首歌曲的巨大潜力，纷纷展开深度合作，通过精准推广和创意营销，将《孤勇者》的旋律传播至每个角落。话题营销、社交互动等多元化手段的运用，更是让这首歌曲在社交媒体上掀起了一股热潮。

值得一提的是，《孤勇者》不仅在成年人群体中广受欢迎，更是在小学生群体中流传开来，成为他们之间的"接头暗号"。这一跨年龄层的传播现象，无疑彰显了《孤勇者》的广泛影响力和深厚底蕴。

可以说，《孤勇者》的成功营销和运营，不仅为音乐界注入了新的活力，也为跨界合作和营销推广树立了新的典范。

启发思考： 请分析《孤勇者》成功运营的策略。

（三）商业变现

音频类平台上，内容创作者或主播是商业变现的重要主体。他们通过创作高质量、具有吸引力的音频内容，吸引着粉丝和听众。同时，他们通过内容付费、直播打赏、电商带货、广告等方式获取收益。此外，一些知名主播还可能与品牌商家合作，进行品牌代言或推广，以进一步增加收入来源。

（1）内容付费。创作者可通过提供独家、高质量的付费内容，满足用户对高品质音频节目的需求，进而实现商业价值。具体来说，付费内容可以是独家专访、原创音频剧、专业讲座、付费课程等，这些内容不仅能够为用户提供更加丰富和有价值的音频体验，还能够实现平台的商业价值和可持续发展。

（2）直播打赏。主播通过直播与粉丝互动，粉丝可以通过打赏的方式支持主播，主播和平台可以从中获得收益。与此同时，主播还可以通过培养忠实粉丝群体，开展粉丝专属福利、会员日促销等活动，增强粉丝黏性和忠诚度，进而实现商业变现。

（3）电商带货。创作者可以在音频内容中推荐相关产品，并引导用户到电商平台购买，实现电商带货。这种方式需要商家与电商平台建立合作关系，并确保推荐产品的质量和信誉。同时，创作者还可以根据音频内容的主题和风格，设计并销售相关周边产品，如文化衫、手办、文具等。这种方式能够进一步拓展商家的产品线，增加收入来源。

📊 示例

山西文创与《黑神话：悟空》的电商融合

2024年，游戏《黑神话：悟空》的火爆不仅点燃了游客去山西旅游的热情，更推动了山西文创产品的热销。山西文创产品巧妙地融合了知名景点、历史文化与传统工艺，如云冈石窟的福佑香包、莲花"佛小伴"挂件、盖章拼图、悬空寺流沙冰箱贴、显眼包便签贴，以及创意无限的文创雪糕、煤炭汤和陈醋冰激凌等，每一件文创产品都承载着山西深厚的文化底蕴。

为扩大文创产品的市场影响力，山西省文旅部门与淘宝网、京东、拼多多等主流电商平台深度合作，确保文创产品顺利上线，触达更广泛的消费者。同时，山西省文旅部门在小红书、抖音、B站等多个平台上也进行了大力推广，并策划了"跟着悟空游山西"系列活动，如推出主题旅游线路、免费发放"通关文牒"、制作专门信物等周边产品，以及在线下取景地设置打卡装置等。此外，山西省文旅部门还在喜马拉雅、蜻蜓FM等音频平台，发布了与《黑神话：悟空》及山西文化紧密相关的音频内容，通过引人入胜的故事与文化解读，激发听众对文创产品的兴趣，并在音频中巧妙嵌入购买提示，实现电商带货，为文创产品开辟了新的销售渠道。

山西文创与《黑神话：悟空》的结合，不仅是一次文化营销的成功典范，更是对文创产品电商化销售模式的积极探索，为传统文化与现代商业的融合提供了宝贵经验。

（4）广告承接。广告通过声音的形式将品牌信息传递给用户，具有独特的传播优势。在音频类平台中，创作者与品牌商家进行合作，可通过品牌广告插播、赞助节目等形式实现商业变现。这种方式不仅能带来直接收益，还能提升音频内容的品牌影响力和商业价值。在音频内容的开头、结尾或特定间隔插入广告时，需注意控制广告的时长和内容质量，避免影响用户体验。

第五节　问答类平台营销与运营

问答类平台以其独特的信息交流方式和专业知识分享功能，深受用户青睐，从而成为人们获取知识和解决问题的重要途径。同时，问答类平台也为企业提供了与用户互动、塑造品牌形象的有效渠道，助力市场营销策略的精准实施。随着技术的不断进步和市场的持续拓展，问答类平台的发展前景更加广阔，会在新媒体领域中发挥更加重要的作用。

课堂讨论

问答类平台与传统新媒体平台最大的区别是什么？

一、问答类平台的分类及特征

作为新媒体生态的重要组成部分，问答类平台以内容权威性、强大的互动性、更新及时性和个性化推荐等特点深受用户喜爱。根据其特点和内容不同，问答类平台可分为以下几种类型。

（一）综合性问答平台

综合性问答平台覆盖多个领域，用户可以在上面提问并获得来自不同领域的回答。常见的综合性问答平台主要有以下几个。

（1）知乎是一个中文互联网问答平台，以其内容的深度和广度而著称。众多专业人士在该平台上分享自己的见解和知识，为用户提供了高质量的内容。知乎因其能够满足不同用户的多样化需求，从而吸引了大量的用户群体。

示例

不粘锅涂层有害吗？

2023年，九阳针对其新推出的0涂层不粘电饭煲，在知乎上精心策划了一系列内容营销。九阳通过搭建问题矩阵，从用户关注的痛点"不粘锅涂层有害吗"切入，进行分层级的内容投放，将专业讨论转化为产品信任背书，使消费者深刻感受到九阳产品的安全与可靠。同时，九阳精准锁定搜索和推荐两大流量入口，确保优质内容能够高效触达潜在用户。这一策略不仅提升了九阳的品牌形象，更成功引导了用户从专业种草走向消费决策，实现了品牌与消费者的深度连接。

（2）悟空问答是今日头条旗下的问答社区，它集合了今日头条的算法推荐优势，可为用户提供个性化的问答体验。用户可以在悟空问答上浏览热门问题和答案，也可以通过搜索找到特定问题的答案。

（3）新浪爱问是新浪网旗下的一个综合性问答平台，拥有大量的活跃用户。它覆盖了广泛的话题领域，从科技、娱乐到生活、教育等，为用户提供了一个便捷的提问和回答空间。

（二）垂直领域问答平台

垂直领域问答平台是专注于某一特定领域或行业的问答平台，旨在为用户提供该领域内的专业问题解答和知识查询。典型的垂直领域问答平台包括医疗领域的"好大夫在线""丁香医生"，IT技术领域的"Stack Overflow"，法律领域的"无讼网"，以及汽车行业的"汽车之家·车问答"等。这些平台不仅可为用户提供专业的问题解答，还可为企业树立品牌形象，提升企业在特定领域的影响力。

无讼网："一站式"法律问答与服务平台

　　无讼网是一个专注于法律服务的垂直领域问答平台，它致力于通过大数据与智能技术，为法律人和大众提供精准、高效的法律服务，包括案例检索、法规查询和法律课程培训等。无讼网推出的无讼 App、法律人工智能机器人"法小淘"等，利用先进的信息技术，可为用户提供便捷、高效的法律服务体验。同时，无讼网还拥有庞大的法律人网络社群，方便用户进行学习交流和合作发展，因而在法律领域取得了显著的成就。

（三）社交媒体附属问答功能

　　社交媒体附属问答功能作为社交媒体平台的一种创新互动形式，为用户提供了一种直接在平台上提问并获得解答的便捷途径。这种功能不仅简化了信息获取流程，更加强了社交媒体的互动性，优化了用户体验。以微博、微信等主流平台为例，它们均内置了问答功能，使用户能够轻松发起提问、参与讨论，并与其他用户进行实时互动。

　　1. 微博问答

　　微博问答功能是 2016 年上线的，其问答功能体现在允许用户向大 V 或特定博主提问，并可选择付费提问或免费提问（具体取决于博主是否设置了付费门槛）。博主在收到问题后，会通过撰写文章的形式进行回答。同时，其他用户可以通过支付一定费用围观博主的回答。在博主回答问题后，提问者会收到通知，并可以查看博主的回答。此外，其他用户也可以通过评论、转发等方式参与讨论，这种互动方式可以对营销起到一定的作用。

　　2. 微信问答

　　微信的问答功能主要体现在其"搜一搜"和"问一问"功能中。

　　（1）微信的"搜一搜"功能不仅包括搜索文章、公众号等内容，还逐渐融入了问答元素。用户可以在"搜一搜"中输入问题，微信会根据用户的搜索历史和兴趣推荐相关的回答内容，包括来自公众号、小程序、朋友圈等渠道的回答。

　　（2）微信的"问一问"功能是一个更加专注于问答交流的平台。打开微信，进入"发现"页面，点击"搜一搜"。在"搜一搜"页面中，用户会看到"问一问"的入口，点击该入口即可进入"问一问"页面。在"问一问"页面，用户可以点击"去提问"来提出自己的问题，并等待其他用户或微信基于内置的 AI 技术提供的智能回答。此外，用户还可以浏览和回答其他用户提出的问题。

　　与此同时，新兴的问答类平台也如雨后春笋般涌现，如短视频平台的问答专区、新闻资讯平台中的互动问答栏目等。这些平台通过创新的方式，为用户提供了多样化的问答服务，进一步丰富了新媒体平台的生态与功能。

二、问答类平台的营销模式

　　问答类平台的营销模式是多样且灵活的，旨在通过解答用户问题、分享专业知识、树立品牌形象以及引导舆论方向等方式，实现网络营销的目标。以下是一些主要的营销模式。

　　（1）权威答疑型。企业或个人利用自身专业知识，在专业性强、权威度高的平台，如百度知道、知乎等，对用户关心的问题进行详细且权威的回答，从而提升企业或个人的专业形象与影响力。

示例

vivo X100影像旗舰新品营销

2023 年 11 月，vivo 在推出其重磅影像旗舰机 X100 时，洞察到消费者的一个痛点：手机的便携性和相机的专业性往往难以兼得。于是，vivo 在知乎上发起了一场围绕"普通人离丢掉相机还有多久"的讨论。这一讨论直击消费者的痛点，避免了堆砌参数和晦涩难懂的专业术语，让消费者能够直观理解 vivo X100 的影像性能升级。vivo 在知乎上的这一营销策略充分展示了问答类平台在权威答疑和新品推广方面的巨大潜力。通过专业讨论和精准提问，vivo 不仅成功提升了消费者对 X100 影像性能的认知，还增强了消费者对品牌的信任感和忠诚度。

（2）口碑推广型。在消费决策过程中，口碑往往起着至关重要的作用。在商品问答区发布高质量的用户评价以引导潜在买家，是商家常用的营销策略之一。例如，在电商平台（如天猫、京东等）的商品问答区，商家通过真实用户的评价和使用心得，从客观中立的角度解答潜在买家关心的商品问题，达到正面口碑传播的效果，引导潜在买家了解商品优势，增强购买信心。

（3）事件炒作型。在微博问答、豆瓣小组等社交问答平台，可通过发起热点话题讨论、制造争议性问题等方式吸引用户关注，引发围观和讨论，进一步扩大品牌知名度。例如，品牌方可结合时事热点或行业趋势，在问答平台发起话题讨论，引导用户参与并传播品牌信息。

🖥 示例

"酱香拿铁"引热议

2023 年，瑞幸咖啡与贵州茅台跨界推出"酱香拿铁"，融合新兴咖啡与传统白酒的新品成功引发热议。在"酱香拿铁"上市前，瑞幸咖啡通过微博等社交平台发布了多条预热信息，包括产品的设计理念、口感特点、限量发售等，逐渐吸引了用户的关注和讨论。产品一经上市，迅速在微博上引发了热议。而瑞幸咖啡并没有止步于产品上市时的热度，而是继续通过微博等平台挖掘和运营相关话题。例如，网友质疑茅台真假时，瑞幸咖啡公开了原料生产记录视频；订单量激增导致门店出现混乱时，相关事件也被迅速传播。这种连续剧式的话题挖掘与营销，让品牌在长时间内保持了高热度，进而扩大了品牌知名度。

（4）与 KOL/网红合作。与行业 KOL 或网络红人合作，是一种高效的营销策略，能够帮助商家精准触达目标用户，提升品牌影响力并促进销售转化。商家可以选择与其产品或服务相关的 KOL/网红合作，共同创作内容，确保内容既符合品牌形象，又能体现 KOL/网红的个性和风格。内容可以包括问答、直播、短视频等多种形式。

🖥 示例

美的空调与知乎答主合作营销

2023 年 11 月，美的空调为了精准覆盖每条产品线的目标人群，并突出不同产品的优势，选择与知乎答主合作。他们邀请 100 位知乎答主并走进知乎答主的家，呈现不同职业、不同背景知乎答主的真实生活和专业解读。在探访中，答主们根据场景讲解美的空调的不同优势，如挂机的大冷量、中央空调的全屋均温等。这一策略成功提升了美的空调的品牌知名度和市场占有率。

（5）社群互动型。在知乎圆桌、微信群、QQ 群等社群环境中，问答营销更多体现在深度互动和长期运营上。通过持续产出有价值的内容，参与并引导社区内的问答讨论，可建立与用户的紧密联系，培养忠实粉丝群体。例如，企业或个人通过在社群中定期发布专业知识、行业动态等内容，可与用户进行深度互动，增强用户黏性。

（6）搜索引擎优化型。借助搜索引擎优化技巧进行问答营销，常见于百度知道、搜狗问问等平台。通过关键词布局，撰写与目标关键词相关的问题和答案，可提高搜索引擎排名，吸引精准流量。例如，企业或个人在问答平台创建与业务相关的高质量问答内容，并合理嵌入关键词，可以提升网站或品牌在搜索引擎中的可见度。

（7）AI 智能问答。借助智能机器人，可为用户提供 7×24 小时不间断的咨询服务。这不仅能有效提升用户体验，还能收集用户数据，优化产品和服务。例如，企业在官方网站或 App 中嵌入智能客服系统，可为用户提供快速、准确的解答服务。

三、问答类平台的运营策略

对创作者或 IP 运营者而言，问答平台的运营策略应围绕内容创作、用户互动、个人品牌塑造和商业变现展开。以下是一些具体策略。

（1）内容创作策略。①垂直领域深耕。选择一个擅长的领域（如科技、教育、健康、职场等），持续输出高质量内容，树立专业形象。②高频更新。保持稳定的内容输出频率，培养用户习惯，增加曝光。③热点结合。关注行业热点或社会话题，及时推出相关内容，吸引流量。④深度与实用性。提供有深度的见解或实用的解决方案，提升内容的可读性和价值。

（2）用户互动策略。①及时回复用户。积极回答用户提问，增强互动，提升用户黏性。②引导讨论。通过提问或发起话题，吸引用户参与讨论，增加活跃度。③粉丝运营。建立粉丝社群（如微信群、QQ 群等），定期与粉丝互动，增强其归属感。④用户反馈收集。关注用户评论和反馈，优化内容方向，提升用户满意度。

（3）个人品牌塑造。①打造个人 IP。通过持续输出优质内容，塑造专业、可信赖的个人品牌形象。②统一风格。在内容风格、语言表达、视觉设计上保持一致性，强化品牌辨识度。③跨平台联动。将问答平台与其他社交平台（如微博、微信公众号、抖音等）联动，扩大影响力。④合作与背书。与行业 KOL、品牌或平台合作，提升个人 IP 的权威性和曝光度。

（4）商业变现。①知识付费。将优质内容打包成付费课程、电子书或专栏，通过平台或自有渠道变现。②付费咨询。提供一对一付费咨询服务，满足用户的个性化需求。③广告合作。与品牌合作，在内容中植入广告或推荐产品，获取收益。④打赏与会员订阅。通过平台的打赏功能或会员订阅模式，获得用户支持。⑤电商带货。结合内容推荐相关产品，通过电商平台或自有店铺变现。

作为创作者或 IP 运营者，问答类平台的运营核心在于持续输出高质量内容、与用户深度互动、塑造个人品牌并实现变现。通过精细化运营和数据分析，不断优化策略，才能在竞争激烈的问答平台中脱颖而出，实现长期发展。

第六节 点评类平台营销与运营

点评类平台在当前社会生活中具有举足轻重的地位，它们为消费者提供了获取产品信息、分享消费体验的主要途径，同时成为商家进行品牌推广和市场营销的重要平台。在数字化、智能化技术的推动下，点评类平台的营销与运营手段不断创新，在提升品牌知名度和增强用户黏性的同时，对推动经济发展、促进社会消费也起到了积极作用。

一、点评类平台概述

课堂讨论

你使用过哪些点评类平台？谈一谈它们的特点。

点评类平台是指专注于为用户提供产品或服务评价、分享的平台，其核心功能在于为用户提供真实、客观的信息，帮助他们做出更好的消费决策，同时也为商家提供了一个展示自己、吸引用户的窗口。这类平台通常包括各类点评网站、App 等，如大众点评、美团点评等。

点评类平台的特点主要体现在以下几个方面。

（1）用户生成内容的丰富性。点评类平台的核心价值在于其汇聚的海量用户生成内容，这些内容包括文本、图片、视频等多种形式的产品或服务评价，充分展示了用户对于产品、服务、环境等各个方面的真实感受。这种既丰富多样又全面、客观的信息，为其他用户提供了宝贵的参考意见，从而帮助他们做出更明智的购买或消费决策。

（2）强互动性。与传统媒体相比，点评类平台具有更强的互动性。用户可以在此类平台上发表自己的观点和感受，与其他用户进行交流和讨论，甚至可以直接与商家进行互动。这种互动性不仅增强了用户的参与感和归属感，也使得平台能够更直接地了解用户需求，提升服务质量。

（3）品牌塑造与营销推广的天然性。对于商家而言，点评类平台不仅是捕捉用户心声的窗口，更是塑造品牌形象与拓展市场的利器。通过精心优化店铺信息，商家能充分展示自身特色与专业度，树立鲜明的品牌形象，同时还能积极回应用户评价，展现诚信与服务意识，赢得用户信任。此外，商家还可借助平台开展促销活动，吸引潜在用户关注，进一步提升品牌的知名度和影响力。

📖 示例

白象方便面的社会责任营销

近年来，白象方便面因"三分之一的员工是残疾人"和"产品抽检合格率达100%"等话题在点评类平台上备受瞩目。白象品牌积极承担社会责任，不仅展现了人文关怀，更赢得了消费者的广泛认可和尊重。同时，白象方便面不断推出健康、美味的产品，既满足了消费者需求，又进一步巩固了市场地位。通过社会责任和产品创新，白象方便面成功提升了品牌形象，赢得了消费者的喜爱和信任，市场份额也得以稳步提升。

二、大众点评营销与运营

大众点评作为国内领先的本地生活信息及交易平台，以其独特的方式搭建起用户和商家之间的桥梁，极大地促进了双方的有效互动。该平台不仅汇聚了详尽的商户信息、真实的消费点评及诱人的消费优惠等活动，让用户在决策前就能全面了解并选择心仪的服务和商品，更通过整合团购、餐厅预订、外卖订购及电子会员卡等O2O（Online to Offline）交易服务，为用户打造了一个集信息查询、优惠享受、便利交易于一体的一站式本地生活体验平台。

1. 大众点评营销

大众点评不仅是一个展示店铺风采的窗口，更是精准触达目标客户、提升品牌形象、促进销售转化的重要营销平台。从店铺信息的完善与优化，到特色菜品与服务的精准展示，再到扩大品牌影响力，其中的每个细节都离不开商家的精心策划。以餐饮店铺为例，商家为实现此目标可以从以下几点入手。

（1）完善店铺信息与内容营销。商家在大众点评平台上注册店铺后，首先要填写详尽的店铺信息，包括名称、地址、联系电话、营业时间等，确保顾客能够轻松找到并了解店铺。其次，上传高质量的店铺照片和菜品图片，设计吸引人的店铺 Logo 和宣传图片，提升店铺的视觉吸引力。再次，店铺简介要有吸引力，能够突出店铺的特色和优势。此外，在完善基本信息后，商家要定期发布美食攻略、新品推荐、优惠活动等内容，这可以保持店铺的活跃度和新鲜感。最后，在保证内容准确、有趣、有价值，能够吸引用户的关注和兴趣的同时，还可以利用话题标签和热门话题，提高内容的曝光率和传播效果。

（2）提升服务质量与口碑营销。优质的服务是吸引顾客并留住他们的关键。商家应确保员工具备良好的服务态度和专业技能，为顾客提供舒适、愉快的消费体验，进而借助顾客的好评和推荐，形成品牌口碑，以吸引更多消费者关注和选择。为激发顾客发表积极正面的评价，商家可以设置好评奖励、推荐有奖等活动。

示例

必胜客大众点评营销新举措：优惠与探店直播双管齐下

2023 年，必胜客在大众点评平台推出了一系列创新营销举措。通过"买一送一""满减优惠"等吸引眼球的优惠活动，为消费者带来了实惠，更成功提升了品牌曝光度。此外，必胜客还邀请知名美食博主进行探店直播，通过直播展示新品特色，与粉丝实时互动，分享用餐体验。这一举措不仅吸引了大量粉丝关注和讨论，更增强了品牌的口碑传播效应。

（3）开展合作与联合营销。商家一方面可以与大众点评上的其他商家或相关机构开展合作与联合营销，如推出套餐优惠、共同举办活动等，以扩大自身影响力并吸引更多潜在用户。另一方面，商家可以利用网红达人的影响力为店铺引流，通过邀请他们进行探店推荐、发布美食视频等方式，提高店铺的知名度和曝光度。

（4）善用工具与精准营销。商家在明确自身营销目标的前提下，可通过数据分析，了解目标用户的消费习惯、需求和偏好，精准定位目标用户，发布准确、有趣、有价值、高质量的美食攻略和探店推荐，吸引用户的兴趣和关注。

2. 大众点评运营

大众点评是商家新媒体运营组合中的重要组成部分，也是连接顾客、塑造品牌形象并推动业务增长的一个重要平台。商家可以通过密切关注顾客的评价与反馈，持续发布吸引人的优惠活动、参与平台推荐与排名竞争，不断提升店铺在大众点评上的曝光率与关注度，为店铺带来持续的客流量与业绩增长。在大众点评运营中，商家需注意以下几个方面。

（1）顾客互动与维护。顾客互动的及时响应是提升服务质量与顾客满意度的重要手段。商家要积极回应顾客的评价和反馈，对正面评价加以利用，如放到显眼位置；对负面评价则积极解决，避免类似问题反复出现。此外，商家还可以积极参与大众点评社区中的话题讨论，与其他商家互动，这也是提升店铺曝光量和用户关注度的有效方式。建立会员制度也是顾客维护的一种方式，商家通过为会员提供积分累积、会员专享优惠等福利，可以增强顾客黏性。同时，通过会员数据分析，商家能准确了解顾客的需求变化，为精准营销提供数据支持。

（2）活动策划与广告投放。商家可根据预算和需求策划各种线上线下活动，如打折、满减、套餐优惠等，以提高用户的参与度和关注度，实现吸引用户下单的目的。同时，商家还可以选择合适的广告形式，如搜索引擎推广、推荐位推广、品牌展示等，以提升店铺的曝光度和知名度。这些活动结合节假日、促销季等时机，效果会更佳。此外，商家还可以利用大众点评的个性化推送功能，向目标用户群体推送优惠信息、新品推荐等内容，提高销售转化率。

（3）线上线下融合。商家可将线上活动与线下服务相结合，如将线上预订与线下体验相结合，提升用户的体验感和满意度。同时，可在店铺内设置二维码、宣传海报等引导用户关注大众点评账号，实现线上线下流量的相互转化。

 示例

大众点评×喜茶：线上预售与门店自提

2024 年年初，为了应对节假日或特殊时期的消费高峰，喜茶与大众点评合作推出线上预售与门店自提服务。消费者可以提前在大众点评上预订喜茶产品，并选择到店自提或指定地点配送。这一活动既有效减少了门店排队等候时间，提升了消费体验，也增加了喜茶在大众点评平台上的销售额。

在大众点评这样的本地生活服务平台上进行营销与运营，商家确实需要灵活且综合地运用多种策略和方法，以最大化地提升品牌曝光度、吸引顾客并促进转化。

海底捞携手大众点评打造会员日专属优惠，强化会员忠诚与品牌曝光新举措

2023 年，海底捞与大众点评联手推出创新的会员日专属优惠活动。每月固定日期，海底捞会员通过大众点评平台，即可享受独特的优惠待遇。

在会员日这天，海底捞会员登录大众点评，即可发现丰富的优惠信息。无论是经典火锅套餐还是特色小吃，都提供专属折扣，让会员们尽享美食盛宴。更令人惊喜的是，购买指定产品或预订座位的会员还有机会获得精美赠品，彰显了海底捞对会员的关怀与诚意。

这一活动迅速赢得了海底捞会员的热烈响应。会员们纷纷在大众点评上分享自己的优惠体验，对海底捞与大众点评的合作赞不绝口。该活动不仅提升了会员的活跃度和忠诚度，更促使更多会员频繁光顾海底捞，享受美食与优惠的双重喜悦。

同时，这一活动也显著提高了大众点评平台上海底捞的曝光度。会员日当天，海底捞店铺页面浏览量激增，为大众点评平台带来了更多流量。这一成功案例展示了海底捞与大众点评的强强联合，实现了品牌曝光与会员活跃度的双重提升。

启发思考： 海底捞的会员日优惠对于其他餐饮品牌和点评类平台的合作有何启示？

第七节　外卖类平台营销与运营

随着互联网的普及和移动设备的智能化，外卖类平台迅速崛起，成为许多消费者日常生活中不可或缺的一部分。它们不仅提供了丰富的餐饮选择，还通过优惠活动、积分奖励等方式吸引消费者，促进了餐饮行业的发展。对于餐饮商家而言，外卖类平台成为其营销推广的重要渠道，助力其创新与发展。

一、外卖类平台概述

外卖类平台是指专门提供外卖订餐服务的在线平台，它们通过互联网和移动应用等技术连接消费者和餐饮商家，为消费者提供便捷、多样化的外卖订餐体验。

> **想一想**
>
> 你平时常用的外卖平台有哪些？它们各自具有哪些显著的特点？

（一）常见的外卖类平台

常见的外卖类平台包括美团外卖、饿了么、京东外卖等，它们通过不同的服务模式和特点满足用户的多样化需求。

（1）美团外卖是美团旗下的网络订餐平台，它提供多种类型的美食，用户可以在其中浏览餐厅信息、下单并享受外卖送餐服务。美团外卖的用户群体主要是年轻人和白领阶层，其提供的多元化服务也吸引了更多不同类型的消费者。美团外卖不仅提供外卖服务，还提供酒店、旅游、电影等多种本地服务，形成了多元化的发展模式。

课堂讨论

2024 年，美团外卖推出"绿色餐饮"计划，旨在推动餐饮行业的绿色发展。你认为美团外卖推出"绿色餐饮"计划的初衷是什么？它对于促进餐饮行业绿色发展的意义何在？

（2）饿了么。饿了么是一家知名的在线外卖平台，自 2008 年创立以来，已经发展成为涵盖在线外卖、新零售、即时配送和餐饮供应链等业务的本地生活服务平台。饿了么以一二线城市年轻用户为核心，通过即时配送和阿里生态的支持保持竞争力。同时，饿了么还持续优化下沉策略与多元化服务扩大市场区域。

（3）京东外卖。京东外卖是京东旗下的网上订餐平台，于2025年2月8日正式上线。京东外卖可以在微信下单，通常有三种途径：①微信—发现—购物—秒送外卖—品质外卖；②在微信小程序中搜索"京东购物"；③微信—我—服务—购物消费—京东购物。京东外卖最大的特点是仅合作可堂食的商家，这在食品安全、商家资质和用户体验等方面与其他平台形成了差异化优势。

（二）外卖类平台的特点

外卖类平台具有更多互动性和个性化服务的特点。

1. 互动性

外卖类平台的互动性是其重要的特点之一，主要体现在用户评价、社交分享、优惠活动及智能客户服务等多个环节。

（1）用户评价。消费者可以直接对商家的菜品、服务等方面进行评价和分享。这不仅为商家提供了改进服务和提升菜品质量的参考，也给其他消费者的消费决策提供了参考。

（2）社交分享。例如，好友分享、拼单等，用户可以与朋友、家人一起享受点外卖的乐趣。这种社交化的用餐体验既增加了用户之间的互动，也促进了平台与用户之间的情感连接。

 示例

饿了么与星巴克的"咖啡速达"合作

2024年年初，饿了么与星巴克合作推出了"咖啡速达"服务，用户可以通过饿了么平台订购星巴克的咖啡和点心，享受快速配送服务和专属优惠。此外，双方联合推出的咖啡知识问答活动不仅让消费者在品尝咖啡的同时学习到了咖啡知识，也增加了用户与品牌之间的互动。咖啡师直播活动则让消费者能够近距离地观看其制作咖啡的过程，感受星巴克咖啡的独特魅力。这些线上互动活动不仅提升了用户的参与度和满意度，也为饿了么和星巴克两个品牌带来了更多的曝光和关注。

（3）优惠活动。外卖平台通过互动游戏、抽奖等方式发放优惠券，吸引用户参与并分享给更多人。这种互动性的营销手段，不仅提高了用户的参与度，增强了用户黏性，也为平台带来了更多的曝光和流量。

 示例

美团外卖与肯德基联手打造"宅家吃鸡"活动

2023年冬，美团外卖与肯德基合作推出了"宅家吃鸡"活动。用户通过美团外卖平台订购肯德基的炸鸡套餐，可享受优惠价格和快速配送服务。除了提供优惠价格和快速配送服务外，美团外卖与肯德基还联合推出了一系列线上互动活动，增加了活动的趣味性和互动性。消费者可以通过参与抽奖、分享活动等方式，赢取肯德基的限量版周边商品或优惠券，这一策略进一步提升了用户的参与度和满意度。通过合作，双方既共同探索了外卖市场的新机遇，也为消费者带来了更加优质、便捷的用餐体验。

（4）智能客户服务。外卖平台通过智能客服系统、在线客服等方式，可为用户提供即时的咨询和帮助。这种互动式的客户服务，不仅解决了用户在用餐过程中的疑问和问题，也提升了用户的满意度和忠诚度。

2. 个性化服务

外卖类平台可通过个性化服务精准地满足用户的多样化需求。它们利用智能推荐系统，根据用户的口味和点餐历史推荐合适的菜品；提供定制化的菜单选项，以满足不同用户的饮食需求；根据用户的消费习惯提供个性化的优惠和促销活动。同时，多样化的支付和结算方式也为用户带来了极大的便利。这种个性化服务不仅提升了用户体验，也增强了用户黏性和忠诚度。

案例 9.9

饿了么星选携手高端餐厅，共创外卖新体验

2023 年 9 月，饿了么星选平台携手多家高端餐厅，共同推出专属外卖服务，为用户带来了全新体验。这些高端餐厅以其精湛的烹饪技艺和独特菜品风味著称，而饿了么星选平台则凭借强大的配送网络和精准的服务，将美食迅速送达消费者手中。

为了进一步提升用户的参与度和满意度，饿了么星选平台还推出了一系列互动活动。其中，"餐厅探秘"活动让用户有机会深入了解合作餐厅的独特魅力和故事，通过线上直播或图文介绍等形式，让用户能够更直观地感受到餐厅的文化和氛围。而"美食分享"活动则鼓励用户分享自己在饿了么星选平台上订购美食的照片和用餐体验，通过社交媒体等渠道进行传播，这进一步扩大了品牌的影响力和用户参与度。

这一合作模式不仅丰富了用户的用餐选择，也提升了外卖服务的品质和体验。它满足了消费者对高品质美食的追求，同时也推动了外卖市场的创新与发展。

启发思考：饿了么星选平台与高端餐厅合作推出的外卖服务，对消费者和外卖市场分别带来了哪些影响？请从消费者体验、市场需求、品牌形象等多个角度进行分析。

二、美团外卖、饿了么的营销与运营

美团外卖、饿了么作为中国最具影响力的两大主要外卖平台，在营销与运营方面各有特色，均致力于提升用户体验，扩大市场份额。

1. 美团外卖的营销与运营

美团外卖在营销与运营方面采取了多种策略，旨在提升品牌知名度、吸引用户、增加订单量，并优化用户体验。

（1）个性化推荐与定制化服务。美团外卖通过用户的历史订单、浏览行为等数据，利用算法进行个性化推荐，为用户提供更符合其口味和需求的美食和商家推荐。同时，美团外卖还提供定制化服务，如生日特惠、节日礼包等，以满足用户的个性化需求。

（2）跨界合作与品牌联名。美团外卖积极与其他行业进行跨界合作，如与电影、音乐、游戏等娱乐产业合作，推出联名套餐或活动，通过联合营销提升品牌曝光度和用户吸引力。

案例 9.10

美团、大众点评携手喜力啤酒打造"喜遇2024"跨界营销新典范

2023—2024 年跨年期间，美团、大众点评与喜力啤酒三方联合举办了以"喜遇 2024"为主题的新年营销活动。该活动以新年为契机，巧妙地将线上平台与线下实体相结合，通过快闪酒馆、特色打卡装置等形式，在人气休闲街区掀起一场消费热潮。美团、大众点评发挥平台优势，提供线上推广与互动体验，而喜力啤酒则借此机会加深了与消费者的情感连接。三方联手，不仅提升了各自品牌的曝光度和影响力，更为消费者带来了新颖独特的消费体验。

启发思考：请分析该活动成功的关键因素，并探讨未来在类似的跨界合作中，企业应如何更好地整合线上线下资源，打造更具吸引力和影响力的营销活动。

（3）节日主题活动。针对各种节日，美团会推出相应的主题活动，如中秋节推出月饼套餐、情人节推出情侣套餐等，以此吸引用户下单。

示例

美团外卖推出中秋节"月圆人团圆，美食送到家"主题活动

2023年中秋节期间，美团外卖推出了"月圆人团圆，美食送到家"主题活动。通过与多家餐厅合作，推出特色中秋套餐，并在平台上进行推广。此外，还通过社交媒体发起中秋祝福互动，用户可以在平台上分享自己的中秋故事和祝福，赢取优惠券和礼品。这一活动不仅提升了美团外卖的品牌曝光度，也增加了用户与平台的互动。

（4）社交化营销。美团外卖利用社交媒体平台，如微博、微信、抖音等与用户进行互动，发布优惠信息、美食推荐等内容，增强用户黏性，同时鼓励用户分享和评论，提升品牌传播效果。

（5）优惠券与促销活动。美团外卖会定期发布优惠券和折扣活动等信息，以刺激用户的消费欲望，提高平台的订单量。

（6）用户评价。在用户评价方面，美团外卖设置了带图评价的标签，以让用户能够更直观地了解菜品。同时，平台也鼓励用户之间的积极评价与互动，以增强用户交流，丰富外卖用餐体验。

2. 饿了么的营销与运营

饿了么提供多样化的外卖选择，包括中餐、西餐、快餐、小吃等，并支持在线支付、订单追踪、评价反馈等功能。同时，饿了么还通过智能调度系统优化配送效率，确保订单准时送达。

（1）会员制度与积分体系。饿了么设立会员制度和积分体系，用户可以通过消费累积积分，积分可用于兑换优惠券或商品，从而提高用户复购率和忠诚度。

（2）口碑营销与用户互动。饿了么鼓励用户发表用餐评价，通过好评返现等方式激励用户分享自己的用餐体验。同时，饿了么还开展用户互动活动，如晒单分享、话题讨论等，以提升用户参与度和品牌传播效果。

 示例

饿了么"白露时令营销"

2023年白露时节，饿了么结合"白露吃白食"的传统食俗，通过免单等权益，吸引用户关注白露时令美食。同时，联合游戏《崩坏：星穹铁道》IP人物"白露"进行创意演绎，通过游戏、Cosplay、手书等形式在二次元圈层进行重点传播，实现品牌破圈。

（3）合作与联名。饿了么会采取与其他品牌或机构进行合作的方式，推出联名活动或产品，如与网易热门网游《逆水寒》联动，发放免单套餐和周边商品，以提升品牌曝光度和用户参与度。

（4）线下活动推广。饿了么经常举办美食节、外卖节等线下活动，吸引用户参与，提升品牌形象和用户认知度。

（5）促销活动与优惠策略。饿了么经常推出各种促销活动，如满减优惠、新用户专享等，以吸引用户下单。同时，饿了么还会通过与商家合作推出特价套餐或折扣券等，增强用户黏性。

总的来说，美团外卖、饿了么各自通过精准匹配用户需求、提供个性化优惠、优化配送服务等丰富的策略和手段，不断提升用户体验和满意度，从而在竞争激烈的市场中脱颖而出。

 **归纳与提高**

本章内容全面涵盖了微博、今日头条、搜索引擎、音频、问答、点评及外卖等多种平台的特点、用户特征及内容传播机制等基础知识。要深入理解并掌握各类平台的内容策划技巧与用户互动策略，能够根据平台特性创作出既吸睛又具备营销效果的内容。

同学们在实践过程中不仅需要掌握不同平台的内容策略，提高用户的参与度和黏性，还要学会运用数据思维，通过数据分析工具来评估和优化运营策略。

综合练习题

一、单项选择题

1. 对于微博运营而言，哪种行为能够提升粉丝的活跃度？（ ）
   A. 定期发布抽奖活动　　　　　　　　B. 忽视粉丝的私信和评论
   C. 减少与粉丝的互动　　　　　　　　D. 仅发布广告信息

2. 下列哪一项不属于常用的搜索引擎类平台？（ ）
   A. 百度　　　　　　B. 搜狗　　　　　　C. 360　　　　　　D. 今日头条

3. 音频类平台营销中，以下哪项不是有效的推广手段？（ ）
   A. 主播口播推荐　　B. 付费购买听众　　C. 定制专属音频内容　　D. 举办线上活动

4. 问答类平台中，下列哪项可使品牌提升回答的可信度？（ ）
   A. 频繁发布广告类回答　　　　　　　B. 提供专业、准确的解答
   C. 只回答与品牌相关的问题　　　　　D. 大量使用模糊性语言

5. （ ）属于点评类平台。
   A. 百度　　　　　　B. 喜马拉雅　　　　C. 大众点评　　　　D. 今日头条

二、多项选择题

1. 微博营销中，哪些策略可以帮助增加粉丝数量？（ ）
   A. 借助热门话题发布相关内容
   B. 与其他品牌或意见领袖进行合作
   C. 频繁更改微博账号的名称和头像
   D. 定期举办互动活动，如问答、投票等

2. 今日头条的内容创作策略包括哪些？（ ）
   A. 精准定位目标用户　　　　　　　　B. 高质量内容创作
   C. 热点追踪与时效性　　　　　　　　D. 专业化与垂直化内容

3. 百度搜索引擎营销主要指的是通过百度搜索引擎平台，利用（ ）手段进行推广，提高网站在搜索结果中的排名和曝光度，从而吸引潜在客户并转化为实际购买行为的一种营销策略。
   A. 百度竞价排名　　B. 搜索引擎优化　　C. 品牌推广　　　　D. 图片推广

4. 音频类平台营销中，哪些做法可以提高品牌认知度？（ ）
   A. 投放硬广告　　　　　　　　　　　B. 与热门主播合作
   C. 增加音频时长　　　　　　　　　　D. 提供有价值的音频内容

5. 问答类平台的特征主要包含哪些？（ ）
   A. 内容权威性　　　B. 更新及时性　　　C. 强大的互动性　　D. 个性化推荐

6. 外卖类平台营销中，哪些策略有助于提升销量？（ ）
   A. 推出满减活动　　B. 提高配送费　　　C. 优化菜品图片　　D. 增加菜品种类

三、判断题

1. 微博运营中，与粉丝的互动是提高粉丝活跃度的重要手段。　　　　　　　　（ ）

2. 内容创作是今日头条运营的重中之重，直接关系到品牌曝光度的提升和用户黏性的增强。
　　　　　　　　　　　　　　　　　　　　　　　　　　　　　　　　　　（ ）

3. 音频类平台营销中，只要内容质量高，就不需要其他推广手段。　　　　　（ ）

4. 问答类平台中，品牌回答问题的主要目的是直接推销产品。　　　　　　（　　）

5. 知乎是一个中文互联网问答平台，以其内容的深度和广度而著称。　　　　（　　）

四、简答题

1. 简述百度营销策略包括哪几方面。

2. 简述音频类平台的商业变现方式包括哪几种。

五、实训题

1. 某时尚品牌通过微博平台成功推广了一款新品，其微博内容结合了时尚资讯、用户互动和抽奖活动，取得了显著的营销效果。请分析该品牌微博营销的成功之处，并提出进一步优化的建议。

2. 某电子产品品牌通过在问答类平台积极回答用户问题，提供专业的产品使用建议和解决方案，有效提升了品牌形象和用户满意度。请分析该品牌在问答类平台上营销的成功点，并提出增强品牌影响力的措施。

第十章　新媒体运营工具

【学习目标】

知识目标：了解新媒体图文编辑工具和视频编辑工具的功能及适用平台。

能力目标：掌握新媒体运营工具的使用方法，能熟练使用各类新媒体编辑工具。

【导入案例】

Fotor懒设计助力下的网易云音乐

2024 年，网易云音乐为了在新媒体平台上更好地展示其音乐内容和品牌形象，决定引入一款强大的新媒体编辑工具——Fotor 懒设计。导入 Fotor 懒设计后，网易云音乐的新媒体内容质量和传播效果均得到了显著提升，设计的海报和宣传图也更加美观和专业，吸引了更多用户的关注和互动。同时，网易云音乐根据数据分析结果进行的优化策略也进一步提升了内容的传播效果。

启发思考：新媒体运营工具为企业产品和品牌的营销带来了哪些便利性？

第一节　新媒体编辑工具

新媒体编辑工具是专为新媒体内容创作和编辑而设计的软件或平台，它们通常具有丰富的功能，可以帮助编辑人员更高效地制作和发布新媒体内容。在科技持续进步与创新的大环境下，新媒体编辑工具如雨后春笋般不断涌现，为新媒体内容创作带来了更多的可能性和选择。

不同的新媒体编辑工具各有其独特的功能和适用场景，编辑人员可以根据具体需求和操作习惯选择适合的工具。同时，编辑人员要关注行业动态，及时了解和掌握最新的工具和技术。

一、新媒体图片处理

新媒体图片处理是指针对用于社交媒体、网站等新媒体平台的图片进行编辑、优化和调整，以使其更符合平台特点，吸引用户并传达所需信息的过程。新媒体时代，网络用户在接收信息时，除关注信息内容本身外，对信息传播形式和视觉接收的要求也越来越高。图片作为信息传递的重要载体，具有直观、生动、易于理解的特点，在新媒体运营中占据着重要的地位。因此，新媒体图片处理也成为新媒体运营中不可或缺的工作内容。

（一）新媒体图片处理原则

（1）图片清晰。清晰的图片是信息传播的基本条件，也是用户获取信息的前提，否则会影响用户的阅读体验。

（2）色彩协调。合理的色彩搭配可以让图片更加美观，能够给读者一种顺眼、耐看的感觉，也能够吸引读者的注意力。因此，编辑人员要根据运营内容选择合适的颜色。

（3）内容简洁。在新媒体平台中，由于读者的时间非常宝贵，因此图片的内容需要简洁明了，以加速信息的传达。

（4）使用合规。在使用图片时，需要确保图片的来源合法，避免使用未经授权的图片，以免侵犯他人的肖像权、知识产权等合法权益。

新媒体图片处理是新媒体运营中重要的环节，通过合理的图片处理，既能提高图片的观赏性、吸引力，提升用户的阅读体验，同时也能够更好地传达信息，取得更佳的传播效果。

💬课堂讨论

请在手机上打开已经下载的新媒体 App，查找一些自己感兴趣且关注度高的图文推广信息，并和同学讨论它们的设计好在哪里。

（二）新媒体图片处理技巧

新媒体图片处理技巧是提升内容吸引力和视觉效果的关键。以下是一些关于新媒体图片处理的关键步骤和技巧。

（1）选择合适的图片。根据新媒体平台的特点和文章的主题，选择合适的图片。图片应与文章内容相关，并能够吸引用户的注意力。

（2）调整图片的大小和分辨率。为了适应不同新媒体平台的展示要求，需要对图片的大小和分辨率进行调整，确保图片在不同设备上都能清晰显示，同时避免因过大或过小而影响用户的观看体验。

（3）裁剪和构图。通过裁剪图片，可以突出主题、去除多余部分，使图片更加简洁明了。合理构图是图片处理的关键，可以通过调整图片的布局、角度和光线等因素，使图片更具视觉冲击力。

（4）调整色彩和色调。根据文章的主题和平台的风格，对图片的色彩和色调进行调整。可以通过调整亮度、对比度、饱和度等参数，使图片更加鲜明、生动，同时也可以使用滤镜或特效来增加图片的艺术感或氛围。

（5）添加文字和标签。为了更好地传达信息或引导读者，可以在图片上添加文字、标签或箭头等元素。这些元素应与图片风格相协调，避免影响图片的视觉效果。

（6）优化图片格式和压缩。为了加快图片的加载速度并节省存储空间，需要对图片进行格式转换和压缩。编辑人员应选择适合新媒体平台的图片格式（如 JPEG、PNG 等），并使用专业的图片压缩工具进行压缩，以减少图片所占用的空间。

（三）新媒体图片编辑工具

在进行新媒体图片处理时，还可以借助一些专业的图片处理软件或在线工具，这些工具既有简单易操作的，也有专业级别的。它们提供了丰富的功能和便捷的操作界面，可以帮助用户更高效地完成图片处理工作。

1. 在线图片编辑工具

（1）Canva（可画）。其拥有海量模板和高清素材，操作简单直观，无须复杂图层概念即可做出专业效果；支持文字成图、公众号封面、海报设计、Logo 制作等多种功能。其魔力快写功能还能提供智能写作助手和创意灵感。

（2）创客贴。其提供大量图片素材、设计模板和图片编辑功能，让设计变得像搭积木一样简单；支持智能抠图、图片编辑、GIF 动画等多种功能；覆盖市场营销、社交媒体、电商设计等 130 余种常用设计场景。

（3）稿定设计。它是营销海报、图片编辑神器，支持用模板轻松作图、拼图；提供图片标记、拼图拼视频、微商水印等多种实用功能。

（4）图怪兽。它是海报设计、图片视频编辑器工具，提供在线工具专栏，如 PNG 元素、背景图片和免费抠图软件等；支持自由拼图、添加水印、抠图、GIF 动图、视频制作等多种功能。

2. 手机 App 图片编辑工具

（1）黄油相机。黄油相机支持图片、视频编辑，提供多种模板和贴纸；其 AI 辅助图文创作功能能够帮助用户创作更有趣、更好看的图文笔记。

（2）美图秀秀。这是一款老牌图片编辑工具，功能全面强大，支持一键生成 AI 绘画、智能抠图、AI 商品图等多种功能。

（3）Fotor。它能提供强大的照片编辑功能，包括调整曝光度、对比度及各种滤镜特效；支持批量处理，从而提高工作效率。

（4）Foodie。这款工具滤镜效果出色，特别适用于美食、风景、室内等场景的拍摄和编辑。

3. 专业级图片编辑软件

（1）GIMP。这是免费版的 Photoshop 替代品，几乎复制了 Photoshop 的所有功能，适合想要体验专业级别图片编辑的用户。

（2）Photoshop。老牌图像处理软件，拥有自动曝光、数码补光、白平衡等一系列非常丰富的调图参数；支持 RAW 照片编辑、选择性编辑、高级修复等功能。

新媒体图片编辑工具种类繁多，功能各异。用户可以根据自己的需求和技能水平选择合适的工具进行图片编辑和创作。

二、新媒体图文排版

新媒体图文排版是指在新媒体平台上，对文字、图片等多媒体元素进行排版和设计的过程。其目的是使内容更加美观、易读、易于传播，提升用户的阅读体验。

1. 新媒体图文排版原则

（1）标题简洁明了。标题是文章的重要组成部分，应该简洁明了、引人注目。一般来说，标题应该尽量简短且重点突出，要巧妙运用富有吸引力的词汇和恰当的语气。

（2）段落主题清晰。适当的段落分隔可以使文章更加清晰易读。每个段落应该有一个明确的主题，避免内容过于冗长，要使文章条理化、清晰化。

2. 新媒体图文排版要素

（1）文字排版。文字在新媒体图文中起到引导和吸引用户的作用，因此文字应精练、简洁，避免使用过多的复杂句式。文字的排版应结构清晰，以便用户更容易理解内容。段落对齐方式需要合理设置，要确保版面的美观性和易读性。

（2）图片排版。图片在新媒体图文中同样重要，它不仅可以传达核心信息，而且更具视觉冲击力，也更容易激发用户的兴趣。选择合适的图片并配以相应的文字描述，可以使图文信息相得益彰，提升传播效果。图片的大小、位置和排版方式注意要与整体版面布局相协调，以保持视觉上的和谐统一。

（3）内容重构。从整体上看，文章篇幅要合适，如果文章偏长，可以考虑分为上下两篇或采用分页阅读的方式。将文章划分为不同的版块，并使用小标题进行区分，这样可以使文章结构更加清晰。每个小标题下的段落要做合理划分，避免段落过长导致阅读困难。可以在文章中合理使用列表、加粗等方式突出重要信息，以便用户更快地抓住关键点。

（4）配色与风格。配色方案应与新媒体平台的整体风格相协调，同时要考虑目标用户的喜好和阅读习惯。色彩的运用应有助于营造特定的氛围或传达特定的情感，以增强图文的吸引力。

3. 新媒体图文编辑工具

（1）秀米。这是一款专用于微信平台公众号的图片和文章编辑工具，拥有很多原创的图片素材和文章排版模版素材，具有样式多元化、个性化，素材更新快等特点。秀米最大的优点是自带免费教程，方便自学、操作简单，而且免费素材较为丰富。在操作方面，秀米支持导入 Word（只保留图片和文字）或者 Excel（只保留表格和数据）文件，支持导入微信公众号平台直接生成的图片、PDF文件、贴纸图片和文章。

（2）135 编辑器。这是一款简单、易上手的在线图文排版工具，它具有丰富的排版样式、模板、图片素材，并提供秒刷、一键排版、云端草稿、企业定制等多项功能与服务。同时，它还提供微信公众号裂变增长工具、社群和个人裂变工具，以及免费活动发布、行业社群交流等一站式服务。135编辑器主要应用于微信、企业网站、邮箱等多种平台，目前提供免费服务和付费会员服务。此外，它还提供在线使用教程，教程简单易学。

（3）新榜编辑器。这是一款新型的编辑器，拥有丰富的文章素材和模板，具有图片搜索和智能作图等功能，可满足用户的创意需求。同时，它还支持多平台一键同步，适用于微信、微博及其他网络平台。

（4）Figma。这是一款在线 UI（用户界面）设计工具，是图文排版使用较多的一种工具。Figma提供丰富的设计资源和工具，使用户能够轻松创作高质量的图文内容。特别值得一提的是，它的云端操作方式更加方便了文件保存和分享，同时跨平台使用的特性也增加了其便捷性。Figma 的社区功能强大，用户可以在其中找到大量的 UI 设计资源和模板，快速构建出精美的图文排版。由于 Figma还拥有丰富的组件库和插件，因此，创作者可以轻松实现各种复杂的交互效果和智能动画，使设计更加生动有趣。

类似的图文编辑器还有易撰、壹伴、i 排版、96 微信编辑器、易点编辑器、365 编辑器、主编编辑器等，它们普遍操作简单、素材多样。编辑人员会使用一两种适合自己的图文编辑器即可。

即学即练

根据以上介绍的图文排版工具，熟悉其具体的操作，选择一款自己喜欢的产品文案（可以是电子产品、食品、饮品等），使用图文排版工具帮助设计以中秋为主题的宣传海报，设计时要考虑营销目的、风格、重要信息等因素。

案例 10.1

有奖互动：浪漫七夕，说出你的爱情故事

案例来源：福田欧辉客车

扫码看案例：有奖互动：浪漫七夕，说出你的爱情故事

启发思考：请从文字排版、图片排版和配色上，分析其排版特点，思考其配色想要营造什么氛围。

第二节　短视频运营工具

短视频的出现，不仅影响着人们的工作和学习，更为新媒体营销带来了新机遇。目前，运营短视频已经成为企业开展新媒体营销的重要手段。

短视频运营，就是通过对短视频平台上的资源进行挖掘、整理和加工，将原始素材转化为优质内容，以提升用户体验的过程。具体来说，短视频运营是为了实现品牌传播和商业变现而进行的一

系列内容策划、制作和推广等工作。熟练运用工具进行视频创作成为新媒体运营者除内容策划外最重要的一项工作。

一、拍摄与剪辑工具

拍摄与剪辑是短视频制作中的两个核心环节，它们既相互关联又各有特色。在这两个环节中，相关的工具、技术和器材也起着重要作用。

1. 拍摄设备

短视频拍摄涉及多种工具，以下是一些常用的拍摄设备。

（1）单反相机。单反相机具有高质量的成像效果，适合拍摄需要较高画面质量的短视频。它所见即所得，取景器中的成像角度与最终出片的角度是一样的。

（2）音频设备。音频设备是短视频拍摄中不可或缺的一部分，包括话筒、耳机、声卡等，用于确保音频的清晰度和质量。

（3）稳定设备。稳定设备是防止拍摄过程中因抖动而影响画面质量的设备。常用的稳定拍摄工具是三脚架，无论是手机还是专业摄影设备，都可以借助三脚架来拍摄出更稳定的画面。它有多种材质可选，如木质、铝合金、碳纤维等，可以根据不同的使用场景选择不同材质的三脚架，如碳纤维脚架轻便易携，而铝合金脚架则更稳定。稳定器是另一个重要的稳定拍摄工具，主要用于拍摄运动镜头，它能够有效减少拍摄时的抖动，保持画面的平稳流畅。常见的稳定器包括手持稳定器、三轴稳定器、肩架等。它们适用于行走拍摄、跟随拍摄、运动场景拍摄等需要动态画面的情况。

（4）闪光灯。在光线不足的环境下，闪光灯可以增加曝光量，使景物更明亮。

2. 剪辑软件

在剪辑环节，专业的视频编辑软件是必不可少的工具。

（1）剪映。剪映是一款简单易学的视频剪辑工具，带有全面的剪辑功能，支持变速，可呈现多样滤镜和美颜的效果，还拥有丰富的素材库和曲库。剪映的核心功能有智能抠图、关键帧、画中画、文字音频识别及朗读字幕、定格、跟拍、一键成片和图文视频等。

（2）爱剪辑。爱剪辑是一款免费的视频剪辑工具，拥有给视频加字幕、调色、加相框等丰富的编辑功能及很多创新功能和影院级特效。爱剪辑所有的操作都相对简单，并且每一步都有详细的指引。它的功能多样，可以满足用户的大部分需求。此外，在爱剪辑官方网站，"用户支持"下设的在线教程步骤详细，对新手特别友好。

（3）迅捷视频剪辑器。迅捷视频剪辑器是一款免费又简单好用的视频剪辑工具，它支持视频转换、视频压缩、视频加水印、视频分割合并、视频加动画、转场、配乐等常用的视频编辑功能，能满足用户的多种需求。

（4）Pr 和其他视频剪辑工具。Pr（Adobe Premiere Pro）是一款专业剪辑软件，其使用范围广、操作界面自由、快捷键多、使用方便，自带丰富的转场功能，能够识别多种格式的视频，调色功能强大。但是，它的汉化版本不是很稳定。

如果只是做基础的素材拼接，剪映、爱剪辑、迅捷视频剪辑器就够用了，但要想效果更加精细化，则需要使用专业的视频剪辑软件，如 Pr。除此之外，市场上的剪辑软件还有很多，如哔哩哔哩云剪辑、蜜蜂剪辑、iMovie、神剪辑、PowerDirector、DaVinci Resolve、Camtasia、会声会影等。实践中，可以根据个人喜好、操作习惯、需要的视频格式等不同的需求进行选择。

 即学即练

随着技术的发展和创新，拍摄与剪辑的工具也在不断升级和完善，为短视频制作提供了更多的可能性和便利。请你选择一款剪辑工具，试着为自己喜欢的影视剧剪辑一个 1 分钟的宣传短视频。

二、录屏工具

录屏，即屏幕录像，是一种将计算机或移动设备屏幕上的内容，包括视频、音频、鼠标移动等实时录制下来的功能。录屏工具的出现极大地便利了人们在工作、学习和娱乐中的需求。

1. 录屏工具的功能

录屏工具是一种可以记录计算机或移动设备的屏幕活动，并将其保存为视频或音频文件的软件。这些工具在多种场景下都很适用，录屏工具的功能主要体现在以下几个方面。

（1）录制视频。录屏工具最基本的功能就是录制屏幕上的内容。用户可以选择全屏录制、区域录制或特定应用窗口录制，以满足不同的录制需求。

（2）录制音频。除了录制视频内容，录屏工具还可以录制音频，包括麦克风声音和扬声器声音。这使得用户能够同时录制解说、背景音乐等音频信息。

（3）设置视频参数。用户可以根据需要调整视频参数，如帧率、分辨率等，以获得更流畅、更清晰的视频效果。

（4）编辑和标注。一些高级的录屏工具提供了视频编辑和标注功能，用户可以在录制过程中或录制后对视频进行剪辑，添加文字、箭头等标注，以更好地传达信息。

（5）定时录制。部分录屏工具支持定时录制功能，用户可以设置特定的时间开始录制，这在需要自动记录特定时间段的屏幕内容时非常有用。

（6）输出格式和质量选择。用户可以选择录屏工具的输出格式，如 AVI、MP4 等，还可以根据需要调整视频质量。

需要注意的是，不同的录屏工具其功能和特点也不尽相同，因此，用户在选择录屏工具时应根据自己的需求进行挑选。同时，为了确保录屏效果和安全性，建议用户在使用录屏工具时遵循相关的法律法规和隐私政策。

 示例

在线课程的运用

在技能实践教学中，涉及各类软件或实践设备操作的教学内容，例如电子商务专业中的 Photoshop 使用指南、网络营销与直播电商专业的直播设备操作说明等。教师在进行实践教学时，为了让学生更好地进行实践练习，并方便学生在课上与课下随时查看操作流程，会借助录屏工具来复刻教师完整的讲解过程和操作步骤。教师可以根据需求选择全屏、区域、应用窗口等录制模式，以强调操作重点和展示操作细节。录制完成后，视频会自动保存至预设路径，并支持 MP4、MOV、AVI 等主流格式的输出，从而便于学生根据自己的学习进度和需求进行个性化学习。

2. 常见的录屏工具

录屏工具有很多种，它们各自具有不同的特点和功能，可以满足不同用户的需求。以下是一些常见的录屏工具及其特点。

（1）CamStudio。这是一个轻量级的开源屏幕录制软件，既可以创建 AVI 格式的视频，又可以将其转换为 SWF 格式。它允许用户记录计算机上的所有屏幕和音频活动，并创建 AVI 视频文件。不过，它仅支持输出格式为 AVI 的文件，且缺乏互动和动画功能。

（2）嗨格式录屏大师。这是一款专业的屏幕录制工具，用户可以从其官网下载并安装。它支持全屏录制、区域录制等多种录屏模式，并允许用户根据自身需求设置视频参数和保存路径。录制完成后，用户还可以对录制的视频进行简单的编辑和处理。

（3）迅捷录屏大师。这是一款功能丰富的手机屏幕录制软件，支持多种录制模式，如全屏录制、区域录制等，同时可以录制声音。它还提供了丰富的编辑功能，如裁剪、添加字幕、调整音量等，便于用户对录制的视频进行后期处理。

（4）AZ 录屏大师。它不仅支持录制高质量视频，还提供多种录制控制方式、视频编辑和直播等功能。它允许用户根据自己的需求选择不同的录制模式，实现灵活操作。

（5）喜马拉雅云剪辑。这是知名音频广播电台喜马拉雅附带的一个在线音频剪辑工具，这款工具的剪辑功能很全面，它支持分割、复制、删除、调音等操作，还可以使用人声配音双轨道进行编辑。同时，这款工具还可以直接连接配乐和音效素材库，便于用户在编辑时随时选用素材。

除了上述工具外，还有很多其他的录屏软件可供选择，如 Windows 自带的录屏工具、OBS Studio、Bandicam 等。在选择录屏工具时，建议用户根据自己的需求、操作系统和设备类型来选择合适的工具。同时，用户也需要注意软件的稳定性和易用性，以确保录制出的视频质量和效果符合预期。

三、音频工具

音频工具是指用于处理、编辑、录制、转换和播放音频的软件或硬件设备。这些工具在音频制作、音乐创作、声音设计、语音识别、语音合成、语音增强、语音转换、音频分析等领域都有广泛的应用。音频工具可以根据其物理形态和功能特点大致分为音频软件工具和音频硬件工具两大类。这两类工具在音频录制、处理、编辑、混音、播放等各个环节中都扮演着重要的角色。

（一）音频软件工具

音频软件工具是指运行在计算机上的音频处理软件，它们可以对音频信号进行各种处理，如剪辑、混音、压缩、降噪、均衡、音效处理等。常见的音频软件工具可以大致分为音频编辑软件、音频制作软件、音频转换器软件、音频提取工具等四大类。这些音频软件工具通常具有图形化用户界面，用户可以通过拖动、点击、调整参数等方式来完成音频处理任务。

1. 音频编辑软件

（1）Adobe Audition：这是 Adobe 公司出品的一款专业音频编辑软件，适用于 Windows 和 Mac 系统。它拥有多轨编辑、波形编辑、频谱分析、降噪、混音、添加效果等功能，支持导入和导出多种音频格式，非常适合为播客混音音频内容润色提供支持，从而提升播客的音质和听众的听觉体验。

（2）GoldWave：作为专业数字音频编辑软件，GoldWave 提供从简单的录制和编辑到复杂的音频处理、恢复、增强、转换等功能，支持众多格式的音频文件。

（3）Audacity：一款免费且开源的音频编辑器，适用于 Windows、Mac 和 Linux 系统。它提供了多轨编辑、降噪、混音、添加效果等功能，并支持众多插件。用户可以通过它进行音频裁剪、复制、粘贴、混合和淡入淡出等操作，以创建专业的音频效果。

（4）Sound Forge：具备录音、母带（原始录制后经过编辑的高质量的、用于生产制作音像制品的磁带或光盘）处理和音频编辑等多种功能的音频编辑软件，适用于现场录音、音频编辑和后期制作。

2. 音频制作软件

（1）Nuendo：专业的音频制作软件，提供音频编辑、声音设计、后期混音等功能，适用于电影、电视、游戏音频和沉浸式音频等行业。

（2）Pro Tools：Avid 公司开发的数字音频工作站，支持音乐创作、后期混音、声音设计、编辑和母带制作等，算法精良，支持音频、MIDI、视频。

（3）FL Studio：流行的数字音频工作站之一，具备编曲、录音、整理、记录、编辑、混音等功能，适合创作专业品质的音乐。

（4）Steinberg Cubase：这是专业音乐制作软件的首选，同样适用于 Windows 和 Mac 系统。它具备多轨编辑、MIDI 编辑、乐器音色库、混音、添加效果等功能，可以满足音乐制作的各种需求。

3. 音频转换器软件

（1）格式工厂：具备音乐剪辑、音频提取、格式转换、拼接、变速、混音、录音、降噪等功能，支持多种主流音频格式转换。

（2）音频格式转换：与格式工厂类似，提供音频剪辑、格式转换等功能，支持多种音频格式。

（3）迅捷音频转换器：迅捷音频转换器是一款功能丰富的国产音频剪辑工具，操作简单，支持平均分割、时间分割、手动分割等多种音频剪辑方式。它不仅支持单个文件操作，还支持批量文件操作，对新手十分友好。

（4）音频转换助手：属于音频工具，具有音频剪辑功能。用户可以一次上传多个不同格式的音频文件进行批量裁剪。

4. 音频提取工具

（1）iZotope RX7：专业的音频修复和增强软件，能够提取音频，并提供强大的音频清理和修复功能。

（2）Convertio：在线的文件转换网站，支持音频、视频、图像、文档的转换，包括音频格式的转换。

在选择音频软件工具时，用户需要根据自己的需求、操作系统和预算来做出决定。同时，用户还要了解工具的基本功能和操作方式，以便更好地利用它们进行音频处理、编辑和制作。

（二）音频硬件工具

音频硬件工具主要是物理上存在的设备，指专门用于音频处理的硬件设备，主要包括音频录制的基础设备，如麦克风、连接麦克风、乐器、计算机等设备的音频接口、音频制作的重要设备混音台、改善音质的音频处理器等，这些硬件设备可以提供更好的音频质量和更高的处理性能，适用于专业音频制作和演出等场景。

在选择音频工具时，用户需要考虑工具的功能、性能、易用性、价格等因素，并结合自己的实际需求和技能水平来进行评估和选择。同时，使用音频工具也需要具备一定的音频处理知识和技能，以确保能够得到高质量的音频处理和制作效果。

四、字幕工具

字幕工具是一种用于添加、编辑和管理视频字幕的软件工具。这些工具可以帮助用户将文字添加到视频中，以提供更好的观看体验或满足特定的需求。字幕工具通常提供多种功能，如创建新的字幕、编辑现有字幕、调整字幕样式和位置、导出和导入字幕文件等。

🖳 示例

优酷视频平台使用先进字幕工具提升用户体验

随着视频内容的多样化，字幕的需求也日益增长。为了满足用户对于字幕的多样化需求，优酷视频平台引入了 AI 字幕生成技术。

这项字幕生成技术能够自动识别视频中的语音内容，并快速生成准确的字幕。同时，它还支持多种语言翻译，方便不同语言背景的用户观看视频。此外，用户还可以根据自己的喜好，自定义字幕的样式、大小和位置，以获得更好的观看体验。

通过引入这款智能字幕工具，优酷视频平台不仅提升了用户体验，还吸引了更多的用户。同时，字幕的准确翻译和多语言支持也增强了视频内容的可理解性和传播性，为优酷视频平台带来了更多的流量和收益。

常见的字幕工具主要有以下几种。

（1）Aegisub：一个免费且开源的字幕编辑器，支持多种字幕格式，包括 SRT、SSA 和 ASS 等。

它提供了丰富的编辑功能，如时间轴调整、样式编辑和字幕同步等。

（2）ArcTime Pro：一款专业的字幕制作软件，支持多种视频和音频格式。它具有强大的字幕编辑功能，可以自动识别语音并将其转换为字幕，还支持多语言字幕制作。

（3）Otter.ai：一个自动字幕生成工具，可以将视频中的语音转换为文字，并生成字幕文件。Otter.ai支持多种语言，并提供实时字幕生成功能。

（4）Subtitle Edit：一款免费的字幕编辑器，支持多种字幕格式。它提供了丰富的编辑功能，如字幕时间轴调整、样式编辑和字幕翻译等。

（5）SRT Subtitler：一个简单易用的字幕制作软件，支持 SRT 字幕格式，提供了基本的字幕编辑功能，如添加、删除和修改字幕等。

以上这些字幕工具各有特点，用户可以根据自己的需求选择合适的工具。同时，用户在使用字幕工具时需要注意保护版权和隐私，不要将他人的视频内容用于商业用途或未经授权而传播。

即学即练

我们学习了拍摄、剪辑、录屏、音频、字幕等工具，请尝试为即将参加实习面试的自己拍摄并剪辑一条短视频，并插入剪辑过的视频字幕。要求突出个人的实践能力和专业能力，更要给面试官留下良好印象。

五、封面工具

封面工具指一般用于制作和设计封面图的工具或软件，它可以帮助用户设计与创作精美和专业的封面，以提升作品的整体质量和吸引力。

用户通常可以在封面模板上进行自定义设计，如添加标题、作者、日期等元素。封面工具通常也提供各种设计元素，如字体、颜色、图像等，以便用户能够创建出独特且吸引人的封面，如书籍封面、杂志封面、报告封面、文章封面等。

1. 封面工具的类型

（1）自动封面工具。自动封面工具允许用户导入图片或视频文件，之后工具会自动分析文件内容并生成封面图像。用户还可以对生成的封面进行预览、调整和编辑，以满足不同的需求。这些工具通常支持将封面图像保存为多种格式，如 JPEG、PNG 等。

（2）在线封面图生成工具。用户可以在网页端直接进行操作，如设置标题、作者、颜色、字体、图表、图案等，生成个性化的封面图，如 CoverView。

课堂讨论

借助网络资源，查找 2024 年已经发行的《时尚芭莎》杂志，根据杂志的设计理念，小组从图像、标题、色彩等方面讨论杂志封面的设计思路。

2. 常见的封面工具

封面工具多种多样，各自具有不同的特点和功能，用户可以根据自己的需求和技能水平来选择适合的工具。对于初学者或非专业人士，可以选择操作简便、模板丰富的在线工具或手机 App；对于专业设计师或需要更高级功能的用户，可以考虑使用专业的排版和封面设计软件。以下是一些常用的封面工具。

（1）海报设计室：一款专注于海报和封面设计的工具，提供丰富的模板库和设计元素。用户即使没有设计基础，也能轻松创作出专业级别的封面。

（2）Desygner：集成了封面设计在线生成的创意设计工具，为用户提供了一个简单易用的平台，使设计变得触手可及。

（3）Piktochart：专注于信息图表和报告设计的在线工具，其封面设计操作也相当出色，特别适合需要将数据和信息以视觉化方式呈现的用户。

（4）PosterMyWall：拥有庞大的设计师社区和不断更新的高品质模板库，用户可以选择或定制个性化海报封面。

除此之外，还有一些在线设计平台，如 Canva 和稿定设计也提供了丰富的封面设计模板和工具。除了使用专门的封面工具外，用户还可以利用图像处理软件（如 Photoshop、GIMP 等）进行封面设计。这些软件提供了丰富的编辑和创作功能，用户可以根据个人需求，考虑工具的兼容性、稳定性和更新频率等因素，进行定制化设计。

案例 10.2

《托儿所》图书封面设计

2022 年，由 Outlook Verlag 出版社出版的《托儿所》的封面设计以独特的视觉元素和色彩选择吸引了人们的注意。通过模糊处理、色彩和字体的完美选择，Linda Huang 成功地捕捉到了初为人母的模糊感，同时传达了母性的温柔、痛苦和爱。这种设计不仅与小说的主题相契合，也展示了设计师的巧妙构思和精湛技艺。

启发思考：通过网络查询《托儿所》讲述的内容，尝试分析其封面设计中运用的主要视觉元素（如色彩、字体、图像等）是如何与小说内容相呼应的。此外，阐述封面设计如何成功地吸引了你的注意力，并讨论它给你的第一印象。

第三节　AI 营销运营工具

AI 营销运营工具是当前数字化营销领域的重要组成部分，它利用人工智能技术提升营销效率、优化用户体验，并为企业带来更大的商业价值。以下是一些主要的 AI 营销运营工具。

一、AI 内容生成工具

AI 内容生成工具是基于人工智能技术，通过大量数据训练，能够自动生成各种类型内容（如文本、图片、视频、音乐等）的应用程序。这类工具能够根据用户输入的关键词、文章大纲或写作要求，自动生成高质量的文案、文章或报告。它们支持多种写作风格和模板，在内容创作、广告营销、教育娱乐等多个领域得到了广泛应用，极大地提高了内容创作的效率和质量。同时，一些工具还提供了专业的编辑和排版功能，可帮助用户进一步优化内容。以下是一些颇具代表性的写作辅助类 AI 编辑工具。

1. DeepSeek

DeepSeek 是中国 AI 团队深度求索基于大语言模型和深度学习技术打造的人工智能平台。它擅长自然语言处理、多模态数据分析，尤其在新媒体运营与营销中表现突出。

（1）功能。DeepSeek 的智能内容生成功能，支持长文本、视频脚本创作，能根据不同平台风格生成适配内容。可以进行多模态数据处理，自动化分析文本、图像、视频，提升内容生产效率。它还可以基于用户行为分析，进行个性化推荐，提供定制化营销策略，增强用户黏性。

（2）应用。DeepSeek 适用于内容创作与分发、用户运营、广告投放优化等多个方面：①内容创作与分发。快速生成差异化内容，跨平台适配，量产视频。②用户运营。自动生成互动话术，追踪热点生成选题，监控管理品牌舆情。③广告投放优化。精准投放，分析用户行为从而优化内容策略。

DeepSeek 作为"能力放大器"，可降低创作门槛、提升运营效率、重塑新媒体运营流程。它已成为新媒体领域的重要工具，未来或将成为"基础设施级"存在。

2. ChatGPT

ChatGPT 是由 OpenAI 公司推出的聊天对话机器人。基于 GPT-4 语言模型，它可执行自然语言处理任务，在自媒体写作、新闻报道、营销文案等多个领域都有广泛应用。

（1）功能：一款强大的人工智能聊天机器人，能够根据用户的输入进行智能回复，并生成连贯、有逻辑的回答；同时，ChatGPT 也可以用于辅助写作，如构思故事情节、创作对话等，并能进行错误纠正。

（2）应用：适用于微信公众号推文创作、IP 搭建、社群话术生成、活动文案设计等。

3. 文心一言

文心一言（ERNIE Bot）是百度公司基于文心大模型技术推出的一款生成式对话产品，被誉为"中国版 ChatGPT"。

（1）功能：知识语言模型，能与人对话互动、回答问题并协助创作，帮助人们便捷地获取信息、知识和灵感。

（2）应用：适用于内容创作、知识问答等。

4. 秘塔写作猫

秘塔写作猫是一款由秘塔网络科技公司推出的中文 AI 原生创作平台。它集成了多种功能，旨在帮助用户提升写作效率和质量。

（1）功能：智能写作辅助工具，提供智能纠错、语法检查、中文润色、英文翻译等功能。

（2）应用：学术论文、商业计划书、个人博客、小说创作等。

5. Giiso 写作机器人

Giiso 写作机器人是由深圳市智搜信息技术有限公司推出的一款内容创作 AI 辅助工具。它集成了 AI 技术，能够实现选、写、改、编、发等全流程的智能化，支持人机协作、快速出稿。

（1）功能：具有智能语义识别功能；写作类型多样，目前有六大写作类型（如热点写作、汽车写作、提纲写作等）及多种创作类型（如资讯写作、小红书文案、短视频脚本等），能够呈现的内容类别十分广泛。Giiso 写作机器人能够根据用户输入的关键词、主题或要求，自动生成高质量的文章内容，同时它还提供一键改写功能，能够在保持语义不变的前提下对文章进行改写和优化，提高文章的可读性和吸引力。此外，它还支持风格转化功能，可以根据用户需求一键转化文案风格，使文案更具多样性。总之，Giiso 写作机器人提供资讯写作、小红书文案、短视频脚本、PPT 创作等多种类型的内容创作服务，是内容创作 AI 辅助工具的代表。

（2）应用：Giiso 写作机器人广泛应用于媒体、金融、汽车、营销、公关等领域，是自媒体、新媒体写作的好帮手，也是写作爱好者和专业人士的得力助手。

二、AI 图像生成工具

AI 图像生成工具是近年来随着人工智能技术的发展而兴起的一类工具，它们利用深度学习、生成对抗网络（GAN）等先进技术，能够自动生成各种风格、内容的图像。

1. Midjourney

Midjourney 是一款备受瞩目的 AI 绘画工具。

（1）功能：基于 AI 技术的图像生成工具，能根据用户输入的文字描述自动生成相应的图像，同时提供多种画家的艺术风格选择，如安迪·沃霍尔、达·芬奇、萨尔瓦多·达利和巴勃罗·毕加索等。用户只需输入文字或上传图片，软件即可自动生成高质量的艺术作品。

（2）应用：创意设计、游戏开发、广告创意等，还可应用于建筑、虚拟现实、增强现实等多个领域，为不同行业提供多样化的创作方式和工具选择。

2. 文心一格

文心一格作为百度推出的 AI 艺术和创意辅助平台，凭借强大的技术实力和丰富的功能，为创作者提供了高效、便捷的创作工具。

（1）功能：百度推出的 AI 绘画生成器，能根据用户输入的文字描述自动生成精美的画作。

（2）应用：广告创意、艺术创作等。

3. Palette

Palette 是字节跳动公司开发的 AI 绘画软件，它充分利用了人工智能技术，为图像处理和设计领域带来了革命性的变化，不仅提高了工作效率，还为用户提供了更多样化、个性化的选择。

（1）功能：提供色彩搭配建议和个性化的绘画、滤镜效果，可以利用人工智能技术为黑白照片上色。

（2）应用：视觉设计、艺术创作等。

三、AI 视频生成工具

AI 视频生成工具是一类基于人工智能技术的视频制作软件，它们通过算法自动分析、处理和生成视频内容。这类工具在视频制作领域展现了巨大的潜力和应用前景。

1. 一帧秒创

一帧秒创是一个基于新壹视频大模型以及一帧 AIGC 智能引擎的内容生成平台，由新壹（北京）科技有限公司开发。该平台为创作者和机构提供多种 AI 生成服务，旨在简化视频创作流程，提高创作效率。

（1）功能：基于人工智能的视频创作平台，能根据用户输入的文本或语音快速生成视频内容。

（2）应用：短视频制作、视频营销、教育培训和影视制作等。

2. 来画

来画（Laihua）是一家专注于数字创意设计和智能视频制作的平台。它利用先进的技术手段，如人工智能和大数据等，为用户提供从创意设计到视频制作的全方位解决方案。来画平台致力于简化创意制作流程，让非专业人士也能轻松制作出高质量的视觉内容。

（1）功能：提供智能视频制作工具，用户可以通过简单的拖曳、模板选择等操作，快速生成符合需求的视频内容。它还提供了丰富的创意设计工具，包括海报设计、PPT 制作、H5 页面等。用户可以根据自己的需求选择合适的工具进行创作。来画平台还内置了海量的设计模板和视频模板，涵盖了各种风格和主题，用户可以根据自己的喜好和需求选择合适的模板进行编辑和定制。同时，来画平台拥有庞大的智能素材库，包括高清图片、矢量图标、音乐音效等。这些素材可以直接用于用户的创作中，提高创作效率和质量。此外，它还提供智能配色、智能排版、智能推荐等辅助功能。

（2）应用：广泛应用于企业宣传、教育培训、社交媒体营销等多个领域。企业可以利用来画快速制作产品宣传片、企业介绍视频等；教育培训机构可以使用来画制作教学视频、课件 PPT 等；个人用户则可以在社交媒体上分享自己创作的短视频、海报等内容。

3. 艺映 AI

艺映 AI 是一款强大的 AI 视频生成工具，它利用人工智能技术，将文本或图片转化为动态、流畅的视频内容。艺映 AI 的用户界面设计简洁明了，易于上手操作，可以根据一句话生成一段原创视频，极大地简化了视频创作流程，用户不具备专业的视频制作技能也能轻松使用。

（1）功能：艺映 AI 支持文生视频、图生视频等多种功能，提供多种视频风格和格式，可满足不同的创作需求，用户可以根据自己的喜好和场景选择适合的风格。

（2）应用：艺映 AI 的应用场景非常广泛，主要适用于自媒体创作、广告营销、教育培训、生活娱乐等领域。

四、AI 营销自动化工具

AI 营销自动化工具是利用人工智能技术来提升市场营销效率和效果的工具。这些工具通过自动化和智能化的形式执行各种营销任务，如数据分析、客户细分、个性化推荐、广告投放、社交媒体管理等。

1. AInDecor

AInDecor 具有强大的自动化内容生成、多渠道营销、全托管全营销服务以及智能分析与优化等功能，用户只需一键授权，即可轻松将内容发布到多个主流媒体平台，如百度、今日头条、抖音、快手、小红书等，因而在当前的营销市场中占据了重要地位。它为企业和个人提供了更加高效、精准、低成本的营销解决方案，能够助力其在激烈的市场竞争中脱颖而出。

（1）功能：AI 自动获客营销工具，可利用人工智能技术自动化、智能化获客流程，支持一键发布到多个主流平台，并提供全托管全营销服务。

（2）应用：自媒体营销、电商营销等。

2. OpenCord AI

OpenCord AI 是一款旨在彻底改变个人和团队管理社交媒体内容创作的先进工具，通过利用 AI 代理的力量，简化了生成、管理和优化文本、图片、音频和视频内容的过程，使这一过程变得更加高效和便捷。

（1）功能：自动化社交媒体内容管理工具，通过 AI 代理生成社交媒体内容，提高内容创作的效率和质量。

（2）应用：社交媒体营销。

3. AdMaker

AdMaker 是一款全面的在线广告制作工具，它结合了最佳体验和技术，使用户能够快速且免费地在线创建广告。

（1）功能：专为小型企业设计的在线 AI 广告制作工具，利用 AI 生成图像、背景和文本，提供一站式广告创作体验。

（2）应用：广告制作与发布。

五、AI 市场分析与预测工具

AI 市场分析与预测工具在当前的商业环境中具有极高的应用价值。这类工具通过集成人工智能技术，能够帮助企业更准确地分析市场数据、预测趋势，并据此制定有效的商业策略。其中，Predict AI 是最具代表性的 AI 市场分析与预测工具之一。

Predict AI 是由 Neurons Inc 开发的一款先进人工智能工具。其核心目标是分析和预测不同情境下人类的行为和决策。Predict AI 利用先进的机器学习算法和数据分析技术，可提供有价值的关于消费者行为、偏好以及反应的洞察。

（1）功能：分析和预测人类行为和决策的 AI 工具，通过收集和分析个人行为数据，Predict AI 可以构建详细的用户画像，包括用户的兴趣、偏好、购买历史等信息，有助于企业更精准地进行个性化营销和服务。

（2）应用：优化营销策略、提升客户服务等。

 归纳与提高

　　本章介绍了新媒体运营所需要的各类工具的功能和使用技巧，包括新媒体编辑工具、短视频运营工具和 AI 营销运营工具等。本章重点对各类图片编辑工具、排版工具，短视频制作所需要的拍摄、剪辑、录屏、音频、字幕、封面等工具的特点、功能和用法进行了详细介绍。作为专业的新媒体运营从业者，除了要具备扎实的专业理论知识外，还需要具备较强的动手能力和职业素养。本章还着重介绍了应用广泛、用户较多、容易操作的 AI 营销运营工具的功能和应用范围，以帮助大家在短时间内选择适合任务要求的运营工具，并借助工具完成相应的图文设计、短视频制作等任务。

综合练习题

一、单项选择题

1. 新媒体图片处理的主要目的是什么？（　　　）

　　A. 提高图片分辨率

　　B. 使其更符合平台特点，吸引用户并传达信息

　　C. 增加图片的文件大小

　　D. 图片内容简介

2. 在新媒体图片处理中，以下哪项技巧不是用于提升内容吸引力和视觉效果的关键？（　　　）

　　A. 选择与文章内容相关的图片

　　B. 通过裁剪突出图片主题

　　C. 随意调整图片的色彩和色调，不考虑文章主题

　　D. 根据新媒体平台的特点选择合适的图片

3. 在短视频运营中，哪个环节是将原始素材转化为优质内容的关键过程？（　　　）

　　A. 拍摄　　　　　　　B. 剪辑　　　　　　　C. 拍摄与剪辑　　　　　　D. 字幕

4. 封面工具的主要作用是什么？（　　　）

　　A. 提升作品的整体质量和吸引力　　　　B. 自动分析视频内容并生成报告

　　C. 修复损坏的图像文件　　　　　　　　D. 整合数据和图像信息

5. 以下哪个工具允许用户导入视频或图片文件，并自动分析内容生成封面图像？（　　　）

　　A. Piktochart　　　　B. 海报设计室　　　C. 自动封面工具　　　D. 扫描全能王

二、多项选择题

1. 新媒体图片处理时，应考虑的因素包括哪些？（　　　）

　　A. 图片的清晰度　　　　　　　　　　　B. 色彩的协调性

　　C. 图片内容的复杂性　　　　　　　　　D. 图片使用的合规性

2. 新媒体图片处理的关键步骤和技巧包括哪些？（　　　）

　　A. 选择合适的图片并与文章内容相关

　　B. 调整图片大小和分辨率以适应不同平台

　　C. 裁剪图片以突出主题，并注重构图

　　D. 随意添加大量文字和标签以传达更多信息

3. 以下哪些设备或软件是短视频制作中常用的？（　　　）

　　A. 单反相机　　　　B. 三脚架　　　　C. Pr（Adobe Premiere Pro）　　D. 扫描仪

4. 以下哪些是常用的封面工具？（　　　）

　　A. Canva　　　　　　B. Photoshop　　　C. Desygner　　　　　D. 微博

5. 在选择封面工具时，可以考虑哪些因素？（　　　）

　　A. 工具的操作简便性　　　　　　　　B. 模板的丰富程度

　　C. 用户的技能水平　　　　　　　　　D. 工具的兼容性和稳定性

三、判断题

1. 简洁明了的图片内容可以加速信息的传达，提升用户的阅读体验。　　　　（　　　）

2. 为了加快图片的加载速度，可以对图片进行格式转换和压缩，但压缩后的图片质量不应受影响。　　　　　　　　　　　　　　　　　　　　　　　　　　　　　　　（　　　）

3. 在短视频剪辑过程中，节奏、音乐等元素的运用不是剪辑中的重要环节。　（　　　）

4. 字幕工具不仅可以用于添加字幕，还可以编辑（如修改内容、样式、时间轴等）和管理（如导入、导出、删除等）现有字幕。　　　　　　　　　　　　　　　　　　　　　（　　　）

5. AI视频生成工具只能根据用户输入的文本生成视频，无法处理语音输入。　（　　　）

四、简答题

1. 简述短视频运营中拍摄与剪辑的重要性，并列举至少两种拍摄设备和两种剪辑软件。

2. 简述字幕工具在视频制作和分发中的重要性，并列举至少两个具体的应用场景。

五、实训题

选择一款AI视频生成工具（如一帧秒创、来画、艺映AI等），根据给定的主题和要求，制作一段宣传视频。要求视频内容连贯、风格统一，能够准确传达主题信息，并具有一定的吸引力和观赏性。

实训步骤：

（1）选择工具：根据工具的特点和功能，选择一款适合制作宣传视频的AI视频生成工具。

（2）确定主题和要求：明确宣传视频的主题（如产品推广、活动宣传等），以及视频的长度、风格、目标用户等要求。

（3）准备素材：收集与主题相关的文本、图片、音频等素材，以便在视频制作中使用。

（4）视频制作：根据所选工具的操作流程，输入文本或语音内容，选择适合的模板和风格；利用所选工具提供的编辑功能，对视频进行剪辑、调整顺序、添加特效等处理；再插入准备好的素材，如图片、音频等，以提升视频的视觉效果和听觉体验。

（5）预览和修改：在视频制作完成后进行预览和修改，确保视频内容符合主题要求，且质量良好。

（6）导出和发布：将制作完成的宣传视频导出为合适的格式，并根据需要进行发布和推广。

第十一章　新媒体营销数据分析

【学习目标】

知识目标：掌握新媒体营销数据分析的作用、维度、基本步骤和常用方法；熟悉第三方数据分析工具的主要特点。

能力目标：能够独立进行新媒体数据收集，并熟练运用数据分析工具进行数据处理和分析；能够根据分析结果，准确解读新媒体营销的效果，并提出针对性的优化建议。

【导入案例】

甄稀与热门综艺的联动营销

2024 年 4 月，甄稀品牌携手热门综艺《哈哈哈哈哈》展开了一场新媒体营销盛宴。甄稀以#打开甄稀随时度小假#为话题，巧妙利用全民任务形式，吸引众多用户参与内容创作，以便轻松获取流量奖励。这一低门槛、高互动的活动形式，迅速激发了用户的参与热情，短时间内便汇聚了超过 1.5 万名不同行业的达人，共同为品牌发声。

同时，甄稀在综艺节目中巧妙地引出品牌主题活动，借助节目超高的话题声量，迅速提升了活动的影响力。话题上线仅 4 天，相关视频播放量便突破 2.1 亿，品牌知名度大幅提升。

此次新媒体营销活动不仅成功助力甄稀品牌破圈，更实现了线下销量的显著增长。飞瓜数据显示，活动结束后近 30 天，甄稀相关冰激凌产品的销售额预估达 750 万元至 1 000 万元。

启发思考：甄稀品牌是如何利用新媒体平台的数据分析工具来追踪用户在#打开甄稀随时度小假#话题下的行为路径的？这对于优化后续营销策略有何启示？

第一节　数据分析概述

新媒体营销数据分析是指在新媒体环境中，利用数据分析的方法和工具对营销活动的效果进行量化和评估的过程。通过收集、整理、分析新媒体平台上产生的各类数据，可以帮助企业深入了解其在新媒体平台上的营销表现，从而指导后续的营销策略调整和优化。

一、数据分析的作用

随着互联网的发展，新媒体平台已经从最开始的单纯靠流量变现，演化到精细化运营阶段，而数据分析在新媒体营销中起着至关重要的作用。新媒体数据分析的作用主要体现在以下几个方面。

（1）反馈质量。数据分析结果是反映运营质量好坏的标准。很多运营者既不做数据分析，也不理解数据分析的重要性，认为只输出优质内容就可以了。实际上，用户喜欢什么内容都会体现在数据上，如平台的内容展现量、阅读量（播放量）、点赞量、评论量及转发量等数据，都能直观地反馈内容的质量好坏及用户对内容的喜好程度。

（2）调整方向。数据分析有助于运营者及时调整运营策略，提升运营效果。例如，对比所有创作内容的阅读量、点赞量、评论量等，不仅可以发现用户的喜好，还可以据此进行内容和方向的调整，生产用户喜欢的内容。此外，还可以借助百度指数、360 趋势、算数指数等工具，分析用户对某一关键词的搜索趋势，并将该关键词在各平台的搜索趋势进行对比分析，以此判断内容适合投放在哪个新媒体平台。

📠 示例

麦当劳"全天早餐"推广活动

麦当劳在 2024 年推出了一项名为"全天早餐"的推广活动，旨在通过社交媒体和移动应用向用户推广"全天早餐"。在活动策划阶段，麦当劳利用数据分析工具对用户的用餐习惯、消费偏好以及社交媒体活跃度等进行了深入研究。基于这些数据，麦当劳制定了个性化的推广策略，包括定向推送优惠券、举办互动游戏等。这些策略有效提升了用户的参与度和购买意愿。

（3）控制成本。数据分析可以助力新媒体运营团队或个人控制成本。运营新媒体一方面要关注收益增长和知名度的提升，另一方面也要控制运营成本，尤其是广告投放成本。通过对用户的年龄、性别、地域、阅读时间、兴趣爱好、消费习惯等数据的分析，可以实现广告的精准投放，从而控制成本。

（4）评估及优化。数据分析可助力企业实时追踪并深度剖析新媒体营销活动的成效，包括曝光量、播放量、转发量及转化率等核心指标。通过比对不同营销活动的数据表现，企业能够发掘出更高效的营销策略，进而对未来的营销计划进行精准优化。

📠 示例

数据驱动可口可乐社交媒体营销

2023 年可口可乐加强了其在社交媒体平台上的营销活动，并充分利用数据分析工具来优化其策略。通过分析用户在社交媒体上的互动数据，可口可乐确定了最受欢迎的广告内容和形式，并据此调整了发布时间和频率。此外，通过分析用户反馈，可口可乐还改进了产品包装并研发了不同口味，从而进一步提升了品牌影响力和市场份额。

（5）预测市场趋势。基于对大量历史数据的分析，企业可以预测未来的市场趋势和用户需求，从而提前布局和调整营销策略，取得市场竞争优势地位。

💬 课堂讨论

某购物类新媒体平台针对新用户开展了为期一个月的"注册即送 30 天会员权益"的活动，用户注册后，自主决定是否领取权益。

试讨论： 如何评估该活动的效果，并给出具体的评估指标和评估方法。

案例 11.1

啤酒与尿布

20 世纪 90 年代，沃尔玛的管理人员分析销售数据时发现了一个令人难以理解的现象：在某些特定的情况下，啤酒与尿布这两件看上去毫无关系的商品经常会出现在同一个购物篮中。这种独特的销售现象引起了管理人员的注意，经过后续调查发现，这种现象更多会出现在年轻的父亲身上。

在美国有婴儿的家庭中，一般是母亲在家中照看婴儿，年轻的父亲前去超市购买尿布。父亲在购买尿布的同时，往往会顺便为自己购买啤酒，这样就会发生啤酒与尿布这两件看上去不相干的商品经常出现在同一个购物篮的现象。如果年轻的父亲在超市只能买到其中一件商品，那么他很有可能会放弃购物而到另一家超市，直到可以同时买到啤酒与尿布为止。沃尔玛发现了这一独特的现象，开始在超市尝试将啤酒与尿布摆放在相同的区域，让年轻的父亲可以同时找到这两件商品，并很快地完成购物。沃尔玛因此提升了商品销售收入。

启发思考： 案例中沃尔玛超市发现啤酒与尿布之间存在什么关系？"啤酒与尿布"是不是针对某一特定客户群体的消费行为？如果忽略了这个特定的客户群体，"啤酒与尿布"的故事还有意义吗？

二、数据分析的维度

借助数据分析工具，可以全面洞悉新媒体平台的运营状况、用户行为以及内容表现。运营者一般从以下几个关键维度进行深入分析。

（一）用户分析

用户分析是新媒体数据分析的基石。它涉及深入了解用户的行为、兴趣、需求以及反馈，以便为营销策略的制定提供有力依据。用户分析中常见的分析方向如下。

（1）用户画像分析。通过对用户的性别、年龄、地域、职业等信息的分析，可以构建出详细的用户画像，为企业制定精准的营销策略提供依据。例如，针对年轻女性用户，企业可以推出更符合其审美和需求的产品或服务，并通过定向推广提升营销效果。

（2）用户行为路径分析。用户行为路径分析指关注用户在平台上的具体行为轨迹。通过追踪和分析用户的访问页面、点击链接、搜索关键词以及跳转行为等，企业可以深入了解用户的行为习惯和兴趣偏好。这有助于优化用户体验，提升用户满意度。例如，发现用户经常通过搜索关键词进入平台，企业就可以优化搜索功能，提高搜索结果的准确性和相关性。

 示例

星巴克"Starbucks Reserve"计划

星巴克在 2024 年推出了一项私人化定制营销计划——Starbucks Reserve（星巴克甄选门店）。通过运用数据分析工具，星巴克对高端消费者的消费习惯、口味偏好以及社交媒体互动情况等进行了深入研究。基于这些数据，星巴克提供了个性化的咖啡定制服务，并通过社交媒体平台与消费者进行互动和沟通。这一策略不仅提升了消费者的满意度和忠诚度，还成功吸引了更多高端消费者的关注。

（3）用户转化与留存分析。用户转化与留存分析是评估用户从浏览到转化过程的关键环节。通过分析用户转化的关键因素，如注册、购买、分享等行为的触发点，企业可以找到提升转化率的优化空间。同时，追踪老用户的留存情况也有助于了解平台的用户忠诚度，为制定用户留存策略提供依据。

📢课堂讨论

分享真实案例，讨论如何通过数据分析找出用户流失的原因，并制定相应的策略来提升用户留存率。

（4）活跃度与参与度分析。活跃度与参与度是评估用户黏性的重要指标。通过分析用户的登录频率、访问时长以及互动次数等数据，企业可以了解用户的活跃度和参与度，进而判断用户对平台的依赖程度。对于活跃度较低的用户，企业可以通过推出优惠活动、增加互动环节等方式提升用户参与度；对于高活跃度的用户，企业可以进一步挖掘其潜在需求，提供更个性化的服务。

 示例

华为：社交媒体营销活动分析

2023 年，华为通过微博、微信和抖音等社交媒体平台开展了一系列新品发布的营销活动。通过对数据进行分析，华为发现其目标用户在晚上 8 点至 10 点之间的活跃度最高，因此调整了发布时间和互动策略。通过数据分析，华为更精准地把握了用户的活跃时间和兴趣点，从而提高了营销活动的覆盖率和用户参与度。

（二）内容分析

通过对新媒体平台上的内容进行分析，可以了解内容的传播效果、用户反馈、热点话题等。这有助于企业制定更有针对性的内容策略，提升内容的吸引力和传播力。内容分析中常见的分析方向如下。

（1）内容质量与效果评估。内容质量与效果评估在新媒体营销中不可或缺。这些评估不仅关乎内容的传播广度，更深入地体现了用户对内容的认可度和接受度。通过一系列关键指标，如阅读量、点赞量、评论量以及分享量，能够全面、有效地评估内容的质量和受欢迎程度。

（2）内容类型与用户偏好分析。内容类型与用户偏好分析是制定有效内容策略的关键步骤。通过深入剖析不同类型内容（如文本、图片、视频等）的用户偏好和传播效果，企业可以更加精准地把握目标用户的需求和兴趣，从而制定出更具针对性的内容策略。

 示例

腾讯视频基于数据驱动的短视频营销

腾讯视频在 2024 年加强了其在短视频平台上的营销活动，并通过数据分析实现了精准推送和高效转化。腾讯视频利用大数据分析工具对用户的观看行为、兴趣偏好和互动数据进行深入分析，从而确定了目标用户和热门内容的类型。基于这些数据，腾讯视频制定了个性化的内容创作和发布策略，并通过短视频平台向用户推送相关内容。这种数据驱动的短视频营销方式有效提升了腾讯视频的品牌曝光度，同时也增强了用户黏性。

（3）内容热点与趋势分析。内容热点与趋势分析有助于企业深入了解用户的兴趣点和市场趋势，从而及时调整内容方向，提高内容的吸引力和影响力。

（三）流量来源与渠道分析

流量是衡量新媒体平台影响力的重要指标。通过对流量来源与分布、渠道转化效果与投资回报率、流量变化趋势、流量质量与用户黏性等进行分析，企业可以了解平台的运营状况，优化流量结构，提升流量质量。

1. 流量来源与分布

新媒体平台的流量主要来源于搜索引擎、社交媒体、广告推广等多个渠道。企业需要明确各个渠道的流量贡献和分布情况，了解哪些渠道是主要的流量来源，哪些渠道有待进一步开发。这有助于企业合理分配资源，优化渠道布局，提高流量获取的效率。

2. 渠道转化效果与投资回报率

各个渠道的转化效果与投资回报率是衡量营销效果的关键指标。通过对不同渠道的转化率进行深入分析，企业可以清晰地了解到哪些渠道的流量质量更高，更能有效地引导用户进行转化。这不仅有助于企业识别出高效的推广渠道，还能为优化投放策略提供有力的数据支持，从而提升广告效果和营销效益。

 示例

华为P60系列手机营销：数据驱动策略新高度

2023 年，华为 P60 系列手机营销以数据分析为引擎，精准锁定了目标用户的喜好与消费习惯。微博、微信、抖音等社交媒体及京东、天猫等电商平台，成为华为捕获流量的关键阵地。华为巧妙地运用数据分析制定了针对性策略：在社交媒体上精准投放广告，携手KOL，开展话题挑战，提升关注度；在电商平台优化搜索，提升页面质量，开展促销，吸引用户购买；全程紧盯流量数据与转化效果，灵活调整策略。

华为 P60 系列手机营销案例充分展现了数据分析在新媒体营销中的巨大作用。通过精准用户画像构建、内容营销策略优化、渠道选择与优化、营销效果评估与反馈等多个环节的数据分析与应用，华为成功实现了品牌影响力的提升和市场份额的扩大。

3. 流量变化趋势

流量变化趋势的分析对于企业制定和调整运营策略至关重要。因此，要密切监控流量的变化，及时识别流量增长或下降的趋势和原因。当发现某个渠道的流量出现大幅增长时，企业可以进一步分析这种增长是否由特定的营销活动、内容更新或市场趋势所驱动。如果是，企业可以考虑加大在该渠道的投入力度，进一步扩大流量优势。

相反，当流量出现大幅下降时，企业应提高警觉并深入分析原因。可能的原因包括竞争对手的策略调整、平台政策的变化、用户需求的转移等。在找到原因后，企业应迅速制定相应的应对措施，防止流量进一步流失。相应的措施可能包括调整内容策略、优化用户体验、加大推广力度等。

此外，企业还应关注流量变化趋势中的季节性或周期性变化。例如，某些行业可能在特定节假日或活动期间迎来流量高峰，企业需提前做好准备，充分利用这些时机进行营销和推广。

4. 流量质量与用户黏性

企业需要关注流量的有效性，即用户是否真正对平台内容感兴趣并产生互动。同时，用户的留存率和回访率也是衡量流量质量的重要指标。通过深入分析这些数据，企业可以了解用户的行为习惯和喜好，从而优化内容策略，提升用户体验和留存率，增强用户黏性。

（四）竞争与市场分析

通过对竞争对手的新媒体运营状况进行分析，企业可以了解行业趋势、竞争态势，为制定竞争策略提供参考。竞争与市场分析中常见的分析方向如下。

（1）竞争对手分析。竞争对手分析在新媒体营销中发挥着不可或缺的重要作用。它有助于企业深入了解市场中的竞争态势，识别竞争对手的优势和劣势，从而调整自身的营销策略，确保在激烈的市场竞争中保持领先地位，提升品牌的市场占有率和竞争力。

（2）市场趋势与动态分析。市场趋势与动态分析有助于企业准确把握市场的最新动向和变化趋势，为战略决策提供数据支持。具体来说，通过深入分析市场需求、消费者行为、行业发展趋势等信息，企业可以预测市场未来的发展方向，从而提前布局、抢占先机。此外，市场趋势与动态分析还能帮助企业发现新的市场机会，规避潜在风险，优化资源配置，提升市场竞争力。

三、数据分析的基本步骤

商家在新媒体营销中的数据分析流程通常有六个基本步骤，包括确定数据分析目标、搭建框架、数据采集、数据处理、数据分析和撰写报告。

课堂讨论

假设你是某品牌的数据分析师，你会如何进行日常数据分析？

（1）确定数据分析目标。数据分析目标通常与营销目标紧密相连，如提升品牌知名度、增加销售额、提高用户活跃度等。明确的数据分析目标有助于商家在后续的数据收集和分析过程中保持方向性。

（2）搭建框架。搭建分析框架是从目标到指标转化的关键步骤。在明确数据分析目标之后，企业需将目标细化为具体的数据指标。以某品牌分析其抖音平台订单量下降原因为例，可以结合渠道分类和渠道来源，按照

"展现量—点击量—成交情况"的业务流程搭建框架。通过这样的框架搭建，能够系统地梳理数据，将复杂的业务问题转化为可量化、可分析的指标。

（3）数据采集。商家可通过多种渠道采集数据，包括社交媒体平台（如微博、微信、抖音等）、电商平台（如淘宝网、京东商城等）、官方网站、第三方数据监测工具（如百度统计、Google Analytics等）以及用户反馈等。一般情况下，商家需要采集的数据应涵盖用户行为数据（如浏览量、点击量、转化率等）、用户属性数据（如年龄、性别、地域等）、内容数据（如文章阅读量、分享量、评论量等）以及市场数据（如竞争对手表现、行业趋势等）。

（4）数据处理。采集到的原始数据往往存在重复、错误、无关或无法直接使用的信息，因此需要进行数据处理。数据处理是将采集来的数据加工成便于分析的样式的过程。常见的数据处理方法主要包括数据清洗、数据转化、数据计算。商家可以使用Excel、Python 等工具进行数据的清洗、转化、计算等各类数据处理工作。

想一想

在新媒体数据分析中，如何确保数据的准确性和可靠性？

（5）数据分析。数据分析是采用适当的统计分析方法对收集来的数据进行分析和汇总，以最大化地提取有用的信息并形成结论。常用的数据分析工具有折线图、柱形图、条形图、饼图、组合图、散点图、气泡图、漏斗图、热力图、雷达图等。通过对用户活跃度、转化率、留存率、用户画像、内容表现（如阅读量、分享量、点赞量等）以及市场趋势等数据指标的分析，商家可以了解用户行为、市场需求以及自身表现等方面的信息。

（6）撰写报告。新媒体数据分析结果对商家具有非常重要的指导作用。因此，利用可视化图表进行数据分析后，商家一定要对数据进行分析总结，以数据报告的形式给出结论并提供有针对性的策略优化建议。例如，如果分析发现用户活跃度较低，可以考虑优化内容质量、增加互动环节或调整推广策略等；如果分析发现某个商品的销售表现不佳，可以考虑调整价格、改进产品或加大推广力度等。

即学即练

某公司在直播平台上直播带货，日常带货订单量在 1 000～2 000 之间。一周前，其订单量突然下降到 100 左右，并且无法恢复如初。请为该公司设定数据分析目的，并为其搭建数据分析框架。

四、数据分析的常用方法

数据是运营的基础，就像一条绳索贯穿于整个运营工作。它既是运营关键绩效指标（KPI）考核的直接呈现方式，同时也是运营方向的理论支撑点。常见的数据分析方法有趋势分析法、分组分析法、结构分析法、漏斗分析法、对比分析法、雷达图分析法等，下面将结合应用场景来一一介绍。

课堂讨论

分析不同数据分析方法的特点，讨论如何根据具体需求和目标选择合适的方法。

（1）趋势分析法是对相同指标在不同时期的变化趋势进行分析，从中发现问题，为增加新用户提供帮助的一种分析方法。对新增用户、取消关注用户、净增用户、累计用户等概况数据进行分析，一般可以使用趋势分析法。趋势分析法常用折线图来展现指标的变化趋势。图 11.1 所示为某自媒体人的粉丝数量折线图。就该自媒体人 2024 年 5 月 6 日至 5 月 12 日的粉丝情况来看，很明显 5 月 9 日粉丝量大幅上涨。可以通过查看当天的阅读量、点赞量等数据，分析是哪个作品引起了粉丝关注，进而在粉丝关注的方面持续创作，以实现继续刺激粉丝量上涨的目的。

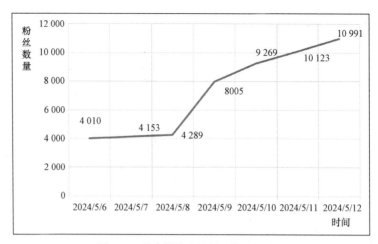

图 11.1　某自媒体人的粉丝数量折线图

（2）分组分析法是将总体数据按照某一特征划分成若干个部分再加以分析的一种方法，其主要特征是数据不重复、不遗漏。用户年龄是用户画像常用的指标，商家可以对其进行分组分析。图 11.2 所示为粉丝年龄分布情况图。通过此图可以发现，粉丝年龄以 25～35 岁为主，商家在生产内容时就一定要多考虑 25～35 岁人群的特征。

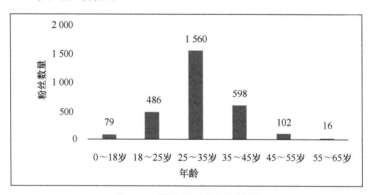

图 11.2　粉丝年龄分布情况图

（3）结构分析法指分析总体内各组成部分之间的关系或者和总体之间的关系，其统计结果属于相对指标。例如，统计粉丝地域占比等情况可以使用结构分析法。图 11.3 所示为粉丝地域分布情况图，排名前三的分别是山西、河南、陕西的粉丝。除粉丝地域占比外，统计粉丝性别、年龄等的占比情况也可以使用结构分析法。

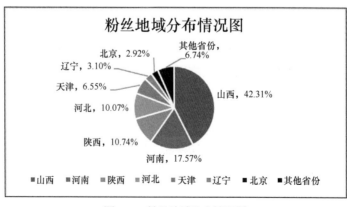

图 11.3　粉丝地域分布情况图

（4）漏斗分析法是基于业务流程的一种数据分析方法。从业务流程起点开始到最后目标完成的每个环节，都可能存在用户流失的情况，而漏斗分析法能科学反映用户的行为状态，以及从起点到终点各阶段用户的转化情况，进而可以确定用户流失的环节和原因。图 11.4 所示为某产品优化成交渠道前后的漏斗图，从图中可以看到该产品在各环节的转化情况，对成交渠道进行优化后，其相应指标都得到了大幅提升。

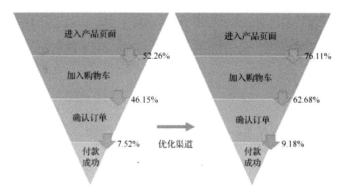

图 11.4　某产品优化成交渠道前后的漏斗图

（5）对比分析法又称比较分析法，它是指将两个或两个以上的数据指标进行比较。该方法常用于分析差异、发现问题并及时解决问题。对比分析法主要用于多篇文章的涨粉和阅读量等方面的比较、竞争对手之间的比较、活动效果与目标之间的比较等，一般使用簇状柱形图或条形图来展现。图 11.5 所示为活动效果与目标对比图，可以看到活动效果不错。对照目标数据，活动后的点击量、加购量、下单量及完成支付等数据均已超额完成。

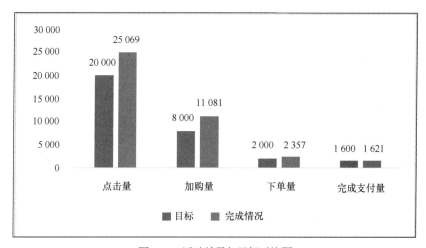

图 11.5　活动效果与目标对比图

（6）雷达图用于展示多维（三维及以上）数据，且每个维度必须排序。它主要用于了解各项数据指标的变动情况及其好坏趋向，多用于指数分析、客服能力分析以及竞争分析等场景。图 11.6 所示为产品竞争能力指数分析图，通过对 A、B、C、D、E 等五款产品的收藏人数占比、访客人数占比、加购人数占比、下单人数占比、支付人数占比五个维度进行比较，结果一目了然，产品 A 的各项能力都是最优的。

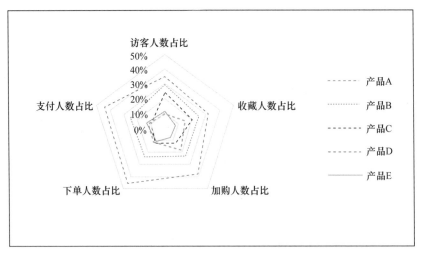

图 11.6 产品竞争能力指数分析图

案例 11.2

微信内容运营分析

微信内容运营多围绕公众号展开，通过公众号，可将商品信息通过文本、图片、视频等形式进行展现，以吸引用户参与、分享、传播。

为了提升公众号内容的推广效果，运营者还可以与其他公众号合作，进行内容的互推。表 11.1 所示为某公众号的数据分析人员统计选定的八个互推渠道的效果数据。

表 11.1 互推渠道效果数据

渠道	阅读量 / 次	转发评论数/条	店铺引流人数	成交人数	支付金额 / 元
渠道一	1 235	256	98	23	230
渠道二	2 056	569	235	56	560
渠道三	2 302	685	369	125	1 250
渠道四	6 599	1 200	899	243	2 430
渠道五	13 589	3 500	1 685	266	2 660
渠道六	2 500	786	265	63	630
渠道七	7 986	1 100	125	36	360
渠道八	19 826	6 800	2 300	855	8 550

启发思考： 为了更直观地展现互推渠道效果，可采用什么方法展示数据？请分析哪个推广渠道效果更好。

第二节　第三方数据分析工具

在数字化和信息化高速发展的背景下，数据分析工具的重要性愈发凸显。对于企业而言，数据分析工具能够帮助企业从海量且繁杂的数据中提取出有价值的信息，并能借助这些工具洞察市场趋势、了解客户需求、评估业务表现。基于对这些信息的深度分析，企业能够有针对性地优化商业策略，合理调配资源，提升运营效率，降低运营成本。更为重要的是，数据分析工具为企业决策提供了坚实的数据支撑，使企业能够做出更加精准和明智的决策，从而在激烈的市场竞争中保持领先地位。常用的第三方数据分析工具有新榜、飞瓜数据、卡思数据等。

一、新榜

新榜是一款由上海新榜信息技术股份有限公司开发和运营的数据分析工具。它主要服务于内容产业，以数据驱动内容行业的发展。新榜覆盖全平台各层级的新媒体资源，提供包括内容营销、直播电商、版权分发和内容资产运营管理等在内的全方位服务。新榜的主要功能包括以下几种。

想一想

在使用第三方数据分析工具时，如何确保数据的安全性和隐私性？

（1）数据抓取与分析。新榜可以帮助用户快速、高效地从各种网站上收集大量的数据，并进行分析和处理。用户只需根据自己的需求设置筛选条件，就可以获取精准的数据。

（2）舆情监测。新榜可以帮助用户获取各种社交媒体上的信息，如微博、微信公众号等，及时了解公众对于某个话题或事件的态度和反应。

（3）内容营销。新榜提供包括新抖、新视、新红、新站、新快在内的数据工具，可为用户提供实时热门素材、品牌声量、直播电商等全面的数据监测分析功能，助力内容营销的优化。

（4）版权分发。新榜还具有版权分发功能，可帮助内容创作者更好地管理和分发自己的作品。

新榜的优势在于其领先的全平台内容数据和精准的数据分析能力，可以帮助用户更好地了解市场需求、竞争等情况，从而制定更有效的内容营销策略。此外，新榜还与多个主流内容平台达成合作协议，构筑了移动端全平台内容数据价值评估体系，进一步提升了其数据分析和内容营销的能力。

 示例

2023年抖音美妆达人影响力分析

2023年6月，新榜发布了一项关于抖音美妆达人的影响力分析报告。该报告基于深入的数据分析，详细剖析了抖音平台上美妆领域达人的活跃度（包括发布视频的频率、互动次数以及观看量等）、粉丝互动（包括点赞、评论、分享等行为的频次和趋势）以及内容质量等关键指标，为品牌方和MCN机构提供了宝贵的合作参考。

二、飞瓜数据

飞瓜数据是一款短视频及直播数据查询、运营及广告投放效果监控的专业工具。它提供了丰富的数据功能，包括短视频达人查询、多维度榜单排名、电商数据分析以及直播推广等功能。具体来说，飞瓜数据可以在以下几个方面帮助用户。

（1）查找短视频达人。借助飞瓜数据，用户能够查找热门的短视频创作者。该平台提供了丰富的表现数据，如粉丝量、点赞量、评论量等。用户可以通过对这些数据进行深入分析，全面了解创作者的影响力、用户活跃度以及内容受欢迎程度，为合作选择、内容创作借鉴等提供有力的依据。

（2）查看多维度榜单排名。飞瓜数据提供了包括行业排行榜、涨粉排行榜、成长排行榜等多维度榜单，可以帮助用户快速发现优质的抖音、快手等平台的账号。

（3）分析电商数据。用户可以查看热门带货视频、商品排行以及电商达人的销量榜等数据，以便更好地了解市场动态和用户需求。

 示例

防晒产品成为2024年爆款产品

据飞瓜数据统计，防晒已成为近年来的消费刚需。2024年3月，关键词"防晒"的搜索指数环比增长263%，销售热度环比增长336%。结合品类分布，热销的防晒产品主要集中在美妆、服饰内衣、运动户外等赛道。其中，适用于"防紫外线""透气""夏季"等关键词的防晒产品更受消费者青睐。

（4）监控直播推广效果。飞瓜数据可以实时监控直播情况，包括直播间的观众互动、销售情况等，帮助用户评估直播推广的效果。这个功能使得飞瓜数据成为一个强大的市场分析工具，它特别适用于新媒体从业者、电商从业者以及品牌广告主等用户群体。

总的来说，飞瓜数据通过其全面的数据服务和精准的数据分析能力，可以帮助用户更好地了解市场动态、优化运营策略，并提升内容营销和广告投放的效果。

三、卡思数据

卡思数据是一款专为新媒体行业打造的数据分析工具。它致力于提供全面、准确、及时的数据支持，帮助内容创作者、品牌主、MCN 机构等更好地了解市场动态，优化运营策略，提升商业价值。

> **🗨课堂讨论**
>
> 如何将数据分析结果转化为实际的业务决策，请分享一些成功的案例和策略。

卡思数据主要包括以下几个功能。

（1）多维度数据分析。卡思数据提供了包括账号数据、内容数据、粉丝数据、行业数据等在内的多维度数据分析，可帮助用户全面了解账号的运营情况、内容表现以及行业趋势。

（2）实时监测与预警。通过实时监测数据变化，卡思数据可以及时发现异常情况，并通过预警功能及时通知用户，帮助用户迅速调整运营策略。

（3）数据可视化。卡思数据采用直观的数据可视化方式，将复杂的数据以图表、图像等形式展示出来，可帮助用户更直观地理解数据背后的含义。

（4）竞品分析与对标。用户可以通过卡思数据查看竞品账号的数据表现，了解竞品的运营策略和市场动态，以便更好地制订自己的运营计划。

（5）智能推荐与优化建议。基于大数据分析，卡思数据可以为用户提供智能推荐和优化建议，帮助用户更好地优化内容创作和运营策略。

此外，卡思数据还覆盖了多个新媒体平台，如抖音、快手、B 站、微博等，用户可以通过一个平台了解多个平台的数据情况，提高数据分析的效率和准确性。

〰️ 案例 11.3

花洛莉亚这个小众品牌是如何实现逆流而上的？

花洛莉亚，一个自 2018 年诞生的小众本土彩妆品牌，在抖音电商平台上成功逆袭，成为年轻消费者的新宠。

花洛莉亚凭借"低价格高质量"的"眼线笔"起家，迅速在眼妆市场占据一席之地。从 2021 年至 2024 年第一季度，花洛莉亚品牌的销售额呈现稳步增长趋势。特别是在 2024 年，花洛莉亚果断切入"唇部彩妆"市场，特别是"唇彩/唇蜜/唇釉"子类，销售额突破 2 500 万元，显示出强大的市场扩张能力。

同时，花洛莉亚在营销策略上也展现出独到之处。与行业内头部品牌更重视品牌自播不同，花洛莉亚将推广重心置于达人带货，近七成的销售额来自带货直播，近半销售由达人推广贡献。通过与抖音平台达人的深度合作，花洛莉亚有效触达了目标用户群体，建立起了强大的品牌影响力。

花洛莉亚的成功翻红，不仅源于其对产品品质的坚持，更得益于其灵活的市场策略和创新的营销手段。它用实际行动证明了在激烈的市场竞争中，只有不断创新、勇于尝试，才能赢得消费者的心。

启发思考：花洛莉亚是如何通过市场定位和产品创新来巩固其品牌地位，并成功扩展到"唇部彩妆"市场的？请查阅相关资料，了解数据分析在该品牌的成长过程中是如何发挥作用的。

 归纳与提高

　　新媒体营销数据分析的核心在于培养数据驱动思维，将数据分析贯穿于营销与运营活动的各个环节，用数据说话，用数据决策。要熟练掌握各种数据分析工具和方法，并能根据实际需求选择合适的方法进行分析，实现对品牌和产品在各平台的营销效果进行有效监测和评估。通过数据分析，我们可以了解哪些内容更受欢迎，哪些营销策略更有效，从而为策略调整提供依据。此外，新媒体平台和用户行为也不断发生变化，需要我们持续学习新的数据分析方法和工具，并通过实践不断提升数据分析能力，制定、调整、优化出最有效的营销策略。

综合练习题

一、单项选择题

1. 在新媒体数据分析中，哪种分析类型不是用于研究用户画像的？（　　　）
   A. 粉丝数量　　　　B. 粉丝性别　　　　C. 粉丝地域　　　　D. 粉丝职业
2. （　　　）方法可以帮助用户识别新媒体平台上最受欢迎的内容类型。
   A. 聚类分析　　　　B. 预测分析　　　　C. 内容分析　　　　D. 关联规则分析
3. 新媒体数据分析流程中最核心的是（　　　）。
   A. 设定数据分析目标　　　　　　　　B. 搭建框架
   C. 数据分析　　　　　　　　　　　　D. 撰写报告
4. 下列分析法中，哪一项是使用折线图来展示不同时期的变化趋势的？（　　　）
   A. 趋势分析法　　　B. 分组分析法　　　C. 对比分析法　　　D. 雷达图分析法
5. 下列哪一种数据分析工具主要服务于内容产业，并提供包括内容营销、直播电商在内的全方位服务？（　　　）
   A. 飞瓜数据　　　　B. 新榜　　　　　　C. 卡思数据　　　　D. BI

二、多项选择题

1. 以下属于数据分析作用的是（　　　）。
   A. 反馈质量　　　　B. 调整方向　　　　C. 控制成本　　　　D. 营销效果评估及优化
2. 新媒体数据分析的维度包括哪些？（　　　）
   A. 用户分析　　　　B. 内容分析　　　　C. 流量来源分析　　　D. 竞争分析
3. 数据处理方法包括哪些？（　　　）
   A. 数据清洗　　　　B. 数据转化　　　　C. 数据计算　　　　D. 数据分析
4. 常用的数据分析方法包括哪些？（　　　）
   A. 趋势分析法　　　B. 分组分析法　　　C. 结构分析法　　　D. 漏斗分析法
5. 常见的第三方数据分析工具包括哪些？（　　　）
   A. 新榜　　　　　　B. 飞瓜数据　　　　C. 卡思数据　　　　D. Excel

三、判断题

1. 市场趋势与竞争分析有助于企业准确把握市场的最新动向和变化趋势，为战略决策提供数据支持。　　　　　　　　　　　　　　　　　　　　　　　　　　　　　　　　（　　　）
2. 用户行为路径分析关注用户在平台上的具体行为路径，有助于企业深入了解用户的行为习惯和兴趣偏好，以优化用户体验，提升用户满意度。　　　　　　　　　　　　　　　（　　　）

3. 对于活跃度较低的用户，企业可以进一步挖掘其潜在需求，提供更有个性化的服务；对于高活跃度的用户，企业可以通过推出优惠活动、增加互动环节等方式提升用户参与度。（　　）

4. 雷达图用于展示多维（三维及以上）数据，且每个维度必须排序，主要用于了解各项数据指标的变动情况及其好坏趋向，多用于指数分析、客服能力分析及竞争分析等场景。（　　）

5. 飞瓜数据不能实时监控直播数据，但可以帮助用户评估直播推广的效果。（　　）

四、实训题

某店铺为了扩大平台活动的影响，在活动前期策划了宣传短视频，并将短视频分别投放到了微信、微博、抖音三个平台。部门经理安排运营人员小王统计内容运营数据，分别分析各渠道内容的运营效果，以便为决策层提供可参考的决策依据。

表 11.2 是活动期内各平台渠道内容运营数据，请你根据题目具体分析需求，选择合适的指标与图表类型，完成对内容运营效果的整体分析，并回答以下问题。

表 11.2　各渠道内容运营数据

平台	渠道	阅读量/次	转发评论量/条	店铺引流人数	成交人数
微信	森林小巷	2 500	786	265	63
	微光倾城	7 986	1 100	125	36
	为你精选	69 826	2 800	1 300	355
微博	种草菌	91 586	3 324	109	86
	干货达人	8 660	1 326	75	32
	一缕笑靥	9 621	2 312	96	59
抖音	骆栖准	35 689	1 232	1 561	567
	爱吃鱼	102 345	3 103	1 821	1 021
	西瓜宝宝	58 729	1 033	1 125	658

1. 为了对比各渠道内容的阅读量与转发评论量，请选择对应数据，分别使用合适的图表进行可视化呈现。（结果图中的数据用百分数表示，且数据四舍五入，保留小数点后两位数字）

2. 为了对比各渠道内容的成交人数情况和店铺引流人数情况，请选择对应数据，分别使用合适的图表进行可视化呈现。（结果图中的数据用百分数表示，且数据四舍五入，保留小数点后两位数字）

3. 结合活动期内各渠道内容运营数据，综合分析出此次内容运营效果最好的渠道。

参考文献

[1] IMS（天下秀）新媒体商业集团，2022. 新媒体平台运营与管理. 北京：清华大学出版社.

[2] 北京博导前程信息技术股份有限公司，2023. 电子商务数据分析概论. 2版. 北京：高等教育出版社.

[3] 陈庆，黄黎，徐艺芳，等，2023. 移动商务文案写作. 北京：人民邮电出版社.

[4] 冯蛟，朱丽娅，2023. 新媒体营销：实务与案例（数字教材版）. 北京：中国人民大学出版社.

[5] 勾俊伟，哈默，谢雄，2017. 新媒体数据分析：概念、工具、方法. 北京：人民邮电出版社.

[6] 何晓兵，2024. 网络营销：基础、策略与工具（视频指导版）. 3版. 北京：人民邮电出版社.

[7] 华迎，2024. 新媒体营销实务. 北京：人民邮电出版社.

[8] 焦文渊，赵亮，2024. 新媒体营销与运营（慕课版）. 2版. 北京：人民邮电出版社.

[9] 李成钢，王涓，2024. 新媒体营销. 北京：中国纺织出版社.

[10] 李东进，2022. 新媒体营销与运营：营销方法+运营技巧+案例实训. 北京：人民邮电出版社.

[11] 李桂红，耿旭蓉，2023. 新媒体运营与推广（微课版）. 北京：人民邮电出版社.

[12] 李丽娜，隋东旭，2023. 新媒体营销与运营. 北京：清华大学出版社.

[13] 李平，2021. 新媒体运营. 北京：中国人民大学出版社.

[14] 林波，2023. 新媒体营销与运营. 2版. 北京：中国人民大学出版社.

[15] 林海，2024. 新媒体营销. 3版. 北京：高等教育出版社.

[16] 宁延杰，2023. 数字化营销：新媒体全网运营一本通. 北京：北京大学出版社.

[17] 王薇，2022. 新媒体营销与策划. 北京：清华大学出版社.

[18] 肖凭，2023. 新媒体营销. 2版. 北京：北京大学出版社.

[19] 许文君，等，2021. 新媒体运营与推广方法研究. 上海：上海远东出版社.

[20] 张华，2023. 新媒体营销. 北京：企业管理出版社.

更新勘误表和配套资料索取示意图

说明1：本书配套教学资料存于人邮教育社区（www.ryjiaoyu.com），资料下载有教师身份、权限限制（身份、权限需网站后台审批，参见示意图）。

说明2："用书教师"，是指订购本书的授课教师。

说明3：本书配套教学资料将不定期更新、完善，新资料会随时上传至人邮教育社区本书相应的页面内。

说明4：扫描二维码可查看本书现有"更新勘误记录表""意见建议记录表"。如发现本书或配套资料中有需要更新、完善之处，望及时反馈，我们将尽快处理！

咨询邮箱：13051901888@163.com

更新勘误及意见
建议记录表

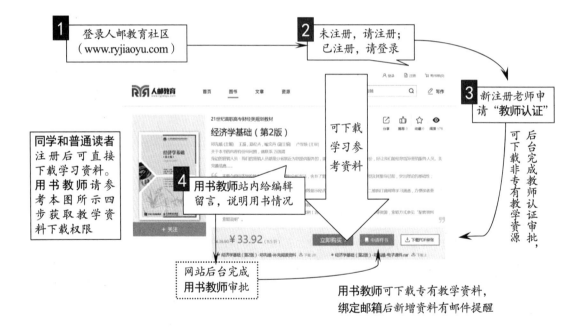